中国当代民间史料集刊 17

华东师范大学中国当代史研究中心 编

陈修良工作笔记（1956年—1957年3月）

本集刊出版获得东方历史学会资助

中国出版集团 东方出版中心

出版说明

《中国当代民间史料集刊》是一套记录1949年以来中国历史的资料丛书，由本中心组织编辑。这套丛书收录的是流散于社会的各种民间文献，包括日记、笔记、记录、信函、小报、表格、账册、课本等等。与已经出版的许多中国当代史资料不同，这套丛书以反映社会底层的政治、经济、文化状况和日常生活、人际交往、家庭关系、个人境遇等为内容，为读者提供记录底层历史变迁的原始资料。

相对于中国古代和近代各种民间史料，中国当代民间史料数量更大，种类更多，抢救、发掘的难度理当比前者要小得多。但实际的情况却颇不乐观。由于在相当一段时间里政治运动频发，特别是经历过“文化大革命”以后，许多私人记录性史料大量抄没、毁坏或遗失。而各种运动过后，尤其是改革开放初期“拨乱反正”，也曾将大量个人材料交还个人处理，或由组织代为销毁。再加上单位变动频繁，过去曾经保存在单位里的各种油印资料或个人记录材料，也不断地被处理或销毁。所有这些都使得原本应该浩如烟海、取之不尽的当代民间史料，如今竟成急需抢救的“国宝”。

近十几年来，意识到并重视当代史料搜集和抢救工作的民间人士和专业研究者，已不在少数。但十分遗憾的是，这方面的工作迄今为止仍处于一种分散游击、割据自守的状况。由于收藏者多将自己搜集到的史料藏诸深山、秘不示人，从而使得原本就显得十分稀少的民间史料愈显其缺。

历史研究，关键在史料。当代史料通常有几类，一是官方档案文献；二是口述或回忆；三是影像或录音；四就是民间记录的各种文字材料了。在所有这些史料当中，官方档案的形成、留存和开放，都难免会受到时政的极大影响，因而具有很大的片面性；口述回忆史料因时过境迁，加之当事人的主观意向和记忆误差，也极易造成对历史的误读。至于影像录音之类的史料价值，自然局限更为明显。因此，当代史料当中最大量的，也是最能够真切反映社会当时各种情况的，恰恰是这些民间史料。如今，当代中国历史的研究正方兴未艾，已有越来越多的学者和学生开始关心和研究当代历史的问题了，但因为民间史料查找不易，除极少数近水楼台者外，真正能够利用民间史料来做研究的学者和学生，还寥寥无几。

本中心成立不久，但深信应该在这方面有所建树。因而不惜大家动手，不取分文，费时费力并以极为有限的财力资源，编辑出版这样一套丛书，以利推动民间史料的整理与出版，进而逐渐打破现在史料收藏过于分散、难以利用的情况。

必须说明的是，本中心在民间史料搜集上着手较晚，故我们所推出的史料无论从面上，还是从点上，都不成系统。同时，由于整个当代史料的整理和出版工作在全国范围也都还只是处于起步阶段，无论编辑还是出版工作都还有一个摸索适应和逐渐规范的过程，因此，在许多方面都难免存在着缺失甚或不当之处。凡此种种，还有望各方读者包括原文作者及时提醒和指正。

华东师范大学中国当代史研究中心

2010 年 7 月

编校说明

一、本辑资料为陈修良工作笔记及所附之件，部分为陈秘书笔记。除标题中具体标明为他人讲话、报告或某部门文件者，一般均为陈所撰所记。少数无法确定记录人或主撰人的篇目，亦保持原状，不做推测和辨析。

二、本辑资料多为陈当年的草稿和速记稿，文中原有涂改、添加、省略和不确定、无规则的大小序号甚多，导致阅读困难之处比比皆是。为了在保持原文原意基础上使今人阅读不致产生太多歧义和疑惑，编者在编校时对原文做了以下三类加工处理。特说明如下：

（一）代码处理。原文中的代码除个别量词作者在一篇文稿中混用时统一改为一种形式外，一般基本保持原状，只在第一次出现时加括号说明。

为方便读者查找，正文中作者经常使用的代码列表备查。

（二）旧式用法处理。原文使用的多是繁体字，遣词造句多为旧式用法，有些不改容易造成歧义；有些不改不易造成歧义，修改反而数量太大太多。故此项处理采取了下述两种办法：

1）直接改成今日用法。凡旧用法容易产生歧义，统一改成简体字及新用法更便于阅读理解者，均直接改过，不加标示说明，如：

“狠”(程度副词)，直接改成“很”；

“底”(助词)，直接改成“的”；

“回报”，直接改成“汇报”；

“行叶”、“工叶”、“农叶”、“商叶”等，直接改成“行业”、“工业”、“农业”、“商业”等；

“什志”、“什货”、“什粮”等，直接改成“杂志”、“杂货”、“杂粮”等；

“智识”及“智识分子”等，直接改为“知识”及“知识分子”等；

“介释”、“介决”、“介放”等，直接改为“解释”、“解决”、“解放”等；

“正风”、“挨正”、“正顿”等，直接改为“整风”、“挨整”、“整顿”等；

“史(大林)”、“史大林”、“史达林”，直接改为“斯大林”。

2）保持原状不动。一般旧用法不妨碍理解的，不做修订或修改。这一类字词数量较多，仅列几种以供了解：

旧式用法	新式用法
那(那个，那里，那时等)	哪(那个，那里，那时等)
二(二个，二种等)	两(两个，两种等)
他(中性、女性)	它，她
须(须要)	需(需要)
份(如成份、份子)	分(成分、分子)
付(如付业、付部长)	副(副业、副部长)

(三) 一般坚持原文照录的处理原则，不改变原文的体例、格式、文字。但篇目标题，除部分原有且保留不变者外，多由编者依据内容所拟或改拟。正文遇下列情况，亦照下述办法加工处理：

(Ⅰ) 原文中的错、漏、衍字和难以辨认的字做了如下校订：

1. 错别字以〈　〉符号订正，错别字在符号内，正确的字置于错字符号之后。

2. 漏字以[　]符号填补，漏字在符号内，置原位。

3. 衍字以□符号注明，衍字在符号内，置原位。

4. 难以辨认的字以■符号标明，一字一符，置原位。

5. 语句缺漏、不通，又需加说明之处，用页下注的方法在需要说明的文字或语句之后标注说明。

(Ⅱ) 原文无标点，或仅黑点，或缺标点且读不通者，均重新断句并标点。

(Ⅲ) 对原文繁杂不一的序号做了如下处理：

1. 序号不连接的，如缺序号、重复序号等，一般应加注说明；只有一个孤立的序号的，删除不影响文意的，一般予以删除。

2. 序号为两层且意思明白者，保留原序号。

3. 序号为两层，但序号的数字用法（如汉码、阿拉伯码、罗马码）不一，且层次不明者，应按大小层次调整为统一用法的序号。

4. 序号层次超过两层者，不论原文序号的数字如何，一律使用单一数字用法的序号；序号基本上是汉码数字者，全文应统一使用汉码数字，非汉码数字均改为汉码数字；序号为罗马数字者，全文应统一使用罗马数字；余类推。

5. 序号层次过多，大小倒置，容易发生歧义或按原标注序号无法继续延伸者，应按下列序号层级重新编排：以汉码数字一、二、三为一级序号；以汉码数字（一）、（二）、（三）为二级序号；以阿拉伯数字 1、2、3 为三级序号；以阿拉伯数字(1)、(2)、(3)为四级序号；以英文字母 A、B、C 为五级序号；以 a、b、c 为六级序号。原文中个别非序号排列，而使用实心圆点符号者，可保留，但应与正文字号大小相同。中文数字序号后应使用顿号“、”；阿拉伯数字和英文字母后应使用小圆点符号“.”，置数字后右下角。

6. 凡序号过多，须造字才能解决者，应照(5)项办法处理。

7. 序号数字经改动者，应标题注，即在本文标题后加 * 号注，并在页下注中注明：“本文序号数字为编者统一编排。”

正文代码查询表

ブル　或指资产阶级，或指资本家，或指资本主义。

ブロ　指无产阶级。

インチリ　指知识分子。

CP　指共产党。

CCCP　指苏联。

K、KMT　均指国民党。

UF　指统一战线。

M　指群众。

MAX　指马克思。

Tob　指同志。

Stalin　指斯大林。

Sovet　或指苏维埃，或指苏联。

Fascist　指法西斯。

Ton　量词，指吨。

KW　量词，指千瓦。

E　量词，指亿。

TB　指肺病。

No. 1　指拿摩温，亦即领班。

目　录

陈伟达在宣传干部会议上的工作总结[①]

1956 年 1 月 2 日

（1）这次会议证明，各级党委领导有显著提高，各条战线有很大成就，不是单打一的情况。

宣传部提出破纲状态，事实是发展，不是破纲，领导上路线，整党建党有许多新问题，并乡撤区也不是新的问题，扫盲也成了现实。衢县的例子，干部学习都搞的很好，领导上没有及时发现，加以推广。

县报广播——过去认为困难多，事实上也办了。

（2）组宣工作上一些问题。

① 组织情况的变化。

全国各阶层人民都将组织起来，个体生产农民人最多，（五〇〇万户）组成合作化，明年有一万五千多高级社。城市本月一万多户以上，合营后变为专业公司，小厂变为大厂，手工业 20 万人，也要组织起来。

说明一个问题——私人生产好坏不找我们，今后都要来找我们，因此党的责任要大大加重，党的质量更要提高。

② 干部队伍要变化，其中有许多是ブル分子，大量发展了，内外部很难分别了，知识分子也列入为不可少的队伍，党的骨干作用就特别重要了。合作社内也要有好的地主与富农，干部的信任都各有不同。

③ 有利条件是要多了，一切人都在我们组织与领导之下，党的思想教育工作更加有利了，对他教育机会也要更多了，我们要用一切宣传武器进行宣传工作。

其次，社会主义事业的发展，干部工作也随着发展，这种紧张是好现象，按老规律干部自己不齐，组织发展常常落后于事业，但事业本身也可以解决干部问题。

合作社的社长现在都有了，低级社有许多可以接受，今年四月的错误，都在这个问题。

---

① 原文无标题，此系编者根据内容自拟。

南下时 15 000 人，现在是 310 000 人。

新的将不断发展，有些干部要掉队，不变要领导队伍，领导就要落后。今后可以克服坏分子的混入，在运动与组织中吸收干部。

训练干部已经有了，中等技术学校将有 41 个，可以培养工农出身的知识分子，技术干部将大量培养，文化提高，新的干部将是学校中来。有高度的知识分子才能建设，分区也要精细，对门卫的要求，干部队伍左右各有书教。

(3) 思想上的变化。

消灭的过程中，阶级斗争首先发生在思想上新旧斗争将很剧烈。

1955 年有二个大斗争：① 高饶为主反个人主义；② 反保守思想，富农的思想在党内的反映。四月会议的错误，也属这一类。

宣传唯物论，反唯心思想。

怎样做好思想理论工作，是必须做好的工作，一切干部都要教育，一切群众都要提高觉悟违反革命分子在内？

分化他们的时候，我们要提高警惕，阶级斗争是新的形式，ブル思想在长期内成为问题，所以肃反工作必须坚持下去。

(4) 形势发展，组织形式一定要改变。

(5) 党的领导方针与工作方法。

单打一的个体经济的领导方法要改变，没有计划，互相矛盾的现象要克服，部门工作一定要改变，集体领导制显出突出[的]重要。

第一季度工作问题。

组织工作问题。

(1) 并乡问题。

① 加强基层组织。

② 充实乡干(大的十五人)，全数二万五千人。现在乡太小，5 000 人以上，一万五千人以下。山区学校三千人左右(六个干部)，500 人一个干部。

③ 加强党的组织，每乡有一个总支。党内先并，其次的后并。

乡干部由本乡去解决，区有不去乡当支委的。

(2) 调整编制，党委县级组织。

撤区，县直接经多乡，庙神回乡生产，多 600 个人的编制每部设五个部长，

1 200 个组织员。

农村部设合作辅导员。

编制：清除 2%—3%反革命分子，国家干部总数 60 000 人，400 个盐务警察，800 个康复医院干部、青年子弟学校干部、勤杂人员等都可减少。

省机关可以减少编制，放在县内。

共计可以减少 13 000 人，大家动员解决。

（3）干部政策。

① 反消极，非党干部不要。（左与右的倾向）

② 提拔反革命分子多不对，重才不重德，及时处理，不要等肃反运动，三月底处理一批。

③ 不具备条件，事事照顾，要运用处理。

要走群众路线，推荐人才，定下标准，贯彻分管制度。组织部定出规划，要求各部自己解决。

（4）整党与建党问题。

建党特别重要。私营企业建党问题没有解决。其次，减低质量，或者关门主义，不了解建党工作是一个严重的阶级斗争。反革命要混入，是今后经常存在的问题。有人时常忘记这一点，才产生错误，吸收落后分子，是忘记党的对新党员培养教育不够，意义与作用方法忽视了，长期不转正，手续不严格，效率，组织员没有配备起来。

农村按人口 1%发展，发展四万人。

整党问题：

① 复查核对，按队作出结论，主要是划分好坏人。

② 组织处理要与思想教育结合，但大家懂得坏人不能入党。

③ 落后乡支部的整理。（研究经验）

原因：① 组织成份不纯；② 肃反不彻底；③ 土改不彻底；④ 工作无人管。

并乡中可以带动落后乡，可否在并乡中解决落后乡。下半年还要大整党，发党证。

④ 城市整党问题。

机关是与肃反结合的，企业中在暗命中开始，今年大部分要搞党，一般与肃反结合，不要等肃反运动。工厂在劳动竞赛中可以搞，农村经验可以运用到城市。

⑤ 从省到县要开好代表大会。

(1) 应成为贯彻十七条,反保守思想去开大会,不妨碍中心。

(2) 组织准备,怕选不好,政治上没有审查,但要完全等待不可能,不能因此不开会,只有开好会,才能审查出反革命分子。

(3) 开好大会,按党章办事,发挥积极性。

(4) 委员不妨多一些,要单数,设常委,不要是半数以上,按此比例选出。

改正领导。

(1) 要调查研究,了解情况,定出二年到七年的规划,如理论队伍,一安排就知道少了。

(2) 如何做好规划,要掌握材料,四月开一次会议,每县定出一个规划,我们也搞一个规划,决定 2 到 7 年的规格。

大家要下去研究。要解决什么问题。

(3) 抓先进事例,经验总结,集中起来,肯定与推广。各地写好的典型来,三月交卷,四月出版。

(4) 要求五七年各地委完成初级党校的准备。县学成为党训班。建立理论队伍,要求所有县以上干部轮训一次,认真组织好这支队伍。今后二年内要完成。

(文件编号:R111)

关于宣传等工作的讨论

1956 年 1 月 3 日

金华市：

过去认为宣传网是破网状态，没有好好组织这些人，思想不明确，对资产阶级也要宣传，新的形势不了解。

作风常坐办公室，只看缺点，总结经验少，综合性的多，典型少。

邱明：

① 工作老一套。

② 宣传部工作应付被动，“百搭”。

③ 宣传网，去年应用，不是全破，如华来纸厂，坚持制度，宣传员积极性很高，宣传员推动支部去干，效果很好。

温州市：

右倾主要是畏难情绪。

① 社会主义太快，赶不上，惊慌失措。“低头”，不健康情形，写写讲讲，工作是琐碎的，具体的。自己学习好了再做工作，不如作别的工作有兴趣，抓组织工作少，作具体的宣传工作少。“落后分子发牢骚，积极分子去汇报，领导上批评老一套”，领导上忙于应付。思想性很差。

② 对工作少具体指导，三缺三要。（要方法，要本钱，要指导）

③ 宣传网问题，思想上有消极埋怨情绪，对新的创造不太认识，训练班许多发言不太注意。

④ 脱离实际，调查研究工作少分析批判。

改商业改造问题，十七条都没有传达，老百姓都知道了，不敢宣传，墨守成规很严重，五年计划没有成为行动纲领，下面有顶牛情绪。

理论工作无人负责，一个干部不是党员，面上有问题，自己不能教，工矿宣传无人管理，宣传部是“百搭”，到处是配合很苦恼。

金华市：

畏难，赶不上，如工商改造问题，很多干部不了解，找不到新形势，去〈那〉哪里，认识不清楚。

认为不清楚，人员少，担当不了。（十个人）

管公不管私，商业不管，管工人不管资产阶级。

工作不主动。

宣传网问题——全市只有一百多个宣传员，如十个居民中有一个，那应有四百人。没有具体措施，只会喊。不分析情况。

手工业问题过去也没有管，也想“收缩”怕讲合作社优越性，说手工业合作社无前途。

扫盲：高小生一万多人，订七年规划，后改四年。三年事实上可以扫光，不分析情况，全市有七千个人是文盲。

干部教育：

工人宣传改造工商业，干部还很不知道，出了三个题目，许多人答错。

工商业改造搞了一个干部培训班。（业余，二十天）

五年计划，改造工商业问题，谁战胜谁？结合肃反有四五十人的材料。

〈加〉嘉兴市：

① 缺少社会主义的积极性，消极一面加以扩大，先进事例没有很好发挥，各种典型很好，过去有自满情绪，守旧观点：差不多，以为老一套可以应付；要求深入，畏难情绪。

② 宣传队伍，很严重落后，没有规划，没有抓中心，政策时事教育很少，安于现状，如文化馆工作，认为比过去好得多了，没有要求，没有指标。

组织形式：都没有专人管，中心工作一来，全部去，理论与支部工作，卫生、教育都在一起，都没有人专搞。（编制五人）

③ 各部门不知道自己的业务，工业部只搞指标，不管思想工作。

工厂宣传网没有搞好，认为他们忙。

宁波市：

长期不了解如何做宣传工作，典型报告好，黄部长说得不全面。

城市那些定右了，不明确，调查结果认为五毒严重，主要问题是抽调资金，消极经营，所有制问题必须解决，当时就想搞资本主义，城市工作会议后，还是想不开。

知识分子也一样。

说明思想水平低，对形势看不清，这次会议组织上有所提高。

现在是觉得工作赶不上去，评头评脚，摇摆不定，工厂工作不敢宣传，主要怕占业余时间，不是主动积极，解决矛盾。

通用：

① 组织不健全是一个问题，宣传委员不知做什么，训练了支部书记后，大家认为太忙。不能教育，干部兼职多。车间无脱产支书，任务难实现，肃反工作一事。宣传委员都去搞这一工作。

② 宣传部只有一个干部，不能动员青年多工作。

③ 思想作风，右倾畏难情绪很大，党课制度常被挤垮。

俱乐部主任要辞职，四十余人如此，不安心工作。

绢纺厂：

干部学习问题，干部不愿学习（经济常识课本），五年计划干部不如群众。

原因：报告时间少。自学时间多。工作与学习结合不起来，党不如行政解决问题。

① 党、工会、团宣传教育分工不明，互相推。工会有一套宣传组织，党也有宣传网，宣传员多是工会的干部，有机会结合不够，星期六工会容易不会宣传会议，党很难展开。

② 工会的政治教员不起作用，政治教员归党委管，不务正业，生活费问题，可不可以调到党委来。

③ 宣传部门应有一个干部。

湖州市：

① 积极性不高。

② 管大不管小。

③ 党内思想教育，对工业部与手工业方面，怕他们不重视政治教育，事实不是如此，党群干部工作没有管好。

工人晚上要看戏，工厂派保卫干事去等，不提倡文化娱乐，工会文教需应统一规划使用，团结增产节约口号提出后，对工人生活福利文化不关心。

④ 干校由地委决定调到〈加〉嘉兴，要求办干校。

省财贸部：

各地干部学习内容不管对象，一般布置，如怎样能办好农业合作社，一个经理管不来，思想不通。

宁波市：

缺乏预见性，如干部教育，如公私合营问题没有赶上。

干部还在读五年计划，不知道如何宣传。

计划问题讨论：

第一季度规划问题：

① 知识分子问题。

② 党代会议决议传达，各市委代会议一律传达，十七条也会在里面，工商业改造。

③ 春节活动。

④ 农业合作化——包括地方工业如农村服务。

参观农村，联欢。

毛主席对工商联谈话，干部中要传达。

干部学习内容：

① 兵役宣传有的地方已学。有的还要做。

② 工农联盟。

③ 工商业改造问题，宣传部如何配合问题。

（文件编号：R111）

陈伟达同志在宣传干部会议上的结论

1956年1月5日

今年有许多改造，党的思想工作必须赶上，宣传部应集中力量来考虑自己存在的右倾保守思想，这是最主要的问题。

宣传队伍先要有先进的思想。

（一）有些同志还有怀疑会后领导上不会转变，我们相信主客观条件都是有利的，可以克服困难，去年一年思想斗争是最剧烈的一年，反右倾的斗争。

要善于去克服困难，回去以后，不要再有顾虑，各级党委的先进思想会逐步占优势，不允许保守，大多数人会觉悟。应当肯定这一方面，不怕党委不关心部门的工作，不要用老眼光去看问题，县委书记说：

党代会议决定了中心方向，各部门都要为此而努力，过去不是这样想。

部门是集体的一个部门，永远是统一的，我们也要负责。

顾虑是带有消极因素[的]。

（二）设立各部门目的为了加强政治工作，但在发展过程中，不要把他们估计过低。

地委党校准备成为初级党校，干部由地委负责。

县学——合作社干部除外，中学担任，一万五千个高级社每社训十五人，共十七万人。支书放在县学中学习，由农村工作部负担，每部办一个技术学校。

经费问题——上交八十万，今后可以发。高师毕业生先去作理论宣传工作，三月底以前一律配齐校长。

县学要有八百人。

在职学习极为重要——脱产的10％，极大多数在职，规划不切实际。

宣传队伍的建设——宣传部要管干部。地委宣传部肯定要管，县委也要管。

要调查教员的人才，加以培养教育。

没有理论队伍是不能打仗的。

工农通讯员要培养好。

党的宣传员，是我们基本队伍，后备队，每县推广经验。

修改规划问题。（各组提出意见）

〈加〉嘉兴：

① 文化学习要补充。

② 县学——要求不明确。

③ 时事政策有，时事学习要求，二三月一次。

要求：A. ブル改造问题。B. 对群众如何宣传。

④ 地委专业训练对象，市的干部的分工。

⑤ 财经部门要求去县学内训练。

⑥〈加〉嘉兴要求发理论书籍，要钱。

⑦ 领导思想：理论学习。

温州：

① 有线广播太少，器材供给不上。

② 要求多办县报，太慢太少。

③ 收音机山区太少。

④ 地委成立广播科，要求确定。

⑤ 专业会议开得太少。

⑥“宣传工作”对城市太少，发行的数量少。

⑦ 多介绍经验。

⑧ 干部与党内思想资料。

⑨ 提纲要及时。

⑩ 对手工业改造如何宣传。

金华：

① 要求多开会，专业会议，县报，干部教育，群众宣传，支部教育。

② 宣传资料，提纲要求发。

③ 1953—1954 年，每月宣传要点在浙江日报上发表。

④ 经费问题，明文规定，联合发表通知。

⑤ 各部门关系，如邮局。

⑥ 业余政治学校对象——非党员怎样办，业余自修有困难。加以修改。1960 年办县都办太迟。

⑦ 取消学习制度，要求讲课可以估时间。

⑧ 电影队干部理论学习后仍回原单位。

舟山：

① 6 项任务——全体党员，特别是新党员。

② 知识分子——不光对农村。

③ 任务中要加[强]宣传队伍的建设，要强调些。

④ 干部理论学习——初级业余学校速度慢。

⑤ 农村支部——支部教材要求即发。

⑥ 群众宣传内容——加爱国主义与国际主义教育。

⑦ 合作社的副社长问题，不要用。

⑧ 县报有三个渔区办不到，可出通讯。（普陀、岱山、衢山）

⑨ 多开会、一年开二次，专业会议。

⑩ 编制问题——要求解决。

⑪ 地委报纸、县学加强教育。

⑫ 办一个刊物，宣传员手册。

宁波：

① 支部教育——1956 年建立，问题是巩固提高。

② 编出合作社课本。

③ 理论学习问题——介绍县委中心组的经验。

④ 县委经常学习怎样办。

⑤ 要求省委作理论报告时派人参加，特别是宣传干部。

⑥ 城市宣传工作，多开会议。

⑦ 要求宣传提纲早发。

⑧ 宣传干部轮训。

⑨ 宣传十七条要求要点。

建德：

① 要求多开会。

② 干部问题——乡的宣传干部如何管法。(干部管理问题)

③ 五日刊要求改三日刊。

④ 小县无力办报(十多万人)。

城市组：

① 理论学制问题。

② 初级业余学校教员怎样办?

③ 先学哲学——大致要求一致。

④ 文化学习与理论学习如何安排?

⑤ 工厂支部教育,无党员也要学,今后学什么。

教育方式,专业公司如何办?

讨论。

在职干部学习问题。

1. 非党干部较量大,地委干部这一批,二期。

2. 县一批训[练]。

3. 自修小组,取消太快,编组。

三月计划:

(1) 理论学习上下半年学习计划,配合组织部各个训练机构。

(2) 省开办唯物论宣传讲座(六次),地委讲四次,学习班二十五日开[始]。

(3) 组织反右倾论文——同报社商量。

(4) 初级业余政治学校——各地委市委都办。

(5) 农村宣传任务——十七条宣传,干部中传达。分口传达。先进典型。

(6) 发展整顿合作社,解[放日]报。

(7) 示范章程。

做通报。

工农联盟。

工商改造，提纲。ブル训练要一个提纲。

郊区农民下工厂报告。

兵役宣传。

知识分子宣传问题，根据中央指示。

党代表会议决议——与学习结合。

党务建设——① 规划；② 县学座谈会；③ 宣传网；④ 有广播办好节目；⑤ 政治副职训练经验；⑥ 支部教育经验。

出版：怎样做宣传工作？每县至少送一篇。

怎样办通俗报纸——通报。

业余学校——干部从单位抽，三千人，二班。

（文件编号：R111）

宣传干部会议上的情况汇报①

1956年1月5日

城市组：

思想落后于形势，保守右倾表现：

高涨中畏难情绪，信心不高，办法少，宣传工作跟不上形势工作是老一套办法。

金华地委：

三个月工作计划无意见。

组织报告员。

以后要搜集典型。

抓有关部门。

订规划。

要求：

① 提出要点(宣传工作)。

② 抓紧一点。

建德：

同形势落后很远，表现：

① 批判资本主义思想不够有力。

② 思想情况缺少调查。

③ 消极畏难情绪。

④ 没有搞点。

⑤ 教材照抄。

⑥ 城市工作没有管。

⑦ 宣传质量不高。

---

① 此标题系编者根据正文内容改编。

⑧ 年关要展开工农联盟问题，农村搞十七条。

⑨ 文化学习问题没有提。

⑩ 妇女骨干少。

⑪ 到处配合。

⑫ 支部教员配得太慢了。

温州：

政治业余学校——理论教员。

政治副职可以搞下去。

报纸广播，主要是思想上怕。

陈［修良］：

那些问题进行一步，领导思想要明确：

（1）反保守要总结经验，全党动手，解决部门的关系，如围绕十七条，要找出典型的例子。找嵊县做发言，确［定］党代会议后情况有所变更，各级党委也要转变的，大家都是向这方向走的。但思想有一个过程，解决办法是以具体事例来说明。

要有集体主义精神，向党委提出意见要以批评的精神作为先进的因素。

（2）各业务部门管理思想工作。新的事要有一个的认识过程。现在省已在搞，下面也会转变，现在要帮助他们，［用］灵活的方式。

（3）干部要管，如何管要排队，研究办法。

对我们的批评。

① 干部文化学习，省党组要有一个指示，根据典型。

② 在职学习问题。

③ 经费——是使用不当，要求他们造预算，送组织部。

④ 县学变为党训班，专教党员。合作社长中央指出：百个中学集中训练。

⑤ 主要任务是为训练支部书记、新党员（老党员也要训），冬训。

⑥ 宣传网，通过这次宣传加以整理与发展，支书或副支书要负责。

（文件编号：R111）

市委书记联席会关于工商业改造问题的座谈

1956 年 1 月 17 日

李丰平：（传达北京来电与省委决定）

改造已如暴风雨一样到了，先解决合营问题，再解决具体政策问题，工资、人员一律暂时不动，不必先派干部，形同接管。好处是不妨碍生产，时间快。

1. 工商业者自填自报、自核，然后同行协议，行业工作委员会批准。

2. 人事安排。

3. 小工业、小商贩也跟着来（杭州 80%已申请）。夫妻店也都多已参加。大摊贩可以先合营，小的联购联销，小车组成运输合作，过小的不管。四人以上一律合营，三人以下合作化。（不机械）

领导同志一起出马，参加集会。

上海情况：

本月廿三日以前搞定，廿一日庆祝。“万事俱备，只欠一批”。上海办法，先由区委搞，后条条。召开大规模座谈会，一行一行的批准，不能一户一户批。杭州市与上海一起行动。

要打大算盘，宽大——① 不要扣得太紧，对他的家属与家具不要扣太紧，他们说不如地主。② 利息不要扣得太死，各地自订。③ 家庭工安排要宽大，浙江实职人员安排太少，降级太快，经理成为营业员。

组织形式以后再扩，编制如此。

领导问题：当作中心工作，不要分散，成立十二人委员会。各市亦可成立，或由市委负责，要亲自出马。各部门财贸工业部抓各市[所属]部门，中小城市后一步，要去开会、谈话，对干部做报告，方针政策要向干部说清楚。特别是薄弱的环节要跟上去，各方动态要注意。

对资产阶[级]要说明大势，现在问题是追不上。对工人要说明赎买政策，安排问题各市妇女青年开全市大会，立即行动。党内思想要一致，全党学习人民日报的社论。（发通知）

郊区问题——北京、上海全部合作化，农民落后于ブル。

运动时间——各地应开庆祝会，各级党委要考虑如何做。

上海市情况：

要求京、沪、杭大致能一致进行。

1. 问题的关键——如何迅速的推进到社会主义，同北京一样。完成改造工作，这是原则与前提。一切问题要从这里出发，不要扭在具体问题上面，否则不能理解大革命的风暴。要向先进的学会〈习〉。

2. 改造的范围，工商业者包括小商业、手工业、农业、交通、出版、戏院、房地产，可以带的都带上。工商业在廿号用批准方式；手工业与农业合作社 18—19 日完成；帆船、分散摊贩、三轮车暂缓。农业高级社问题要摸富裕中农的思想。宣布上海为社会主义的城市，上海地下工厂这次也都改造。

3. 改造的形势〈式〉，愿意改造的，不管工人多少，都可以合营。国营比合作社合理，商业全部参加。摊贩肯定一种，不要考虑将来的形式，先给戴上帽子。

私立学校春节内全部成为公立，医院、诊疗所也要变。

现在最要紧原则，不能弄到具体问题上。行政部门干部落后于形势，扭在具体问题上面。

步骤：首先合营、挂牌子；第二步，清产定股（廿日以后，大约要几天）；第三，改组，大致上春节前清产定股。

人事安排——改组以后正式安排，迅速，财务从一月一日起计算。

廿一日以前的会议——准备工作、教育工作为主。一次申请一次批准，市人民委员会当场批准。工商群众要发动，由工商联的代表人物自己掀起，我们不去包办。开了工商联临时代表大会，六天做好准备，一次批准。资产阶级说要十天完成，开会后群众绕主席团走了一遍。

家属代表、子弟代表会议，青年资本家代表会议，都由他们自己去讲。

全市工业代表大会，对工人讲话，一万人，群众游行。

干部大会，主要讲政策，弄几条，什么可做，什么不可做。要强调纪律性与组织性，十九日以前开好会议。

4. 政策问题——一户不漏，容易成为命令主义，不要说他落后，随到随批。不要提先洗澡，后参加。短时内弄不清房金、抽资、税等问题——目前应

“能交就交”,“交不起的缓交”。

做法: ① 各部按系统自己去找各系统。(杭州市) ② 教员去听杭州市的情况,准备力量。 ③ 发通知,干部学习,社论问题。 ④ 干部教育问题——要补上社论、宣传提纲,学习计划要变更,城市先搞。

宁波市:

摊贩零碎的不搞,一般的要求合营。不愿搞合作社,因为工资好办,愿合营的或合作化的自愿。

农业高级社问题。郊区初级[社]80%以上。富农先让其进来。有许多已经要求办高级社,富裕中农尚有顾虑,厂坊合营怕吃亏。

小学可以改为公立,差的是学费不同。戏院也不成问题。房地产问题多,尚无经验。

廿日庆祝,廿一日游行。

温州市:

已成立一个办公室,领导小组已成立。

小工厂已拼〈并〉入国营工厂,[建立]四个专营公司。雨伞成立一个大厂。

商业:建立五个公司。(食品、杂货,综合……)。杂货有问题。

土产公司已取消。

手工业八个总联社。

青年ブル开会,妇联开代表会,私营ブル代表会已开过。

<u>干部教育还没有进行。</u>

手工业50%已组织,可以提前完成。小厂目前是批准问题。

<u>主要问题是干部教育问题</u>。

郊区:已全部高级化,每乡一个,地主富农也入了社。

第二步工作较细致,第一步不成问题。

春节前如把干部工作做好,不成问题。

庆祝大会:廿二日开,旧历年前完成。

绍兴市：

原来布置已经落后，还要等春天一个浪潮。

棉布业已合营，专业公司已完成。商业四个，工业三个，办公室已成立。

宣传教育工作不系统，工人、ブル方面只限于少数。（骨干分子）

学生教员中进行了一些宣传。工人批评太慢。工商界已有准备，很积极。我们没有去搞。

手工业也如此，情绪很高。

农业，基本上合作化。

领导思想很落后。

廿四日可以完成第一步。

金华市：

工业尚剩廿四户，其余都完结，商业还有[未完成的]。

手工业 57%，农业 75%已合作化。

18 日，各方面进行座谈；19 日开干部大会；24 日正式批准；25 日开庆祝大会。（一万五千人）

清产定股——春节以前完成，60%—70%。

农村——高级化不成问题。

湖州市：

手工业已改造 40%，交通运输。农业七万多户，20%合作化。

思想落后于形势，规划问题争论很大，对北京作法有兴趣。~~主要部门~~十天完成要看省委态度。

组织问题——专业公司已成立几个。

宣传工作——ブル学习，工人方面开始学习，家属教育争取加速。摊贩、小商业群众要求很急。手工业者问为什么比ブル要慢。摊贩问题，振动很大。廿四日以前开群众大会，木帆船要推迟。

农业，高级化已无问题，富农问题解决得不快，因而推迟。

加〈嘉〉兴市：

小工业 110 家，合营产值 78%，手工业 59%。农业 24.5%高级社。渔业十六个合作社,[占]36.7%。商业,全市有~~廿三个~~行业,二月一日以前太慢。手工业春节前[可完成]90%。

交通工具,航快船即搞;木帆船第一季度搞完;四条轮船资金倒挂,先合起来;人力车慢一步。

工商业没有问题,骨干二百多人,24—25 日开庆祝大会。

不能先行定产。

手工业提前无问题。渔业——有困难。农业——主观力量是可以[的]。

问题在治吸血虫,不能集中,办社骨干不在。

改造中的困难问题:

① 劳动资产阶级。② 发动工人。③ 干部思想教育。④ 组织建设——先合营,后清理。

干部思想问题很大,干部抽不出,人事安排工人有意见。工人说:"党的政策是代表谁的?"(个别工人)问题是领导干部如何追上。

财贸部:

① 小商贩要不要带进来问题。

小商店存在三个问题需解决:

第一,家与店划分;第二,家庭工安排;第三,工资问题。

家店划分要从宽处理,不能斤斤较量,特别是生产资料,商品与生财统一审查。

家庭工处理——完全工一律吸收,部分家庭工问题最大。不管他们要引起纠纷,予其补助,不如安排工作,一般拿 3—6 元。

工资问题——维持原状。

② 摊贩问题。

不能与坐商一样,解决方法:

第一,要维持原状的,暂时不动。农村占 30%,集〈极〉为分散,有副业,流动性大。

第二,应改造的,直接吸收。如猪肉摊、流动布贩。

③ 商业网的调整。合理的变动,合理的增减,不要只减少。

④ 归口领导问题。不宜分得太粗,商品可能要引起减少,宜小。

工业部：

① 四人以下合作化。

② 对干部与工人教育不够。

③ 统一干部的教育。

④ 工商业归口问题。

统战部：

1）第一阶段推到高潮，核心分子也无问题，面没有铺开，目前要放在中小工商业者，家属工作作用很大，要善于用他们自己的力量，目前要鼓动热潮，工商界代表，其次是条条宣传，文字上对资产阶级的信任不够。

2）安排问题，中小安排不够，开始要注意，要排队：① 专业公司[的]主要职位。② ブル有多少人？③ 工人应提的〈前〉排队。

做好协商工作，允许修改，干部管理工作要搞好。

3）清产定股问题。

> ① 干部的思想：和平改造配套问题；农业合作化比工商改造重要。慢慢来的思想，思想落后于运动。
>
> ② 各部门协同来搞很重要，宣传部门要了解思想情况，及时解决问题，各个劳务部门要注意政治思想工作。
>
> 目前要先学中央社论与报告，估计可以很快先进一步。

李丰平：

我们思想是慢慢来，整个运动这样快，我们想不到。运动还是量力而行，不要勉强，但要积极准备，群众参加大会数量要多一些。所有干部要参加运动，工人家属都来参加，大张旗鼓的宣传。地委、市委同志都参加。

小商业能吸收的尽量要吸收，摊贩问题按北京办法很好。

基本上要尽量做到合营，合作化的也要归口。手工业兼有副业可以参加合作化，各地情况不一样。

学校——一律公立（中学与小学）。农村不同，要由群众来办（民办）。

郊区问题——根据各地情况来看，庆祝时郊区农民要参加。

先戴帽子，再行改造，统一安排。

政策要宽大，三方面问题，对干部的教育问题；加强领导问题，全力以赴，展开宣传，参加运动。干部要调集，愈快愈好，人事部门要注意，要分工。通过会议运动展开宣传，干部动员最薄弱，省带头不够，马上补课。党内干部要充分动员，工人群众进行教育，要争取时间，造成热潮，要拿起宣传武器，报告员与宣传员要动员起来，剧团等要配合。

改造工作第二步工作要考虑，各市先研究。清产定股，人事安排问题，生产安排等问题。工资问题第三步时可以考虑，不要希望一下解决。

今后如何宣传教育——宣传部要研究一下。

青工妇的经常要研究，以后工作要注意，思想跟不上要克服。目前是抓运动，但要想到以后的问题。

各市回去以后，要向地委传达一下，因为同以前说的不同，干部要放出一些。市委书记会议市的同志不来，地委、县委、镇委要来。廿一日开会。小城镇如何搞，要提出意见来。每天同省委联络，通电话一次，同负责同志谈，交流经验与情况很重要。

运动发动后要防止反革命的破坏、造谣等等。内部的可能把政策弄左，搞乱。

不觉悟的要等待，不要强迫命令。

（文件编号：R103）

李丰平同志关于工商业改造问题的报告

1956 年 1 月 19 日

形势发展的很快，有许多城市已经完成了工商业手工业改造工作，我们浙江主要城市展开了运动，杭州明天要完成，郊区有一部分农业高级化[了]。宁[波]、温[州]、金华全部完成。这样形势在毛的文章中指出了，农村的高潮要带来城市的高潮，包括多方面，夫妻店、小摊贩，交通运输。农村，杭市只有个别的没有参加，还要看一下。有一些已申请还未批准，情况热烈有秩序，形势发展的〈得〉很快。党代会时还没有作计划。小城镇也很活跃，省委即要开会讨论合作化的问题。时间很快，过去估计要二年，[现在]可能几个月。

为什么这样快?

① 农业合作化发展迅速，农村 72%已经完成。全省已经有二千多个高级合作社，农民积极性很高，因此爆发了全国的工商业改造运动。

② 全世界形势是休战状态，这便利我们的改造。

③ 从广大群众的要求看，他们有急不可待的形势，申请书是川流不息，慢〈埋〉怨我们批得太慢。我们不马上抓起来，就要落后，不能不迅速地领导这个运动。党中央与毛主席是十分正确的，深透了人心，甚至家庭妇女也来帮助改造。现在的形势确实已经到来，次〈秩〉序很好，只有个别的问题，如杭市。我们的工作必须迅速的领导这个运动，鼓舞群众，取得完全胜利。有没有条件，有些同志还有怀疑，是不〈否〉会出乱子? 我们要取得经验，改造对象也要取得经验。他们在经营管理、生产方面各自都有很大的提高，ブル本身也受很[大]的教育，思想上有了很大的改变。如ブル对自己思想揭发很彻底，觉悟有很大的提高。

统战工作对ブル进行了一系列的教育，起了很好的作用，骨干分子的培养很多，思想落后的一天天减少。工人阶级教育也起了很大作用。

④ 北京的经验做到改造与生产两不误，对我们有很大的帮助。

有以上的条件，省委决定在七个城市首先完成(包括郊区农民)。然后其他城市也要迅速改造。客观与主观条件都是可能的，可以保证又快又好的完成这个运动。

这个运动不仅是对ブル的改造问题。其性质是：城市进入到社会主义的城市，这是根本的变化。目的就是这个。通过这个运动，其他各个部门科学、文教、卫生部门都要加强自己的工作，配合这个运动。

这个运动的作法、步骤与政策。

作法：采取全行业的改造，不愿合营的也可以组成合作社，不管哪种方式，都在专业公司下面来进行经营管理。大摊贩能合营的就合营，否则组织合作化，经销代销也可以，采取一揽子的形式中[的]各种方式。

对工业说：四个人以上组织全行业的合营，三人以下的一般的是合作社，但如愿合营，也可以吸收。先申请，清产定股，改组与调整商业网，这样做速度快。

充分发动群众来进行，使广大群众能主动的来争取改造。思想问题与过去大大不同，生怕不能批准，要求投资，要求增资，因此领导这个运动就比[以]前容易得多。

党委全力以赴，来领导这个运动。

工作步骤：

① 进行宣传，教育干部。向群众进行宣传，通过批评与自我批评，对工商业者提高教育，家属也要进行教育。

② 第二步，组织工作组，工商业开训练班，组织专业公司，专门开党代会，具体分工，向各方干部进行工作，组织动员规模很大。

③ 先批公私合营，成立合作社，生产照旧，经营人员照旧，原封不动。

④ 清产定资——自报自评，自报省得同我们争执，自评是自己提一个意见，可能多报少报，后来还有工人监督，不能打小算盘。

⑤ 生产组织的调整，人事安排，首先包下来，再安排。ブル最担心的是职务、薪水、利息。有技术的要发挥他们的才能，年老的也要安排，做个董事也可以。

政策问题：

① 从大处着想，不打小算盘，公平合理，实事求是。生活资料不要斤斤计较，杭州有一家把房子也合营了。家庭问题要照顾，生活困难要照顾。

② 人事安排问题——包下来，使他们有事做，有饭吃，有能力的要给正职，县的给副职，有职有权，量材使用。

家庭工问题，全日工作的全工资，半日的半数。

③ 有政治问题的，现行犯依法办理，但也可宽大，可以将功立〈赎〉罪。历史性问题可以等待其交代，弄清后从宽处理。

④ 工资问题还要研究，少数过多工资[的]，可以说服教育自动减少，目前肯定不动。

⑤ 利息问题，待中央决定。

⑥ 投资问题——现在动员投资，各地出现了缺点，要自愿最好。可不拒绝他，但不能动员号召他们"向社会主义投资"，乱动员引起不好的影响。

今后工作意见：

① 要广泛地进行宣传，全体机关工作人员都要学习中央文件，特别是社论与重要消息，一无例外学习活的社会主义的教育，同时对群众也是进行教育与宣传，首先各部门干部要学习。

② 要进一步对职工的思想教育，对店员、小厂工人，[要]普遍深入。思想问题——一面高兴，一面顾虑，怕劳动纪律严格，吃不消；怕减工资，分红少；[怕]生产任务重，都要教育。[有人]对赎买政策不满意，认为照顾太多。

赎买是最便宜的方法，工人阶级的命最贵。

③ 要做好当前生产供销工作。

④ 始终贯彻自愿原则。

⑤ 党组织要吸收好的积极分子作为党员。

⑥ 提高警惕，防止破坏。

⑦ 负责同志亲自出马，参加群众工作。

（文件编号：R103）

私改小组的汇报

1956 年 1 月 20 日

毛电话：

“城乡情绪高，我有点顾虑，摔跟头难受。有人好大喜功，要注意。鲤是好吃，黄河水混。高级社不要太急，主要是摸不到底。各城市、各行业条件不熟的不勉强，领导要去摸底。”

（文件编号：R116）

私改小组的汇报

1956 年 1 月 20 日

温州、宁波,湖州工业全部申请。

1）知识分子不了解。

2）小贩动员下乡不愿。

3）失业工人思想上不高兴。

4）反革命分子三件活动。

工人对政策有意见,高工资怕减,以后如何对待ブル。

ブル方面：中小特别积极。问题：① 资金;② 地位。

夫妻店：① 思想准备不够成熟。② 商店的工作靠得住,顾虑的是不是成为资本家。③ 家庭工能不能安排,有一个算有一个,六千元资本(按利息算)。④ 有一块招牌可以欠款,解决生活问题,调度资金有困难。⑤ 怕家店充公。

杭州七小时内农业全部高级化,一乡成立一个社,并乡转社很忙。什么是高级社不了解。群众也糊糊涂涂。(梅家坞)

干部：

① 动员账外资金——杭市一个处长。

② 个别没有参加,怀疑是不是全业合营——"一户不漏"思想。

③ 组织工作差,行业归口没有弄好,有十几行没有口可归。

④ 生产问题抓得不紧。

政策性问题。

① 自愿政策[没落实],动员账外资金,有的[被迫]把大衣也卖了去投资,也有卖棺材的。

② 花轿是不是也参加,荐头行要不要？联合诊所。

③ 地主、管制分子是不是带进来？(温州已带)

生产与改造问题。

① 有的生产提高(好的多),小厂太忙,"借人生产","借人游行",请求游行的十九万人,空前现象。

② 进货问题——杭市杂货业向自由市场进货,过去占 90%,现占 10%;向

国家进货 70%,货源减少。

③ 推销情况——国营的批发没有完成计划。“抓得太紧”不敢给货。

④ 财务问题——赚钱给谁没有宣布,应当事先公布,上海合营时就算合营的,换账本。

余纪一同志(上海情况汇报):

陈丕显:① 不能做到,不要凑成。② 时间是否有可以提早?上海因ブル要到北京开会,浙江最好不要提前。江苏还有这样情绪,鼓动得很好,农民队伍最好。

问题:① 失业工人集会,请求安排——要〈向〉劳动部门要救济,调到各地安排。② 分散摊户自己组织起来要求合营,开业医生也要求参加。书场、家庭付业也自动组织起来要求参加。上海意见,文化部门目前不要搞,能拖的目前暂[时]拖。

③ 停业户也要参加——有工人与工具的,可以带,黑户也可以带。

④ 困难户——要求发工资,发不出的,有自杀的。

⑤ 小商业户无心经营。

⑥ 小包工户中断。

⑦ 干部强迫命令好大喜功,宣布三条纪律。

⑧ 安民布告。

⑨ 组织——每行有一个委员会,组织工作细致。

⑩ 第二步如何搞,尚未讨论,他们准备 7—10 天,解决问题。

生产……,[1]经常化,改组推后。清产定股,临时人事安排,做好对内对外的宣传教育工作。

建立财务制度。

清产定股问题——① 分别个别ブル、摊贩。② 清资,以去年盘存作为底子,固定资金以 1950 年重估财产为底子。房屋、生财■产性东西要估进(?)。股票折股是一个复杂问题,现在先算一大数,以货币算。

作法:“自报自填,工人协助,行业评议,领导批准。”

---

① 此处删去四字,意思不清。

北京 70%是合理的，20%偏低，5%偏高。

挂账如何归还？暂不处理。

逃资决定不追。

人事安排：一般不同〈动〉，派一个营业主任，多是工人中提拔，小店不派，加强会计财务，专业公司轮流检查。

小工厂——统一安排，有企业的在[企]业，无企业的到专业公司安排。

⑪ 夫妻店，一个人参加，60 元一月工资，2 个人 80 元。

工人中进行团结教育。

⑫ 劳保问题，放弃剥削后可以享受。

李丰平：（江华电话）

1）不要硬搞。

2）账外资金不要进。

3）高级社不要几天内实行。

4）自愿原则。

5）不打小算盘。

会议如何开？① 开预备会；② 学文件（一天半）；③ 参观；④ 小组讨论，反映情况（星期一二）。一月廿四日，分头参加，了解情况。

委员会：

① 明日上午开会，讨论第二三步工作。

② 明日下午干部组织工作，小城镇做法（星期日）。

③ 23、24 日参加小组。

（文件编号：R103）

私改小组讨论

1956年1月21日

（陈修良在页眉注：赞成补课——北京是大张旗鼓进行的。）

思想问题

干部教育对象不广泛——文教系统，省级对高级知识分子宣传教育少，要做一个报告。

有哪些思想问题要解决：

① 公私合营只是合营工作的第一步，还不是全部过程的完成。只〈即〉使全部完成了，还不等于完全社会主义了（四分之三）。因为还有私有制，有资产阶级的存在，目前说成为"××市已经完成社会主义改造了"，这个口号提得不适当，应当改为"进入社会主义的改造阶段"。解决社会主义改造很难理解的疑问，简单化思想。

② 目前这样宣传要发生副作用，对下一阶段工作会不细致，如，如思想改造、人事安排、经济改组问题——解决阶级斗争复杂问题。

③ 北京的经验是有一系列的有利条件，准备工作多，我们必须充分准备，争取运动更成熟。各阶层的顾虑，还是很多干部对赎买问题还有疑问，说明夹生情况。

目前要进行具体政策与步骤的具体教育，使行动不乱。城镇会议后省委要有一个指示，定出一些纪律、规定，在干部中普遍进行传达教育。

④ 按系统去宣传教育，各种对象有各种不同思想。

王干事：杭州情况

没有完成的还有一些行业——转运行（共十一个），人数一千余人。摊贩没有动，丝织业还有三户，每业都有一些。

手工业3%没有动，近代运输业过去是统一调度，实际上是合营性。

问题：① 动员不成熟；② 政策交代不清。对他们要补课。机关、文教、卫生过去没有很好宣传。

失业人员连家属约四万人（工人一万人）至五万人，包括社会失业人员。

他们意见很多。

今后问题：

① 高级社尚未批（十万多人），全部轰动。

② 扩大战果，市区没有收兵。领导上要考虑到推动其他工作，如肃反、生产运动（中心问题）。主要是思想政策问题。

第二步，主要是教育问题，生产力发展，五年计划提早完成。其次是提高社会主义的觉悟，加强团结，巩固纪律。

私资至多四百万元，政策说明，容易解决。主要是改变生产关系，不要继续逃资。房子问题可用租赁办法（二种办法），一般采取宽大。清生产工具与现金为主。

公积金问题要统一，杭州大约五十万元。

家产不分的不入股。企业要的，可以租用（征购）。先行研究一下，最大的纠纷紧张是这个问题。

自愿原则要继续宣传，清产定股问题，半月时间。人事安排，先搞公司一级，审查干部（行业委员的成员）。

生产改组：分三个步法：

组织领导深入实际，干部问题（商业问题大），排队工作很大。建立组织——党政工团，充实机构。

（文件编号：R103）

私改小组讨论

1956年1月22日

孙章禄：

小城镇改造问题，每县有一个点。汇报情况：还有十六个县在准备试点，省没有先试点。

特点：

1）镇城的特点，干部能力弱，但工作比较简单，干部追查过去的欠资很急切。新登共有二百余家商店，开会很方便。镇上情况与城市差不多，[能]解决城市问题，不难解决小镇市。

2）改造形式问题，有许多问题是不可避免的，可以解决。如工资问题，门市部统一调配，人资一起吸进来，实际上公私合营把二步成为一步做。小商业在公私合营道路思想上没有准备，并无原则问题，因为公私合营比合作化要进步。（如萧山大部分是合营）

零碎分散的暂〈起〉时搁起。

小坐商问题：① 合营，按行业归口。② 合作化。③ 太分散的（杂货店）组织合作小组。城镇区因路远解散了，暂时不能组织。

主要关心问题：① 家店划分；② 家庭工安排；③ 工资，合作化也有做得很好的。杭州有几家饮食摊贩，七八个妇女合作搞煤球，一个搞粉圆，工资自己解决，10—8元左右。百货合营也搞得很好。家庭工作，缝纫机，一个带孩子，只要重视这三个问题就好办，否则都出毛病。吃饭不走资本主义道路，会生问题。他们主要是为了吃饭，走公私合营比较好。

摊贩问题：坐商与摊贩区别，后者还有季节临时工与副业收入，坐商要养家；摊贩还有其他收入如农业劳动，及其他副业。

改造方式：① 专业大摊，可以合营带进来（如杭市猪摊）。合营后工作时间加长，宁波八个流动布摊，工资——固定与奖励工资二种，吃进来简单明快。

② 组织合作社，金华某一区做法，把各种杂业混合组成。把行业打乱，领导有困难，不能打乱。坐商与摊贩合在一起收入：资本家一般40～50，工资摊贩8～15元，坐商大约廿元。

总的没有降低，坐商约有降低，摊贩较高。

问题：评议结果，都是一个人，收入太不均，因此拉下了坐商，摊贩略有增加：

③ 代购代销，或者兼。

④ 暂时维持原状，农村要划出这个模子，有些不一定要合营。

3）政策问题。

人事、定产，划分成分掌握偏紧。宕账要还。

划分问题：资本家只有100元的流动资金，有的是抗战前的资本家，现在已一无所有，看法不同。工人与资金标准要是出来，按现状来决定。（上海流动资金为一千元，二个职工和资本家）

4）工资问题，商业有三种形式：

① 拆账制，四分活值（除金税金与装修费），其余由工作人员分享（发光理发），合理部分可保留。

② 固定工资，积极性不好。

③ 未固[定]工资，以营业收入作为家庭开支的，为衣食而奋斗。合营后如[成]固定工资，萧山就出现怠工现象，“早打烊迟开门”。

如何改法：第一种可以保留，固定工资改为固定加上奖励工资；后面的一种要多一些。第三种采取折扣工资制——销多少货，他拿回扣（苏联六万以下的采取此制），电费包在内部，公家不管。

5）归口问题。

归口没有搞，先行商改，用工作队方式，今后应先归口与宣传，约法几章。

阎世印：

小城镇工业改造问题。

① 小城镇政策思想教育很差。

② 组织不健全，干部不强，手工业较好。

③ 有利条件，划分归口较易。

今后意见：

主要干部思想准备不够。——思想教育，包括干部与ブル，组织准备，进行摸底与归口。

问题：① 清产核资。② 土地房屋。③ 改组问题。各县已企图合并邻县的企业，全行淘汰的应经省批准。

手工业：① 主要是生产安排。② 组织问题，合营与合作化乱碰头，领导没有跟上，第二步怎样办，群众情绪不安。③ 划口问题，如船的修理厂归哪里？交通方面，木帆船问题很大，有过剩的现象（宁波）。还有搬运。

木船示范章程中央已发下。

建筑业，比较大的，临时工问题，农业合作社员比临时工要高。吸收这些人，以后城市工人将要不够。全省约有七万个临时工，应固定一部分技术工人，组织一部分，多的回农村，为合作社服务。每区成立一个合作社，留下一部分工人，与农业订合同，全省可以安排下来。

余纪一：

① 小城镇宣传内容要改变，不能用对资本家说的那样说。他们要的是政策解释，宣传部与工商界的教育工作。

② 干部主要是政策的教育。

③ 形势问题，根据问题是归口挂口问题。

青年团。

青年突击队员。

要补课〈日〉时要注意[未来]。

① 发一个宣传提要——统战部负责ブル的问题，宣传部找出干部与工人的思想问题。

② 要拟一个小城镇的宣传提要，一条文式的行动纲要。

问题：

1）什么[是]公私合营，生产关系的改变——四分之三的社会主义还不是完全社会主义。

2）农业高级社问题——什么是高级社。

3）什么应合营，什么不能合营。

4）什么是合营，什么是合作化。

5）文化部门目前要不要搞合营，如剧团、私人诊所。

6）“瓜熟蒂落，水到渠成。”

7）自愿原则。

8）公私合营大致要有几个步骤——① 合营；② 清定；③ 改组。

9）独立劳动者与资产阶级的含义。划分问题——二个工人，资金多少。（国务院划分阶级成分，土改时发）。

李丰平：

① 全部干部全部集中，县委坐镇。

② 分批展开。

③ 要准备工作——宣传合作化，自愿原则，社会主义教育，政策问题。做法：根据自愿原则要有不同，要划分一下。手工业主要宣传合作化问题，要多样化，内容要考虑。

文教部门要开一个报告会议。

改造对象，要明确。

④ 小组会议要参加，后天下午开一个会议。

（文件编号：R103）

宁波地委的报告

1956年1月22日

1）分析形势，研究条件与改造速度。

① 各县是否已成熟——瓜熟蒂落的形势？（各阶层动态）

② 主观条件过去工作能否适应。

③ 各县市什么时候可以进行全面改造。

2）学习和经验，怎样做到又好又快，以什么问题为主。

① 领导思想应抓什么问题。

② 工作布置上问题。

③ 工作方法应有什么改变。

④ 运动中应如何掌握原则。

3）如何掀起群众运动——主要研究当前工作，组织成立，干部教育，作为第一步工作，下一步工作是否研究？

第一步工作：

① 组织问题，统一内部思想，要多少干部，机构。

② 宣传教育规划。

③ 作法与群众见面——申请，批准，庆祝。

应注意什么，解决什么问题？——统一领导分工负责问题，归口，组织形式。

第二步工作：

经营，生产，为主要问题——生产规划制定问题，以政策问题为主。工业，清产核资，商业——三个问题都重要。

组织问题。

领导上注重政策问题。（如工资，人事等）

第三步，调整商业网，经济政治，整顿巩固。

4）其他问题——需要明确解决的。

余姚县：

什么是瓜熟蒂落，标准如何？——不论动机如何申请了就是成熟，资产阶级是要强迫的，有的说：申请了要是不安，不能说是成熟。

杨明区：

可说是成熟了，学习过七八次，大多数申请合营。

ブル思想已经成熟。

特点：① 一千多户，ブル只有30余家，小商贩最多。

② 吃饱户与饮食业最难改造，困难户容易搞。

有利条件：① 外部情况包围力很大，农村合作化影响很大。

② 对ブル教育比较好。

③ 去年合营示范，有较好的影响，要求改造。

主观条件差。

什么是成熟：

本县50％已纳入社会主义轨道（商业）。农村影响，进〈行〉了对资产阶级教育工作，个别的是落后的，工人阶级要求情绪高，本身条件准备不够，基本上是成熟，第一步年内可以完成。

主要问题是：

① 干部力量不足。

② 按行归口没有弄清。

③ 组织机构。

④ 干部思想不够统一。（认为主要问题）党委各部互相推诿，党委不统一，力量抽不出，党政群不统一。

主要问题是重农轻城市，所有党的部门要加上“农村”二字，妇女，青年都如此，连开会都召集不起来。妇青工作很差。

宣传资料少，省定发下的提纲与典型，区内都没有收到。

回去如何办？

1. 统一思想为主，然后把力量组织起来。

2. 规划要修改。

3. 召开一个动员大会，县书与县长报告——主要以资产阶级为主，提出申请书。首先在党内先开一个会，机关干部大部分没有动起来，下面动起来束手无策。县委统战部与宣传部长都不大知道如何搞，只重视十七条，大家不知道。

农村主要区长问题，县委不支持，区有顾虑。县委重心放在农村，对城市不注意。

实质上是全面动员问题。

五人小组问题——过去开过一次，没有办公机构。

应分行业建立机构，要召开一个全县的干部会议，全面发动，包括镇区，基层社主义，各部干部。

全县会议解决什么问题——方针政策，作法都要谈，

4. 专业公司要先成立，现在各公司有“你们接收后我办”的思想。按行归口。

5. 急躁情绪很大，三天内完成(限期)。

一动就要影响工作，发动不好也要影响，主要是领导思想要明确，特别是生产问题要有要求。

6. 合作商店怎样领导，归什么机关。

中小城市夫妻店怎样办?(无法管理)。

要求先订出办法，然后再发动，不能如上海杭州。

本县合营对象只有1%。

1) 什么是公私合营? 工商业改造是什么?

① 私有资金归国家，给他入股定息。

② 人事安排与调配，对资产阶级按社会主义原则进行改造。改造成为自食其力，按劳取酬。用社会主义经营管理方法，代替资本主义方法。

2) 第一步好搞，第二三步难搞，步骤明确具体政策难搞，如老弱分子，工资问题。

3) 哪些应当搞公私合营，哪些合作化。

4) ブル的划分问题——几种意见，解放后，五反后，目前，如按目前算太便宜了，不老实的资ブル。

如按仅看工人多少也不合理，如有一家资金有8 000多。

意见：工人，资金，营业额，自己劳动与否——作为标准，家庭(兄弟)一起劳动，算不算工人。

这一问题有二种意见。

① 认为抽光了资金的，现在有不动产的应仍称为ブル，经营积极的反而称为ブル太便宜。

② 认为按现在情况划分好，多树立对象不利。

5）小商贩在合营后，资金属谁？给他定息，还是归他资金？

6）人事安排问题。

传染病者，有政治问题的，有农村副业的，家庭妇女烧饭的如何安排。

7）豆腐店、铜店工人在5—6以上，算合作社还是合营？不如按行业情况决定。

8）什么是小业主——有没有工人？坐商与小业主分别。夫妻店是不是小业主？

9）顾虑问题——过去步调思想有准备，现在要先戴帽子，觉得不好办，问题很多。

10）小商贩有不愿合营而愿合作化的，如以前者为主，是不是违反自愿原则。

（文件编号：R103）

绍兴县汇报

1956年1月24日

合营的好处：

① 合理分工。② 统一资金好。③ 按劳取酬。④ 牌子好。⑤ 福利好。⑥ 民主管理好。……

好条件：

过去进行了一系列的工作，社会主义阵地扩大了。

……

存在的问题：

右倾保守思想。

慈溪：高潮已经到来的条件：① 过去已有一些成绩。② 群众已有一定觉悟。③ ブル已受了一些教育，积极要求改造。

目前准备　四月底可以结束。

大组讨论：

1）各行业要不要采取上海办法，成立一个工作委员会或小组。

2）有花纱公司的县可以不要棉布专业商店，不要重复。

由国营公司负责领导；南北货没有专业公司的可以成立专业商店，二万以下人口成立专业商店有矛盾。

3）工业情况多，成立一个综合公司，不宜有许多专业公司。

“工业企业公司”好归口。

4）镇的领导归镇委为主，要求改为以区委为主好，原因是关系复杂，区委以农业为主，不管工商。区可以设立一个办公室，下面成立工作队。

5）手工业下面没有人搞，以谁为主（指乡）地委要考虑，有人主张镇委搞，或区委领导小组搞，手工业最薄弱。

（文件编号：R103）

江华在省城市工作会议报告

1956 年 1 月 28 日

现在处在什么时代——原子时代，第二次工业革命时代，谁战胜谁的问题基本上已解决，但还不是完全成功。乡村中还没有普遍高级化，公私合营还是半社会主义，1958 年以前可以完成，要加速是对的，但要有根据，才能定指标。应办而能办的不办谓之右倾，不能办而硬要办是盲目性。右倾虽然是主要倾向，但是盲目性也要防止。四十条公布后，可能发生盲目性，领导要保持清静。毛主席说，不知道哪一条要检讨，我们干部怕说办不到，带上右的帽子。

（一）农业：1956 年本省要完成初级形式的合作化，是对的，但是不能随便，头脑发昏，如加〈嘉〉兴，死耕牛，有许多白地没有人管，产量低的不提高，办高级[社]没有研究政策，发生〈坎〉砍树杀牛的现象。目前可以整顿一下，等明秋开始。现在还是试办，取得经验。春荒、春[的]耕准备，生产怎样，目前是主要的。高级社问题暂不管，明年高级也可以，这是毛主席说的。

四十条最主要的是 6—8 条。准备二年至二年半的粮食，保证八百斤，一切为着这个。（本省是千斤问题）其次是肥料与劳动力的动员，女劳动力在内。四五条（地主富农及反革命分子）各地要执行。分化敌人，减少阻力。

（二）知识分子

什么基础上提出来？党历来重视知识分子，1939 年中央的决定。知识分子问题是二个：① 高级的；② 一般的。

原子能时代此问题更加重要，要建设不能无知识，为应付突然事变有好处。

（三）工商业问题

自行[想]办法，把各种人弄进来，不要死人。

合营后不能都照国营公司的规定的办法，不要给人民不便。

（四）四十条的世界意义

中国是要和平的。

（文件编号：R103）

金部长传达北京会议

1956 年 1 月 30 日

毛主席：

领导方法有二种：好与坏的，我们要成为促进，卫生与农村部是促退部，要看到变，知识分子也在变，要看到这个情况。不要做没有根据事情，反右倾是好的，指标要有根据，有些干部头脑发热。如高级社问题，30％不高兴就要注意，应办不办是右倾，没有根据去办是“左倾”。

公社合营是“已经进入，不是完成”，不能完全按过去办法，不是说完全不要，把“完全”两字去掉不对。

新的东西要吸收，旧的也要。合作化不是新的，形式是有些新的。

工业还不能主动，设备要进口，有人说“没有知识分子也行”，我们要抓，社会主义加努力，可以追上美国。我们知识等于一张白纸。

陆定一：

理论教育问题主要是把规划要扩大，高级干部要扩大一些，各省办中级党校，扩大到县委委员。

农村读物问题如何搞？

1）要学习马列主义问题，去年到处说不得了。下半年说不得了，到处高潮。马列主义的力量，如粮食统购统销问题，还要合作化。中国不用拖拉机，采取互助组办法，这是新的方式，党内曾有过争论，指四大自由，依靠谁？都没有解决问题。毛把中农分为〈下〉二个阶层，就解决了问题。

马克思也有分析，“什么是麻痹”，过去大家不大懂。这个公式又对又不对。秋白是一个好同志，但他说中国ブル都是买办阶级，但未提到打倒。王明、博古提出打倒，托派要联合一切ブル。毛把他分为二部分，就解决了问题。农村包围城市中国也是新的问题，有人说是富农意识。农村问题的错误，性质与托派相同。主要是经验主义，陈独秀也是，把旧民主主义革命用到新民[主]主义革命。教条主义也有，如粮食问题的解决要合作化，要合作化要拖拉机。所以要学习理论。

2）知识分子，干部到处不够，但又要求过高，训练干部不要领导。

3）宣传工作的保守主义。

第一，不抓思想政治问题，而是抓具体问题。如对于报纸，不抓宣传内容，而是问发行多少。但不能乱抓，随便提高。有些工作中宣部一管更坏了，原因是如此，变成了盖子。

苏联经验也要灵活应用，不要随便带帽子。"政治经济学"教科书提了一万多条意见（各民主国家）。

第二，不敢宣传，如对ブル，对知识分子，对农民有一时期也不敢宣传。同时又是干部问题，要充分运用群众力量。

张磐石：

不能放松当前问题，如工商改造问题，最大缺点是宣传不够，目前有几个问题。

1）无原则的捧ブル，过去只讲坏的。

2）宣传ブル脱裤子，本人是否愿意，今天愿意，明天是否愿意？其他ブル起什么作用。

3）动员帐〈账〉外资财问题，不能大宣传。

4）家属工作，不要叫儿子去训老子，对祖宗骂一顿。寒假中要〈造〉做一些工作，对人的改造工作还没有认真的做，对工人的宣传工作不够，干部教育也不够，如二面性，赎买政策等。

张际春：

干部理论教育，队伍建立很重要，要搞理论教员，人大负担训练，省委要搞讲师团。以免以后流动。业余政治学校要有专职干部，各省市自己编制。各省市宣传部长要先走一步。每周定出四小时。（高级知识分子）

文教部与宣传部分工问题。

省委江华的意见：

1）宣传四十条，主要是二条，八百斤，二年储备问题，其次四五二条，分化地主问题，五条反革命分子问题。

2）报刊要抓起来，把本省的消息要登出来，城市关于工商业改造，着重搞合营问题。

3）思想建设，什么是右派保守思想，反得没有界线。

（文件编号：R103）

宣传工作会议报告

1956 年 1 月

一月份(宣传工作会议报告)。

〈胡〉吴宪同志工商业改造问题。

杭州小商贩的改造。

银翔桥十家小商贩,合作后支出大减,煤、面粉、油等。

目前最薄弱的一环,主要是过去不重视,不宣传,私营业中少党的组织,现在还只是开始。

(一) 十月省委的城市工作会议,这次会议有片面性的毛病

① 不了解三反五反后形势的改变,对主流估计不足。

② 分化情况缺少分析,两面性分析也不够——

③ 指社会主义革命时期的积极性方面估计不够。

我们认为ブル是消灭对象,不能说有积极性。这一点毛主席说也是对的,不能说有"革命性",但仍然其两面性,也就是消极与积极的一面。在反帝问题上,仍有一定程度的积极性,大多数人是好的,如抗美援朝。在建设社会主义上有作用,企业与人才都有用,经验与资金有益于国家,资金只有三十二亿,数字少,但人才不少,可以创造财富。

消极的一面也是有的,如抽逃资金、消极经营等。改造就是反对其消极一面,发扬其积极一面。

"革命与反革命都是软弱的",我们过去认为[资产阶级]革命是软弱的,但不懂得[它]"反革命也是软弱的。"苏联当时情况不如此,ブル组织了武装队伍,都跑了。外国人看中国ブル在选举中投我们的票,很奇怪。这是大势所趋。ブル的本质是反动的,共同性方面强调了,而忽略了中国的特点:忽略一面都要弄错,往往左右摇摆。

(二) 对ブル工作来说,有时有作用不清的毛病

三反以后主要是反关门主义,作了一系列的安排。有一些干部处理关系上有丧失立场的问题。如支部大会要ブル参加,传达支部的决议,对于违法严重的不加处理,右的在党内还是占少数。

三反五反后多数是挤垮，关系紧张是多数，有不少是不问不闻（多数人）。公聘代表不吃ブル的茶，怕他绝食。

和平改造：赎买政策——对其资金财产；以教育为主——对ブル人。

事实收获很大，毛主席要ブル掌握自己的命运，叫他为进步核心分子。

说明党内思想是一个宣传工作重要任务，要有事实说明，其次是理论上说明，如列宁的提法。西德的ブル跑出去了。

国际主义——中国的ブル跑得很少，对其他国家有好处。

杭州市ブル学习经过，证明这一点，顽固分子屈服了。如汤元炳，检查二条：① 杭经纺厂如何发展的，棉花杀价，纱厂就大了，地皮是勾结官僚资本弄来的。② 过去对 CP 很恶感，过去从来没有说过。

胡海秋也有深刻检讨，沈九如——日本妻已离婚，与有钱的女人结婚，保存证据给蒋介石看。

温州市的材料，看ブル在学习后，也有提高，落后分子少了，进步分子多了。

（三）规划问题

全省四人以上的企业 6 000 多个，6 000 多工人，产值三亿多，商店三十二万户，汽车四百多辆，木船二万只，牛拉车十万辆，二年内全部合营，其中有夫妻店与小商贩，通过合作化组织起来。（个体经济）

合营的三种办法——全行业合营事业公司，全行业是商部合营，个别合营。

商业主要以全行业性合营——吃葡萄方式。

有些手工业可以归入合作社，如理发，修理，推车的，有些汽车。

（四）措施

1. 加强教育，提高觉悟，统一党内认识。

工人中要进行的教育——说明购买政策。

2. 政策问题。

生活资料归个人。

包括不了的组织综合公司。

规划问题。

党员的宣传与教育的要求是什么？

宣传部右倾保守，领导落后于实际表现在：

① 要求理论与文化学习普遍的，我们很落后。

我们过去只抓学习制度，墨守成规的一套——集体具体发参考书，考试，没有注意在一切运动中展开理论与实际建设的思想斗争，如各种运动，对二期问题也如此(不是技术问题)，因此队伍就不大。

② 宣传网问题没有抓——宣传工作满足提高提纲，而不去提高组织去搞，不及时，对群众的宣传无计划无组织。

③ 对下情很不了解，下去也无什么计划，常常出发，不解决问题。眼睛向上，不是向下。如~~农村~~上半年大收缩，也是跟着叫。~~内部没有讨论，下去的人意见分歧。~~每日情况与会上听到的不同，干部都是搞不定。

④ ~~宣传部不管干部，自从文教部成立后，有些分工不明，彼此落空。如知识分子工作问题无人管，唯物论宣传问题、干部管理、教育的范围不明(没有照中央的指示办理)。~~

⑤ 事务主义倾向问题很严重——每天门市工作多，工作无计划。~~有的部长空，有的~~部长忙开会，处里同志说回家无工作，不如下去做三定中心工作忙。

今后的规划问题——要有一个基本建设打算。

1. 按照中宣部指示，以宣传与学习马列主义为中心，办好几件大事。

1）轮训各级干部——从省到县学。

2）业余政治学校要以不能自学者为对象，(两种)各机关能自学的人带头，边学边教，以普及为主，要多办一些(二个太保守)。

3）……。①

2. 支部教育——主要是新党员，全部训练，建立党课，二年内要定出一个训练的规格(八条不够)。

1）党章、党纲要讲一次。

2）党的总路线，包括合作化与工商改造问题的主要精神。

教材问题——要各有关部门的分别搞教材，农村支部归农村工作部，工业与财贸干部他们写去，宣传部写机关干部。

3. 群众宣传问题。

中心问题是发展与党团宣传网。

---

① 原文缺。

1. 必须按中央指示，以支部为主，（不是付社长领导）领导团与积极分子进行有组织的宣传。

2. 省委应出一个宣传手册，每日一次，以代替过时的宣传提纲，生动活泼，亦可介绍经验，而是可以包括更大的方面。（国际国内，工业农业）

3. 省委宣传部应当有一个机构专管此项工作的人。

其次是：

① 县报要审查。

② 广播——主要以宣传内容的管理，不管喇叭（文化局管），宣传部检查文化局的工作是应当的，不能全归文教部。

③ 出版与刊物的审查工作要管起来。

4. 宣传部的组织问题。

① 应当管干部，设干部处，管理各级干部。

② 宣传部的组织形成要有一些变更，把城市与农村二个处可以合并出来，下面设组，定实力量。

③ 干部要配齐。

5. 定出宣传的检查的制度与规划，分头亲自动手。坐办公室很不好，明年应开一些专业会议，同时有计划的检查工作。

① 宣传网的问题。

② 各级干部学习与业余学校情况。

③ 知识分子的改造问题。

④ 农业合作化与工商改造工作中的思想教育问题——中心任务如何贯彻的。

⑤ 报纸问题。

⑥ 广播的问题。

（文件编号：R111）

四十条学习情况汇报

1956 年 2 月 3 日

农业局:

汇报先后的思想情况:(一月十二日开始)。

① 多数情绪很高,社会主义更具体化,有群众观点。

② 觉得落后了,跟不上形势,像做梦一样快。

③ 反映在工作上,一部分干部有畏难情绪,蚕桑科长,说人少任务多,准备检讨;有的觉得要努力,但如何干法,想不出办法,急躁起来。

④ 技术干部,对地主富农政策觉得很好,特别是对家属问题,工业也要有一个纲要。

⑤ 党内自满情绪有改变,"提心吊胆"。

问题:① 干部下乡多,对学习重视不够,时间太少。

② 白天改为晚上学要防止自流,目前还不大习惯。

财政局:

① 传达了十七条及中央决定,四十条公布后:没有专门布置。

② 同工作有关部门具体确定——如计划科。税务局也研究了,农村税收问题?

有六个问题:

① 农业发展前途明确了,解决了"什么是社会主义问题",发展前途。

② 三年内可以基本上完成社会主义革命的印象很深,跟不上形势。

③ 纲要说的很具体,对各方面都照顾,城市怎样办?

④ 四五条对地富问题,认为很好,有历史问题如何说。

⑤ 省的 22 条不具体(比四十条)。

⑥ 说明好,对乡村财政问题在条文上没有说到。

目前要讨论。

工业局:

传达过正在讨论。科长以上。

① 觉得过去规划落后，又重新研究了，过去是盲目的，四十条法规有了依据（地方工业）。

② 农具，电力，肥料，加工工厂等的要，对工业压力繁重，过去打■跟不上。

③ 一般同志觉得气魄大，看不起农业的观点有改进。怎样为农业服务过去不明确，现在有不同。

④ 农业有大纲，工农如何搞，工厂情况不同，跟不上。农业有可以开展，工厂搞什么？工人有要回农村的，干部情绪文化低的也有波动。

看了一遍，深入研究不够。

交通局：

传达过，付科长以上，讨论中，四个内容：

① 指标；② 实质；③ 改进工作方法，右倾保守的变现斗争；④ 如何来完成指标。

运输公路各讨论有关问题，要快：

① 进一步明确远景。

② 桥梁建设，认为可以就地取材，不一定要洋灰，修公路过去有右倾表现。

③ 修改过去的规划。

问[题]：

① 技术人员说就地取材，不要技术人才了。

② 干部认为工作繁重，干部少加班。

③ 学习与时间少的矛盾，加班很多，肃反工作很忙，业务工作多，但每天有二小时学习。

人民银行：

没有传达，没有正式布置，只看到文件与报纸。

情绪很高。

① 农民收入提高，储蓄力量有增加。

② 生活水平提高的可能，农业发展的重要。

③ 对四五条都同意，机关内的地主富农成分能不能改变。

卫生局：

传达过，思想反映。

① 局长以上干部，觉得很兴奋，又责任重，其中三条如何执行，麻风、肺病过去十二年内没有列入，现在觉得落后，问题很大。过去觉得人员多，现在觉得太少，招生成问题。

② 一般干部高兴，青年要求组织防吸血病的突击队，写决心书，签名，过去不愿去农村的，现在大有不同。

③ 中初人员做行政工作的，觉得自己水平低，提不高，很急。不愿做行政工作，要学业务。中级组同志没有人干，初级的已入了政治业余学校，干部思想有些乱（怕无出路）。

合理后学习后，再讨论。

商业局：

进行了传达，没有正式学习与讨论。

厂长多出发：搞商政工作，有的搞肃反，要求布置学习。

问题：

学习与时间矛盾：

① 学习是前提，一是要学，方法要研究，终要以领会精神，实际运用为主，与工作是可以结合的。厂局自己统一安排。

② 工作不同，学习重点可以不同——商政的可以学商政问题，其中有关系问题要弄清楚。

③ 学习项目多，业余学校。

重视这次学习为了实用，不要紧张。

（文件编号：R113）

江华同志在省委座谈会谈四十条问题

1956 年 2 月 6 日

四十条问题。

哲学训练班一个椅子二个人坐，是缺少知识问题。所以知识分子问题很多，要专门研究。

“经销代销的优越性”口号，知识太低。

一月底本省初级农业合作化已达 80%以上，基本完成不等于工作抓得很好，杭州市达 103.19%，这也是没有知识的表现。

高级社 30%，七千三百多，低级的七万二千多，杭州市有七小时内高级化的。

目前情况：

伟大社会主义高潮的前面。特别是农业合作化顺利开展，其原因不说了，头脑发热情况是有的。

1953 年农业问题有原则性的错误——即基本原理上错误，土地改革后应积极进行社会主义改造的方向思想不明确。主要是合作运动。浙江有三个问题应考虑，思想原则问题在哪里。

① 民主革命中的农民问题与社会主义革命时的农民问题混为一谈，即过渡时期的农业改造是什么了解不清楚，保留在民主主义革命时期的观点上，不能突破常规。“一切要由小农经济特点出发”，这句话的了解有问题，“照顾山头”也是为了消灭山头，照顾小农特点，也是为了消灭小农经济，“巩固”半社会主义生产合作社，巩固二字有问题。

把农民的落后性看得多，对其革命性估计不足。

这与历史事实不合。

② 第二个教训：土地改革后农村方针是什么？是互助合作为指导方针，也就是合作化的道路，才能适应建设的需要，但对这个方针理解各有不同，后三年对这个问题不明，没有全党动手来搞，城岭区事件是一个教训。

1954 年提出成批成窝的发展。

③ 阶级政策问题，浙江提出“贫农与中农并立”的口号。

把中农看为同一的，没有分别，这就是机会主义。

富农问题，现在是消灭的问题，这方面可能要出毛病。

工商业、四十条等都是毛[主席]在杭州拟定的。他说我是不是机会主义——对ブル说，多鼓励少批评。

现在城市起了根本变化。

以下讲四个问题。

1）根据农村情况，要准备好春耕工作。

2）高级社问题——条件问题。

不论哪一个都要参加劳动竞赛，争取丰收。

二月份一定要准备绿化工作。

3）八百斤。

4）劳动力(23 条)男女同工同酬。

5）四五条，地富反革命分子政策问题。

6）工农联合问题。

知识分子问题。

提早加速工业化，改善经济文化落后，赶上世界的水平。党在其中领导加强的基础上提出来。

反对宗派情绪。

私营政策改造问题。

领导方法问题二种方法。

（文件编号：R113）

学习四十条讨论记录

1956 年 2 月 7 日

金部长：

江说：重点在[四十条的]帽子与其中的六条。

学习文件：总理政治报告，知识分子报告。毛的序言，陈伯达发言，毛主席发言。

对什么是右倾思想不清楚，而说高级社问题。这个问题现在已爆炸，不能这样提法——头脑发热。

重心问题，明确生产问题是中心，高级社可以办起来，不然要砍树杀牛。

以领导干部学习为主，向省委写报告，一星期后汇报一下。宣传部召集。主要部门——工农业部等。

时间——三月十五日左右结束，然后下发，并修订规划。

问题：

① 一般干部与领导干部学习的要求有什么不同。

② 时间问题——

③ 学习种类很多，如何安排。

④ 俄文学习。

工业会议

宁波市王学正：

高潮情况

工人学习先进经验热忱高。

合理化建议多，生产量提高。

问题：

1. 产值与产量的矛盾。

2. 工资——奖励制度没有，惩办如何办法？

3. 只有班的质量没有个人质量，只有每台机器的质量，没有个人的质量，工人等级不同,要求质量也一样,不合理。

4. 先进与落后分不清——定额成问题,如染纺工业用嗅、味、视觉来考查质量。

5. 生产计划不正常,商业部门提出任务,不合工厂的情况。如染料的供应不够,不能完成计划。棉纱质量不好,影响布厂的质量。

6. 对人民积极性估计不足。

对省领导意见:

1. 省工业局的生产设计问题——设计与财政的矛盾,上面不解决(指基本建设问题)。

2. 省工业厅管得太具体。

3. 调训工人到〈加〉嘉兴,盲目的服从,调去的人意见很多。对工人的照顾很差,家人无人照顾。有些强迫命令作法,工人有自杀的。

4. 盲目合并——使修理厂成为农具制造厂,汽车就没有人修理了。

5. 劳动竞赛与思想工作。

定额问题先要解决——什么是先进与落后?

必须加强党的领导,加强工会的工作,要有好的工会主席,至少是科长一级干部,或副局长一级。

加强宣传网的工作。

加强干部对时事政策学习,学习群众路线问题很重要。

新党员中要加强党的基本知识,用业余党校的办法。

6. 组织方面,改选支部,通过党代表会来做。

温州市,陈:

1. 生产情况,第一季度比去年第四季度提高14%。

合营企业情况,也有提高27%,绝大部分超额完成。

2. 领导人开始注意政治思想工作,发动群众检查质量,征求意见。运动是正常的,克服右倾思想——学习文件,上下讨论规划。39个大型工作大体有了规划,推动很大,工人有奋斗目的,指标提高了。

3. 合理化建议九个厂有六百多条,采纳的三百多条。

工人的政治工作,五三厂的经验是如何改变落后工人思想问题的?

对总理政治报告很满意，工人态度有改变。（职员方面）

4. 企业管理，加强组织工作。

混乱现象严重，有些厂单单指劳动群众，管理制度打破，生产会议不开了，操作章程也不要了。说是打破常规。

存在问题：

1）运动不平衡，面不广，不深入，效果不很大。

有三种情况，领导明确，发挥技术员与落后工人的比较好，进度较快。

第二，领导不深入，关键不明，发动群众不够，管理人员与落后工人没有参加，有停止不前的现象。如铁工厂，还是普遍的。

第三，管理混乱，生产任务没有规定。

2）质值不好（98.3%），定额偏高，用派工方法完成任务，提高技术教育差，协作不好，停工待料。

领导多头，气候关系——原因。

3）领导问题。

① 只要快，不重视好与省。骄傲情绪很大，认为已经很好。安于现状，不虚心听群众意见。

为国家服务为人民服务观点差，如盲目提高出勤率，酱油粗制滥造，100 万斤被积压；节约油丝，布料不好。

② 组织工作落后，政治思想没有渗透到生产中去，搞突击的多，对生产中问题解决少，检查队很多，不应搞质量检查队，破坏企业的作用。书记单干，有些党员不愿干党的工作，行政党员不做思想工作。市委没有很好研究，如车间宣传鼓动工作不好，工人最怕喇叭（通知开会）。

领导多头，省市各机关都来抓，"党委亲自动手"一条使党委书记难以工作，非生产问题很多，如绿化、兵役。

③ 不关心工人，加班加点，是质量不高原因之一。

厂长资金不能动用，工人福利金如何动用，工人宿舍成问题，要上报太慢，生产安全措施太少，会议决议不实行。

领导问题——省工业部有半年没有开过会，层次太多，解决不及时。大批干部闲着，食品公司有 25 个干部，六个厂，500 多工人。

生产方针问题——过去不对头的如酿造业，省提出无色酱油，弄得质量不好，领导要表示态度，不出多，税务局有意见。

青年团员搞突击运动，老年、青年工人很有意见。

杭州市：

工人情况。绢纺工人有95％工人想当先进生产者，35％人有了自己的计划。比赛面广，各种人都参加了。

先进的占30％；落后的10％。

学文化技术，争取入党比较积极，电厂要求入党的二八人，干部队伍也扩大了。

运动趋势与问题：

1. 领导作风有些转变，大家都在规划。

支部书记做政治工作，不是全党来做。

2. 竞赛形式——以厂际为主。突击队曾风行一时，工资。改进管理，都有突击，正常工作被代替了（主要在公私合营后一个时期），九次党代会时还不明确，现在还未解决。（同工同品种竞赛未明）

3. 群众发动不充分，主要政策未贯彻。

知识分子，ブル政策——这二部人积极性不高。

三怕四要求：

① 怕领导不懂技术，是非难分；

② 怕工人提反对意见；

③ 怕负责任，技术问题不敢做结论。

四个要求：

① 学理论——同工人一道上课不满。（技术也有唯心论，唯物论）

② 向科学进军，要求业务学习。

③ 要求图书仪器，英美材料也要。

④ 要求作为工人阶级看，不如此，要劳动与技术结合很难。

他们的经验：

① 同干部说话要算一算经济效果，否则难以说服。

② 技术问题与我们不一致最困难。

③ 有宗派情绪。解决这个问题，要求党员用娘的态度对待，不要如外婆

与后母态度。

我们对他的态度很粗暴,〈课〉科室受处罚的 20%(炼油厂)。知识分子很多,有人诉支部书记的苦,干部说:要用限制团结改造的法子来办。科室人员怕的情绪很高,轻化工厂一般都存在这个问题,关系一般的紧张。

资本家开会时,党员不参加,使用不大胆,有技术的也如此。认为没有用,ブル加班加点没有工资。

关心工人生活问题——很不好,工人健康不好,疲劳病是普遍的,流产的很多,一个厂有十五人(丝厂多)。一年比一年不如,红血球下降,事故上升——四月份一千三百多件,平均每厂三件。

居住条件不好,福利措施不好,人数多一倍,宿舍没有加多一倍,合并后情形更坏。困难职工照顾很少,7%—10%职工需救济,但没有救济,每月收入20—30 元的很多。借了要还,不敢借,干部认为“救急不救穷”。年关救济,平时不管。

工资水平问题,织布工人工资最低(十多元钱)。

批评多鼓励少,上下级都如此,强调缺点多,与领导干部的骄傲自满分不开,与四中全会决议有关系,理解片面,对落后工人思想分不开。大家怕做先进分子或落后,中间的较好——不求有功,但求无罪。

介绍先进经验与竞赛的关系不明。

干部要配上二套,干部新办法少,很突出。畏难情绪,天天听右倾保守的批评,[觉得]还不如当一个工人。要减少压力,会议要减少。

工人提出:① 取消星期;② 要求改为十二小时工作;③ 发[redacted]给厂长——给市长的信。

商业部门工作要改进。

小黄鱼推销要党委书记亲自掌握,每厂有一个银行——广告可以代替政治工作。

平衡会议——市一级每一月一次,各单位要求很多,兵役限期下令抽干部,工业部长有一半时间是忙于平衡工作。

工业部的机构问题。

培养干部不相称——没有适当的机构。

现在工作——① 抓学习;② 抓先进经验。

学习内容——同省的一样。交流经验——支书会议，工会专业会议。

缺少先进的更先进办法——帮助先进者要引起注意。

推广先进经验全面规划很少。

反官僚主义还是主要问题——一般化不了解下情。染厂需要四十多种颜色，化学公司只有四种颜色，领导上只会批评。

会后工作：

① 思想工作——贯彻又好、快，四大原则，批判不正确思想。

② 人民路线，宣传教育，提高质量。

③ 组织问题，质量问题，车间与科室数量也不够。

④ 建党问题，最高13%。

⑤ 加强集体领导，改进作风。

〈加〉嘉兴市：

运动问题，领导干部怀疑是不是高潮？层层落后——指标问题，在一厂反映，计划有很大的超过。

合理化建议多，一个工人请假七天，请小学教员画纸，改进制瓦机器。讽刺打击不下乡的积极性，厂际竞赛很有兴趣(十二个行业进行)，班、室、[车]间都有。

评比标准不要太呆板。

工人生活问题，油厂一般做十二小时，有的是十七小时。从定额以来，加班加点变成了合法。丝厂九小时以上，提过许多意见，领导没有解决。设备没有改善，主要是加工搞来的。

劳工强度增加，工资下降，实际收入减少，工资改变后工人说“一场喜欢，一场担心”。工人居所少，中心丝厂一个小房间住十七人。

粮食系统工资减10%，每年降低。食堂很少人买小菜吃，大多数吃咸菜，企业化后炊事员工资要工人负担(已纠正)。

寿春土纸厂二百工人，没有医生，事故严重，因伤致死。

一个500〈个〉人厂连浴池也没有，工人体温不到38°体温不许请假。工人吐血，反要做重劳动，夜班。应救济的不救济，长安丝厂有三万多元救济金，三千多工人，只发60人的救济金，把钱拿去造俱乐部。一个工人根本弄到不能生活，发神经病，还说没有病。工人身体逐年变坏，如中丝一厂，有时 60%出勤，评最好。

中工丝厂经常有二百人不能生产，一厂最多有六百人生病，贫血的很多，解放前工人病少，原因是生产不正常，现在不是这样，长年累月的病号，是问题（嘉兴八千多）。政治工作愈好，工人越生病。丝厂工人很觉危险，说是没有前途——身体完了！

工人说不如ブル，[ブル]还可以向中央反映，我们不能提意见，[否则就是]造成[与中央]对立。政府是好的，干部不是好的，减工资问题大为不满。工人说为什么不提“生产与生活相结合”？袜厂工人说，到车间是社会主义，到食堂是资本主义，到宿舍是封建主义。

想回到农村去，主要是生活太差。

为什么发生这些问题：

① 干部不体恤，不了解工人生活，没有打成一片。只看到工人穿得好，拿农村生活来比，蜕化变〈节〉质的也有。

② 国家利益与个人利益对立看，要工人吃些苦，[说]“国富民穷”。工人提意见，说是落后，漠不关心。

如何措施：

① 不能超过八小时（不超过十小时?），改为十二小时。

② 改善条件，减少强度，工资要改革（布厂工资十三元），减少工人开支（失业工人救济金，上海已取消），钱都上交了。

③ 进行地区与工厂的调剂，对工人关系很大。工人家属分散太严重，工人来信很多，根本不理。

④ 业余时间安排，工人实际上工作十五小时以上，是一个政治原则问题，不是工作方法问题。

厂内情况：

厂内无人负责，厂长一开会就是一二个月。省、地、市委会议都要参加，重复很多。一个问题要参加四次会（工业部门的口），名为加深，实际削弱集体领导。市委会议更多。

党内办事机构要加强。

思想政治工作问题：

要加强思想工作，提高职工觉悟，搞什么？

① 反右倾保守，反唯心主义，学马列主义，“赶形势”思想，有些盲目。

② 反ブル经营思想，地方工业为农村服务思想。

③ 依靠群众思想，反个人掌权。

④ 反对党内忽视政治思想工作的倾向。

⑤ 树立先进的思想，反对工人中落后思想。

⑥ 加强党对社会主义生产领导。

组织工作问题：

① 机构建设——县成立工业科（二个县），编制很混乱，先送干部下去，充实下层。

② 干部调整——主要领导干部与科室。

③ 干部培养训练，业务水平，地方成立工业干校（已成立）。

大厂业务学习，发挥科普作用。

④ 干部分管工作，抓不起来，比较乱，审干工作。

加强基层组织问题。

过去实行一长制，党只是保证监督，看不出党的作用，不是起核心作用，分工负责制。

金华市：

① 七个酒厂，十八万斤白酒，味不好。因为不是粮食（甘蔗与六谷）。黄酒不好，资金压在34万坛中酒——要陈酒是一个矛盾，工资发不出，要银行贷款。

十三家棉布厂都亏本，原因是：管理人员裁掉太多，工缴费还大，每匹成本四元八角，工缴是三元八角，工缴不减，工资无法提高（最低要加21%）。如不解决，二月份生产成问题。没有按提高利润大扩再生产原则，因为财贸部不同意。

② 新合营厂问题

302个新厂，合营改造时后发生许多问题——领导混乱，102个厂是亏本的，原因还不十分明确。

兰溪27个厂，有14个亏本，盈的少，两者相抵，少三千多元。主要问题：

① 生产质量差。如烟厂积压多;肥皂不好,缩小;碗厂正品只有 11%;酒厂正品 50%,因不能销而减产,开支不能减少;布厂次品 4%;三巨烟厂积二万多箱纸烟,肥皂减产。

② 领导问题——专署领导,应属县领导,未解决。上面领导有官僚主义。专区有一百多干部,但无法解决各厂的具体问题。工商科领导各县的厂有困难,不合理。

③ 工人生活问题,一般偏低。浦江烟厂平均七元(手工厂),布厂工人十五元左右,铁机平均 27 元,兰溪纺织厂——七十八个工人,有的收入十三元,二十元以下的四十二人,负担人口 2—4 人。女工一面生产一面哭,比丝厂还更严重。

铁厂宿舍无法解决,因为是省属厂,青年工人 10%有肺病,厂长、支书、工会主席三人一个办公室。一个纺织厂 80%工人有各种不同的疾病,肺硬化症(飞花厂),工人住在庙内(碲矿厂),澡室作宿舍。上矿极困难,用绳绑着,波兰专家看了不能上。

强迫命令——水厂情况,县委要三天之内报告生产情况,对工人压力很大。限期,硬性。

④ 一长制问题——三个省属厂问题。第一类,厂长包办一切。第二,如碲厂,行政与党斗争尖锐。厂长认为自己有技术,看不起上面的人,不服从党的领导。文件上有党的领导,厂长就有意见。(厂长是党员)(铁工厂)

第三类金华电厂,支书认为向厂长汇报工作就算对了。党委看见厂长怕,干部个人主义思想很严重。厂长 23 级到十六级,十四级(碲矿)。

宁波专区:

生产情况:

第一类四十八个大型厂,增加;第二类二六个厂;第三类厂数减少。

成绩:变成为农村服务的工厂。

做了五方面工作(高潮时代)。

① 学习中央指示,提前完成五年计划,进行职工教育,批评思想。

② 定规划,推动生产运动。

③ 大力支持前进的经验,大丰油厂提出自造制油机(利用废料)。

问题：

绍兴酒厂公私合营后厂长没有了。

今年 60 个厂肃反(约十分之一的)。

温州市：

偏重改造，忽视生产，五月才扭转。领导情况——党政工团：

① 有一个工厂，支书书记管事务；一个工厂厂长管生产；一个管供销。支部没有计划，工会主席兼车间主任。

青年突击队——团的工作。

一长制抄天津市一个工厂的，规章订立合同，照抄，谬误可笑的有：

“根据运输部门计划订立合同”；“根据电业局规划订立合同”……

② 工商关系还不是社会主义——原料供应不许挑选，降低商品价格……

③ 专营公司党委与厂党委的关系不明——多了一个层次，代替了县镇党委领导。多头问题要解决。

④ 临时工问题，纺织厂占 50%，久未解决。

⑤ 交通运输归工业部门管，[实际]无人管，如何领导？

建德地区：

四月份生产减产，原因：

如烟厂：① 质量不好，销售减少，存货达五个月以上；② 油脂原料供应不足，桐菜籽供应不上，推广双季稻，菜籽打得早，含油量大减。(28 斤规定 36 斤)

问题：

组织领导——水平低，[能]力不足，干部少，县特别严重，重农村不重视工业。

批评“政治经济学教科书”。

工业化问题，政治经济问题，杨士×传达中央宣传部意见：

1. 是不是以重工业为中心才是发展工业，提法对不对。

2. 价格问题？——利用降低农业价格才能积累资金。

3. ……。[①]

4. 工业与集体化的关系问题不明显。

5. 忽视轻工业问题。

农业集体化问题

1. 全盘集体化,强调机械化与中国情况不符合。

2. 消减富农的道路——中苏不同。

3. 集体化完成后,使用机械为什么 CCCP 发展速度不快。

4. 最后一章与联共党史差不多,没有意思。

生产关系问题

1. 国民经济体系的看法——生产力与生产关系? 还是各个部门的关系问题?

2. 国营企业占社会主义生产规律的作用,××××减了如何? 提法问题。

社会主义经济的特点问题

1. 社会主义生产力的特点问题? 与ブル的根本区别,关系研究。三个方面不见得是根本区别,如集中化。

2. 生产力的分布问题——放在计划化问题中去。

社会主义基本经济规律

1. 性质问题,没有说出道理。

2. 国家的经济作用,放在这里是否妥当。

3. ……。[②]

4. ブル利润问题,与ブル规律差不多。

---

① 原文缺。
② 原文缺。

国民经济有规律发展问题

1. 那一规律是最基本的，是否就是这三方面？

2. 社会主义计划化问题——概念不清。

3. 如何运用经济规律？

4. 比例关系问题。

劳动报酬

1. 按劳分配问题，角度怎样？没有说明。

物质利益如何满足？

2. 一长制问题。

商品生产

1. 劳动二重性还可研究。

2. 价值规律，社会主义制度下是否不起作用？

中国农业上是起作用的，值得研究。

工资问题

1. 工资定义，不明确，李富春说得很简明。

2. 原则问题——政策上提法二点与中国情况不符。

李富春提法是三个方面，比较完整。

经济核算

1. 不明确，基础是什么？

2. 企业与国家的关系问题，苏联厂长权力很小，核算效果如何？中国也存在问题。

3. 盈利计算问题。

发挥潜力的算法是问题。

4. 重工业的盈利问题——积累是否很少，值得研究，周转数问题，加到轻工业。

农业体系问题

1. 放松农业是否是必然性的,客观原因还是主观原因?

2. 拖拉机站的作用问题——报酬太高问题,没有核算,利用率低,中国是否也需要?脱节问题。

3. 农业品价格问题。征购价过低,剪刀差问题。

4. 国家给农民多吗?把机器放在里面,可考虑,对农庄发展起反作用。

5. 级差地租——可以改一下名称。

个人利益与集体利益问题

没有说明。

商业问题——与中国情况不同

国民收入问题:① 非物质生产的劳动不算为生产,如工业发展的劳动,算不算?

② 国家预算定义——"国家预算的再分配"——不明确。

货币流通规律——与中国情况不合。

再生产问题——太简单。

理论联系实际问题

1. 要求如何?用经济学原理说明中国的现实生活的主要问题,达到提高理论与政治水平。如只说明原理,就低了一些。如要解决问题,就高了一些。要求:给学生懂得如何"学会运用理论"。

2. 如何联系?

① 同哲学、党史有所不同,有其特点。从经济学现在来解决问题,即要从经济学对象来联系实际,看各章的中心问题来联系实际,不是一切都要联系。要具体分析去联系。

联系什么?根本原则。从经济原理来考虑。根据对象,① 说明资本主义怎样,揭露其缺点,经济发展法则与社会主义革命与殖民地解放的影响问题。

② 中国经济发展的特点。

③ 中国经济中的重要问题——政策问题。

④ 批评资本主义的经济观点。

王维德发言：

① 教学中理论问题。

教科书有二种情况：一是与中国实际不一致，如一长制，农业落后于工业等问题，不能照他们讲。

二是教科书中道理不深刻。如经济规律与经济条件的相互关系问题，社会主义的优越性问题。

② 社会主义部分要增加什么？

个人与国家的关系问题——生产关系的主要方面。

③ 经济范畴不明确，要进一步研究。

④ 教科书不能完全否定，而且是一个基础，不是吹毛求疵。要从自己的经验中考虑，不要硬搬，不要束缚。

如何教法？

① 不对中国的情况的不讲，如何讲要考虑。

② 允许教师提出自己的意见，不要指责，与扣帽子。

③ 要给学员独立思考，不考笔记。

④ 各校互相交流情报，学习杂志登载。

理论联系实际：

① 主要问题：要与中国情况相符合，例如一长制。

② 理论与实际联系各有各的特点，学校不定政策，对经济学的知识，给学生说明，〈会〉结合实际精神，如何去运用他。

到一定时候，引导学员解决具体问题。

不要提出要求过高，学员有这个要求：

③ 要创造办法，对根本原则要使学生理解。

④ 启发学员独立思考，理论联系实际，不要担子都放在教员身上，许多问题要学生自己解决，教员只能做出榜样，只要提出问题就行了。

⑤ 不是一章一节都要联系实际问题，学院要求太高，要解脱绳子。

⑥ 消化不良问题，要看二个问题：一是质量好不好，是否深切，与通俗；其

次，份量是不是太多了。各地不要搬高级党校的材料，中心问题要讲透。

⑦ 教科书份量过重，各地中级党校要考虑。

教学工作与科学研究如何结合。

教研室的主要任务是教学，与科学相结合。创造性的教学就能结合，不是人云亦云。要好好读书，研究文件，当前政策问题，了解群众执行情况，向学员学习，多下去。

（文件编号：R113）

量变到质变根本转化的规律(初稿)

1956 年 2 月 16 日

一、小引:

(一) 唯物辩证法"对立面的统一和斗争的规律"说明了事物的内存矛盾的斗争是发展的根本因素,量变到质变的规律,则是更进一步说明发展过程的具体形态,以观察事物在特定阶段中的各种现象,即观察每一事物产生与消灭的全部过程的现象,亦即是观察自然界或社会新东西不断产生与旧东西不断死亡的变化无穷的现象。

唯物辩证法所以成为科学的思想方法,就是在于承认:运动不能离开物质的存在;同时又承认运动和发展是物质存在的形式,这样来说明什么是物质问题,那是马克思、恩格斯所首先发现的,他们在哲学史上开辟了新纪元。科学的唯物辩证法推翻了一切唯心论者和机械唯物者认为物质是永远静止不动,或者只是渐进地进化的各种错误理论。马、恩二人根据科学,得出结论:认为自然界与社会的发展过程,是经由量变,飞跃地过渡到根本质变的规律而前进的。

(二) 掌握这个规律对于研究自然科学与社会科学,对一切实际工作者都有重要的意义,特别在我们国家,正在从新民主主义过渡到社会主义的条件下面,具有现实的意义。

什么是过渡呢? 列宁说:"过渡二字又是什么意思呢? 它在经济上是不是说,在这制度中既有资本主义的,也有社会主义的成份,部分因素呢? 谁都承认,是这样的。"(左派幼稚病)可见过渡时期有不同的经济因素,不同的阶级存在,即是有各种不同的现象存在。党中央根据中国革命的情况,指出中国社会主义革命的完成,要通过和平过渡的阶段,采用和平改造的方针来完成历史任务。这就是向我们提出了一系列的理论与实际政策问题,即如何才能和平地顺利地迅速地过渡到社会主义社会,(量变)促进社会性质的根本转化;社会的经济改造达到什么程度,即社会主义的经济因素达到什么程度才是质的变化(高潮),对这些问题没有充分估计,就会在工作上犯错误,如看不到社会主义高潮到来的右倾保守思想的错误。

二、什么是量与质，及其相互的关系？

一切物质都有一定的现象或对象，叫做质态，或即所谓“本质”。一切的现象都会变化与发展。

为着说明容易起见，在讲到这个规律之前我想先讲一下什么是量与质的问题。

究竟怎样变化的，是出于简单的数量增多或减少，并无性质的不同；还是数量增加到一定程度，要起质的变化？对这个问题的答复，前一种看法是属于唯心论者的答复，而唯物辩证法是属于后一种的答复。为着说明起见，先来说明什么是量与质，及其相互关系问题。

（一）什么是质？

质是事物的对象或现象的根本的“属性”——即“本质”。质亦即是事物的内容，通过他的基本属性表达出来。例如说：资本主义私有制社会的本质（属性）是阶级剥削与斗争，社会主义社会则完全相反，二者的性质不同。

质是客观存在的实在，属性表现质的一定内容，也是客观的实在。例如说，东西有软硬轻重之分，表示物质的属性，都是客观的实在，不是人所能臆造，人只能通过感觉、触觉去认识他的属性，这是不用证明的。

同时又需知道：质与属性的区别，质是指事物的全部特殊性，而属性则往往只能代表事物本质的一个方面。所以不是所有的属性都能同样地表现出对象与现象底质的全部内容，属性可以触及本质的一面，而另一方面也可以触及其非本质的一面，区别本质的属性与非本质的属性，有重要意义。因为我们考察任何事物要防止表面化，一般化，主要目的是要区别其本质的属性与非本质的属性。例如冬天的梅树要落叶，落叶是非本质的属性，落了叶的梅树，仍然是一种植物，因为没有失去梅树的本质属性。

唯心论的观点完全相反，他们认为：全部的质或其中某一部分，只不过是我们的主观感觉而已。例如胡适说：“一样的满天星斗，在诗人的眼里和在天文学者眼里，便有种种不同”，他认为“实在是我们自己改造过的实在”，这便是一个典型的例子。

要说明质是什么，需要解释几点：

第一，质的变化（内容变化）要引起现象的变化。例如说：资本主义私有财产的所有制消灭以后，阶级对立，经济危机，工人叶[失]业等现象都要消灭。

又如说：我们目前把资本主义工商叶[业]全部或大部分合营使其进入了社会主义后，国家的经济生产情况“面貌为之一新”。

第二，质的区别的相对性，而不是绝对的。

恩格斯说：“这些对立与区别，虽然存在于自然界，但只具有相对的意义，辩证的自然观的中心点，就是承认这个真理。”(反杜林论)

“在本质中一切都是相对的”，其例如下：生物与非生物，同化与分解，战争与和平，遗传与异变，正和负，磁石的南北极，长与短，运动与静止，吸引与排斥等。

质的区别为什么是相对的？因为所谓质的区别，只能在对立相互关系中比较才有意义，彼此不能孤立地存在；质的自身的同一，首先必须与一切别的东西有差别，作为补充，才能表显[现]出来，所以恩格斯说：“同一性中自身中包含着差别性”，达尔文说：“自然界中找不出两个绝对相同的个体”。所以质的差别是相对的，而不是绝对的。

特别是由于物质经常处在不断的变化状态中，对立的事物有可能互相转换(如生物是非生物转为有生物)，所以同一性是不断地被抛弃，“亦此亦彼”，如生物的新陈代谢。在无机的生物界亦如此，如地球的外壳的变化，地质学就是证明这种不断变化的历史。

这一个原理教导我们：对任何事物不能固定地，不变地去观察，这在人的能改造性可变性问题中可以证明。

旧的形而上学的观点与此相反，他们的公式是：“是—是”，“否—否”，“非此即彼”，因此他们认为一切都是不变的，太阳系，行星，人的社会，有机体都如此。

十八世纪的形而上学者由于自然科学的发明还十分幼稚，有些唯物论者，他们不把世界当作发展过程去理解，不能把世界看为处于不断发展中的物质去理解，他们认为一切都是不变的，人同机器一样。例如从笛卡儿的眼中看动物如同机器一样。德国资产阶级的生物学者魏斯迈，认为生物体分为“体质”和“种质”(遗传质)，一切外界条件只能影响“体质”，而不能影响“种质”，他假定种质内有一个“基因”，他是永远不变的。一代传一代都是一个样子(他以割去二十二代老鼠尾巴，而仍生尾巴为例)，这个理论便被帝国主义者所利用，说人种的优劣也是天生的，白色人种是优等人种，应当是天然的统治者，希特勒说:“亚利安”人种是世界最优秀种族,所以应当侵略全世界。胡适的历史观所谓“祖孙方法”,认为人类社会的进化没有质变,只是一代传一代的结果,中国民族是劣等的,连“身体也不如人”,所以“中国不亡,是无天理”。

第三,质不能离开运动而存在。

恩格斯说:“对象——这就是运动着的物体,而物体本身底各种不同的形式与种类,只有通过运动才能认识。”(自然辩证法)可见物质是不能离开运动而存在,反之,我们要正确地完整地去认识任何事物的本质,也只能在运动中才能去掌握。譬如说:我们要了解目前的社会主义的高潮形势,高潮的实质,只有在运动中才能认识到,即只有在接触实际运动才能真正体会得到。

又例如说:人与猿是不同本质的动物,但人是从猿进化过来的,所以要知道人的特征,应当从人的进化过程来考察。恩格斯关于“劳动在从猿到人转变过程中的作用”文章,说明了这个原理。人与猿的区别的主要特征是劳动,这个特征随着人类不断进化的运动中日益明显地表现出来。

质不可与运动分离,在无机物的构成中,也很清楚。例如恩格斯指出:“今天的石板根本不同于它所由构成的粘土”,这说明认识石板与粘土的本质不同,要从其转化过程中去看。

第四,运动中有没有静止?

我们既然认为物质的存在形式是运动与发展,那末物质是不是绝对运动有静止状态呢?辩证法认为运动与静止是相对的,物质有运动也有静止。形而上学者则片面强调一方面说万物都是静止不变的;或者说“万物皆流”(古希腊哲学家克拉特),自然界永远没有静止稳定的东西,这种观点与辩证法不相容。

马克思列宁主义第一次解决了运动与静止矛盾的统一问题。辩证法不承认有绝对静止的事物,但是也承认发展过程中相对静止的存在;没有静止也不能有运动,两者互不可分;而且还认为静止是运动的因素,即运动的状态。静止的状态就是表示物质内部量的逐渐积累过程,而在这个过程中事物往往在基本属性上仍旧保持表面的原状。例如人的逐渐变老过程,不到一定年龄,衰老现象是不会表面化的。又如说:第一次世界大战后,世界资本主义曾经有过一个相对的稳定时期,但同时又认识资本主义的继续腐朽化与矛盾尖锐的发展过程,因此说:经济危机终究要很快的到来;但在危机的总暴发的前夜,生产的进行过程,往往表现在变化不大的相对静止状态,即相对稳定状态。布哈林只看到资本主义的相对稳定的表面现象,而看不到发展前途,所以政治上犯了右倾的严重错误。

（二）什么是量?

量与质一样,都不能离开物质存在,同时任何物质必有一定的量,质与量统一地存在于物质的内部,所以量也是物质现象的表现。如我们的干部哲学学习班,这是指的班的特点,同时这个班又须要有一定数量的成员,否则就不能成为学习班。

量同质一样是多样性的,各种对象有各种不同的量。

作为数量出现：数目字。

作为比较程度出现：大小、快慢等。

作为容积出现：长短、宽狭、方圆等。

每一对象都有自己的定量,小如原子,大如星球都有一定的份量,所以他也是客观存在的;所以恩格斯说：量不是从什么地方取来的,而只是从现实世界中取来的。因而我们可以说：当人们产生数量观念之前,已经有物的存在。野蛮人开始产生数的观念之前,一定已经在生活中存在计算的对象,如分配食物,都要有数量的计算。

唯心论者对量的看法：认为量不过是人的观念与符号,他们不承认量是物质的表现,因此也就是否定量的客观实在。

（三）量与质的关系。

量与质在物体内部是一个统一体,两者构成物质的实在内容,他们的有机统一,构成事物的质量。

物质有各种不同的质量,表现在其各种不同的形态中。物质的矛盾发展,首先发生量变,然后才是质变。恩格斯说:“在自然界中只有通过物体或运动的数量上的增加或减少,才能发生质上的变化,这对于任何场合都是一定的方式。”(见自然辩证法)从量变过渡到质变有一个质量的交错线,名为转折点。如水的沸点与冰点就是转折点。

人类社会的发展,也是按量变到质变的规律而发展。

如毛主席对农业合作化高潮问题指示:“问题是在一九五五年的下半年,中国的情况起了一个根本的变化。中国的一亿一千万农户中,到现在——一九五五年十二月下旬——已有百分之六十以上农户,即七千多万户,响应中共中央号召，加入了半社会主义的农业生产合作社。”（中国农村社会主义高潮序言）这就是数量转为质量——根本转变的例子。

马克思在资本论第一卷中关于资本问题指出：“不是任何随便的货币量或价值量，都可以转成资本，其实为实行这种转变，在个别的货币所有者或商品所有者的手里，应有一定的最低限度的货币量及交换价值量。”同时马克思为说明起见，还指出：“所以用二个工人还不能成为资本家，要使自己生活比普通工人好两倍，并把所生产的剩余价值的一半转成资本，那末他一定要有雇用八个工人的能力。”（资本论第一卷）

我们公私合营决定资本家的成份，要有一定的资金额与雇工数目，也正是按马克思主义的经济原理来进行的。

其次，不但量变要引起质变，同时质变也要引起量变。马克思关于剩余价值学说中说到：协叶[业]、分工及手工工厂，机器生产及大工叶[业]等领域上的无数场合，量的变化，变更事物的质，反过来，质的变化也变更它的量（指生产量）。

我国农叶[业]合作化与私营工商叶[业]的公私合营，手工叶[业]合作化的结果，同样要引起生产的高潮，这也是从质变到量变的必然结果。

三、量变到质变是发展的普遍规律

量变与质变既是互相统一的，所以量变与质变是物质运动的二种形式。斯大林说：“从辩证方法底观点来看，进化与革命，量的变化与质的变化，乃是同一运动底两个必要的形式。”（无政府主义还是社会主义）列宁也说：“历史在其自身中包含有各种倾向，正如同自然界的发展与生命在本身之中包含有缓慢的进化与迅速的飞跃，渐进底间断一样。”（欧洲工人运动中意见分歧）

由此可见发展的进化形式（即渐进形式）是指事物内部旧东西数量的变化；发展的革命形式是指质变，新东西的产生。进化是为了革命准备条件，而革命则是完成进化过程，并更进一步促进其发展。

由此也可以知道所谓“发展”（即运动）是量的变化，同时又是质的变化的过程，二者有互相密切联系的关系。

（一）这一个规律的普遍特点是说明：

第一，事物发展的规律是由小到大，由低级到高级，从不显著到显著的，逐渐的量变到根本的质变过程。（否定的否定定律要详细说明这个问题）

自然界现象如水的加热,逐渐变成气体的质变。

社会现象也一样,如由农业生产互助,进到半社会主义的低级合作社,逐步过渡到完全社会主义性质的高级合作社形式。

认识过程:由不知经过感性知识,上升到理性知识(飞跃)。

这一特点主要问题:是说明新与旧的交替,新的力量逐渐战胜旧的东西的必然性,所以对质变的认识,要看为事物的前进运动的一种形式。世界万物愈来愈进步,愈复杂化,是根据这个规律来发展的,所以是一条绝对真理。

唯心论的“神造论”“目的论”“宿命论”,把一切万物看为被创造的时候起就是永远不变的观念。恩格斯对这些唯心论者讽刺地说道:“按照这样的说法,猫是为了吃老鼠创造出来的,老鼠是为了被猫吃创造出来的,而整个自然界是为了证明造物主的智慧创造出来的。”可见唯心论者的发展观是毫无根据的思想。

第二,发展的多样性。

量变到质变的关头有一个交错点(转折点),但各种事物的交错点各不相同,因而形成发展的多样性。生物遗传性是由于长期相对的外界环境条件影响积累的结果,所以遗传性的改变很慢,而某些化学现象变化就很快,恩格斯说:“在气体的运动中,在蒸发过程中,质量运动直接转化为分子运动。因此,在这里造成转化。”(自然辩证法二四二页)

量变到质变一定要经过飞跃(或突变)是绝对真理。为什么说新质态必须以飞跃过渡的方式而到来呢?主要问题是物质内部的新属性逐渐积累而旧属性不能继续共存的缘故。旧的东西变成新的桎梏,所以要引起质变,它意味着新事物的产生,与旧事物的死亡与消灭的必然性。所以飞跃的性质是革命的形式,飞跃是必然的发展过程,不是偶然的现象。一切唯心论者把飞跃看为偶然地发生的现象,那就会对革命运动看为不可理解的了。

飞跃既然是事物发展的必然过程,所以估计飞跃的具体条件是十分重要,所谓“水到渠成”“瓜熟蒂落”,是飞跃的关头,不估计具体客观条件,就是违反发展法则,必然要引起混乱。反对盲目冒进和“小脚女人”,就是为了防止不必要的混乱。

第三,发展过程的阶段性。

毛主席指出:事物发展过程的根本矛盾,非到过程完结时是不会消灭的,这说明量到质的转变过程中，矛盾斗争的不可避免性。这对于理解发展规律是一个重要问题，在社会革命运动中，旧势力是不会自动地退出政治舞台的，不管用什么方式来进行革命，斗争是不能避免的。

另一方面，毛主席又说：“被根本矛盾所规定的许多大小矛盾中，有些是激化了，有些是暂时缓和了，有些是暂时地或局部地解决了，或者缓和了，又有些是发生了，因此，过程就显出阶段性来。如果人们不去注意事物发展过程中的阶段性，人们就不能适当地处理事物的矛盾。”（矛盾论）

由此可见对发展过程中随着矛盾的变化，过程中要发生阶段性问题。因此对每一阶段的发展情况的考察，对我们实际工作者有特殊的重要意义，他教导我们要研究发展过程各个阶段矛盾的特殊性，对具体事物要有具体分析。有些同志对中国资产阶级采取和平改造赎买政策表现若干程度上的怀疑，主要思想问题恐怕就在于看不清当前阶级矛盾发展情况的变化。

社会主义过渡时期各个阶段内政策问题的复杂性，根据也就在这里。

（二）飞跃的形式。

第一，什么是飞跃？一般说是：量变的渐进过程的中断。这里特别要注意的问题是，飞跃的性质，是指质变，是以急剧迅速的变革形式出现，而不再是量变的渐进过程的继续。量变是渐进的，它进行得比较慢，而根本质变则是以迅速的飞跃的形式出现，它比量变速度快得不可比喻。

渐进过程的过程与飞跃是互相统一的东西，不能够把它对立起来看，即飞跃要有渐进过程作准备，同时渐进过程到一定条件必然要有飞跃。譬如说：我们要实行社会主义一定要有过渡时期作准备，飞跃的快或慢的到来，要看准备得充分不充分来决定。

其次要理解的，渐进过程有没有飞跃的可能，我们说，过渡时期也可以有飞跃，有大大小小的飞跃形式出现，最后变为大飞跃。例如说，把许多个体农户组织起来，需要经过许多的阶段，从互助组到合作社是飞跃，基本上完成半社会主义的农业合作社是一个大飞跃，最后到私有制的完全消灭，是完成社会主义革命的更高的飞跃。

所以我们可以说，不是所有渐进的过程只有量变，同时也有质变。如何来区别其中量变与质变的差别呢，这主要看经过阶段的差别而定，如果各个阶段的变化只有量的差别与增减，那自然只能看为量变，如果发生了本质的变化，那就要看为质变了。小根据地到解放时是大变,起质变的同时小根据地地方政权的建设也有小的飞跃。如上例毛主席在农业合作化高潮序言中所指出的形势,看为根本变化,这就是飞跃与质变了。相反的在一九五五年上半年以前,还只有部分农户入社,而且还是有增有减的情形中,那就也许只能看为基本上是量变了(自然不能否认有小飞跃)。

人类社会形成过程的本身可称为大飞跃。人从动物界分离出来是一个复杂长期的过程,而且还需要一系列的环节,这是小飞跃。具体地说:如猿人开始能直立,手的解放能制造劳动工具,脑与感觉器官底发展,言语的出现等,都是人的发展的环节。整个自然界是飞跃组成的。

第二,飞跃的特殊形式:爆发。

所谓"爆发"是指把事物一下子消灭掉,新事物一下子代替了旧事物谓之爆发。例如苏联的十月革命,中国消灭国民党的旧政权的革命斗争。

斯大林说:"对于分成两个敌对阶级的社会,爆发是必需的,但是对于没有敌对阶级的社会爆发决不是必需的了。"(马克思主义与语言学问题)但这里必须要说明,斯大林是指的两个阶级对抗性矛盾占着统治的地位,二个矛盾不能解决时才必需采取爆发式的革命,不是只要有二个对立的阶级在任何场合下都要采取这个形式。所以爆发式的革命方式是特殊性的革命。苏联消灭小农经济的方式,是采取集体化改造的道路。革命,中国现在也在走这条道路而得到胜利。这说明爆发必须看矛盾的具体条件才能实现。恩格斯说:"如果旧的很贤明,不加抵抗,即行死亡,便和平代替,如果旧的抵抗这种必然性,便暴力地代替。"这对于说明中国和平改造问题是重要的理论根据。语言学问也一样,不能爆发,只能是渐进的变化,苏联马尔语言学的错误就是在于曲解对立物之统一与斗争的规律。中国工人阶级的领导力量占了绝对优势的地位,所以消灭资产阶级有可能用和平改造的方针来进行,这是以历史发展条件来决定,是马克思主义具体灵活的运用。农业革命也一样,斯大林说苏联实现了农业革命,是"因为这是从上而下的革命,这种改革是由现存政权主动进行,并获得农民基本群众的拥护而实现。"这对中国情况来说也是符合的,所以也不需要用爆发式的革命方式。

(三)进化与革命不同。

进化主义的理论,把发展看为纯粹的量变,不承认有质变。如达尔文对生物的进化学说有重大的贡献，“异变是生物界的普遍现象”，对当时的宗教迷信是致命的打击，但当时受科学发展水平的限制，他说“自然界没有飞跃”，这就被许多资产阶级的哲学家与政治家所利用来反对革命。胡适就是利用达尔文在这个问题上面的错误来反对共产党与中国革命运动的。他说社会的进化是一点一滴的，所以中国革命只要一点一滴的改良，不需要经过群众斗争与武装的革命，以此来反对革命，维护旧中国的统治。胡适只是以改良主义作幌子，不能说他人生观是改良主义。

四、这个规律对实践的意义

第一，对人对事必须在变化中来看，因为事物从其内容上看，是相对的，暂时的，互相联系的，而又是可以转换的，所以我们经常说不要固定地片面地看问题，就是这个意思。

第二，党的策略与政策的决定，是根据运动的实际情况出发，是由于运动的二种统一形式——渐进与革命形式——出发，超阶段的主观主义是托派的思想方式，也就是唯心思想，所以必须坚决反对与改造。只能看到事物的演变现象，看不到飞跃情况。所谓“看不到形势的发展”，落在新形势的后面，就成为保守落后思想了，相反的，如只要飞跃，不要准备与过渡，那就会犯急躁冒进左的错误，不要跑得太快，也不要落后，但也不是折中，就是这个意思。

第三，要经常去发现新事物的不断发展，旧的东西逐渐衰亡的自然过程，这教导我们一个革命者要永远向前看，经常去关心与培养新东西的萌芽，否则就要落在新事物的后面，失去领导的作用。

第四，事物的转变是灵活生动的，既不能死板，也不能用诡辩方法来代替辩证法，前者是从空洞的方式出发，而后者以事实为依据。例如列宁说：“民族战争有可能转变为帝国主义战争”，依据二次世界大战的历史事实是如此（如第二次世界大战前夕有中国的抗日战争，阿比西尼亚等的民族战争）。而卢森堡就犯过这样错误，列宁批评她为诡辩论。在我们实际工作中第一件要事是“从实际出发”，这就是要求我们不要从陈旧的方式中去套圈子。

一九五六年二月十六日

（文件编号：E214(1)）

林乎加同志关于宣传四十条问题的报告

1956 年 2 月 20 日

第一，四十条的重要性——毛[主席]说又是一个宪法。

下面命令主义倾向又再出现，乱订指挥“毛主席订出来的”，群众无话说了。

第二，问题在于没有抓紧，好经验没有推广，领导一般化，下面干部很努力，省委干部学习不够，积极性不高。

不能说“完全不按常规办事”，要把所有同志动员起来，接触实际，下去检查要有提纲与目的，解决问题。其次是先进带落后；推广经验。

乡村中的爱国及群众搞得很好，文化局不会推广，春节搞龙灯，是十六世纪的，原因脱离实际。文化部门工作检查对其他部门有作用。

吸血病虫的[防治]方法，下面很有办法，上面不知道，卫生厂党组[织]检讨。

干部教育的主要问题。接触实际，不要头脑发热，多抓好办法。进行一次教育。

发动群众基本问题还是教育问题，办法是：

① 指标；② 典型；③ 参观。各地推行得不完整，报告不解决思想问题，典型不明确。

第二步计划修订。

第三步劳动竞赛。

主要毛病是发动群众不够，一般是简单介绍经验。

劳动竞赛解决什么问题没有解决。（上下如此）

主要是：① 提高群众的自觉，创造性，要做好政治工作。先进带动落后，向先进学习。② 要有明确的对比标准。③ 竞赛单位不能过多。

领导问题

① 当前主要问题是发动春耕生产，70％面积改为连作稻了。

② 办社问题（高级社问题）。

劳动组织 有条件的办，已办的如何办？叫做联队或分社。用联社形式办。联社主任兼分社社长或队长，其次，根本没有核心的分开办社。（温州地委）

队长可得生产奖励，社员对工作人员的养活有顾虑。

划分地区土地问题——个别调整，避免浪费，基本上要成片，包工包产评工委员会，划片后，吸收熟悉人员突出产量，开小队长会议，各小队工作巩固下来，研究包产的指数，然后在社员大会通过，大约七天可以完成。

按件计酬：只要摸几个社的经验，交到乡去修订，大体差不多。

政策处理：四条处理，合作社才能算正规。

三月前突击灭钉螺丝。妇女劳保。卫生厂管治。

说一说要分工负责——党委统一安排，四十条也要这样做。

宣传部文教部——党委对思想工作主要抓宣传部，检查工作内容宣传部负责进行。

宣传部要搞规划。

金[韬]：

四十条问题宣传工作中问题。

（一）各地情况概要。

各地作了宣传的都收到了一宣效果。

① 四十条要看为什么作党组织的整个工作，不是一个部门问题 宣传与生产运动，宣传干部的思想工作也要作。

② 落后于实际。

③ 脱离政治倾向。

（二）力量组织问题。

动员全部力量来进行，包括小学教员等。

把各种目前工作结合起来。与生产中具体问题结合起来。

与农民生活结合起来。到现场中去。

（三）组织检查。

运用各种组织去检查，发现好的经验。

（四）城市与农村关系，城市为农村服务，城市要宣传。

（五）宣传部工作。

落后——意识对实践指导的落后

城市问题，依靠工人阶级的思想要去全面地发展。

① 宣传生产任务——“七分业务三分政治”思想是不正确的。内容：四十条问题——为农村服务共同建设的劳力(这种思想问题)公私合营后问题——职工的补课教育。ブル分子教育问题：劳动竞赛问题(提高质量问题)，经常工作。

② 总结一些“工矿政治，宣传的经验”。

主要问题：

1. 保证生产计划的完成——树立工人阶级做主人翁，社会主义的思想，批判领导上的保守思想。

2. 关心工人的物质与文化生活。

3. 巩固工农盟问题——特别是四十条的结合。

4. 时事政策的宣传方面。

5. 提高工人群众的文化与技术水平的提高问题。

6. 工矿企业干部的学习问题。(包括非党知识分子改造)

7. 党员教育。

8. 党的宣传网问题。

9. 管理工人业余时间问题——保证健康，学习与文化活动。　加班加点的问题——主要是计划管理问题的解决。

工人政治觉悟的提高，先进经验的推广。

温州市：

① 干部少是问题。

② 搜集材料，摸经验。

③ 干部学习——半天学习。

④ 职工业余时间支配问题，与工业队时间。

杭州市：

① 上面抓得乱，干部都到上面开会，下面没有人管，建议省委要统一。不要临时开会。要材料，下面忙。

② 业余学习——一次生产会议。党的活动。星期天寻时间(更忙)，青年团工会寻时间——工厂内部要统一领导。

③ 市委分九部。业务与政治分别，政治工作归宣传部，内部科分工——

群众。干部,支部教育。

④ 干部现在右的思想,高潮是上面不大明确,群众热忱看不到。全面规划,接触实际思想差;关心群众生活不够 扫盲问题已提出,但有在盲目性。(一年半要完成)250 个小时,(全国三年)市人民委员会已决定。

⑤ 物质问题工资混乱。公私合营后新出现的问题。粮食不够,影响生产,主要是家属订的低,私营厂标准订的低。

省委宣传部可以与市委合作,杭州市以丝绸厂为主。① 四十条问题。② 宣传网问题。③ 加班加点问题。

⑥ 四十条干部学习延到三月十日起。业余学校,下月开始。

⑦ 厂干部学习,半天时间学习,一个能去学“管理问题”。

⑧ 时事政策——大报告太多。

⑨ 四十条问题——没有听过的再说一次。生产组织问题要解决。环境布置发一个通知。本星期内进行。

⑩ 对省委宣传部要求,多批评,合作。

宁波市,张永祥:

① 工业改造后有些问题。合营后较多小厂、手工业问题——经营管理,内部制度有些混乱。

工人群众有变化——负责精神加强。要求搞好生产,自觉性有提高,以前是怕人说落后;现在认为是对不起党。埋怨领导,停工待料现象很严重(针织厂),由下而上的上,领导跟不上工人的积极性是突出问题。

工人方面:政治上教育不够,制度不好,跟不上,等级制。

② 组织问题。

党委只有委员一个干事,没有科,他的任务不明确,也有些没有配储干部,宣传部不在抓下面。

手工业政治工作没有管(13 000 人)。郊区的宣传工作没有办法,农村工作部没有宣传工作组织。

ブル教育问题。

区组织得取消了,街道宣传工作成问题。

工业部内宣传工作由宣传部领导,到工业部只有一个部长。

贸易部没有宣传科。

③ 经验问题——四个问题。

典型问题必注意。① 生产宣传问题。② 宣传员问题(宣传网)。③ 干部教育。④ 支部教育。

④ 加班加点问题——市委有一个决定。

⑤ 文化学习——六至九小时,(工厂)三年扫盲。晚饭后一星期四次(1—1.30 小时)每天二小时。高小以下的不学技术问题。铁工厂已关闭,其他在规划,一般是一星期三次。包括开会在内。除星期六晚上都有活动。工厂干部多在初中以下程度。

⑥ 时事学习——初级人员早上二小时学习。时事与业务。也有一些是半天学习。

⑦ ブル教育——教育什么不明确,基础知识教育内容问题,重视的不好,今后教育什么?

⑧ 社会主义教育多三个单元——时事政策,改造政策,如何掌握命运。

⑨ 干部学习 3 000 多人学文化,1 000 多人学理论。

先学政治经济学(共计七人可以上课)。

哲学无把握:二个人在杭州学过,用讲座办法。

规划很难定。

温州市:

① 区也准备取消,宣传部工作有困难,专业公司的党委初步形成,忙于改造与肃反。

> 余纪一同志谈的二个问题,有疑问?
> ① 定息也可以说不是"剥削"——资本家利用这句话。
> ② 国有化以后,定息不[一]取消。

手工业有 30 000 多人,教育工作很差。

② 支部教育——打算联合[办]党校,不脱产,业余进行,由各党委负责,党委负责组织,支部组织讨论,一月一次讲课,主要讲当前重要政策问题,结合理论,批判右倾问题,党的生活问题进行传达(上半年计划),下半年搞八大

问题。

③ 知识分子教育——办哲学讲座（十次）。

④ 社会主义教育——

⑤ 调训干部要求省多不调其他工作。

① 宣传通讯要求有一个评论。

② 开专业会议。

（文件编号：R112）

四十条学习问题汇报会

1956 年 2 月 23 日

余纪一：

[统战]部内思想保留在学习，讨论一次，与统一战线工作为何结合不明确。动员各阶层为农业服务如何作？可做的：

① 开展民主人士中的宣传，收集反应，发挥他们的作用。

② 加速工商业的发展速度。

最近准备召开座谈会。

黄仲华：

文艺组情况：

处长以上干部学习松，有的在碰头，一般说学的差。

还在看文件，发现问题还谈不到；一般干部学习很紧张，每星期要学习五次。（连业务学习）内容很多：哲学，哲学、经济，文化，业务，时事，消化不了是一个问题。

领导干部忙于作规划，到教育开会忙，搜集材料生产再加工商业改造，主观上抓得不紧，少一个制度的除外，“自学成为自流”。

反映出来的问题：

① 地主富农入社同工同酬，思想不通。

② 对台湾问题觉得太宽大。

③ 对高潮有怀疑——山东要到 400 斤有困难。

高级社发展快，工业赶不上，有些怀疑。

没有接触实际，是主要问题。

三年完成社会主义过渡，与总路线十五年完成有不同，是不是要改变，改变所有制与社会主义建设混为一谈。

三年以后叫什么革命？是不是社会主义革命？

④ 五保问题，对地主富农分子与城市的是不是也要五保？机关干部什么时候改变，成分“一定时间”，要几年？

⑤ 机关内反革命分子工资发 70%，说与农村的[比]不公平。

⑥ 地主富农入社要经过哪一级批准不明。

⑦ 不能争领导骨干，为什么ブル可以争经理？

⑧ 杀猪的说，可不可以说是高级知识分子？

⑨ 大学毕业生在机关中工作数年算不算高级知识分子？

问题：

① 有推不动的现象，因为少一个学习时间，领导落后，业务学校规定不到的要开除不合理。

② 领导头多，需要统一，归口领导后，什么都找部。问题多，各部之间开的会议多，党多，宣传部总支都派部长。

③ 自流转入联共中央的报告问题，有的到五云山。

文教部：

三种不同进度。

教育厅等已开始座谈。

反映情况：

① 很兴奋，前途明确，消灭什么问题没有。

② 科学问题提得不多。

③ 交通二天怎样办。

④ 基本指标还可提高。

⑤ 地主富农入社很有兴趣。

⑥ 要求学习联共报告。对斯大林著作的评价问题。

外交政策问题。米高扬说“过去错误使外交关系紧张”？不了解，联共党史问题。

工业部：

① 各厂都反映高潮问题，一月份情况不好领导主要抓改造不抓生产，不愿回城市。

一户农民收入等于麻纺厂。

② 一年的收入。

③ 领导重视学习，各单位订了学习计划，春节前都作了动员，进度有三种，不太平衡，工业、商业比较重视，有的在咨询还未讨论，手工业学的比较差，他们学形势反保守问题。

问题：

还在开始，深度差，制度还没保证。

政治口：

认为是很大启发：学习忙乱现象差不多，因而对四十条不重视？

改为候补社员为什么不给农民称号？

干部决定一切，还是技术决定一切？

妇联：

三八节集中宣传四十条省市干部要开一个会议。请做一个报告。

组织部：根据四十条配干部，编制与组织形式。

领导抓得不紧。

金韬：

林、陈二人说：四十条学习：

要求：① 每个干部都要学，中心问题要弄清楚，为什么生产为中心，建立社会主义为目的——解放生产力。

② 各厅局领导上在全面规划问题，接触实际，生产上有什么保守思想。

③ 各部门要检查生产情况，接触实际，改变作风。

时间：因为要春耕二月底得要出发。

十五日告一段落。

广泛收取地主富农问题的反映，二月底以前收起来。

（文件编号：R112）

部 务 会 议

1956 年 2 月 27 日

城市处任务:

(一) ① 生产宣传;② 宣传网;③ 时事;④ 经验通报;⑤ 计划工矿企业。

(二) 工矿企业政治教育——主要是群众教育: ① 教育计划;② 教材;③ 经验介绍。

工人政治教育——时事政策。通过总工会搞。

改造工作宣传,高潮前零碎工作多。高潮以后宣传提纲。还有目前的思想教育工作。(包括资产阶级)

(三) 经济生活宣传——主要是对商业方面,收购问题。有一些是我们搞。为三定问题。公债问题。

收购问题归部门起草,由宣传部批准。专业公司的宣传品。共计二十余个单位,基础合作社宣传工作。

中央指示要搞经济工作(包括财贸部的工作)

(四) 市委干校(今年不管),谁管?

问题: ① 局面没有打开;② 业务不正常,突出性多。特别是工矿工作没有很好管起来。吕[志先]部长意见要工业部管,他们可以在抓党委。脱离实际问题如何解决,没有办法。我们对后来又说跟工业部搞工作,处内思想不通。我们对城市宣传工作我们也没有推动他们,专业会议一直没有很好开过一次,因为准备工作没有做好。

原因是: 材料不够,(各地很少报告),多是总结报告与计划,情况掌握不起来。

部内争取领导不够,重点是农村,城市稍带一些,不能及时解决,长期处在不明确状态,不及时解决问题。

今后如何办: 关键在接触实际,采取下面的办法。有目的了解一些基本问题,蹲点打圈办法。

其次,到小市去研究工作,召开一些小型的座谈会议,解决支部教育与正规宣传问题。

组织问题：办公室可以加强，处内留少数骨干处理日常问题，其余下去。巡视员方式：可以试验一下。

下去多了，部内有困难。目前不动，加强办公室。因为没有经验。

学习室：干部学校，业余学校，干部轮训，刊物没有很好进行。

组织形式：同意取消：各处也可以统一进行。

如广播录音工作可以由办公室来录。（问题是在于搞业务）。

报刊处：分配广播器材，管政府行政部门的工作。

农民报、县报、出版社工作没有管。

分出去办理，保留下来有困难，机播更扩大。

有一部分移交办公室有困难，如检查报刊。

（附注）鼓励：1. 理论——宣传。2. 时事政策——鼓励。宣传处、干部处。3. 报刊出版。4. 支部教育。5. 讲师团。6. 办公室。每处设有巡视员。

办公室工作。

办文工作，机要，收发，行政，思想工作，人民来信，统计。

缺点：① 质量不高；② 不下去；③ 业务建设少。

理论教育部要发车子问题。

一二月份办 500 件。（一个月内）

二月写出 32 件。

一月份 33 份：提纲：一、指示　二、通报三个。

通知七个。（开会通知包括在内，学习补充，宗教宣传，肃反宣传，资料等。）

请示四个——中央、省委、干部问题。

批复问题——

二月份：没有指示，通知多。——四十条，工农联盟，经济宣传问题，储蓄问题，公债。

中心工作问题少。如四十条问题，废品多。如社论电影队招生要宣传部联合写通知。（组、宣、文教部）广播出版的经费问题——（可以不管）。

省级机关文件可省的不省，因办公方法多。

意见：设巡视员归谁管。

金[韬]：

发言缺乏分析，那些应当做，那些不应做的。

应当肯定与否定的，例如：经费、发无线电器材。

思想工作作的很少，具体工作多，不应管的多管。

经验要学一下。（非同地的）

调查研究工作一定要做。

1. 理论教育处。
2. 宣传处——时事政策。
3. 报刊出版。
4. 支部教育。
5. 干部处。
6. 讲师团。
7. 办公室。
8. 巡视员。

（文件编号：R112）

关于小商贩改造问题的座谈[①]

1956 年 2 月 29 日

陈安羽：

小城镇改造情况：商业改造 23%，小工业 57%，各地标准不同，温州 87%大约 67%已搞完。

清产核资六个县 38 镇已进行，比七市进步的地方，地委统销粮较差。会议决定贯彻还好。传达较普遍，一直到区，春节时以供应为主，大部分在春节发展开，三月底完成。

干部思想大部分老问题，个别的不通，有写信到中央的。

小商贩经销代销宣传较普通；一般反映很好，群众赞同。有的小商贩准备合营后要送走家属的；一般对生产较重视，增货源品种很多，送货下乡许多地方也出现了。也有开商品展览会的。有些镇搞定期劳动竞赛，扩大交流，服务态度变化。

地委控制较差，金华写了八条。舟山较差。

<u>小城镇的问题</u>：

① 账外资财问题，淳安提出口号"顺天者昌，逆天者亡"不投资的"要被潮流淘汰"。

② 盲目合并厂并店在城镇会议有问题很多，现在较小，〈加〉嘉兴一月份有三四个镇(改造 90%以上)。遂安较紧，城郊的店都集中到城关镇，每一行业并为二个门市部。过年搬家，私商要全部调查。夫妻店有把他们分配到两个地方工作的，成衣店三十余部合并为一个店的。

③ 清产核资——面积较广。(50%)

抽资金很多，也有搞私私联营的，因为怕清产核资。

私私之间的借贷发生困难。公私合营后借贷发生困难。

④ 乱宣传——内容有很多问题，文化站有自己管宣传资料的。乱提口号：鄞县有一个镇，工人报喜队，提出"打到资本家"[的]口号，"反对ブル不法

---

① 原文无标题，系整理者根据内容自拟。

行为"[的口号]。

新问题：

① 改造形式问题，合作商店——有许多不积极，鄞江桥夜间不敢做生意，有的不愿下乡，模河区发生贪污问题。

合作商店问题领导有困难，值得研究。

② 小城镇只有 20—30 户也开庆社会，值得考虑。

③ 专业商店 2 751 个已建立起来，干部、开支等情况无法算起来。

④ 柯桥镇有十个会计被调查，私商不满。

李丰平：

① 小城镇改造有些不好，5%以下的ブル[成了]对象，[只是]"私营小工商业"的性质，[运动]也不是改变私有制。因为不进行清产核资，是组织起来问题，目的是改变其经营管理，限制其发展。改变其生活。

这个问题对下面干部要教育，强调这一点。

② 如何组织他们生产，为农村服务目的要明确——组织货源，向农村推广。

③ 这种形式要明确，合作商店要不要搞，专营商店的性质是行业并厂并店问题，高级社，集中生产，清产核资问题。国营问题。

把有些问题澄清一下。

④ 小城镇要检查与控制，要挖出那些不能做，如乱宣传。

要下去看一下，召集附近城镇开会，比较快，经验也可以用这个办法。

余化一：

从棉布改造到这次合营有共同思想：合并快，集中，对小商业与经济关系不明，对农村服务观念不了解。因此要强调他的好的方面(民税遗产)，发扬其特殊作用，搞好生产，下面可以接受。但对人民服务，集中起来就不便利。下面要进行教育，过去只宣传和平改造与赎买政策。

李丰平：

① 多个社说，包括土地问题，同时打出一个电报。

② 经销代销问题，由贸易部写出一个东西。

③ 粮食会议上去讲话，开一个会议，由他们去传达，发给他们一个提纲。

（一）演讲工作计划——科学已开始。

（二）高级知识分子学习计划。

（三）组织改正计划。

（四）工厂支部党课提要发出。（工商业改造，四十条，第一五年计划发展不错）

（五）下去看的——一个区，一个乡，一个厂。

（六）规划问题——分工合作。

（七）学习“论ブロ专政经验”一文。

（八）成立党委。

（文件编号：R112）

陈毅同志谈四十条[①]

1956 年 2 月

要这个纲领的理由：

(1) 因为我们是农业国，但缺粮缺棉，去年少 6%的棉花。

(2) 因此工厂减产，缺少细粮，绝大多数人吃粗粮，四川有八个月要吃粗粮。

(3) 年年有灾害，中国只有唐时与乾隆年代没有灾害。

(4) 工业生产一般恢复慢，过去速度不快。

(5) 受朝鲜的影响对农业的发展。

(6) 经济作物区有几千万人要粮食供应，城市工厂，军队有八千万人要供应粮食。工业原料的供应，对外贸易的出口。

每年增产为什么还有粮食紧张?

(1) 土地分配上中农生产减少。

(2) 农民需要增加。

(3) 工业发展，需要增加。

出路何在? A. 只有合作化；B. 运用科学技术、统购统销。实际上是对ブル理论的斗争、个体与集体生产的斗争。

① 这个纲要是农民的宪法，是提出战胜资本主义的办法，去年事实证明五亿人民愿走社会主义的道路，许多人还要怀疑，具有世界的意义——战胜世界的资本主义意义。

② 这个纲领的世界意义。

这个纲要是农民社会主义纲要，但还不是全面的纲要。

③ 国家要办的事业没有包括进去。有人说指标太低，可以超额完成。办不到会影响到国际上面。

④ 工农联盟的加强，同时也是知识分子的联盟。因为要有科学与技术。“干部决定一切”、“科学技术决定一切”，提出这样的口号。

---

① 此系陈毅在全国政治协商会议上的发言。

陈云同志在知识分子工作会议上发言。

画龙点睛——中心是生产问题，增产粮很重要。为着防止战争。最要紧是靠人力，加上社会主义。

社会主义的制度还要有人力增产是可以实现的，是不是要机器问题还是有争论。中国是先有合作社再有机器。水，肥料，人力条件具备，生产可以提高，特别重视水利问题。

水的来源：① 河流；② 地下水；③ 天落水。

四个省三千五百亿吨水（一年）。10％留在地下，大部分蒸发，20％水要使其不流入江海，黄河地区水源可以解决的根据。关键在于人力，第十条的由来。

（文件编号：R112）

在宣传部长会议中提出来的问题

1956 年 2 月

杭县：

1. 四十条宣传，既要中心突出，又要全面克服困难，是不是分为几个问题来谈？

2. 工商业改造问题——经销代销想不通，既然是公私合营，为什么还要这样做？

3. 生产指标没有根据，思想很混乱，强迫命令也要防止。

4. 地主富农问题——有提出要一律管制的。

5. 合作化有要求 100%。

6. ……。[①]

〈加〉嘉兴：

自满情绪很多，认为宣传了 90%以上，不要求再深入。

金华：

响应号召不看本地情况。

实现规划少措施办法。

对高级化情绪比生产的积极性更高，宣传上片面。对富农地主问题宣传片面化，没有分别的对待，发生模糊思想。干部有因此找地主富农女儿结婚的。

强迫命令现象——强迫农民入社，砍树现象很多，山区也改双季稻，群众批评说空话。

劳动竞赛的百分比有些困难。

肃反与宣传工作矛盾。

“一个乡的情况”（宁波）。

17 条宣传后农民资本主义思想有大的变化。

---

① 原文缺。

文化要求提高，开间草球场，识字运动。

卫生运动——粪缸加盖了。

养猪的很多，耕牛有增加。牛穿大衣，小猪住新屋。土地合并大生产。

妇女参加劳动，“过去吃饭靠丈夫，现在吃饭靠自己”。

积极分子工作积极起来。

大部分社员参加民校。

大部分都入了社。

大部分种连作稻。

另一个乡，因为没有宣传，发生许多问题。

农民怀疑连作稻能否增产，支书也如此，少数党员还在单干（十一人中有四个没有入社），入党时为了分土地，没有说要入社，四人均为老中农。

包房屋，消灭蝗虫。

宣传不具体，原因是不懂得。余姚一个干部说主要生产资料归农民所有。

宣传优越性很不具体。一般抓住了生产问题。

过去是干部宣传，已经吸收了一般群众进行宣传，主要是有经验的农民，大家要听。

展览会办法好，三十万人组织了参观。每人要他十元钱，本乡也要展出一些好的经验，农民也高兴。

杭州市：

十七条宣传区，报告员出勤一次，大部分听过报告。

春节工人下乡结果很好，大部分下乡，情绪很高。

很多商店提前开门。

报告一次没有讨论，800 斤不知道什么意思，农业知识分子很少。

党代表会上准备讨论四十条。

二三月份任务多，连续全进行，打算买公债，绿化建设起来绿化 70%可以达到。

干部加班加点情况很严重，与家人也不见面，取消二个半天学习时间有意见。

四十条问题。

生产为农村服务方针特明确，增加 30%，但质量很差，钢厂只有三个人质量好。原因是今年要求比去年高，花色更多。加班加点多。没有一个工厂质量合于标准，技术追不上。

工资低成为大问题，不合理，高低不一，阻碍生产很大。

四十条如何宣传，是否为农村服务要考虑？

公私合营问题：

1. 专营公司干部是外行面向生产不懂业务。

2. 统一规格，民族遗产很有问题，饮食业较好，手工业不加注意。

3. 资本家改造未进行，不知如何办了很不自然。

商业需调整问题很多。

今年发展一万党员，教育任务大。

妇女生产问题，要强调家务劳动。

墙报是不是都宣传四十条。城市宣传工具主要用报纸广播等。

文化局：

工作主要问题：为四十条服务不明确，不否定，五五年后，特别是半年来脱离政治现象很重，如何提高如何普及都没有解决，社会主义目的性不清楚。认为有电影〈戏〉剧本就可以了，——领导思想上障碍。

对民间艺术的发掘问题，无选择的拿出来，下面的文化站是做了一些工作，也有一些经验，为展览会。

春节时间没有很好利用。

十万人队伍如动员起来很有作用，内容问题要解决。

如何创作——业余创作不是很严重。

小学教员美术教员出壁报，宣传四十条音乐教员教歌要县的文教科长说一下。

说书、连环画，370 个人（文艺工作者）统一使用。三月前开个会，四十条挂图，幻灯着重 800 斤问题。

要求宣传部统一组织幻灯。

建德：

中心不明确，部的工作很乱。

富阳开过八百余人宣传员代表会议，讨论[经]过纲要。

温州：

干部大会上传达，党代会上讲。

全区70%高级合作社，乐清[高级社]到百分之一百，群众拿出钱来很自愿，有的钱放着还没有用，收来算账有困难。

宣传动员很紧，二年余粮储蓄，农民说毛主席想的周到宣传对合作化作用大，合作化速度快是这个原因。

进一步措施没有宣传，还是大问题。如水利问题如何算，非常有困难。

问题：

1. 各部门各自宣传，如何联系。2. 行动与宣传如何一致。3. 批判右倾问题还停留在社的发展数量，现在不是改造，而是生产问题。4. 干部不够，文化部门干部较多，宣传部门很少，不重视。

宁波市：

春节宣传工农联盟问题时宣传了教条，不是全部宣传。

城市干部还没用很好的学。

湖州。

干部只知道十七条，不知道四十条。

对职工宣传有鼓励作用，城乡关系。

总的要求——说明城乡劳动目的为发展生产。有机的联系。

指标是先进的，思想是保守的——主要问题。

除四害、扫盲搞得很积极，但宣传工作不够。如何统一起来？要宣传中心与其他如何一致？① 力量统一问题？② 内容统一？

理论学习——1950年进度学不完(时间问题)。

文化学习常有50%的人缺席，肃反问题影响。

知识分子学习没有办法，少讲稿是主要问题。

文教部成立把宣传部一分为二，工作不便。

黄源：

文化工作为中心服务掌握不够，ブル思想的表现，对农业情况很不熟悉。

广播电台：

一千五百只喇叭。如何发展群众办广播？

下面有二种情况：① 富阳等十余个县内部自己出经费，群众来搞；② 群众自己先筹资。

（文件编号：R112）

越南代表问题

1956 年 3 月 6 日

熊复：

南北统一问题，和平与战争统一问题。

北越问题：

① 经济恢复：工业不多，农业在南部，困难多，斗争复杂。

② 土改，有统一战线问题，政策界限较宽，为了南部。

③ 整党。爱国主义教育、反帝、民主主义、反封建教育，要恢复经济宣传，对党员以上先进分子进行社会主义教育。

问题：

① 各个时期中如何进行宣传工作，怎样建设，有什么措施。

② 知识分子问题。

③ 反常问题——抗美援朝，解放台湾的宣传经验。

接待方针：

和一般友好的团体区别，因为是党内的。内外区别由宣传部来负责，不要客套。生活要舒适，很愉快，不生病，要热忱亲切。充分介绍我们的经验，同时要照顾他们的情况。要具体运用，如土改不同，我们不能同他们提方案，防止死板的输出经验。

充分交换意见，无拘束的来往，好坏经，全部拿出来。要文化历史过程与当时的条件，到苏联去也如此。

准备工作。

要有计划，与布置，要有提纲，提出问题要有准备，中央宣传部都写了提纲。

生活上要准备与检查，省市委宣传部要有一个组织，生活小组有宣传部一人，由指导处组织。

支援大国主义倾向，请示报告制度，汇报中宣部。

对他们的要求：

计划问题。

① 北京十五工作日。② 河北省六个工作日，主要以农村为主，党校。③ 遵守——工矿宣传工作。④ 上海杭州十天，杭州二个工作日（可能还长）。

公私工厂的宣传工作，知识分子，宗教宣传，局长工作，社会问题。

杭州，主要是过路与休息，了解新区，是宣传工作。特点——每一历史阶段的工作情况，可能来小结，需要在杭州，补课性质；特种小手工业品，宣传工作。

每一历史阶段的宣传工作。

杭州以城市为主，省定以农村为主。

中央：恢复时期① 党内外思想，爱国主义。

② 建设时期，民族主义——到社会主义。

按时期说，历史条件，提出那些措施与经验，要具体地谈，不是谈反斗。

印单印本给他们看，地方可以把具体报告、表格、条例，可以给他们。

三月十日前送计划。

要向干部传达——对参加接待同志。

中央宣传部：① 历史概论；② 理论；③ 宣传鼓动；④ 知识分子。国民经济恢复时期问题。

情况任务。

校务委员会上提出问题。

（一）

1. 学员水平低的转学。

2. 教师分别成二个小组。（教研组）讨论讲稿提纲。（党校与行政学校）

3. 学习室。定出每课主要内容与要求。

4. 进度太快，消化不了——是不是还讲一下。

5. 每班设辅导员问题，大班，小班均设。

6. 设班委会——（畏难是普遍的）。

7. 下乡问题。

（二）学员要求：

① 范围涉及多，交待不清楚——问题要求突出。

② 要求通俗，不要引经据典。

③ ……。[1]

（三）情况：

情绪还是很高，但畏难，顶牛已发生。

程度不齐教学有困难。

教学上问题——照搬现象，范围涉及大面不具体。半生半熟，举例不妥当。

主要问题：

① 联系实际；

② 中心突出问题。

（文件编号：R111）

① 原文缺。

三八节对省级各机关干部的讲话稿

1956 年 3 月 8 日

（陈修良旁注：省妇联要我在今天“三八”谈谈妇女问题，我因为调来不久，还是第一次参加，对机关女干部的思想情况不大了解，只能谈一般问题，但我觉得今年的三八是“高潮”中纪念，这对妇女的彻底解放有特别重要的意义，因此，我们先从这个问题谈起。）

一、目前，社会主义革命高潮与纪念三八节的意义。

党中央指出我国目前正处于社会主义革命的高潮中，大约再有三年时间，社会主义改造就可以在全国范围内基本上完成。第一个五年计划将提早完成。这个高潮的主要特征是农业合作化运动的迅速开展。全国已经完成初级合作化 85％（其中高级化的农户为 48％），私营工商业和小手工业合作化、私营工商业改造即将完成。国民经济中这三个主要组成部分的改造的胜利，是达到社会主义革命目的的主要成功。为什么？因为这是消灭私有制，是生产力的解放，为大规模发展工业和农业的生产创造了有利的条件，同时也是为彻底的解放妇女创造了有利的经济条件。

为什么说社会主义革命的胜利与妇女彻底解放有密切的关系？是不是全中国解放后中国的妇女还没有解放呢？不是的。

全中国解放以后，妇女在政治与法律地位上是解放了的，解放后不久，我们国家就宣布了宪法，规定了男女平等的权利，宣布了婚姻法，保护了妇女在家庭中的平等地位，劳动法上规定男女同工同酬的原则，党和政府的一切法令上都规定了男女平等的法律，妇女地位问题基本上已经解决了，但男女经济地位还没有完全平等，正如列宁说的：“关于妇女地位问题，一开始，就被苏维埃政权提出来，我以为凡向社会主义过渡的工人国家的任务没有二种，这一任务的第一部分（即妇女地位问题）是比较简单容易的。”同时他又说：第二个步骤，同时也是重要的一个步骤，便是土地，工厂与工场，私有制底废除，这一点，而且唯有这一点，才能有完全而真正的妇女解放——因琐碎的单个的家庭经济转变为大规模的社会经济，而把她们从“家庭奴隶制”之中解放出来——开辟一条道路。

苏联妇女正按着列宁的指示，彻底消灭了私有制后，完全从奴役的地位解放出来了，他们可以自由选择自己的职业或在家庭中劳动，他们正在更大规模的为保护妇女儿童的利益而努力。

我们中国完成了社会主义的改造后，将更进一步消灭私有制，正如列宁所指出的，正在为完成第二种任务而前进着，今天所遇到许多困难，随着社会主义革命的胜利，是会逐步克服的，所以社会主义革命的胜利，对妇女的本身利益关系很密切。

事实很明白：在小农经济下面，妇女因为生理关系，有许多田间劳动是困难的，依赖家庭生活的情况很难改变，妇女只能做些家内劳动，经济独立，让他学习都有很大束缚力，在农业合作内工作的妇女情况，就完全不一样。（合理分工，同工同酬，生活困难有照顾，妇女的劳动力真正可以解放。）

在工业劳动的妇女也一样，资本主义工业，因为目的是剥削，必然是设备差，工资低，妇女的劳动力被剥削的程度一般都比男子更多，在社会主义的工厂内情况完全不一样，作息时间、工资待遇、教育机会等，都与男工一样，一切都比私营工厂更好得多，妇女的劳动生产力自然要提高。

其次，经济制度改变后，大家都会知道，社会主义没有妇女参加是不可能成功的，妇女的劳动力的重要性，必然会日益明显，人们对妇女的思想上也要起变化（经济条件决定人的意识）。家庭两性关系都要随着起变化。恩格斯说："在社会主义之下，能够产生新的男子，这种男子在生活上将不用金钱或其他社会权利的手段去收买女子。同时也将产生新的女子，他们将除了恋爱以外，决不因为任何其理由而委身于男子，或者决不因为惧怕于经济的结果而拒绝嫁给她们的爱人。"

我们国家的婚姻法就是在新的经济制度下面产生的，是男女家庭关系中平等的表现。农村的妇女参加了合作社，现在也说：不要依靠丈夫吃饭了，农村目前对妇女劳动力日益重视起来了，各项农业劳动都要妇女参加，说明思想的变化是同经济制度有关系的。

正因为如此，所以可以知道社会主义的建设对妇女解放是有特别重要的意义，妇女对社会建设应当特别的积极。

今年三八妇女节使得我们以更大的兴奋与鼓舞来纪念他，对我们有特别重要的意义，也正因为我们现在正以广阔通道的步调发展着社会主义的经济建设。

其次，我们同时必须了解：我们的男女地位还不是十全十美，这是因为我们现在经济建设的特点，还在到社会主义的“过渡时期”中，因此，这还不等于社会主义改造的完成成功（进入社会主义不等于“完成”）。因为：

（一）还没有把个人所有制改为全民所有制；

（二）社会主义工业化还没有完成，实现总路线还要完成三个五年计划。社会主义的工业化，特别要发展重工业（第一个五年计划的中心是发展重工业），因而我们还要作更大的努力。

了解这一问题，对我们有重要的意义，因为有些人认为：

（一）既然是“进入社会主义”就要把生活弄得很好，为什么工资没有增加，物质生活都还不够好；

（二）社会主义已经成功了，可以云之乐之了（暂时休息休息的思想），我们不需要加紧努力工作了；

（三）产生对现实生活的不满，“社会主义不过如此”等的错误想法，对社会主义建设会造成阻碍作用。

我们必须认清：社会主义的幸福不是天上掉下来，主要是靠生产的成功，所谓社会主义的竞赛，就是为了增产。生产上一切的工作要为生产服务。当从党与政府机关的工作人员来说，我们就要有生产的观念，对发展生产有关的问题，我们就要特别关心与努力，否则我们要求改善生活，求得与男子一样的劳动条件是难以实现的。所谓“主客观的一致”问题就在于要创造客观的条件，同时又要主观的努力，两者不可分离地进行，否则只有苦恼，闹情绪，发牢骚，不安心工作，争吵都不能真正解决问题，是主客观的不一致，苏联妇女生活地位的改善也是经过奋斗与过程的，我们也一样要经过曲折复杂的过程。

机关工作的女干部现在最大的问题是孩子与各种家务的牵累，影响着自己的工作，自然我们不能否认琐屑的家务是妇女解放的障碍，所以列宁说：“只有把这样琐碎的家务，加以大规模的改造为大规模的社会主义经济的时候——只有在这个时候，真正的妇女解放，真正的共产主义才会开始的。”即妇女不解放，共产主义不能实现。但是列宁所指的是共产主义的远景，他并没有要求妇女在革命后立即不要管家务。他很注意这个共产主义生活的萌芽的，所以他又说,“我们对于现在在这一领域内已经有的共产主义初芽是否予以足够的注意和关怀呢?(在理论上这个问题对共产党员都是无可置辩的要重视。)我们必须再强调一次说,还是没有公共食堂,托儿所,幼稚园——这些东西,正是(共产主义)这种幼芽底雏形,正是单纯的平常的手段,这种手段并没有带着丝毫不实在的性质,但是他们都能够在事实上解放妇女,它们能事实上减少或消灭妇女在社会生产和社会生活中与男子不平等的那种情形。”

因此,我们对目前如工作人员的生活上的这些问题就要关切与解决,特别是做这方面工作的共产党员。但是过渡时期一切的条件还没有具备,我们还是要自己搞家务,不能空想,主要是争取社会主义的早日实现。

二、社会主义的优越性,我们要为总路线的实现而奋斗。

社会主义的优越性在世界范围内已经证明,特别是苏联为首的社会主义国家,他的优越性更加明显。社会主义越出一个国家范围,转为一个世界体系,已成为我们时代的主要特点。从一般道理说:社会主义与资本主义有显著不同:

(一)社会全体人员物质和文化生活越来越好,生产技术不断提高,各社会主义国家团结互助越来越紧,社会主义没有经济恐慌,不要战争,坚决的和平方针。

(二)相反的,资本主义国家的经济制度是劳动人民生活愈来愈惨,经济危机越来越严重,对殖民地人民的加强掠夺,备战的积极严重地威胁人类的和平生产。“凡保存资本政权的地方,男子是享有特权,照列宁说他们那里谈不到自由与平等。”

社会主义的优越性表现在我国的四十条农业纲要草案上是很明显的:(这个纲要是总路线在农村中具体化)现在且来简单的谈一下特别是妇女有关的问题。

(一)四十条的基本问题是增加生产(第六条)指标是空前的,其他许多条都是为了生产任务的完成。

(二)改造小农经济,合作化——一九五八年基本上高级化。为大规模生产造成重要条件。

(三)充分的发挥劳动力(廿三条),大量的妇女参加,实行同工同酬,积极发动妇女参加农业和副业生产。同时又充分照顾妇女的利益，如规定一百二十个工作日，保护妇女儿童，组织农忙托儿所，分配工作时照顾妇女的特点，训练卫生员，推广新法接生等。

（四）解决反革命分子地主富农份子入社会问题——按表现程度分别对待，同时规定反革命分子家属，只要没有参加犯罪行为，可以允许入社，与一般社员同等待遇，地主富农子女，在土改前还是青少年的或者在家庭中不占支配地位的人，可以给以“农民”的称号，这都是实事求是的办法。

这样做不是“太宽大了”，正是符合发展生产的需要，进一步改造这些他们，并且分别对待办法是实事求是的，是符合阶级路线的措施。

总之，我们从四十条中可以看到的：农村的奋斗目标与社会主义的远景，其主要优越性表现在：

（一）准备彻底消灭私有制，（高级合作化）提高生产率，劳动力的彻底解放（特别是妇女）与农业的大规模生产。为全国人民创造了丰衣足食的物质基础，给每个家庭与个人带来无上的享福。

（二）改造农村生产与文化落后黑暗的历史情况，男女不平等问题也将永远消灭了。妇女问题也就消灭了（现在国务院还决定每社设女社长，每乡设女乡长），正像斯大林说的：“没有集体农庄，就没有平等，而在集体农庄（即农业合作社）里面，就有男女平权。”

（三）农业经济的发展又将加强与推动工业生产的发展。因为他们的发展，解决工业的原料问题，城市的粮食问题，同时又因农村对工业品需要的激增，又必需发展工业，特别是重工业，（农业机械化需要）等的增长，工业发展，失业问题就可以逐步解决，现在城市中还有许多妇女得不到工作机会，将来这种现象也要逐步随着消灭。苏联就是一个明显的例子，工业化的结果，不是人口过剩，而是劳力不够所以他们鼓励妇女要多生孩子。

社会主义建设与和平是分不开的，因此我们要谈一下和平局势问题。

三、妇女应为争取和平而斗争。

（一）第三次世界大战能不能发生？回答这个问题首先要看几十年来划时代的变化。“战争会不会发生，在很大程度上决定于阶级力量和政治力量的对比，组织的程度以及人民的觉悟心。而只在某种条件下，进步的社会力量和政治力量所进行的斗争，可能起决定性的作用”，（赫［鲁晓夫］）——（以印度人

民欢迎赫等为例）

第一二次大战时的情况与目前有很大的不同与改变。主要特点：

1. 以苏联为首的和平民主阵营力量的迅速强大，（占人口三分之一多）九亿多人口在欧亚二洲连成一片的社会主义阵营的无比强大。

2. 全世界劳动者、大部分知识分子，与一部分ブル分子不要战争，只有一部分好战分子侵略集团喜欢战争，但是他们是少数。所以战争不是不可避免的。

让帝国存在一天，战争的威胁是存在的，必须时刻准备防止，以美帝为首的侵略集团，还在准备战争，进行论冷战。他们备战的主要表现：

1. 竭力支持正在崩溃的殖民地制度。（美国侵入与控制）

2. 重新武装西德与日本的武器；

3. 侵占台湾，准备进攻大陆；

4. 加强军备武装，制造原子与氢弹；

5. 进行各种挑拨。

他们企图用战争方法来争夺国际市场，侵略集团想以毁灭人类文明的方法，统治与奴役劳动人民，目的仅仅是为了财阀们的个人享乐。

由于社会主义国家的坚决的和平政策与人民的要求和平，经过万隆日内瓦会议以后，国际紧张局势是比较和缓了，但战争的威胁还是存在的，所以还要争取。

特别是历史事实教训了侵略者——在东方朝鲜与越南的停战，使帝国主义者不敢轻易尝试。我们不要战争，但是也不怕战争，如果发生战争，被消灭的是敌人。

（二）两个不同的社会制度能不能和平共处的问题？我们认为是可以和平共处的，因为两种制度的竞赛，社会主义优越性，使全世界人民明显地知道哪一个好，走哪一条可以由各国人民自己来选择，所以我们不需要用武装干涉资本主义国家的内政，所以不要战争，这是和平共处的根本原则与出发点，也是外交政策的基本方针。（印度和缅甸等国是积极赞同的）

和平共处还是战争，没有第三条道路，国际局势发展就只好走和平的道路，万隆会议五项原则的提出，所以获得胜利通过，就是根据这个特点而来。

和平的可能性其根本原因还决定于力量的对比（第一点已说过），原子武器已经不是美国所独有，这张王牌已经无效。

（三）不同国家向社会主义过渡的不同形式。

资本主义内在矛盾的发展，注定要消灭。社会主义一定成为全世界的制度，这是社会发展的必然性，和平同处的原则，不等于资本主义经济制度可以永远长存。但是方式是多样的，即不一定要用武力来解决。一方面由于社会主义的优越性，另一方面是资本主义经济危机的不可挽救，这两个矛盾因素的发展结果，社会主义革命是不能避免的，但是过渡的形式可以不同，这是马列主义中所早已提出的问题。列宁说："在不同的国内向社会主义过渡可以有不同的形式。"和平过渡的可能性，中国用和平改造的方式（即用说服教育方法）改变所有制，已经完全证明了。毛主席说："在我国的条件下，用和平方法，即用说服教育方法，不但可以改变个体所有制为社会主义的集体所有制，而且可以改变资本主义所有制为社会主义所有制。"这是列宁主义的具体化与发展的伟大表现。我国农业合作化与工商业的改造事实证明了这一问题，引起了全世界的重视，因此他具有国际的意义（如尼赫鲁对中国资本主义改造与合作化问题，很有兴趣）。

其次，如法国的议会选举的胜利，这一事实也说明，所以赫鲁晓夫说："许多高度发达的资本主义国家的议会，也许会成为一个真正民主的机关。"自然这种地方斗争是激烈的，而要取得这个胜利，不可缺少的因素是共产党的领导，日本与英国、美国采取什么方式，要看他们国内的条件。

（四）东方的和平，同时也是国际和平[的]是台湾问题。中国妇女要为争取和平解放台湾而奋斗。

第二次全国政治协商会议周总理提出"争取和平解放台湾"的号召，这对缓和国际的局势，为世界和平是有重大的意义。台湾是我们领土的一部分，我们一定要解放他，而且也有力量可以解放他，一五〇海面在现代武器的装备下是不成问题的，解放一江[山]岛大陈岛的事实已经证明我们的力量的巨大，美国要想阻挡也阻挡不住，朝鲜战争不是事实吗？但是我们为什么不要用武力解放方法呢？

1. 因为台湾是被美[帝]国主义所占领着，我们要以和平方法去解放，是为了避免国际局势的紧张。

2. 同时也因为和平解放的条件是存在的（可能性）。北京绥远、湖南、新疆、西藏也是和平解放的，台湾自然也有这个可能。那里的国民党的军政人员，他们很大一部分人也不愿再跟着美帝走，他们的爱国心、良心也还是有的，大陆上还有他们的家属，谁愿意让自己的同胞作无谓的流血呢？特别是台湾人民看到了祖国建设的空前成功，国内社会主义已经起了根本变化，而他们在美帝主义的侵占下面生活不下去，他们要求和平解放，不愿作无谓的牺牲。

我们妇女也是不要战争的，和平解放台湾对国家对人民（有不少人的家属在台湾，谁愿与自己的亲人作战。）自己有利。所以我们必需努力争取“和平解放台湾”的口号能够实现。重要的方法是要依靠政治上的宣传与加强沿海的防御，提高警惕性，肃清内部反革命分子，防止其挑拨，作好一切的准备以备万一。

党中央的号召：“一切跑到台湾和海外的国民党军政人员，凡是愿意回到祖国大陆省亲会友的，都可以回来。”（人民日报社〈会〉论）这一个号召对在台湾和海外的同胞是一个响亮的号召，我们相信有爱国心的人们是不会拒绝祖国对他们的关怀的！他们不会忘记自己是中国人，为了他们的利益，共同来建设社会主义国家是他们最好的幸福道路！

有人怀疑：说这样是不是太宽大了，这是不对的，因为①只有这个措施才是真正有效的，能够顺利达到统一祖国，保卫世界和平的办法；② 为着和平建设祖国，不流血的解放台湾正是符合全体人民的利益与希望，所以我们要坚决争取和平解放台湾。现在美国还在用一切方法加以阻挠，我们要注意。

四、女干部必须加强马列主义的学习。

妇女要求彻底解放，除此以外，还要在文化上思想上提高，因此机关干部要学习文化与理论，马列主义的思想水平愈高，工作效率愈大，这是不移的真理。

女同志的最普遍的毛病是思想上的狭隘性，表现各有不同：如主观片面，急躁，小气，情感冲动，闹不团结，自卑或自大，好哭，斗争性不强等等，推其原因，主要是由于政治理论上的不开展，个人问题想得太多，国家大事想得太少，当然这是受的旧社会家庭历史条件所限制。政治的经济地位的解放，还需要有一个自己的思想解放——改造自己的过程，才能符合目前的局势发展的需要。科学水平，十二年内我们要跟上世界的标准，我们的文化与理论必须提高，妇女过去受的教育太少，我们特别要跟上去，不管年会大小都得如此。

马列主义是无穷的思想宝库，他能解决我们许多思想问题，鼓舞我们的前进，机关工作者是脑力劳动者，所以思想（即能力）就更重要。在机关办公等或下去了解情况，都要用思想。又例说：我们女同志有一些思想问题需要解决，也要依靠马列主义的主导思想。

（一）集体主义与个人主义的思想矛盾，——个人要地位待遇，达不到目的就要苦闷，如何去想通，明达起来就会“心境坦然”，所谓“小人长戚戚，君子坦荡荡”。女干部没有适当提拔，这主要决定于自己的落后与进步程度，自然也有被歧视的现象，信任不够的毛病，在职业[界]还存在，这是历史过程用不着难过，决定点还在自己的努力，在任何岗位上，都可以做工作，地位低一些也无妨，只要问心无愧。

（二）思想方法主观片面性，事情常常办不好，同别人的意见不能一致怎样办法？一哭了事还是结实际情况中，求得逐步解决？如何接触实际，从客观情况出发去解决实际问题，这是世界观问题，在马列主义的哲学上可以找到解决的方法。

（三）工作学习与生活条件的矛盾怎样办？例如说：恋爱，家庭，小孩子等问题，这些问题的解决，首先要树立起自己的共产主义的道德观问题，在马列主义问题上可以找到许多。我们有不少的女同志仇视小孩子与家庭的负担，对不对，我想是不对的，当托儿所公共食堂等问题没有条件解决之前，还是不能不照顾，苦恼是徒然的，家务问题还是要管。（客观条件所决定）

恋爱婚姻问题也一样，终要慎重处理，事先事后都要研究，很多的不幸是在于“一时冲动”。（可以看看茹乐宾的一家），不够慎重所引起。已婚的男女家庭中有矛盾，要想办法来解决，先要推出主要矛盾，这是辩证法。例如由于女方的落后而造成不和，就要努力学习，或由于男方的道德思想不对，就要耐心教育与争取，首先要求自己的思想端正等。

共产主义道德问题主要是个人与社会利益相一致。不能认为家庭与私人生活不是社会问题，夫妇结婚以后，要有第三生命的出现，这就成了社会问题。其次是ブル思想的腐蚀，也要〈防〉妨[碍]家庭的幸福，所以我们妇女还要同自己以及一切ブル思想作斗争。

最常发现的ブル式的对家庭观点是：在生活与家庭问题，把“我”（个人利益）看为高于一切，忘掉了对方——夫或妻，子或女，还有其他家庭成员，父母兄弟姐妹等，这都是ブル思想的残余表现。

“对人的关切是共产主义道德的标准”，这是很重要的问题。

ブル思想反映在：日常生活中表现不同，例如说：

喜新厌旧——爱情不专一，“二元论”或“多元论”的恋爱观，这是从个人享乐思想出发的，不顾对方，以致反目，所谓“只看新人笑，不闻旧人哭”。

以粗暴态度对待对方，其原因虽各有不同，但结果是不从对方的实际情况出发，不计后果，也是只顾自己，不顾对方所造成的。

对家庭问题——如教育儿女以及生活上问题，丈夫不帮助，认为这是女人的事，自己要求多工作，多进步，而又不帮助对方，反过来又认为妻子落后，不能共同生活，不能谅解对方的困难，这也一种表现。

对不是自己所生的儿女不爱护，对非自己的父母（如岳父岳母，公公婆婆）不尊重，只顾自己，不管对方的情感，以致家中不和。

对子女有偏爱，只顾自己的好恶，对子女不负责任。

对自己生活享受注意多，对家庭中成员不大关心，这都是从自私自利出发，不同许多ブル思想残余斗争，幸福家庭，就要变为不幸了。

幸福的家庭要什么条件：要从关心别人做起，在共同劳动共同思想观点，互相尊重与互相帮助为基础，建设新的家庭。

妇女问题存在很多，这些问题今天是谈不了的，以后有机会时再谈。

现在我们正在布置机关干部的学习问题，政治业余学校也开办了，大家的学习机会很多，如何去加强我们的学习，加强马列主义思想是女干部前进或后退的决定关键。各机关党的组织应当具体决定帮助女同志的学习，同时也要照顾他们的实际困难（如夜间时间不要多值[班]，交通设备问题，哺乳问题，吃饭问题等），行政管理部门要有群众观点提出具体解决的办法，华东妇联也是积了许多钱，干部福利费内也可以解决问题。孩子问题也是干部问题，不要隔离开来看。可以解决的应当先解决，有些要缓办，做这方面的工作同志要关心，例如大楼办一个托儿所，是可以做到的，里面做的公共汽车也可以解决，盲学机构，多办几个合作社与商店也是完全可能。

另一方面要求妇女要有克服困难的精神，不要过分强调客观困难，我们还要继续发扬过去艰苦奋斗的精神，在国内战争时期，女同志困难更大，但都克服了，有些机关有不要女同志的思想，我们应警惕。

总之，在过渡时期中的女同志，要以更多的努力来建设社会主义，这是唯一的正确道路，纪念这个伟大的"三八"节要求明确这个问题，不要把他变成发牢骚的节日才对！

（文件编号：I47）

教 师 会 议

1956 年 3 月 16 日

① 组织二个教研组，提纲讨论，放在哪里？

② 辅导员。

③ 内容上应注意的问题——目的性要明确。

引经据典问题——

范围，进度，——主题突出。

举例问题——联系实际问题。

备课。

费用。

④ 教员，同班主任联系，讨论内容。

⑤ 下乡的如何办——分别对待① 调训。② 退学。

⑥ 问题整理。

⑦ 支部如何保证。

① 制度。

② 干部问题——下去不上来。

③ 学习资料。

① 班委会能不能开会。

② 学习时间与工作的矛盾——上课到星期天？半天。

③ 成立核心小组——班主任兼小组长等先学习。

④ 测验。

⑤ 学文化与政治学三门要去一条。

⑥ 退学有困难——自愿。

⑦ 教学问题。

太快，实际不联系，不通俗，不明确，问题不突出。

⑧ 发讲稿。

⑨ 学习通讯。

⑩ 党支部不领导学习。

⑪ 坏分子。

（文件编号：R111）

宣传部党委成立会议

1956 年 3 月 16 日

到各机关书记。

党委任务：① 组织学习；② 组织生活；③ 建党工作；④ 选举党代表会议代表。

选举问题：

浙江日报吴振华：

肃反后支部选举威〈名〉信较高，提出候选人方法较好，这样做可以，带四支部经个单位座谈与说明，如有意见可以保留。

彼此不了解，宣传部可以介绍一下。

陈玉祥(电台)。

① 同意这样做，介绍一下人的情况。

② 时间要确定，以便安排工作，顾耕初较好。

① 学习要有骨干，理论队伍的建立——辅导是问题，要有设计，要培养。

② 第二期如何办？组织机构问题。

③ 省委办工厂要向科学进军，不学理论。

(文件编号：R112)

工 资 问 题

1956 年 3 月 16 日

顾德欢同志传达：

中央这次会议有如下决定：

一、统一认识，指出教条主义总结过去经验。

主要是解决教条主义思想。硬搬苏联经验。

其次确定二年内工资指标。（增加）

初步解决改造方案，四月底上报。

劳动保险改为社会保险，范围要扩大。

工作地区调动的办法。

奖励制度。

二、解决什么问题？

工资水平——按国家生产发展的指数，其次要按国家的任务，如国防问题的需要，结果多少消费多少的比例。还有个人消费与社会消费要有比例。

七年来工资增长情况：苏联现在四分之三作为消费，中国消费部分很少。

1955 年劳动生产率增加 40%，工资增加 6%看来慢。五三年是对的 44—55 年是错的，对工人要检讨。

全国分十一类，1—11 差 30%，比物价计算叫简化，性质还是物价因素。

三、地区关系。

四、克服平均观点。

工农生活问题，过去控制工人工资是对的，那时农村很困难。现在情况不同，工人要回乡。

按劳取酬与政治工作结合。机关还是比企业要强。

五、地方国营工业。

1. 标准——

2. 幅度。

（文件编号：R112）

宣传工作座谈会

1956 年 3 月 17 日

省工会。

浙江日报。

发表社论——二篇。

特写,会议活动,人物特写。

工业动态要多一些,——到“五一”为止。

广告:要求先号召,特别节目,各地职工发表意见,[写]特写。

杭州日报,文艺方面。

出版社,出版先进人物。

以农村为中心是不是应当及宣传工业的宣传?

浙江对工业方面宣传要加强,工农联盟。

补充:

① 文艺方面要找文教部。

② 五一节以前要多发表工业生产方面的消息与评论。

③ 材料要工会多供应,写稿工作——宣传部与工会——党组分头进行。

农村电报汇报,康德聲传达:

林乎加:

领导不是实事求是现象:

① 产量要求一般偏高,产量没有根据,包产中有强迫现象,资料、肥料要求很高,完成计划情况很差,要一下完成。

② 浪费现象很严重,生产投资一般不好,乱作主张,干部包办代替,社长不能做主。

③ 领导上不能深入群众,在办公室内,生产队情况不了解检查工作三种现象,好的,检查工作解决问题,其次是发现而不解决问题,没有发现问题。

自满情况,看不到问题情绪是存在的,过去是反保守主义,是有效果的,现在要注意另一方面问题,要防止麻痹与自满,盲目性问题,关键在于县委要清醒，不允许命令主义。

要强调规划。好事不能一下办完，主观愿望。

基本建设社员大会通过，要执行纪律，贷款由社申请，上面检查，不能听干部批示，社员有不信任的现象——表现是不投资。

不要忙于撤区，乡支部团结问题要有人解决，干部要深入群众——小队。

农村目前宣传办法。

爱国日推广，文艺活动。

宣传工作问题：

整社指示过个阶段，修订计划。

建立劳动组织，包工包产。

加强政治工作。

地主富农入社问题。

春耕生产中问题，整社，四十条。

农村工作部：

水利、肥料问题宣传较好，其他问题少，单项工作要进行宣传，如耕牛问题。

包工包产，林木整理，金融信用合作。

广告：对乡干部宣传要加强，要求材料。

会议问题：

(1) 参加的人——党的负责同志。

(2) 性质——记者会议，宣传要在先提出来，交流情况。

(3) 目的要求要明确。

① 记者会议。

② 宣传工作。

① 性质——对报纸广播体提出要求。

② 参加人，各厅负责人，编辑，小组长。

（文件编号：R111）

业余学校的问题

1956年3月20日

各分党委书记会。

高长青：自取消了党委后的情况与问题讨论。

复习——传达、发提纲，补课。退学到第二期。85%人参加哲学班较好。

组织问题——班委会大多数已成立，三种形式：

① 班委七五九人。

② 班多的成立学委会(公安局)班主任参加，(商业局)。

③ 人少的，成立领导小组，以支部为主负责。

④ 不成立班的(财政厅)，理由是要总支负责，个人管(人事局)。

要求规定时间。

向科学进军，因在搞，时间矛盾(八小时)。

① 第二期什么时候开学?

② 学习矛盾问题——项目太多，特别是科学问题，有些单位已实行二天半学习。

③ 辅导员。

省委总党委。

十个班一个小组，辅导员各班二十人。政治经济学十一个班。

讨论：设立分部问题。

(1) 部的任务：委托一个部办，不要抓，按上一个部名好抓。

① 租会场。

② 查村课堂次序。

③ 招待教员。

④ 发通知。

结果：不设部，委托财贸、政法负责。

(2) 第二期什么时候开始。

五月份准备，六七月开始。

党校负责教学：

1. 挑选学生。

2. 教员。

3. 辅导员。

4. 组织负责人。

教员问题——各单位设分校后，由五云山中■党校回来的[人]为主，另聘党校等教员。

马列主义教研室。辅导员由各单位指定。

（文件编号：R112）

中央关于演讲工作指示

1956年3月20日

各地县须把演讲工作开展起来，使他〈它〉成为提高干部群众政治文化水平的辅助性工具。举办这个工作，不论是聘请讲演人，或者举办讲演的经常管理工作，必须尽量发挥社会各方面潜力，方式必须生动灵活，内容应该多种多样。今后演讲必须在业余时间，并且应该完全由听众自愿参加。只要注意了这个原则，一定会取得胜利。

关于时事政策的宣传，仍通过报告员或宣传员做，不列为演讲内容，但是演讲工作可以讲有关时事的各项基本知识。

基本分为二类：第一类，参加理论学习的干部，高级知识分子和中小学教师为主要对象，也可吸收一部分文化水平在高中程度以上的工商界人士参加。中央宣传部

第二类，以工人店员，工商业者……为对象。

聘请演讲员——可以请干部，教师、医生、科学家……

十七个题目：社会科学基本知识：

6个：CP。

9个：总路线。

6个：宗教、妇女。

50个：国际问题。

以下为科技问题。

（文件编号：I56）

量变到质变根本转化的规律提纲[①]

1956年4月6日

一、这个规律的特点

"对立面的统一和斗争规律"说明事物的内在矛盾的斗争是事物发展的根本因素，这个法则是具体地说明事物的发展形态与其过程，即说明发展的各个过程的不同现象。

世界万物是怎样产生与发展起来的，唯心论与唯物论有不同的发展观，唯物论中又有形而上学的（机械论）发展观与唯物辩证法的发展观，这个问题上二次讲义上已经详细研究过，所以不必再去重复。但必须了解：机械唯物论"全部混乱是发生于质和量的问题"（恩格斯）。拿机械唯物论者始祖培根来说吧，他虽然承认感觉是知识的源泉，但他不能理解运动是物质的存在形式，因此他认为物质表现多样性，只是因为物质内部数量多少不同而已。因而他认为自然界是由有限数目的物体组成的，这些物体的各种不同的配合，才产生自然界的多样性。所以他认为：物质是不能转化的，不过是孤立地存在，静止不变的东西，因而也就不能理解量与质的相互关系，也不能看到运动是物质存在形式。

马克思主义的辩证法这个规律说明事物发展的具体形态，其主要特点是把事物发展看为是由细小的不显露的逐渐量变，转为质变，质变必须经过飞跃（或突变）的阶段，自然界与社会现象都按这个规律而发展。

自然界是辩证法的试金石，所以恩格斯对这个规律的特点有如下说明："自然界中，质的变化，只有由于物质或运动的量的增加或减少才能发生"，"没有物质或运动的增加或减少，既没有有关物体的量的变化，要变化它的质是不可能的。"（自然辩证法四十页）

我们如果以社会现象为例，关于中国目前社会主义高潮问题来看，毛主席在农村社会主义高潮一书的序言上说："问题是在于一九五五年的下半年，中国情况起了根本的变化：一亿一千万户农民中已有百分之六十以上的农民加

---

① 此系陈修良在行政学院的讲稿。

入了半社会主义生产合作社。”这里所指情况的根本改变，是指的质变，而引起的质变的原因是由于半数以上的农户参加了合作社，高潮的到来，意味着社会情况的质变。由此可见，这个规律对于实际工作者同样有重要的意义。

去年上半年主张“坚决收缩”农业合作社方针的人们，其主要理由是认为：“合作社多了不好办。”这些人的错误是由于看不清形势，看不到农民积极参加合作社是量变到质变过程，是高潮到来的条件，因而他们也就不懂得要求提高合作社质量是不能离开合作社数量发展的，把合作社的巩固工作与发展工作分裂开来，片面的认为数量越少愈好办，巩固工作越好做，因而要“坚决收缩”这就犯了方针性的错误。他们的错误实际上即是由于不能理解数量与质量的相互关系。事实正好相反，合作社办得多了，群众积极性愈高，巩固工作也更好做，因为多了，可以引起全党重视；经验也多了；干部才能也更能锻炼；落后与先进有了比较，合作社的巩固地发展自然可以更加容易一些。这一件事的教训，从哲学上来分析，就是因为他们不懂得数量与质量的转化规律。

二、什么是量与质，及其相互关系

一切物质都有一定的对象与现象，我们要知道这是什么东西，就要知道他的本质。那末就要问：

(一) 什么是质?

质是事物对象或现象的根本属性，就其属性的不同与其他事物相区别，所以质也可以说是事物的内容，通过他的根本属性表达出来。例如说：资本主义社会的本质(即属性)是有阶级剥削与斗争的社会，社会主义社会是没有阶级与剥削的社会。

质因为是事物的属性，而事物是客观实在的东西，所以质也一定是客观的实在(或存在)，他不是由人们所说抽象地想出来的，人只能通过感觉器官去认知他的本质。例如说：我们凭视觉与触觉，可以知道某些东西的色、香、轻、重、软、硬等。同时又需知道：虽然质与属性是有机地统一的(统一的)，然而质与属性的意义并不是完全相同，因为“质”是指事物底本质的全部特征而言，而属性则有使只从事物底一个方面去表示他的本质。换言之，不是所有属性都同样地能够表现出对象的特征，某一些属性可以触及本质的一面，而另一些则指触及其非本质的一方面，所以属性就可分为本质属性与非本质的属性。例如说：冬天的梅树要落叶，“落叶”是非本质的属性，落了叶的梅树，仍然是一种植物，他并没有因此而失去它的根本特征（本质属性）。

区别属性的不同，对我们观察事物有好处，因为它可以使我们避免一般化与表面化的毛病。如分析一个人犯错误的原因，就要分析其本质问题还是非本质问题。要说明质是什么，还需要解释几点：

第一，质的区别的相对性。恩格斯说："这些对立与区别，虽然存在自然界，但只具有相对的意义，辩证的自然观的中心点，就是承认这个真理。"（反杜林论）又说："在本质中一切都是相对的"。（自然辩证法）

质的区别为什么是相对的？因为所谓质的区别，只能在对立相互关系中比较才有意义，彼此不能孤立的存在；质的自身的同一，首先必须与一切别的东西有差别，作为补充，才能表现出来，所以恩格斯说："它们就只在自己的相互关系中才有意义。每一个对自己来说，都是没有意义的"（见自然辩证法）。例如说：正和负，长与短，简单与复杂，南与北等，它们就只有在其相互关系中才能区别，才有意义，才能认识。少了一方，就没有区别他们的可能。所以对质的区别不能绝对化。

另一方面，除了区别质的不同之外，我们又必需知道他相同的一面。事物的相同是由其共同的属性，如人终是有生与死的特性，当其活着的时候终要吸收与排泄。

但我们又必须记着："同一性在自身中包含着差别性"（恩格斯自然辩证法）这一句名言。为什么有这样可能吗？因为事物是在不断的运动中，所以事物的同一性与区别性也是在不断被抛弃与变化中；同一性与差别性之间，不能划出一条鸿沟，他们是互相联系的。恩格斯以生物生与死的现象为例，他说："每一有机体，在某一瞬间，即是这个，又是别个，在一瞬间他总是消化着那些自外间摄取来的物质，而排泄他的物质；在每一瞬间，它身体的某些细胞死亡，而另一些新的细胞则又产生，在经过较长的时间后，这个身体的物质，完全变成新的，而为别的原子构造所代替，因之每一有机体，常常是自己，同时又是别的。"（反杜林论概论）

事物的相互转化的可能，是辩证法上重要特点，他使我们理解事物由于自身的不断运动与变化，只能是"亦此亦彼"，既相同而又不相同。达尔文生物学也证明这一点，他说："自然界中找不出两个绝对相同的个体"。由此可以见到质的差别是相对的，不是绝对的。

无机生物中情形也这样：例如热可以转化为机械的运动；同时机械的运动也可以转化为热力。同样，无生物也可以转化为有生物，如地球上的生物。

人类社会中情况也一样，从人的可改造性上可以证明，如剥削者可以改造为自食其力的劳动者，甚至反革命分子也可以改造。

形而上学的观点则与此相反，他们的公式是："是—是""否—否"，"非此即彼"。逻辑学同一律的定义是："对象是什么就应当把他看为什么，不能以另外的对象来代替他。"逻辑学上的同一律本来只是为了某一时间内帮助思想言语构造的正确性，但资产阶级的哲学家却利用它看为一切事物的规律，这样就完全错了，变成为形式逻辑了。如果按照他们的形式逻辑来看一切东西，那末真理就应当只能是：人就是人，上帝就是上帝，哲学就是哲学。这不是笑话吗？所以用抽象的形式逻辑来说明问题，就永远不能说明事物的本质。不过这样的思想方法在我们日常生活中还是经常存在。例如说，固定地看问题，思想太片面固执了，就是只这些。

十八世纪的形而上学者由于自然科学的发明还十分幼稚，有些唯物论者，他们不把世界当作发展过程去理解，不能把世界看为处于不断发展中的物质去理解，他们认为一切都是不变的，实际上也就是形式逻辑，或为形而上学。例如从笛卡儿的眼中看人如同机器一样，他不能知道人的变化。德国资产阶级的生物学者魏斯迈，认为生物体分为"体质"和"种质"（遗传质），一切外界条件只能影响"体质"。而不能影响"种质"，他假定种质内有一个"基因"，他是永远不变的，一代传一代都是一个样子（他以割去二十二代老鼠尾巴，而仍生尾巴为例）。这个理论便被帝国主义者所利用，说人种的优劣也是天生的，白色人种是优等人种，应当是天然的统治者。希特勒说："亚利安"人种是世界最优秀种类，所以应当侵略全世界。胡适的历史观所谓"祖系方法"，他说研究历史方法，要抓住二头；上头有他的祖父，下面有他的子孙，抓住二头，他就逃不出去了。他认为人类社会的进化没有变质，只是一代传一代的结果，中国民族是劣等的，连"身体也不如人"，所以"中国不亡，是无天理"。

第二，质不能离开运动而存在。

要理解质是什么，我们绝对不能把他与物质的运动分离，相反的要知道事物的质的特性，也只有在其运动中才能考察他，认识他。恩格斯说："对象——这就是运动着的物体，而物体本身底各种不同的形式与种类，只有通过运动才能认识。"(自然辩证法)为什么是这样？因为事物的运动，不简单是指移动位置，他还是质的变化；物质所以有多样性，正在于运动的多样性。这在实际生活中完全可以获得证明。

例如说：我们要了解目前社会主义的高潮形势，只有在群众运动中才能认识他，因而不接触运动的实际情况的人，他就无法知道"高潮"是不是已经到来，也不可能知道"高潮"的性质是什么。

又例如说：人与猿是不同本质的动物，但人是从猿进化过来的，所以要知道人的本质特点，应当从人的进化过程来考察。恩格斯关于"劳动在从猿到人转变过程中的作用"文章，说明了这个原理。人与猿的区别的主要特征是劳动，这个特征随着人类不断进化的运动中日益明显地表现出来。(参考恩格斯从猿到人论文)

质不可与运动分离，在无机物的构成中，也很清楚。例如恩格斯指出："今天的石板根本不同于它所有构成的黏土"，这说明认识石板与黏土的本质不同，要从其转化过程中去看。

对事物的认识，不能只限于质的一方面，因而质与量是事物内部矛盾的统一体，他们密切地联系着，世界上事物不能没有重量的东西，所以我们又必知道什么是量。

(二) 什么是量?

量与质一样，都不能离开物质而存在，同时任何物质必有一定的量，所以量也是物质现象的表现。例如某一学校必须有一定数量的教师与学生，否则这个学校就不成其为学校。

量同质一样是多样性的，各种对象有各种不同的量。

作为数量出现：数目字。

作为比较程度出现：大小、快慢等。

作为容积出来：长短、宽狭、方圆等。

每一对象都有自己的定量，小如原子，大如星球，都有一定的分量，所以他也是客观存在的；所以恩格斯说：量不是从什么地方取来的，而只是从现在世界中取来的。因而我们可以说：当人们产生数量观念之前，已经有物的存在。野蛮人开始产生数的观念之前，一定已经在生活中存在计算的对象，如分配食物，都要有数量的计算。

唯心论者对量的看法：认为量不过是人的观念与符号，他们不承认量是物质的表现，因此也就是否定量的客观实在。

（三）量与质的关系。

量与质既然是物体内部是一个统一体，两者构成物质的实在内容，所以考察二者的关系与变化有特别重要的意义，这个规律的特点主要说明这个问题。现在且先说一下他的一般关系。

物质有各种不同的质量，表现在其各种不同的形态中。物质的矛盾发展，首先发生量变，然后才是质变。恩格斯说："在自然界中只有通过物体或运动的数量上的增加或减少，才能发生质上的变化，这对于任何场合都是一定的方式。"（见自然辩证法）从量变过渡到质变有一个质变关系线，或叫做交错线，转折点。如水的沸点与冰点就是转折点或交错点。

人类社会的发展，也是按量变到质变的规律而发展。例如人类私有财产的历史的出现，是由于原始公社对外的交换商品的数量增多逐步形成。私有财产的对象，开始采取商品形态的。公社的产品，愈是采取商品的形式，为生产者自己消费数量愈少，用来作为交换的商品数量愈大，结果引起公社内部财产不平等的现象，旧的土地公有制愈被破坏，公社也就愈被破坏得快。

资本主义社会的发展也一样，由于生产工具愈来愈集中，小生产制度就愈被破坏。资产阶级反对封建贵族斗争的胜利，他的主要武器是依靠他的优越的经济力量，即工业与商业发展的结果，亦即是他的生产工具从小私有者的手里掠夺得来愈多，他的经济力量愈大。

我国目前要限制与削减富农经济的发展，实行农业合作化的原则，就是为了避免农民的破产，堵塞自发的资本主义发展的道路。

其次，不但量变要引起质变，同时质变也要引起量变，即是说，量的变化，变更事物的质，反过来，质的变化也变更它的量（指生产量）。

我国农业合作化与私营工商业的公私合营。手工业合作化的结果，同样要引起生产的高潮，这也是从质变到量变的必然结果。

又如说："我们要把群众力量组织起来，是作好一切工作的关键。"为什么要这样做呢？因为"组织起来有力量"，相反的"乌合之众"，是敌不过有组织群众的力量的。所以组织起来的好处就是在于把许多力量集中起来，使力量引起质变，就可以发挥更大的作用。任何工作任务决定以后，组织工作的重要也正是在于这个原理。

集体领导的重要也在这里，个人崇拜，个人包办一切，是作不好事情的，其理亦在于此。

三、量变到质变的规律说明什么

根据上述的一般特点，我们分别地来说明：

第一，先有量变才能发生质变。

物质是怎样变化的，这些问题是古今中外的哲学家争论最多的问题。

形而上学者认为物质的变化只是单纯的量的增减，并没有质变的可能。他们虽然承认事物是不断地变化的，但不能解释新东西的产生的由来，也没法知道事物是经过什么过程发展的，因而他们只能对事物的发展，看为缓慢的量的发展过程，不能看出新质的进一步发展，而变为进化主义的理论。例如达尔文说："自然界没有飞跃（质变）。"这就被许多资产阶级哲学家所利用来反对革命。例如胡适就以此学说为根据，反对中国问题要用革命方法来解决，他认为只要一点一滴改良就好了。

只有马克思主义的哲学才能真正科学地说明这个问题，事物要使其发生质变，非经过量变的阶段不可，由逐渐的量变又不可避免地要引起质的变化。质的变化的形式是经过"飞跃"的形式出现，这样的形式，也可以称为革命的形式，或称突变。

量的变化到了他的交错点的时候就要进行突变或飞跃，那时候渐进的量变阶段就暂时中断了，新质的产生改变了旧事物的面貌。所以在量变的过程中，我们看到的事物现象往往没有显著的改变，而在质变的过程中，情形就完全两样，——性质变了。

为什么道理事物的变化必须经过这样的飞跃阶段呢？新东西的产生为什么要经过革命形式出现呢？主要是因为新旧事物在其内部不能继续共处的原因；新的事物在旧东西内部如果不起变化，那末他就不能继续生长，这一情形如婴孩在一定时候必须脱离母体而出生的情形是一样的。

质变阶段的到来必须经过由小到大，由低级到高级，逐渐变化的过程。在自然界与社会的发展，都不能例外。我们只要看到水的沸腾，就要温度量的逐渐增加，就可以明确地知道。革命的胜利或完成一样都要经过无数人的努力，逐个胜利的积累，才能取得，所以革命形势的到来决不是偶然的，而是要经过一定的斗争过程的。目前农业高潮的到来，有些人说是毛主席用唤风呼雨的本领号召起来的，事实并不如此，其原因正由于他在上面所说过的，由于百分之六十农户参加了合作社，由于农民的社会主义积极性所造成的。所谓“水到渠成”“瓜熟蒂落”，其意义也就在于量变的过程已经到了交错点上面，要求有革命的变化，才能求得更进一步的发展，相反的“强扭的瓜是不甜的”，也就是这个道理。

第二，量的不同对质的关系。

事物内部所含的量往往不同，所谓不同也就是指他的内部原子构造量的不同，他们在运动过程中矛盾斗争情况也不同，而且各种矛盾还有他的特殊性，因而运动的形式也不同，质变的交错点也不同。由于这些原因，各种事物在其运动与变化过程中，就必然产生不同的样子，事物就呈现出千差万别的多样性来。

第三，量变到质变阶段斗争的不可避免。

从量到质的变化是和平发展的，还是斗争发展的？我们应该明确地知道他是相互斗争着发展的，并且非到过程完结时，矛盾斗争是不能完全消减的。但是内部大小矛盾本身也有变化，有的矛盾要激化，有的暂时缓和了，有些则是暂时地或局部地解决了，或者缓和了，又有些是发生了。事物发展为什么产生阶段性，正如毛主席指示的，因为发展过程中矛盾本身在起变化。所以我们要认识发展的阶段性，就是因为要明白每个阶段，那些矛盾是主要的或次要的，以便适当地去处理他。这一个真理对实际工作有很重要的意义。

我们有些同志不看情况发展的阶段性来提问题，往往是错误的。例如说：过去认为资产阶级是革命的敌人，现在又为什么要采取和平改造政策？土改时地主是斗争对象，现在为什么又允许他参加合作社等等。那就是因为不知道时间不同，每一阶段的阶级斗争形势起了根本的变化的缘故。

第四，飞跃的形式。

1. 什么是飞跃？一般说是：量变的渐进过程的中断。这里特别要注意的问题是，飞跃的性质，是指质变，是以急剧迅速的变革形式出现，而不再是量变的渐进过程的继续。量变是渐进的，它进行得比较慢，而根本质变则是以迅速的飞跃的形式出现，它比量变速度快得不可比喻。

渐进过渡的过程与飞跃是互相统一的东西，不能够把它对立起来看，即飞跃要有渐进过程作准备，同时渐进过程到一定条件必然要有飞跃。譬如说：

我们要实行社会主义一定要有过渡时期作准备。飞跃的快或慢的到来，要看准备得充分不充分来决定。

其次要理解的，渐进过程有没有飞跃的可能。例如说，把许多个体农户组织起来，需要经过许多的阶段，从互助组到合作社是飞跃，基本上完成半社会主义的农业合作社是一个大飞跃，最后到私有制的完全消灭，是完成社会主义革命的更高的飞跃。大小之分本来是相对的，由小到大既然是这个规律的特点之一，所以我们不能设想大飞跃的过程中没有小飞跃。

例如：人类形成过程的本身亦是经过大小飞跃所积累起来的。人从动物界分离出来是一个复杂长期的过程，而且还需要一系列的环节，这是小飞跃。具体地说：如猿人开始能直立，手的解放能制造劳动工具，脑与感觉器官的发展，言语的出现等，都是人的发展的环节或小飞跃，最后成为正式的人类，而且发展了人的社会历史。

2. 飞跃的特殊形式：爆发。

所谓“爆发”是指把事物一下子消灭掉，新事物一下子代替了旧事物谓之爆发。例如苏联的十月革命，中国消灭国民党的旧政权的革命斗争。

革命的形式是不是一定要经过突变方式进行？这个问题恩格斯指出过：“如果旧的很贤明，不加抵抗，即行死亡，便和平代替，如果旧的抵抗这种必然性，便暴力地代替。”（德国古典哲学终结）这一理论，在中国革命的实践上是完全证明了的，所以我们的经验具有国际的意义。

赫鲁晓夫同志在联共二十次大会报告上说：“夺取政权的方法在不同的时期内，在不同的国际情况下，对不同的国家来说不可能是一模一样的。所有这一切都取决于阶级力量的具体对比，取决于工人阶级和他的敌人的组织程度，取决于工人阶级争取同盟者，首先是农民的能力，同时还应当考虑到各个国家的制度、风俗和传统。”这就是以事实证明了马列主义理论的正确。

消灭小农经济制度的方式，根据苏联与中国及其他新民主主义国家的经验，采取和平改造走集体化道路是完全正确的。这正是因为工人与农民阶级不是对抗的阶级，所以不要用爆发的革命方式，同时又说明采用爆发的革命方式，必须看当时当地的具体条件而定，不能僵化社会主义革命的口号。

四、这个规律对实践的意义

第一，对人对事必须在变化中来看，因为事物从其内容上看，是相对的，暂时的，相互联系的，而又是可以转换的，所以我们经常说不要固定地片面地看问题，就是这个意思。

第二，党的策略与政策的决定，以及一切工作都应从实际情况出发，我们如只能看到事物的演变现象，看不到飞跃情况，看不到形势的根本变化，完全按老一套办法工作，就要变成保守落后者。相反的，如只要飞跃，不要准备与过渡，那就会犯急躁冒进“左”的错误，不要跑得太快，也不要落后，就是这个意思。

第三，要正确地理解事情，必须注意其发展过程的阶段性问题，注意每一阶段的特点，我们才能决定每一时期的计划、政策、办法等等，否则就要落空。

（文件编号：T31）

否定的否定规律[①]

1956 年 4 月 11 日

（一）否定的否定与其他法则的一致。

1. 这个法则与唯物辩证法其他二个法则同为辩证法中最一般的法则。对立面的统一和斗争法则表明事物发展的泉源，量变到质变法则表明发展过程是怎样实现的；否定的否定法则表明发展的无限性，新事物如何产生，所以这个法则是辩证法中不可缺少的组成部分。

什么是否定的否定？恩格斯说："这个规律在自然界和历史中起着作用，当他还没有被认识之前，他也在我们头脑中不自觉的起着作用""这个真理连小孩子都可懂得"。例如麦粒的成长，就是按照不断的否定方式而完成发展过程的。他说："麦粒如果落于适宜的土壤上，那末在热度及温气的影响下，他就发生特有的变化，他发起芽来，麦粒本身不见了，被否定了；在他的地位上发生由他生长起来的植物，麦粒的否定。可是这个植物生活的正常循环是如何的呢？它生长，开花，结实，最后又生麦粒，麦粒一成熟，麦秆即枯，而否定了自身。因为这一否定又得到了原来的麦粒，可是并不是一粒，而是十倍、二十倍或三十倍。"（反杜林论）

社会财产史发展也按这个规律发展：从原始公社的土地的公有制变为土地的私有制，这是第一个否定；社会主义下的土地公有制是土地私有制的否定。即否定的否定。

从这二个最普遍的现象看，值得注意证明的，就是每一次否定的否定，结果，新的事物都比原来的东西要完美得多，如原始共有土地制时代的生产量极低，而社会主义下的土地共有制生产量极高。所以恩格斯说："每次新的否定，都增加这种完美的程度"，足证否定的否定规律是说明事物发展的形式是上升运动。

其次，为什么说事物发展一定是上升运动？因为事物内部永远包含着矛盾的因素（肯定与否定的因素），发展就是二个矛盾的斗争结束。从其过程看：每一否定阶段都是为了消灭旧的矛盾因素，所以从一阶段的否定到次阶段的

---

① 此系在行政学院讲稿。

否定过渡中，不可避免的要发生彻底的转变(质变)，新的矛盾一定要逐步代替旧的矛盾，正如麦粒与社会财产史的例子中所说明的上升形态。

我们能不能说：事物发展可以按另一种方式出现呢？譬如说：从始点出发，终点又同到始点呢？新的东西看作旧的还原呢？这样看法在过去哲学家是有过的，如中国古代哲学家就说过"周而复始"的哲理，因此他们在政治上主张复古，仿佛过去的比眼前的景况都好，因此就不需要革新了。所以"周而复始"的思想是反动的乌托邦思想。

2. 量变到质变的法则说明发展过程是怎样发生的，质和量的不可分离关系，新的质态如何发生；否定的否定法则是更进一步说明这一新质态如何经过自己的否定，而从旧质态中发生出来；说明新旧质态内部的联系，着重说明事物发展的曲折形式等，这使得我们可以更进一步理解发展过程的具体形态。马克思和恩格斯根据这个法则认为自然界与社会的发展，都不能离开这个规律。例如说到人的社会的历史过程时，他们认为社会主义社会是一切过去历史的产物——被否定的和被克服的历史发展底产物。即是说社会史是从原始共产主义社会开始，经过奴隶制、封建制、资本主义制，到近代的社会主义与共产主义制度的方面发展，是按必然规律进展的。社会主义制度的必然到来，是由于阶级矛盾生产关系与生产力矛盾到了极度时，必然要产生的革命，他不是寄托在人的理想上面的东西。

同时必须注意：我们把发展过程概括为"否定的否定"的公式，把发展过程大体分为三个阶段——出发阶段，否定阶段，否定的否定的更高阶段，这不过是为了说明事物的一般发展规律，但决不能认为各个阶段有一个鸿沟，好像他们之间没有相互联系似的，却相反，每一发展的阶段彼此都有联贯性。如新的麦粒与原来麦种虽有很大区别，麦粒数量是多了许多倍，但同时每一麦粒又有他的相同的属性，所以足证彼此是相互联系的，有其继承性的。

再次，也不能认为否定阶段一旦结束，不会再有新的矛盾与继续否定的可能。我们必须承认发展的无限性，在第三阶段的出发点上又必然要产生新的矛盾与新的否定的可能，正如新的麦粒仍然可以发芽与繁殖。世界万物的无穷发展，就是在旧的基础上以不断的否定形式出现的。

(二) 否定的否定规律表明什么？

1. 主要表明事物发展的无限性，发展的形式又是由小到大，由低级到高级,由简单到复杂的上升运动。辩证法这个规律是按事物实际发展情况出发,并不按公式来硬套,就是说不要把他看为简单的证明工具。列宁很正确地指出过:"理论的唯一标准是他底符合现实性。"同时又指出:"假如有时我们觉得某一社会现象底发展落到了黑格尔的图式中去:'肯定,否定,否定的否定'那是不足为奇的。"(什么是人民之友?)可见我们运用这个规律,首先要求从实际出发,要谨慎地用事实去证明。

相反的,如果把这个规律看为简单的证明公式,就会落入形式逻辑的范畴内去。形式逻辑的研究对象,只是研究思想法则,为了人们的言语思考的构造不要发生矛盾,需要有一定的规则与公式,至于研究事物的矛盾发展问题则属于辩证法的范畴。形式逻辑只能说明事物的最简单的表面关系,如甲等于乙,乙等于丙,所以甲等于丙,但他不能全部说明事物的内在复杂关系与其变化。例如三段论法:凡麦粒都可以做种子,这是麦粒,所以可以下种。这样说法就只能知其然,但不能知其所以然。对于麦粒内部的交错的矛盾关系在形式逻辑学上不能加以说明的,只有辩证法可以说明他。所以形式逻辑好像初等数学,而辩证法好像高等数学,他打破了形式逻辑的狭隘性,成为普遍的科学法则。

人们的思想常常不自觉的被形式逻辑所束缚,所以思想方法常常要陷入片面与孤立的错误,甚至被形式逻辑的分析方法所迷惑。例如胡适的所谓科学研究方法:"大胆假设,小心求证",曾经被许多人所崇拜,事实上是形式逻辑。例如他大胆假设"资本主义好得很","社会主义坏得很",那末结论就只好是反对革命,说些改良主义的鬼话。辩证法不然,必须从中国的内部经济情况与阶级斗争形势出发,去求得革命的出路。如毛泽东同志提出中国革命第一阶段必须经过新民主主义革命的道路,因而取得胜利。

从这些简单例子中可以看到辩证法比形式逻辑是不同的,要理解事物变化的具体过程,只有依靠辩证法则才能说明他的内部十分复杂交错的关系,说明他的变化原因与结果。

形式逻辑的思想残留在人的头脑中很不少,所以我们必须学会用辩证方法去看问题,才能使我们对问题的看法不至于死板与片面。

我们既然知道事物开始存在时他的本身同时必然包含着自己的否定因素,同一性中又是互有差别的,因此这个法则与"对立面的统一和斗争"、量变与质变的法则是一致的，辩证法三个规律主要研究的就是经常注意事物的产生和消灭，前进与落后的交互作用。

恩格斯以生命为例：他说什么是生命？如答复：生命即是生命，那就是形式逻辑。他说“生命是蛋白质的存在形态”，一切有生命的东西都是一样，所以可以知道，有生命的动物或植物，蛋白质是生命内部的同一性的物质；但是“蛋白质的固有机能是生存与死亡”（即不生不灭，不灭不生）。生存与死亡是有区别的，要生命能够继续存在下去，就要有不断的新陈代谢，不绝的生与死才有可能，否则生命也就立即停止了。由此可见，蛋白质不是不变的，而是不断的同化又是不断的分解的过程。也即是说不断地肯定，而又不断地否定；不断的同一而又不断的发生差别，无穷的否定的否定，才能维持生命的继续。

据说莱布尼兹当初在宫廷里提出他的相异律时，宫中的女士们纷纷走入御花园内四处去寻出一片完全没有区别的树叶，想推翻这位哲学家的定律。无疑的，这是因为人们往往是从表面去看东西，这对于形而上学是开了方便之门的。

毛主席说：“党内如果没有矛盾与解决矛盾的思想斗争，党的生命也就停止了。”这说明党的原则是同一的，在同时也在党内思想可能有差异，所以两者必须要有斗争，才能发展，否则也只好死亡。联共党二十次代表大会对斯大林的错误提出了批评，也正是按此规律而进行。

事物内部新与旧的矛盾，他们的互相不断斗争结果，新东西的必然产生，还可以用下列事例说明：

资本主义的生产关系与生产力的矛盾必然要发生革命，如目前的资本主义工商业改造是为了解放生产力。

工人阶级与农民阶级是二个阶级，人民民主专政以工业联盟为基础，但二个阶级又有区别，巩固联盟又是为了消灭阶级（否定的否定），建成社会主义的社会。

民族言语不同是矛盾的，发展民族语言，同时又是为了发展全人类共同言语准备条件。

其次，辩证法上所说的“否定”，不是简单的说“没有”，或者宣布原有事物不复存在，或用任何方法把他消灭。例如，我们如把麦粒磨碎（即宣告消灭），他就不会长芽，我们要使他长成又必须要有使第二个否定有可能的条件。怎样才能使其可能呢？就是依靠麦粒能够完好存在，这就是他的特殊场合。麦粒能长芽是一般性的场合，麦粒要完整存在是其特殊性的场合，所以要使其完成生长过程，一般性与特殊性的场合必须互相结合，否则要实现“否定的否定”场合就不可能。

2. 说明发展的前进性，新事物的不可战胜性。

谁都知道任何事物终有过去、现在与未来，新东西产生在旧的基础上，所以新东西是从旧东西内部准备起来的。例如说新中国是旧中国基础上产生的，这是没有疑问的。但是为什么说新东西是不可战胜的力量呢？这里首先要明白事物发展空间依靠什么力量来达到更高的阶段。

新生力量的不可战胜性主要决定在他的客观发展条件。例如说，工人阶级是伟大的新生力量，在资本主义社会里，资产阶级依靠剥削工人阶级而存在；同时又不能阻碍他的成长与发展，所以终究要变成他自身的掘墓人。这里资产阶级要求无限地剥削工人阶级，扩大利润，他使无数的农民与手工业者破产、无产阶级的贫困等，这就造成了工人阶级新生力量发展的客观条件。所以这个新生力量是不可能战胜的。在社会主义的条件下，取消了资产阶级的剥削权利与其政治统治，实行按劳取酬的经济原则，工人阶级的发展的客观条件更好了，所以这个力量的发展更加无限。

其次，新生力量的不可战胜性，还决定于他自身的优越性，即超过旧东西的优越性。例如说，新的生产技术，先进经验比旧的要好，所以我们的企业为了增加生产，提高质量，需要不断的吸收先进的经验来改良生产的设备，这是一般的常识。

自然新生力量在开始萌芽时期，往往不够完整，其或有不少缺点，这就需要我们不断的加以爱护与培植才能逐步地成长。比如说：孩子在童年时终比成人要幼稚，所以我们要办教育事业来培养年青一代。同时新事物的发展也不可能没有斗争，新旧之间的斗争，特别在人的社会里面，我们可以经常地接触到。革命与反革命力量的斗争是尖锐复杂的；先进思想与保守思想的斗争也一样。

革命的政党在旧势力面前不加屈服，百折不挠的进行斗争，正是由于自觉地掌握了这个规律，所以能够不断的获得胜利。由此可知这个规律对于指导我们工作，不断地和缺点作斗争是十分重要的，至善至美的东西，只能存在于幻想中。

3. 新东西对旧东西的否定,并不是单纯地否定,在新旧之间是存在着继承性的。黑格尔说:“凡是已经过去的,并不是完全被否定了,而是被弃扬了,因此同时也被保存了。”他虽是唯心论者,但这句话是对的。因为新事物既然是脱胎于旧事物,所以两者之间一定有联系。但是当新的事物产生以后,是不是马上可以完全否定旧的? 这个问题是值得我们注意的。不了解他,在我们工作上要犯错误,这样的事例很多。如果挤垮私营工商业思想,如否定中国的古典文学等。

这一问题实质上是:新旧关系在其转换过程中的内在关系问题,亦即是矛盾的内存联系。列宁在哲学笔记上说:“辩证的否定本身保持过去发展的积极因素。”这即是说:新事物在诞生以后,在一定时期中他的本身还需要保持过去的旧的积极因素。

这一特征指出了新事物继承旧事物中的积极因素对其自身发展的作用,即新东西要超过旧东西必需依靠旧东西的积极因素,才能更加丰富起来。按之实际情况也正是这样:如马克思很重视历史问题的研究,从历史的发展材料中,去求得共产主义的真理。中国有句古话:“温故而知新”,也是这个道理。在人的思想认识发展上一般都是从浅到深,由此可见“故”“新”“深”“浅”虽有区别,但可以说明新旧之间的继承性。通常说法:“不要完全按常规办事”,常规中好的还是要保留,不好的要改革,如完全不要常规,那就错了。

又如目前中国经济建设要从原有基础上加以改造与新的发展;又如新文字改革,一面准备用拉丁字逐步代替汉字,同时又要简化汉字,从汉字北京音为基础来逐步发展拉丁文字。这些例子说明新旧的递转过程中,保持着继承的关系。

相反的,如果抹杀旧东西内部的一切积极因素,如五四新文艺运动中有些人曾盲目否定民族文艺传统的倾向,发展起来使有些作品脱离了民族的形式,“缺乏新鲜活泼的,为中国老百姓所喜闻乐见的中国作风和中国气派”。(毛主席:中国共产党在民族战争中的地位)

胡风也是民族遗产的极端否定者,他主张“全盘西化”,否认五四新文化运动是在民族基础上发展起来的运动。革命的新文艺代表者鲁迅就是一方面接受了外国进步文学的影响,同时又继承了自己民族文艺的遗产的。而胡风把鲁迅说成为民族遗产的否定者，这是完全不合事实的。毛主席提出文艺工作的方针："百花齐放""推陈出新"，正是根据这个科学规律所得出来的结论。

4. 这一法则说明事物全部发展过程，是按螺旋式的方式而前进的。明确指出这一特征者是列宁，他把马克思主义的辩证法，作了更进一步的发展。他说："发展似乎是已经过去的阶段底重复，可是这是不同样的重复，在更高基础上的重复，可以说是螺旋式的，而非直线式的。"（哲学笔记）列宁运用这一特征到革命的实践中去，对争取革命的胜利是具有重要意义的。列宁在革命的各个阶段中，指出其中的特点，说明革命的退潮与高潮形势，确定正确的策略与政策，因而获得各个阶段的胜利，一直到革命成功为止。

中国革命的实践也证明这个特征的正确性：有过无数次的成功与失败的教训，退守与进攻，前进与后退等迂回曲折的过程，熟知中国党史的人，都了解我们的胜利的获得是曲折式的发展。人民日报关于"无产阶级专政的历史经验"一文在中国的革命实践中也同样说明这个原则。

从理论上来说，这个特征中特别要引起我们注意的是：发展过程的具体条件的不同。换言之，由于每个过程的特点不同，运动形态必然是曲折的分阶段性的，毛主席说："如果人们不去注意事物发展过程中的阶段性，人们就不能适当地处理事物的矛盾。"因此可知想无条件的超越发展阶段，就会造成混乱。一切工作需要计划步骤，就是为了这个道理；一切犯了盲冒毛病的人，也往往由于不认识运动的各个阶段及其特点。

正面地来说也一样，因为每一发展阶段从低级到高级的转变，首先要有转变的具体条件准备（量变到质变的准备），事物不可能无条件的进行飞跃，这在物理现象中就如水的加热到一定程度才能沸腾；在社会现象中如从初级农业合作社过渡到高级合作社，首先要求创造群众自愿的条件，要有一定办社的领导骨干，增加生产收入可能等等的具体条件准备，其他事情也一样。

我们在实际工作中往往对运动缺少具体的分析与综合，简单化的工作作风，实际上是不自觉地违反了这个法则的表现，因而常常碰钉子，例如私营工商业改造问题，有些干部盲目地合并商店，撤销商店，使商业流通发生困难，这就是因为不知道过程，而只画了一下子国营。

（三）小结。

学习这个规律对我们实际工作者有重要的意义。

1. 这个法则的重要特点指出发展过程的顺序性与其特殊性。实际工作者不顾事物的发展的阶段，跟不上新过程中的特征，就会落在事物的后面，要犯右倾保守的错误；相反的，如果不顾发展过程的顺序性与具体的过渡条件，急于飞渡，我们就要犯“左”的冒进错误。

2. 这个规律教导我们新生力量发现与培养的重要性，重视典型经验，以先进带落后的工作方式，以一般推动全盘是我们工作的重要方法。

3. 这个规律教导我们：前进是曲折的，革命事业是曲折复杂的，困难与缺点是矛盾发展的必然现象，在困难面前不能低头，必须不断的在克服困难中求得矛盾的解决；同时又要不断的改正缺点，才能前进。

（文件编号：E213(1)）

吴植椽传达刘少奇在中央农村工作部会议的发言

1956 年 5 月 2 日

（一）高级社社章问题。

先发一个指示，在场出席说要即发社章，秋收后决定。

城市小私有者土地问题，动员其入社，保留私有权，小商贩者土地，适当照顾，用什么方式可研究，农民私有土地问题，可以留一部分，宗教土地，清真寺土地入社后，无饭吃，可以给他土地，不入社，合作社可以租，给租金，国家征用土地，如造飞机场，肯定说：国家要给以代价，基本建设都一样。

坟地问题——私扒坟代表青年人思想，“死无葬身之地”造成不好影响。留公地较好，群众不同意，可留私地，但不要浪费。

（二）农具问题。

（三）林木问题。

折价办法最好，但各省意见很多，最后意见：① 零星的不入社，成片的入社，第一二年采取报酬办法，按比例付，收买形式——过渡方法。② 折价入社。③ 折成股入社，分几年算清。

（四）经营管理问题：

① 着重在方针问题，综合性的经营问题，手工业与农业不要机械分开，如富阳的造纸，夫妻不能分开，造纸特别大，可以划到手工业，不要轻易改变其原有经济关系。

② 副业经营，原有的副业仍要办好。

③ 减少非生产的经营，勤俭办社，二年内不增加农民负担，二年内不接非生产性的经营事业。量力而行，要批准。

④ 生产规划，——劳动，财务，技术，生产指标，四个规划要先搞好。

（五）组织机构问题。

① 规模大小问题。

② 便于领导，有利生产——基本原则。

③ 并社要照顾交通，传达，人事的关系，几年内不要多变，每每并社不利。

④ 并社并乡工作不要同时进行。

⑤ 社内二级制：委员会，生产队。虚线是大队与小组，不要包工包产，一千户以上的大社，可以考虑新办法，如三级制。

生产队以三十户左右为适宜。

限制乱计工分的严重性问题，——不能增产，造成浪费。提前完成非生产的工作，各省要定出目标，党团员开会决不能计工分。

公路不能用公路民办民养的方法。

青年队问题。

先锋掉了尾巴就没有先锋作用，父子要竞赛是不通人情，青年人技术少，老年人经验多，结合起来好，因此绝对不能组织青年队。

临时性工作可以由合作社组织行动，生产队是合作社的基本组织，更要明确，所以不能用青年队。

（六）劳动带头问题。

（七）股份基金问题。

（八）合作社任务。

稳定新的生产关系，搞好生产，经常化，巩固合作社。

合作社的领导实际上归于我党，新的关系问题很多，生产人员变化不大，现在只是开端。

（九）巩固问题。

① 今冬明春可以全部合作化，速度不成问题。要巩固做好三件事。

第一，增加收入，改善生活。首先要贯彻勤俭办社，各地要看为中心关节。第二，要依靠群众力量。

② 阶级路线问题。

还是必须执行，巩固优势，分化瓦解地主富农的势力，加强支部的领导，几年之内是不会变的。

要防止麻痹思想，破坏要防止，少部分顽固分子要警惕，二头小中间大较适当。

第三，干部调整，建立批评与自我批评的制度，社干部权力很大，要有民主制度，训练培养要有制度，专业知识的培养。

技术问题要有四个站——种子，机械，兽医，抽水。

林业工作站，木业公司要推广，问题是没有销购网。

县设地质站。

（十）关系问题。

与手工业分工的原则：

① 要看成本能否减低。

② 技术能否提高。

③ 专业化。

④ 发生矛盾要照顾手工业。

划分范围：农具归合作社（集中的社）分散的不归入。

家庭副业归合作社，如花边，造纸，草帽等。

供销合作社不要改为银行。

供销合作社——提倡送货上门方法。

水产问题归三办。

（文件编号：R117）

部务会议

1956年5月3日

理论学习问题：

辅导员——是群众的骨干。

演讲问题：

① 固定演讲员——同讲师团的关系。

② 临时演讲员的讲稿内容谁审查。

③ 讲师来了做什么工作？没有学过如何做工作？

④ 工人编制是指在省的，还是包括各县市的。

根本问题：

1. 时事政策教育宣传——第一季度是高潮时期。

2. 党内外思想情况了解差，不及时宣传。

3. 工作没有全面规划，没有季度计划。

4. 与各部门的关系问题——各业务部门都要建立政治工作。

5. 组织机构不合理——各部门工作不大能有明确的分工。

配合问题：

第一季度客观情况没少估计，〈那〉哪些对〈那〉哪些不对。

发言

一、第一季度情况——高潮时期，所有的工作都可以说是基本上做对。但也存在不少缺点。有些根本问题要解决，任务多，人少，能做一些工作，还是好的，如学习室，工作的缺点是由于领导。

1. 上下左右关系要明确，联系问题更正常，从省委对部的关系——有时临时抓的，措手不及。例如：无产阶级专政问题学习，上午看到电报，下午就要汇报反映，有时可以根本不问，部长下乡了，我们不知道省委要我们做什么——过去现在都如此，自生自灭。

2. 同业务部门的关系很不明确——反映工作不具体。

商改问题——我们写了一个工作纲要，他们不发，要求发表政策宣传提纲,但这是财贸部工作,结果延期很久,用社论方式写了一篇“小城镇商改工作”文章。

知识分子改造问题——似乎是马列主义宣传,都要由宣传部来包,其实不然,与业务必须结合,宣传部如何配合不清楚,劳动竞赛生产问题——工业部应负责。宣传部如何帮助?

“强迫干部学习重要”——五云山训练班把处内骨干抽调一空,给其他工作发生困难,干部[要]固定起来。

“反右倾,接触实际”——二次下乡,各部干部抽调一空,部内工作发生困难。不要打乱应作的工作计划。

“和平解放台湾”——那一位省委同志看了一下,立即要求停止展出,忙得很。

二、什么工作作得不够?国内外形势、政策,——马列主义的宣传做得不够,立即是抗美援朝以来没有教育,工商业改造问题在大专学校。

中小学都没有进行宣传,报告员与宣传纲看有看无。

三、今后问题。

1. 调整组织与建立必要宣传组织——如宣传网,出版宣传员手册,演讲工作要弄好,要明确任务。

2. 明确上下左右的工作关系——思想上成为瞭望哨。

3. 要有一个规划——提出要点。

黄:

1. 工作出废品,事先不统一思想。不深透,工作忙乱。

2. 机构不健全。

3. ……。[1]

组织机构问题。

梁:

① 时事宣传问题。

---

① 原文缺。

设在哪一处,范围很大,是否包括对群众的宣传。

② 城市与农村合并有好处,经济宣传组。

③ 中苏友情和大问题谁管。

④ 支部教育处问题。

除教材外,还有一些其他工作,归谁管?

如介绍经验,起草指示。

钟:国际时事须放在宣传处。

眭中:不同意归宣传处。

梁:县学归到哪里?

孔:加强还是减弱——手工业,工厂,企业,组织。

各业务部门如不负担经济工作,则要减弱,否则是加强。

我们的去监督是空话。

干部要少而精,是不是叫做城市组。

黄:

宣传处问题,任务如下:(城市组)

① 基层干部教育,党员教员。

② 时事政策宣传。

③ 宣传组组建设如宣传网。

④ 对各业务部门的监督与检查——工矿的报纸。

争论的问题:

金说:"与省委关系不正常"不对,如五云山学习调干部,下乡调干部问题,不是关系问题,是客观需要。

金:

总结——第一季度工作。

一、成绩很大。事实如下:

① 理论学习有很大发展,五云山学习,业余政治学校,各地委理论学习,二个半天学习制度,省委抓问题很紧。

② 时事政策学习,掀起高潮。四十条,生产宣传,总路线后又一次大宣

传。台湾展览会起了很大作用。

③ 支部教育——编教材，县委自己也编了教材。

④ 广播党刊发展。

⑤ 肃反审干工作，一般说是正常的。

反右倾保守，强调总路线是对的。

二、缺点：存在问题。

① 缺少规划。

② 实际落后于形势，如高级化的宣传问题。

在生产宣传问题。依靠群众反右倾，没有很好结合实际情况。例如：支部教材问题，一般地，与思想情况没有很好结合。工厂宣传对节约问题，质量问题没有很好强调。与实际情况结合不够。理论工作教学质量也存在问题，没有解决实际问题。效果问题还不够好，主观条件还可做得更好一些，报刊工作不能说是盲目性。分析思想不够是主要毛病。

③ 组织建设——落后于形势的发展。

干部流动性很大，人数少如办公室，干部不安心问题思想工作问题。正确对待工作态度问题，支部与各处都要负责解决。

主观问题主要是指第一二个问题。

缺点要从历史观点来看，如规划问题，有很多困难，接触实际问题主要是主要干部问题，逐步改进。自己要下去，省委是各部组成的，通过各部去工作，工作对象是一个，不到实际中去收集材料，就不能贯彻工作，非投入不可，如扩大会议后，还要派人出发。不应该有矛盾，只能说同办公有些矛盾，即文件处理。分析关系省委与我们的关系是正确的，说明一个问题。今后还要这样做；当然办公工作也要很好安排，这是组织问题，需要有一些人现在家办公，研究力量很重要，巡视员就是起这个作用，组织形式问题要改变，各处传达也要下去。矛盾是有的，但有主要与次要的。这些问题提法还可考虑。

三、今后工作意见。

各处提出的意见都可以搞，具体安排要考虑，五六月份以贯彻省扩大会议为主，党代表大会主要改正思想作风问题，宣传部是加强思想工作。

① 理论学习——高级干部学习班还是继续办，解决主要干部思想问题是主要的。长期的工作观点。

② 业余学校问题——提高质量有很大困难,先抓那些主要问题,总结问题,要作调查研究。不能根据片面材料,摸一下底,补习中找材料。

教学力量如何组织,发挥具体作用。

③ 新的专业学校可以办,已办的要巩固。

在职学习二个半天问题,已经学了一个月应当检查。提出什么问题要研究,组织领导思想领导问题也要检查,目前学习问题,防止自满,要经常督促检查。

主要力量放在省干部的学习,地委学习还是次要的,抓重点,还要注意面的工作,因为理论队伍还没有建立起来,可能性不大。适当照顾一下,地县委学习。

轮训干部问题。

省委研究要轮训干部,党校行政学院轮训下做干部。县以下干部(区乡干部)。

地委干部——等节后过去后,要抓一下,发一个通知下去,地委干校问题由省委名义发。

县学也要动员起来,解决思想作风问题,通过党的代表会议来解决。市委也要训干部。

④ 群众宣传问题。

贯彻省委扩大会议精神,开展劳动竞赛,整党问题不能分开。五月份各县要开党代会议,是发动群众的关键问题。

通过整党解决思想作风问题,加强时事政策宣传。强迫命令脱离实际问题。广播与党刊的作用。要配合进行。

工农通讯员作用如何发挥?应办的报纸清理一下。宣传提纲问题——摸几个典型,城市与农村都一样。防止其备困难。办公室安排会议。教材问题——要重写,生动的思想经验,可以补充。

⑤ 思想作风问题。

这次还是解决这个问题。加强思想问题,发挥各方面的积极性问题。不安心问题要解决。具体情况要分析,启发自信心。支部要提出具体要求。

⑥ 组织问题。

1. 方案问题,可能有些要削弱,也可能要加强,还要经常变动。如城市与农村处合并问题,如巡视员问题,也要试验,各种可能都存在。干部有没有是另一问题。

讲师团问题——根据干部条件来做，省委意图是先集中起来，不适当的要调整。有决心调主要干部来进行工作。

2. 研究工作，写出书面意见向省委提出。

⑦ 同各部门的关系问题要提出来。我们主要搞时事政策工作，生产问题归业务部门，前者是宣传部可以统一的。

宣传部对各部的思想工作可以监督其执行。巡视员就要做这个工作，很主动。

及时检查通报工作要抓紧。

（文件编号：R111）

业余学校教师座谈会

1956年5月5日

两种方式：

1. 重点在原理，应当联系实际。
2. 听工作，少谈原理。

五云山经验：

1. 重复太多，各科要联系。
2. 范围太大，眉目清楚。
3. 引证不要太多。
4. 重点要突出——上课讲什么要联系，解决什么问题。
5. 理论部分要多讲，然后举例。
6. 不要念稿子，生动具体。
7. 联系实际讲一般性问题。
8. 供给学员的思想情况和提出来的问题。
9. 经济学。

一、宣传网问题（城市）

二、支部教材（城市）

三、组织形式报告（本部）

四、与工业部财贸部研究工作问题（城市）

五、与文教部研究大学的理论学习问题（理论处）

六、演讲工作计划研究（理论处）

七、各地干部学习的研究（理论处）

八、业余学校教学经验交换（理论处）

九、在职干部学习的检查，星[期]四（下午）

十、辅导员会议

（文件编号：R111）

五云山学习情况汇报

1956 年 5 月 23 日

崔质长：

八十五天自学时间估计 70% 有七八人没有看过实践论矛盾论。

思想：神秘、没有理论也一样革命，不能解决具体问题。批判了唯心论运动后，大家认为重要，世界观有所改变。

（江华：县处以上干部都要学完哲学，不要跟别人，不学政治经济学。）

主要收获：

1. 打破神秘，认识重要性，信心加强，打好基础。

工作做得好坏不知道根据什么，改正错误不知道。

2. 找清唯物论与唯心论的方法，理解正确政策是根据什么。

3. 分析批判有二种情况，没有实际观点，只看现象，不看本质。凭主观主义，带主观性去调查研究，缺乏群众观点。

缺点：

1. 少部分人学得不好，很不平衡，15%人对基本原理还不了解，因文化水平低，调干部时不慎重。检查别人思想，不联系自己。

2. 讲课与辅导。

内容太深太广，重点不明确，比莫干山[山]还大，有些原理没有讲清楚，个别课程联系不够，要求高一些。

辅导方面：与讲课结合不够，对不同对象具体辅导不够，对不同现象具体辅导不够，介绍不及时，没有讲课是困难。

3. 联系实际走弯路，讨论时间短，方针抽象化——实际与理论划分阶段，少数同志根本不了解理论，就耽误工作。也有提出不对的问题，学习态度不对。

强调自觉性，但没有强调批判，小组讨论内容宣传。

体会：

（1）高中级班，学员条件要注意，选好小组长，文化低的，应先学文化。

（2）讲课应注意的。

① 高水平。② 重点。③ 由浅入深。(许多例子无论什么问题都可用,重复太多。)④ 理论与实践启发为主。

(3) 方针实现的问题(实际如何应用)。

与党的方针政策联系有兴趣,如矛盾说;套名词的方法。离开实践弄不清。先要消化原理,最后联系实际。

张春生:

考试经过:经过复习有一定作用,看到一些问题。

① 基本问题还不清楚,如世界观,生产力与生产关系。

② 道理消化不够,背书本现象。

③ 机关比地委来的,机关干部比较差。[①]

对会后教学意见:

① 首先要求他理论说清楚,内容集中一些,多了那一些问题。

认识论说多了,逻辑学问题可以不讲,反映论放在实践论。概念的定义搞不懂,生产问题——五种生产方式多了。

② 要求通俗化。

③ 联系实际——要求解释政策与方针,不是关注个别事实。

④ 要求先给讲稿,辅导结合。

下期教学计划:

思想总结少一些,唯物主义要延长一些,重点放在认识。

(文件编号:R112)

---

① 原文如此。

海宁县问题

1956 年 6 月 8—14 日

六月七日去海宁参加党代会，十七日回杭。

陈伟达、林乎加同志，在未去之前召开一个人会议。

陈伟达新登试点经验中说："五四年时省委六次组织工作会议上决定，区书，区长一律把南下干部调为地方干部，党章规定区书记有一年党龄，特殊情况要经省委批准。"县委候选人县委提出正式 23 人，候补 5 人，内地方干部五人占女同志二人，14%。

八日晚：县委会议。

赵星发言(地委副书记)：

① 同意陈修良同志意见，不算老账，主要是作风问题的检查，改变耕作制的错误，主观主义挖春花，七万多亩。

② 水利电力灌溉问题，每亩四元是个大问题，国家与农民发生了矛盾。

③ 勤俭办社就是突出问题。

④ 党的领导问题，纵横关系。

⑤ 今后问题，排出矛盾，提出具体意见。

⑥ 怕过火，要发扬民主，同时要领导，县委统一意见，中层骨干要统一思想。

⑦ 候选人不要去检讨。(男女问题)

六月九日常委开会。

修改大会报告。

1）党政关系——党不管党。

党代替政府工作——人代会成为一个负担，方印子不如圆印子有力量，政府干部在中心突击队抽调一空。

2）财贸工作——县委忽视，不知道税收多少，不重视工业生产干部配备。

3）领导上普遍问题。

缺少政治思想领导，抓中心工作，不重视部门工作，宣传工作差，漠视劳动人民生活。干部福利问题，去年多了六千多元，许多干部生活苦，不重视。

4）合作化后农村新问题。

担心不能增加收入。

领导落后于实际，国家与个人的矛盾，如茧的价格。

经营管理问题，劳力分配问题，各种经济与机构问题。

六月十一日正式开大会。

召开主席团会议。

丝厂支部书记发言：

（1）地方工业"出钱出人"不完〈正〉整，不大体会轻工业的重要。"为农村经济服务"口号思想不通，丝是外销的，怕批评，现在这种情况，是不是方针变了，一致认为不是方针变。

（2）个人与集体问题。

上下级关系问题——孤立性很有兴趣，几毛钱也要上级批。工人福利有困难，报告上级不理，工人身体愈来愈坏。

工资问题——比解放前降低，平均34元，劳动率高一倍，工资没有提高。要增加20%—30%，工业部不能降低利润，这是一个矛盾。

六月十二日。

五个工厂参观后感想记（向县委汇报）。

（第三丝厂，富顺昌袜厂，油厂，电厂，碾米厂）

（1）有没有发展前途？很有前途。

碾米厂供不应求，现在说设备过剩，估计不足。

油厂——原料供应过去有困难，但有些原料到上海去做，手工业方式出油比上海低。

袜厂有原料，供销外地有发展前途。

丝厂供不应求，原料不成问题。

（2）如何发展？

米厂——可多开一些，燃料用米壳，成本低。（一担三角）

油厂——全市七家，多用手工。（轧定部分用机器）

可以合并起来购买机器，好处是管理人员可以减少。

出油率高，劳动率可以提高，一个厂三年后可以收回成本五万元。如合并收回成本更快。问题是工业局不肯批准，因为财政局扣[税]得厉害。今后地方可以推动，应当重新规划。

（3）工人生活问题。

工作时间：油厂——十一小时，现为十小时；丝、袜厂九小时。

科室人员上文化课没有工资，加班加点过多，这个问题要解决，应有专职教员。

宿舍——米厂工人住在河上的小船里，生活应当改善。

工人食堂副食品少，饭吃得多，油厂工人每月吃八十斤，应增加副食品。

工人文化学习——六小时太多，工作时间长，会议多矛盾，三个问题应同时考虑，减少工人的疲乏。

> 问题：
> ① 右的倾向要指出；② 不重视工业与文教城镇工作的偏向；③ 巩固农业合作社问题要突出；④ 党的教育宣传工作要指出。

（4）宣传网问题。

应加整顿，工人不识字，口头宣传特别重要，党支部应当通过宣传员帮助了解工人情绪，宣传党的政策。

（5）党课普遍没有。

袜厂工会与团的负责人不知道什么是党课，他们说读报，讲长征故事，就算党课了。最近迎接党代会学了一课民主集中制党员权利与义务。

整个支部没有党课计划，也无支部教员省宣传部的教材没有看过。解决办法，应有计划，大厂应有支部教员，教材根据省要发的，半年计划（九月底止）。

（6）干部教育问题。

干部只学一门，县的一般干部80%要求学文化。

应学习党的政策，除王玉珍学习少数外，他们主要学文化与业务。干部文化低，业务不大懂，政策水平低，要教育。

(7)“工业为农业服务”问题。

提得片面，还应加上“农业又为工业服务”。

相互关系——从财政观点来看，海宁县的工业发展起来可能是一笔不小的进款，“维持现状”的观点值得研究，“发挥潜力”还没加上“改进设备”相结合。

(8) 合作社宣传方针要明确，合作化搞什么？

“要学会当家，巩固胜利，实现四十条。”

文化教育机关参观后感想。

县文化馆，广播电台，海宁报社，这三个事业有很大前途，也已经获得一些成绩，但应注意一些问题。

① 文化馆。图书馆旧书征求问题，省文教部有通知，要求保存与征求古籍(自愿)。此地过去做得出了毛病——摊派。每家要五分钱去买新书，县委禁止了。这二件事应分别处理，县委做的对，文化局指示还要执行。

歌咏队建立不起来，原因是新歌老百姓不愿唱，这是主要问题，应当提倡更多的歌，看法不狭隘。

演讲工作——可以适当通过文化馆来做，宣传部应当派干部去做通俗的事实政策宣传，内容应当丰富多〈采〉彩，有时也可放放幻灯。

② 报馆。只有农村消息，工人方面的东西很少，工农通讯员没有工人。如工农同时宣传，可以加强工农联盟，不仅在春节联欢时去宣传，平时也要宣传。

③ 广播台。线路很好，但只有40%听得清，群众不满。目前技术问题要解决，最好是用工业电，但电厂不同意。技术训练工作省县都要分别负担进行。

内容多是农村的，镇上意见多。

财务管理——该台要求规定办法，不好办，每月开支四万多元，大都是电费。如何结束收费问题？该电台如何自己管理问题，要研究出一个办法。电台要求县委解决。

④ 海宁第一中学。现有六百多学生，下学期七百多。

问题：① 校舍极挤，破烂不堪，要求建校舍。经费问题不解决。② 平日不管，有时各方面都抓一下。要求统一管，要求县委多关心。

以上根据各机关负责人的谈话，要求转告县委的。

六月十四日大会发言。（摘要）

传达毛主席论十大关系（陈），鼓舞很大，明确大会目的，同意县委报告七年有很大成绩，生产力提高……

缺点：……。[1]

硖石镇：

① 县委对镇委工作不够重视；② 领导多头；③ 批评多。

富顺昌袜厂：

对报告补充。

① 偏重农村，不重视工业生产。

② 官僚主义是主要缺点。

四十条执行不切合实际，盲目性大。

多多头领导——工业部只谈生产指标，组织部只要建党，宣传部不管工厂宣传，党课不健全，民生生活不够。

④ 干部政策“小人说错打屁股，大人说错不在乎”。

建议：……。

盐官：

对文教工作不重视，一年来没有来过一次，教师不知道党委负责人。

巫山乡：

要求纠正以党代政作风。

（文件编号：R116）

---

① 原文缺。

硖石第三丝厂党委书记孙康兰谈话

1955 年 6 月 10 日

孙[康兰]：

工人平均工资 37 元，最低 24 元。

宣传工作，生产宣传——竞赛是主要的，宣传员十八人怎样认识：任务不明确，到县内开会宣传员回报只听了一些互助合作，部内从来不谈到工厂，只要一些材料，宣传员做什么不知道，运动来了，动员宣传员一下。

资料没有，如浙江通讯只发到最近一期。

对县委宣传部意见：

① 什么帮助都没有，只有批评。

② 对工人生活不关心，去年国庆，放假三天，要求做报告也不来，工人等了三天，动员工人回去，结果工人很不满。原因是县委不许工人回家要开庆祝会，反而批评厂内不讲组织纪律。（工业部批评很大）

③ 工人学习时间 5 点 30 分—下午 6 时半。

学习三个社论：工业部先布置，宣传部又来布置，放马后炮。

④ 时间统一安排有困难。

多头问题：工业部抓生产，组织部抓建党，弄得支书不能应付，做不好还要吃批评。

意见：学习时间太多，现改为五小时（一周）工人健康日益下降，只要生产，不注意健康，对劳动保护问题不关心，有 40 个女工，1953 年招来的，现有四分之一患肺病。

（文件编号：R116）

对金韬问题的发言提要

1956 年 6 月 19 日

参加者是各处长,及金、高等人。

一、对金的新的认识,表示欢迎,因为这是今后改进工作关系的一个条件,我们过去对这方面有一些意见,要讲的都说过了,个人没有对谁过不去的问题,了解过程。

二、我的检查:

初来时对金的过去不理解,后来看到一些缺点,情绪相当紧张,自己后来没有以积极态度帮助克服,是有缺点的。

在大会时期自己情绪急动,不冷静,也产生主观片面的毛病,表现在批评多了,缺点看的多了,发言中问题有言词过重缺点,我在后期已经作了检查。

三、彼此还认识不足的,今后还是要互相帮助,关系是相互的,我们也不能发展于一个人。

今后工作问题还是要抓,个人没有什么成见。

(文件编号:I52)

各民主党派学习“百花齐放，百家争鸣”方针的讨论

1956年6月20日

上午八时

主席发言(江)：

1. 这篇文章是中央对科学、文学、艺术——思想工作的重要方针。目的是发展学术思想与文学艺术。已经引起重视。

2. 座谈会的讨论也要发挥自由思想“百家争鸣”。可以提出不同的问题与意见。

① 对会议如何“百花齐放，百家争鸣”，提出具体意见。

② 也可以批评目前执行这个方针的矛盾问题。

③ 也可以提出对此方针的不同意见，也可以对其中个别问题。提出各种意见。

④ 也可以展开辩论不同的意见。

今天是综合性的座谈会，不要忙于作结论，以后还由民主党派、人民团体按系统的进行座谈会，以便吸引各方面的意见，把这个方针具体化。

（政协会议上）

蔡堡(浙大教授，生物学者)：

李森科学说我们不同意，弄不通。“飞跃”论，[物]种的起源问题争论不清。科普讨论二次，大家怕被说为反革命，不敢说。种类中没有斗争的学说，教科书如何说，我们顾虑非常大。我参加了民盟，现在胆子大了，但还是不敢多说，怕死。政府一时松，一时紧，来一个肃反，怕抓小辫子，现在松，将来怕还要紧。

反映客观存在，必须要争，对中央方针很同意，很兴奋。

争鸣不是打击人，而是为了证明事实，为了团结。

张宗祥(浙江图书馆)：

我看了这篇文章后，计划了一下，但兴趣很多，医学觉得最重要，应出一本

医史，又如奴隶制问题要中国自己来研究。

许衡有十七个本要整理。

百家争鸣，应当根据各人所好，自订一种目标。

王仁东(浙大自然科学教科)：

“权威”不能迷信，这个方针很重要，“百家争鸣”必须要辩论比“百花齐放”要复杂得多。如烟囱在地震时如何倒法，要有试验。

教材问题要研究。有些学说不可靠，学生不相信老教师，只相信书本，不相信自然规律。

有些问题不能用实验证明的：关于离心力问题。苏联辩证了三年。浙江有争论，应当展开。争论不要有意气与面子问题。

郑晓沧：

这个方针是绝对好的。是解放生产力的大契机，是历史上第一次的大事，由统治方面提出来是历史上的第一次，了不得的事情。

古代希腊是百花齐放，经过长期黑暗时代，宗教势力大，十三至十六世纪，法庭攻击异端，威胁很大，四百多年使学术窒息。文艺复兴时代，星光璀璨的时代。

十八世纪资产阶级为什么能革命，(唯心论与唯物论争论)georg(黑格尔)起了很大作用，十九世纪科学繁荣，也都是自发的，我们是自觉的，作为国策，这是了不起。

我们争论可能是下列三方面：

① 事实；② 原理；③ 处理方法。

科学也如此。要十分审慎，事实很难定，如十五贯中[的]况钟踏勘。

批评不能随便，接受也不能随便。

“百家齐放”问题，希望听听“将军令”。因为有偏见——对音乐应“标而出之”。

书画——多开展览会。

我自 1927 年[后]很久不鸣，顾虑很大，教育问题，过去师生关系，教育方法更不深，中国教育史了不得。(苏联人说)生产很重要。我对这方面有兴味，先要有文字修养，遗产很难读。我想分一力量来搞，过去批评我是“客观主义”，这几年有纠正，现在还不够，愿做一些工作。

王承基(师院)：

科学问题不能很快下结论，不能瞎子摸象一样，要多方面看。

王琏(教授)：

要百花齐放，要先养得好，使其放得更好。

“百家争鸣”一定要有争论，为何争论？

① 要有基础，空洞的争不能有结果，乌鸦与黄莺争鸣，乌鸦声音大，可能压倒黄莺。

② “百花齐放”在科学上边可应用，如中国的医学。中国三千多年书是综合性的，没有分类，如本草，医学，哲学，文学………我们要百路进军，不要孤军深入。

方樊山(浙大教授)：

这个号召及时很重要。

“学习苏联”口号下，有过偏向，不敢批评。

如何鸣法？

1. 科学研究到一定程度时提出来，不要在得出结论时作“一鸣惊人”。

2. 科学刊物发表问题。

3. 是什么？争真理不简单，有各种派与学说，如雷霆学说，正因为存在不同的学说，应当有争[论]。

① 通过实验；② 数理方法，实事求是方法。

4. 根据十二年规划，科学上充分上进行，不是根据个人兴趣，不是定时间得出结论，不能按部就班。

5. 克服保守思想。

如电学问题，有人主张过的，我们认为不行。

6. 防止钻牛角尖。

如永动机问题，是不符合实际(浙大有人在研究)。

7. 有二种偏向——重研究轻教学，另一方面相反，高等学校对这个比重要注意。

8. 时间——六分之五业务，业余晚间时间没有保证，大多数时间要开会。

邓白(美术院)：

这个报告启发很大。

马文车(民革)：

“争”“鸣”得好，可以“百鸟争鸣”，不一定要听黄莺的鸣，不好听的也要听。

不是学术界问题，各项工作都筹集，我重新在报刊上也要发表不同意见的文章。

蔡堡：我对新诗不感兴趣，一首也背不出，古诗能背一千多首，文字改革，对这方面的遗产一些也没有发展，很可惜。

中国字也很美，中央也应当提倡，不要一笔取消。

张宗祥：

1. 有人问过毛主席关于中国字[的问题]。他说：“多一样美术难道不好吗”？各校写字没有人管。

2. 线装书没有人肯拿出来，文化局应注意。

潘天寿：

文化部过去说只要油画，不要国画，说必然淘汰，学校措施照这一方针去做，取消中国画，只画笔画。

三反五反后学生对教员态度很凶，希望老先生早死。

中国画系成立后，学生不愿学，乡下挂中国画，说是地主思想，西湖也如此，大华饭店内挂丝织品，杭州饭店没有中国画。

艺术上很高的东西，是不是要取消？如《离骚》大家不懂，不要么？中国画也如此，黄虹宾先生的画很少人懂。小学生只会写钢笔。

重视放在口头上，还是行动上[要]注意？“为工农兵服务”口号，如何执行？看不懂的东西，算不算“为工农兵服务”？

培养问题领导上要注意。

“人民服务”，愈来愈退步。——国画小组，共有四十多人，没有参政。

“推陈出新”，影子都没有。西画先生作主任，国画家认为是方向要弄错。学生不要学书法，国画如何画得好，中国青年都要一个“速成法”。要他们学写字，说是“小资产阶级思想”教研室。批评我违反教学方针。

（文件编号：R112）

关于海宁县委领导问题的记录稿

1956 年 6 月

一、党代大会前夕县委思想不明确

我于六月七日到海宁县委，大会预定在十一日召开，即日参加常委的预备会议，次日又继续参加全体县委会议，次日，地委付书记也到了县委，在讨论过程中，我们发觉县委对党代大会的目的性认识不明确，解决什么，为什么要以毛主席指示为中心普遍不大了解，大家情绪都很紧张，担心过不得关，怕批评；其次是对下届县委的候选人问题争论很多，对县委总结报告反而不够重视。

对大会的目的认识不清，反映在下列问题的争论。

（一）县委候选人问题，主要是要不要提出女同志王素清为县委候选人，问题：有二种不同意见，反对作为候选人的理由是：她能力弱，不起作用，部队来的，可能要调查，孩子多，婆婆妈妈，不能下乡，选出这种的人，不能提高妇女的积极性，不一定要有妇女参加县委；另一种意见，没有更好的女同志，妇女有特殊问题，可以原谅。妇女人数多，应有一定比例。这个问题，讨论的时间是分占了一天余，最后才多数通过王素卿为候选人。

（二）怕算老账。讨论县委报告草案时，多数委员提出来的问题是一些以往争论，选的许多具体工作问题，怕这次大会被批评，要求明确是非。另一类问题是干部问题，例如县长宋奇胜与合作部长朱玉生同志在会上为干部选房子事，争得吵起来。朱批评宋运来材料不盖房子，浪费是忘本，宋说朱是思想意识问题，自由主义，个人主义等等。还有批准女同志打胎问题，要求某一县委检讨，女同志因为生活与工作，不愿结婚，乡村中男女关系混乱，以及其他一些零碎的工作问题，争论很多，没有抓住中心。

后来经过我们传达省委的意图，不算老账，主要问题是解决当前生产与工作问题，工作作风的检查，大家思想才渐归一致，并决定在大会上先行传达毛主席指示，县委的报告重新加以修改，着重点放在工作与作风问题，并提出会后改正方法，努力方向，并说明候选人的生活问题不要在大会上去检讨，否则会议就不好掌握。

县委意见一致后，情绪不再过度紧张，逐渐研究到过去工作上的主要缺点，是：右倾保守，还有盲目的积极性，主观主义，不了解情况，看问题片面是作风上主要问题；同时也批评了各个部门工作互相不配合的缺点，但对于如何贯彻毛主席的指示精神，改善党群关系，加强领导地方工业，财经贸易工作，发展多种经济，重视人民的生活问题，加〈思〉强党内外政治思想工作，改善上下左右关系，发扬党内民主精神等问题，始终没有加以足够重视，总结报告修改以后还是不能突出中心，冗长琐碎之处很多，因为准备时间极为匆促，修改后的报告缺点仍然很多，所以后来在大会讨论中，代表们提出许多补充与批评意见。

二、会议中反映出来工作上的主要问题

大会一致对毛主席指示十分兴奋鼓舞，对大会目的方向明确了。

对县委总结报告基本上同意，一致认为七年来党的工作成绩是肯定的，主要的、巨大的各种运动都取得很大的胜利，为今后工作的展开，打下了基础。表示大会以后，一定认真的贯彻代表大会的精神，根据毛主席指示，发挥社会主义积极性，经大会发言与小组讨论中反映出来主要问题如下：

（一）工作上关系问题

1. 偏重农村，不重视城镇，偏重农业合作化，不重视工厂工作（工业总产值比农业低 91.7%），过去提出“地方工业为农业服务”是偏向的，应当还要加上“农业为工业服务”的口号才是全面的。对工人生活问题不关心，县委很少帮助工厂工作，工会工作没有管。

不派干部到工厂，对先进工人经验推广不重视，政治思想工作薄弱，认为工厂只是“出钱女人”，与农业相应发展不重视，本区工业有许多是出口的，如此，为什么说是“为农业服务”？

2. 重视农业税，不重视财经贸易工作（商业稳定比农业税多）。财经问题在党委议事日程上排不上。

（陈修良旁注：

（1）偏重农村，轻视城镇，只管农业不管工业问题；

（2）五次大会后左为右，右为左；

（3）作风问题；

（4）农业工作的方向——贯彻四十条，巩固，学当家多种各种经济；

（5）改造与教育；

(6) 民政、卫生、司法、群众团体工作;

(7) 干部政策;

(8) 集体领导与不同分工问题;

(9) 党政分工问题。)

3. 党代替政府工作。

人代会是一个负担,方印子不如圆印子有力量,乡政权不大起作用,半年来县政府只抓四件事:绿化、推销公债、双轮双铧犁、开荒。

4. 县级机关各部门头多不统一,各自强调自己业务重要,下面工作困难,上级中心工作硬性统一,部门工作不能统一,下面难以应付,撤区并乡后,乡的工作更加困难,许多问题无人解决,上级对下级更不了解情况,干部思想混乱。工厂工作工业部只抓生产指数,组织部只抓建党。

5. 县委与部门的工作矛盾——县委对部门只抓干部,不抓部门,部门工作受影响。

6. 不重视工会,青年与妇女工作以及其他部门的日常工作。

(二) 目前工作上主要倾向问题

县委总结认为右倾保守是主要的,代表同志一致认为合作化以后,主要是"左"倾,表现在工作上的盲目急躁,问题最多:

如省五次代表大会以后,县委胃口很大,四十条执行工作有严重盲目性,具体表现在改变耕作制太快太多,(县提出十四万亩,实为四万亩)有线广播、电话装得太急,粮食问题压力很大,撤区撤得太快,推广双轮双铧犁没有计划,发展党员有追求数字,降低标准的倾向,海宁公路没有修好,就先发表通车,电力灌溉问题,先紧后松,木头浪费很大,计划急,没有结果,提拔干部迫急,学习文化要求急。

(三) 农业生产问题

1. 保证 90%社员增加收入,心中无数,觉得有困难,不能保证。

2. 县委只要扩大水稻耕种面积,不重视多种经济发展,大问题是挖掉春花,不许种西瓜,不重视络麻,桑树种植,今年倒了许多蚕,农民损失很大。

3. 勤俭办社问题没有及时教育宣传,目前最大问题是社务管理,账目混乱,缺少会计等。

4. 农业技术训练工作不够重视,如抽水机站,养蚕,洋山芋栽培问题。

5. 耕种指示不及时，往往放马后炮，如分配耕种面积不及时。

（四）对组织部门意见

1. 不关心干部生活，救济不及时，宿舍太少，乡干生活很困难，开会不能记工分，生活更困难，对干部不热忱，戴帽子骂人，在电话中批评工厂“你们干什么，光吃大米饭”。

2. 提拔干部有盲目性，有些候补委员被提拔为区委委员干部，品质问题注意不够。

3. 对干部批评多，教育少。

4. 纪律检查，为处理而处理，纪律教育太少，检查工作人员捕风捉影，造成紧张。

5. 对文教，司法，工业，财经等部门干部，不愿派好的进去，有偏重倾向。

（五）对宣传部门意见

1. 学习布置一般化，对工厂机关干部工作时间不注意，很紧张。对工厂政治工作不重视，从来也不去了解工厂情况，宣传部是“农村宣传部”，开会只谈互助合作，到底宣传什么，没有具体内容，城镇工厂不感兴趣。

2. 有线广播，收费不装喇叭，老百姓说“共产党骗钱”。

3. 对知识分子与工商业者教育工作不重视。

4. 宣传员工作长期放弃，基层组织不知道宣传什么。

5. 时事政策学习，没有抓。

（陈修良旁注：关于干部学习情况另行汇报。）

6. 县干校只有教室，不求质量，回去干部不起作用，效率不大，干部已经不大信任干校。

目前工作上主要倾向问题：

县委总结认为右倾保守是主要的，代表同志一致认为，合作化以后，主义是“左”倾，表现在工作上的盲目急躁问题最多：如省五次代表大会以后，县委胃口很大，四十条执行工作有严重盲目行看具体表现在改变耕作制。太快，太多吗（县提出十四万亩，实为四万亩），有线广播，电话装得太急，粮食问题压力很大，撤区撤得太快，推广双轮双铧犁没有计划，发展党员有追求数字每降低标准的倾向，海宁公路没有修好，就先发表通车，电力灌溉问题，先紧后松盲目投浪费很大，计划急，没有结果；提拔干部过急，学习文化要求急。

三、对县委领导作风的批评

大会一致认为以上工作问题的发生，与县委领导主观片面、官僚主义领导作风分不开，具体表现如下：

（1）听喜不听忧，不愿倾听下面来的意见，区委书记会议上汇报工作，县委书记一听缺点，马上批评，还要区委同志作检讨，批评检讨到会议结束才能结束，因此区委书记看见刘健民同志先要出一身冷汗，怕得不得了，有的甚至只好谎报成绩，如绿化问题，迎合上面意见，看面孔说话，开会时愿坐在角落上，听听算了。

（2）检查多，帮助少，批评多，鼓励少，一般号召多，具体办法少，集中多，民主少，布置多，贯彻少，临时工作多，日常工作少，批评下级多，自我批评少，会议多，解决问题少，干部认为"县委权力大，下面责任多"，"大人说错不主要，小人说错打屁股"，这样的作风大大妨碍干部积极性的提高。

（3）随便加上"右倾保守"帽子，命令主义极为严重，如县长兼付书记朱奇胜同志，好打电话，乡长不敢接电话，如绿化，吸血虫病，公债等问题，不管下面是否行得通，做不好时，就加上帽子。

（4）看问题〈偏〉片面，如只重乡村不重视城镇工作，单打一作风很严重，在农村工作中也一样的布置工作常常脱离实际，脱离群众，片面的任务观点，不了解下情是主要问题。检查多，帮助少，批评多，鼓励少，一般号召多，具体办法少，集中多，民主少，临时工作多，日常工作少，批评下级多，自我批评少，会议多，解决问题少，干部认为县委权力大，下面数据多，"大人说错不在乎，小人说错打屁股"这样的作风大大妨碍干部积极性的提高。

四、建议意见

（1）要求县委少开会议，深入下层，了解情况，倾听下面意见，及时解决指示与解决工作问题。

（2）要求重视地方工业，手工业，财政贸易，文教卫生，群众团体等工作，重视城镇工作。

（3）要求干部加强思想教育，特别是政策水平业务的提高，训练会计员。

（4）要求减少报表，会议与多头的组织领导。

（5）要求热忱对待干部，少批评与教育，关心干部与群众的生活问题，要关心妇女的特殊问题。

(6) 要求发扬民主精神,不要一般化与硬性统一,如财政,任务,学习。

(7) 要求县级机关统一安排工作,不要乱抓下面工作。

(8) 发挥乡政权的作用。

(9) 对社干要求加强经营管理教育,解决记分问题。

(10) 要求加强对群众的政治宣传工作。(工厂、合作社等)

(11) 要求重视知识分子工作,(全县一千余人)加强工商业者的思想教育,与资本主义经营思想作斗争。

(12) 加强党的组织与纪律工作,加强法律教育。

海宁县

县书记:刘健民

副书记:宋奇胜

副书记:段伦经

副书记:徐志远

县长记:宋奇胜

副:(沈勇达)

组织部长:李德绪

副:(华德秀)

宣传部长:李开进

副:(王绪生)

农村部长:朱玉生

财政部长:孙长江

工业部长:肖振明

兵役局政委:武太樊

(文件编号:I47)

关于浙江省各县领导问题意见稿

1956年6月

一、执行十条为中心，县的报告不要太长，每一运动报告不要优点缺点，——发挥积极性，群众路线是主要的。

二、着重解决矛盾（问题），要把矛盾排出来，才能解决，省委与各级都要如此。

因此同时也要有建议，省委要求县委提出意见（具体的），大会提出问题后可解决的即解决，有作用，如小商贩问题（新登县）。

三、提出什么？

杭县经验：

（一）条块关系——上下左右的矛盾。

（二）加强经济发展问题。

（三）党与群众关系、作风问题最多。

四、这个报告问题。

（一）太长，有些报流水账，已检讨过的可以节约，如“坚决收缩”，矛盾问题及解决意见太少。工作成绩与缺点，思想分析不够。

（二）十条问题的中心抓得不够，任务布置多，领导问题太简单。

1. 党与群众的关系（工人，农民，民主人士等）。

——对群众生活的关系问题要突出。

——公私，个人与集体利益问题。

2. 工作关系与矛盾问题，排得不明显。

3. 党内民主发扬问题，检查不够。

应当强调一下批评与自我批评问题，打破顾虑，才能把矛盾尽量揭出，但不要民主大检查，主动检查，减少被动。

党内没有积极性问题，集中制不好工作，但过分集中没有民主就不能好办好事，因为没有创造性，就不能做好工作，比如我们如下面开会，不做实际工作就不能有革命事业了。

集中统一是带有被动的性质，分散自由，民主是有主动性的，二者必须结合，强调一面就是不对的。

一、作风问题——表示整理意见是本人，责成党组织不能处理，候选人问题选多人算多少。

二、工作问题。

（一）偏重农村轻视城镇，重农业不重视工业。

工业值 91.7%，贸易税收，工农业如何适应问题。

（二）最近时期（五次大会后）左还是右？盲目积极性，贪多图快是不是主要倾向，意见不一致。

（三）农业会后的工作问题。

多种经济发展问题，勤俭办社，分配问题，如何巩固“学会经营管理”“实现四十条”

（四）加强对群众的政治思想教育工作，组织群众中的积极分子——宣传网问题。

干部学习文化与政策业务三方面问题是主要的。

（五）中心工作与部门分工问题——主要是互相配合，如何解决？中心不能单一化。各部门工作与群众团体工作要注意。

（六）财贸、司法、文教、卫生，统战、手工业等工作。

（七）党政分工——“党包办政府”工作问题。

（八）干部政策问题。生活问题，提拔培养，帮助教育。

（九）党的教育问题。

党课、干部学习——政策、文化、业务，80%以上要求学文，硬学理论要被动。

全体代表所提出的各项正确的工作意见，委托本届代表大会所选出的中共海宁县委委员会整理，并研究具体执行规划，改正已往在工作上所存在的许多错误与缺点，我们相信只要全党团结一致，戒躁戒骄谦虚谨慎，我们充分相信一定能够完成党所给我们的各项任务。

报告问题

一、太长，矛盾问题暴露不够。

（一）有些报流水账，已检查过的谈得过多，如农业"坚决收缩"问题。

（二）工作成绩与缺点，一般提出，主要问题不突出，如左与右的问题，应分析其原因，及其联系。

（三）成绩与缺点少分析。

二、今后任务问题，十条问题突出不够，积极性如何发挥：

如：

（一）如何减轻农民的负担，改善工人的生活。

（二）思想教育问题——发挥党内外思想，自由问题谈得太少，应当批评存在的问题如何解决。

（三）党与非党关系问题，群众路线问题——统战问题，倾听群众意见问题。党内民主问题。

（文件编号：I47）

文化局会议记录

1956年上半年

（三定，兵役法，互动合作。）

[郑]伯永：

① 省委说要检查文化局，为什么不支持王顾明同志？

② 修改鉴定，骄傲自满没有了，作风粗暴改掉了，对方没有认为有意包庇，但杨[源时]在文艺上敌我界限不清。

③ 推责任推给林成夫问题。

④ 对骄傲自满，杨认识是不够的。

⑤ 看气候办时〈事〉，后改按上面及任务办事。摸气候是拍马屁，这是品质问题（此语重了。）

[陈]守川：

文艺为政治服务上大家意见一致的，杨说文艺组讨论是非不明，不对的。

林乎加说"民间歌舞团没有新内容，不要下去。"

"中心是[粮食亩产]一千斤，其他任何工作都要围绕他，不能有矛盾。""不要学西洋呱呱叫，不整思想不行。"

江[华]说"文艺不为劳动者服务，就是大宗派。"

陈伟达[说]："调狮子龙灯没有意义，不能为生产服务。"

林说："狮子龙灯是十九世纪东西，没有教育意义的。"

"报告不展开批评是自由主义，我们不批评也是自由主义。"

文艺小组大家有顾虑，我觉得领导不民主。

杨在文艺上有不懂装懂，对文艺粗暴，对话剧团[靠]整一个同志来解决问题也是粗暴的。

觉得杨的传达交流会有维护什么的意味（集中）。

陈学昭：

在浙江谁在培养胡风分子，（对方善要入党，我是提过意见，认为他历史要调查的）。杨表示对此要作公开检讨，我认为这是好的。冀方的作品在《文艺报》已作批评后，要入党时我说文艺思想反动不能入党，他不同意，说是浙江唯一的作者，而且还说不同意华东的批评。宋云彬在人代会上表扬冀方，内容与杨源时意见巧合。

林成甫：

① 对民间歌舞团，如果合乎百花齐放而后逐渐推陈出新的方针，则不是错误，而只是内容上有缺点，因而省委的批评是错误的。

② 〈对〉为胡风问题斗我，觉得黄源及郑伯永有主观主义，而我自己则有警惕性不高，右倾麻痹。对杨源时，在这个问题上自己的毛病[是]不挑担子。

肖文：

胡风的思想，北京常有批评。而浙江没有警惕，说明省委有骄傲自满。

陈学昭：

林乎加有封建统治作风，对王立及邵浩然说，土改前，陈在政策方面可能懂得多些，但你们在支部里要斗争她。三反时对冀方问题向林乎加提了意见，林单面说陈在浙大有错误，搜集我的材料。宣传部搞了许多花头来调排人，要我去上海北京。我受胡风派打击，而党没有支持我。

王顾明：

对歌舞团，只有发展民间的古典的东西，没有去发掘与提高解放后民间的新创造，这在方针上是有毛病的。

张，干部处长：

省委对文艺方针是粗暴的，但要解散歌舞团则是文化局同[文化]部消极对抗。

杨源时在总结会议时常不与黄源商量研究。

黄源有可负责决定的东西常不作决定，要问杨，觉得不够负责。

王参如：

杨讲话使别人有顾虑，觉得有压力。

对杨提意见时顾虑多，杨有不虚心。

杨的鉴定不深刻，如个人主义患得患失，好表现自己，摸气候等都未写上。希望杨以后开诚布公团结同志。杨要戒骄傲自满，这二年是发展的。

林说浙江文艺领导不行，不能这样下去。

黄源：

① 省委的文艺为政治服务的观点是很狭隘的，对文化遗产是粗暴的。用组织手段来解决问题。

林乎加是把战争中宣传工作的观点来处理社会主义建设时代的文艺方针。

当时在压力下自己有[些]惊惶失措，所以下令解散，但[又]怕打击下面积极性，所以有改变决定。

② 与杨源时关系问题，关系一向好的，本人亦从未考虑他多搞我少搞。但在鉴定时本人有些紧张，因为在对文艺方针上有不同意[见]。〈说〉如郑伯永为什么来做处长，使人感觉到压力。

杨[源时]：

① 打击黄源——打击是没有的，团结合作也是好的。

黄源名字在前为何？部里工作多是杨搞[的]？要黄源兼美[术]分院副院长，是否要排斥黄源？对黄的态度上有不够尊重[处]，表现在问题没有很好商量。

② 修改鉴定——(品质问题)一个人患得患失。摸气候是否品质问题？

(a) 作风粗暴。

(b) 对干部凭印象出发(对王参如)。对有缺点错误同志帮助不够，有骄傲自满情绪，漏印[了]，后补发。

③ 推卸责任，反来惩[罚]林成甫问题，[我]同意冀方做党员对象，对林成甫斗争是黄源搞的。

④ 压制民主，对省委文艺方针的批评问题，文艺方针是认识问题？

不同意：

（a）省委要解散民间歌舞团。

（b）文化局不要四十条宣传的节目，在政治上、组织上是错的。

（c）文艺小组林乎加是否做候选人问题。

［自己］简单粗糙，有骄气，使别人觉得压力，而不自觉。

［讨论］

杨的事情基本上一致，很少出入，局部具体事情，不要太快。如黄、杨关系，修改鉴定。

作原则理解，不能说品质［问题］。

① 认真地对省委、对个人，及［对］某事情提意见，保持不同见解，都可以的。

我们要养成和有不同意见的人一道工作，渐次取得一致［的风气］。（只要不妨害工作）

摊开来谈是好的，因为初［次］谈，有积〈恨〉怨、民主习惯不够，情绪激动，也可理解的。

② 方针政策问题，以后详细研究。

文艺方针，干部政策，部的领导方面，研究后可交新省委。

③ 省委能虚心研究问题的，有很大进步，林承认粗暴，但为政治服务仍是对的，同志们要有信心。

（文件编号：K21）

浙江省第二次党代会小组讨论记录

1956年7月4日

对省委书记工作报告的讨论

主席团：

一、省委态度不明，有顾虑。

二、发生错误的原因没有说明。

三、主观主义是关键问题，检查少，整下多。

高光：

对报告意见：

（1）发生“左”与右的原因没有说清。

（2）自我批评精神少，如集体领导问题。

（3）发挥积极性问题很抽象，没有具体办法，如对待知识分子问题。

对领导意见：

（1）重大问题上缺乏思考，照办，责任心不够，不是生气勃勃的，来一阵风就站不住足。如几个大错误，如对中央的草案也提不出意见。

省委会议上有不同意见，没有讨论。

资产阶级改造问题上，等中央的经验，自己不考虑。

主观主义，脱离群众是主要原因，其次是教育问题。

如拔荸荠问题、拔稻子问题，省委不先提出，反过来批评下面。报纸文章，林乎加不许发言。（拔荸荠）

许多事情看到苗头不许反映，行不通的事不提到委员会上讨论。

眼睛向上，不问下情。

（2）命令主义，对地委书记乱扣帽子。

（3）原因：省委某些委员不虚心，骄傲。开会高价征求意见，别人提出意见又不执行。对下级批评采取粗暴方式，帽子很大。××与林乎加很突出，不调查不研究，×说：“浙江日报是CP的，还是KMT的。”（因一天没有发参考资料）

如文学艺术问题，[有人]写了一篇“鼻子”，[就]要查作者是不是反革命份子写的，不懂[却]采取粗暴态度，不是以理服人。骂马润生：“你睡觉吗？”

(4) 不愿听反面意见。

建议：省委负责人，[应]很好检查骄傲思想。

莫干山会议压制批评发展到高度，对杨[思一]与彭[瑞林]，四中全会问题时又整他们二人，家长制领导方式。杨在群众中威信高，不应当。

建议省委要开展批评，莫干山问题要有交代。

(5) 集体领导问题。

只谈原则，没有具体办法。

审干办公室问题——省委没有研究这方面工作，审干工作走了一段弯路。

(6) 干部问题，保守思想，提拔干部不够，工资待遇很低。

对干部看法不对，对提有意见的同志，记名不好；只喜欢不反映困难的干部，就认为是好的。

出版社：

(1) 报告轮廓还是对的。缺点是：各级领导责任分不清，主要问题少，混乱感觉，没有时间性，如左与右的问题，现在问题是什么？萌芽是什么？看不到。

(2) 缺乏具体内容，不生动，不活泼。

有些省委同志有个人主义情绪。“坚决收缩”问题有不同的意思。怕人家说不虚心，因而不敢自己意见。帽子大，怕说话。

粗暴作风：就是强迫命令。

肃反问题：如陈伟达在宣传部会议上发言不讲道理，不听人讲话，画圈圈，定为[肃反]对象。对此怀疑的，[就]认为是“右倾”，批评一通，冤枉好人。(如二个人)。

林乎加，要出版二本书，时间问题，非常主观，一定要加班加点，一切出版都停止，厂长哭了好几次，林不遵守制度，定价问题，要打破国家制度价格还低。

[批评演出]狮子龙灯[舞]问题，一定要检讨，对艺术问题是粗暴的。

(3) 强迫命令主义。不听相反意见，逐级严重，不能看为个别问题。出版社招待作家看为浪费,文化局可以这样做。

(4) 工业化问题。省委没有明确的目标,仍以农业为重点,[是]矛盾的,这个报告不好传达,方针问题应加重视。

出版社十二年规划是农业、工业是照顾的。如何办?

(5) 对党局的思想问题没有估计,目前主要问题是什么?

对工农干部的努力学习方向是没有的,如书记学习。

(6) 对宣传部意见:领导不主动,拖延塞责。(一) 方针任务长期不明,读者对象问题,工人还是农民,没有答复。但是农民还不识字,发行数字少,报刊卖不出,推到文化局。(二) 十二年规划问题,不置可否。(三) 出版社的领导问题,干部能力不相称。社里只有二个人。

宣传部下派任务多,对自己内部工作不大管。精力要集中。

建议:(一) 每年二次讨论出版工作。(二) 双重领导有问题,与文化局关系要解决。

行政学院:

一、用经验教训来谈工作,界限不清。

二、检查中如何改进错误,少具体措施,只看重马列主义教育。但另一方面对省委本身的群众路线问题如何检讨与改正,没有积极的方法。

三、革大三反问题,倒过头来说"惨无人道",要学校包打老虎,官僚主义。

思想改造,清理中层,都到行政学院,使人一到学校就背包袱。

干部训练工作不重视,理论队伍问题缺少办法。

对行政学院方针没有,计划不能定,干部不安心,长期无人管理状态,校长都没有,十四处房子有大危险。

建议:明确发展方向,改为初级党校,或政府部门的学校,领导关系要确定。

高光:

台湾展览会问题。金[韬]抓人一些缺点打击人,作风不正派。[一看不能办]马上反映,要上级来批评,自己为什么不说?不是领导态度,自己要表现看问题尖锐。

顾耕初：

一、文教工作几年来没有讨论，看不出中心是什么？

二、使用干部不好。品质不好的提拔，处理群众来信时很草率，干部有因此而死的。拔荸荠问题。

三、不利用广播工具，有线广播问题不表示态度，如何办？历史性的缺点，对文教工作不重视。

新华分社：

一、报告问题：大而无当，~~三个经验也谈，~~教育意义很少。自我批评少，而且责备下级（水平不高，群众观点不强）。其次，什么时候可以提高水平？没有时间性。

许多缺点与错误是不合实际情况，都从上面来。

工作前先进还是落后？合作化全国 61%，浙江 50%，不分析具体错误，就不是马列主义。

工业还有一些材料，没有浙江的具体东西，无地区性。

二、领导作风：

××同志很少听人意见，如对黄源同志的批评，骂人。

陈伟达对青年团先进工人问题是推责任。

对各部向负责同志交流意见很少。

创造性不大，度量小。

省委骄傲自大，错误归于客观原因。

向中央提出办法很少，只等中央指示。

（文件编号：I52）

浙江省第二次党代会小组讨论记录

1956年7月5日

马润生：

成绩估计正确。

缺点：报告不能满意，没有解决问题，缺点不深不透。

建议：行不通的也要登报，执行毛主席的指示，要有得力干部。

(1) 首先要克服自满，敢于承认错误，推广经验。(双轮)

(2) 放下架子，少训话，要多同商量。

(3) 建立调查研究机构。(各地市都要)

(4) 认真总结经验。

对浙江日报领导问题：对中央指示执行不严肃。

(1) 派反革命份子到报馆。

(2) 批评要合于事实，要有原则，根据省委决定。省委对报馆批评没有这样做。

发挥什么积极性：为着满足个人吗？

思想懒汉，阎世印去报告，要人写报告。(工业学校)

(3) 政治宣传问题。有极大的片面性，只抓农村，对其问题，从来不研究不发表，而且农村问题平日也很少管，中央有指示时才来抓。大家觉得大谭好。

(4) 多头领导。不理或顶回去，反映我的问题——[就是]坏蛋！"马润生没有出息。"(林[乎加]说)

生活制度、工资制度、福利问题，对干部不关心，加班加点不加工资。

建议：检查，加强领导。

(5) 对某些同志的意见：

林乎加不讲道理，人上人，KMT作风。

×××没有原则，教条主义。

吴植奎——农村组同志不敢接电话，这样的领导干部莫名其妙，一切是"立即见报"。一个部长什么了不起。

吴宪——写了一个书评，要我们检讨。(秘书一篇文章问题)

××——粗暴。“鼻子”问题,说是唯心主义,不懂装懂,对干部不是一帮二教。

金韬——对黄采取这种态度是品质问题——打击别人,抬高自己。自己不解决问题,急急忙忙到省委去报告,表现自己能发现问题。

建议要听部门更多同志的意见,门要开得大一些,让更多的干部反映意见,不要只让一个人进去,眼睛向下,多看一些。

(6) 党委会意见(司建兴):名单早已决定,何必选举?[走]民主形式。

广播电台:

报告意见:省委要求县委开展思想斗争,省委自身则是看不到。

监察报告:

(1) 只有数字,为什么道理,一字不交待。有些领导干部违法乱纪事情为什么不谈?

(2) 省委报告对下面工作的错误自己很少检讨,省委严重不相信群众。如统购统销问题,认为农民不肯完粮,对农民群众不相信。下面干部受了许多委曲,主要问题[是]省委主观主义。

(3) 选举问题。形式主义。代表产生要求选首长。

(4) 省委不关心群众疾苦,春花分配问题,自杀的很多,比统购统销更严重。(一个县)

(5) 肃反问题:电台很糟,是否过左?应当检讨,偏听偏信十分严重。

杨源时——工作很不实事求是,搞得工作时常停顿,乱汇报情况。

宣传部偏听偏信,官僚主义很严重,如提薪问题,不听下面意见,饱食终日无所用心。领导上认为他最好,干部处片面。部长偏听。

对报告的意见批评。

一、工作问题为主。

二、对领导作风的意见。

三、建议。

对领导人批评:

一、吕[志先]部长——坚决收缩时，他下去后不反映真实情况。

二、对每次重大问题的宣传，少开各方面干部的会议，最近一二年没有这样做，软弱无力。

三、江华——蛮横无理，韩琦去慰问解放军，向他请示，他骂：不要你们管。令人望而生畏。对同志不是平等相看。

四、吴宪——有特权思想，进电院不按规章，骂人。

五、吕志先——偏听偏信现象也很严重（肃反问题）。假汇报，不能看为思想方法，应看为品质问题。

省委作风——层层向下压，对下面漠不关心，这种作风很危险。

建议：通过这次会议，让大家批评，彻底改造。

黄逸宾：

［对］主席团意见：

各小组延长二天。

发言内容：一、应有一些理论分析。二、能说服省委，以事实证明。把大家意见能包括进去。三、要求金部长检查自己思想。

黄逸宾：

一、对省委报告意见：

（一）自我批评很差，重点不明确、不具体。如工业农业关系方针问题，不明确。

（二）错误根源没有检查。主观主义，不听群众意见，特别是“坚决收缩”、“超额增产”、“统购统销”……

其次是自满。如这次报告为什么不早发，认为上下意见大体一致（林乎加）。主观主义的严重表现。

二、对省委意见：

成绩是肯定的。

主要问题是命令主义。

（一）不通就是打通思想，强求统一，不听反面意见，如拔春花问题，方针是省委规定的（〈加〉嘉兴）。如宣传高级化问题，我提了意见，金部长就加上

"小资产阶级疯狂性"帽子，向省委反映。省委的群众路线，应包括许多干部，特别是基层干部，不要只听地委书记、部长的话。

（二）不听反面意见，提了以后打回去，如莫干山会议，留下不好印象。

（三）负责人的作风不好。江[华]、林[乎加]、陈[伟达]、金[韬]主观表现，只信自己不信别人，只有自己是正确的，别人多是糊涂的，如台湾展览会问题。批准后，周总理报告发表后，不准展出。金部长看了一次就说"不行。"中央宣传部说无凭据，回来打电报即向省委汇报，××就问："谁叫你们搞的。"答省委批的。"省委那一个？""我警告你，我知道你们那一套，展览会不能搞。"

高级社问题：金部长立即去反映，江华说："黄的思想不通，我知道你那一套。"

金——作风是主观、武断、片面，根本不考虑别人意见，作风不正派。

改变组织形式——取消处的问题，成立办公室，我们认为不能工作，连续好几天，不能统一，后来折中一下。

"下车伊始，哇啦哇啦。"

第一季度工作布置——金部长说整社问题江政委多没有谈，不要提。

工作棘手，苦闷——如行政学院问题。有内各部会议讨论了宣传部管，但金部长出坚决，说不管——是服从决定吗？

文教部关系问题——理论队伍一定要由宣传部掌握，我们要求协商解决，搞得很紧张。

宣传部过去一般关系比较正常，自金来了以后，现在是不大正常。金只是抓省委个别人的心理，对别的人意见根本不考虑。我们觉得工作不太好搞，[他只]对上负责，不对下负责。

思想根源——个人思想意识不好。

陈伟达——肃反问题。打了二十余人，打了十七人[①]，认为宣传部右倾，要捕七人。他指名要捕，不准回答，要我们检讨，在大会上申斥。邬时权没有通过三人小组就捕去，捕去的三人都没有证据，好像别人都是傻瓜，盛气凌人，不听意见。

---

① 原文如此。

建议：

一、学习五个文件。

二、文件下面有独立思考余地，定期检查思想作风，多听取反面意见。提倡自由思想的权利，少相信自己，多相信别人。

三、对宣传部的领导方法要改正，最好多吸收一些，不要单线式领导。

四、宣传部与文教部二个部门应归一个口，以便统一管理。

五、理论学习，应学文化的应先学文化。教育方法应强调联系实际。

钟儒：

省委报告问题。

对报告很失望，除工业大有文章可做外，其余是模模糊糊。

一、左右问题。展开两条战绩的斗争，现在是不是应以反右为主，不对头。如机关干部学习，各县都搞理论学习，实际上80%以上干部学文化，也没有人讲课，闭着眼喊[反]右倾。

对干部认为只是命令就好了，不要讨论。

讲师团需要，但如何搞，省委从来没正式决定，干部来了后如何办？知识份子问题由于二个部意见不同，至今无着落。

二、不关心群众的疾苦。

对干部抓工作，对工人农民抓生产。

干部不敢讲话，打击报复的倾向是存在的，压制批评这种现象是不能容忍的。省委为了一个干部而使多数人积极性不能发挥，使工作遭受损失，这问题各处都存在。监委会觉得不好处理，置之不理。

行政学院：

报告本身不能调动积极性，不应空叫，应当扫除阻力。

一、对干部的思想工作重视不够，如对现有机构的利用不重视。

二、讲师团——山西经验：基础放在大的学校，提上一批不起作用，应先充实现有的机构。

三、工农干部应当学文化，不要丢掉他们，省委应当关心他们的要求，干部的家属问题“牛郎织女”，应适调动，不要过分强调人事制度。

四、干部的标准,应以德才兼备为标准。

奉化县书记(行政学员代表):

一、强迫命令是从上而来的,坚决收缩思想不通,从省委来的,省委李丰平用举手办法表决,责任推到下面是冤枉的。

二、中央指示来了以后,地委还说:省委认为基本上是对的。林乎加同志要大家学哲学,用哲学观点来解决问题,不敢承认自己的错误,说要从发展上来看问题。

三、理论队伍问题。

非常忽视,其表现为如何使用现有的理论教员,如何提高的问题。行政学院的一批理论教员对这个问题有二个多月很不满意,临时分配一些工作。

训练培养干部开玩笑。

现有理论队伍的运用问题。巡回讲师团如何做?主要是使用现有人力,再扩大队伍是[不]现实的,脱离现有基础,作用不大。

包括各级干校,省委应有具体规划,有的地委县委干校无人管,[要求]解决困难时没有人管,名为"招待所",开会时[才]住人。

四、知识份子问题。小学教员"小学烂眼",不要乱拉他们。

孔鲁:

一、报告意见。原则笼统,没有具体方面,帮助不大,重点不突出,缺少自我批评,提法不恰当。

工农业关系问题——工业放在什么位子上,是非界限不清,工业生产问题省委的责任如何,一笔糊涂账,要弄清。

缺少自我批评问题。教训人的口吻,理论一套。这样下去,不能使人乐观。

这个报告时间性十七年,还是七年?总结工作从什么时候算起。

主观与客观矛盾"长期存在"是不合于理论的,地球毁灭以前都要存在。

二、宣传部的工作问题,金认为就是理论教育,这样提法不正确,党的政策教育应包括在内。

三、省委对宣传工作领导不全面——重点放在农村。关于是城市工作,省委没有一次讨论过。是省委问题还是宣传部问题，大家不要听，城市工作是临时性的。

陈伟达在宣传部员会议上说，可以不布置城市工作。

四、金部长对请示不理不睬，开始欢迎，现在很大失望。如对工业政治工作的分管问题，他似笑非笑，说你们自己去搞。

宣传网问题。金部长同意开会，后来又模棱两可。

自以为是，批评多处长同志，多认为他对自己有不同意见，马上就批评，或者不理，满腔热忱，碰钉子。如取消城市处问题，对不同意见，就批为保守思想。

陈伟达同志——主观武断。肃反问题，电台捕人问题，我们要考虑，他要立即捕，不听别人意见。

吴宪同志——工作有始无终，去年春天到宁波市检查运动情况。

出版社：

报告不明朗，支部大会总结差不多。

左右界线不明。

林乎加主观主义突出，如出版问题，“农村问题”积压六万册，(他要十四万册，实印九万册)。

江华常说[自己]是小学生，讲好了马上就做老爷。

建议：一、要求全部要坦白，诚恳直爽，改变粗暴态度，循循善诱。检讨要接触思想，肚量要大，经得起考验，不要报复。多调查研究，要受干部监督。

二、了解干部思想。

三、体制问题、独立性问题、政委领导关系。

四、妇女干部、托儿所问题。

浙江日报经理：

同意大家意见。报纸发行问题。各级党委要重视。各级党校分工不明，如县报，乱摊派现象。

地委报也有问题，县报发展太快，质量不高。

新华分社：

报告补充意见：

一、骄[傲自]大，少民主空气，家长制作风是重点。（要分析提高）

二、资产阶级思想，落后毒素思想，封建阶级思想。（反映）

三、危害性问题：一个领导同志使人敬而远之，会引起党内不团结，是可怕的问题，不是小问题。

例子：[领导]统销统购一个县（萧山），就死了 139 人。

四、要求领导干部应有三条：（1）谦虚；（2）民主精神；（3）与群众联系。金的作风可怕，既不懂业务，也不虚心。

五、根源：还要形象化。

例：坚决收缩问题，没有调查研究。分析主观主义。

帽子：成绩问题：几年来成绩很多，错误缺点很多，把问题提出来。

具体人问题：以民主作风为主，不一定很具体。金太"左"，民主作风太差，对[别人]发言经常驳回去，[别人]有些惧怕。部内同志思想有隔阂，会引起不团结。表现自己的心理，别人受批评沾沾自喜，是品质问题?

马润生：

司的意见太"右"，基本同意。

出版社：

（对金[韬]的问题）

一、第二部分应加上个人主义——对上负责，对下不负责，是个人主义问题。

二、〈也〉允许人家革命，希望他改进。

三、建议了解干部（如改进等级问题），一年开一次大会议，交流情况，对各部附属单位。

省委只知，工人农民干部的生产——只知道生产与工作，不知道除此以外还有生活需要。

黄逸宾：

一、肯定报告问题方面，措词要考虑。

二、缺点——重点不突出。

三、对省委意见——主观主义，命令主观。

四、批评——主要对事，同时对人的问题。举个别例子，从工作上加以分析，人的分量应减少，热情严格，避免讽刺，要政治化。

五、对金的问题——可以减少一些，在会后解决，他还有意见。

六、主要倾向问题——不民主，主观主义。

七、发展工业问题方针不明确。

八、不重视宣传教育问题——系统讨论少。

理论队伍问题不提；讲师团问题是方法，不提。

不管城市——是放松问题。

笔记本问题不提。

建议可以减少一些，体制问题要说一下，关心人的问题，具体宣传业务问题不提，可以归纳一下。

集体领导问题，为什么发生？

一、委员会内部不民主，有些人积极性不高。

二、对好的同志要表扬——如杨思一、吕志先。

杨思一——联系群众。

吕志先——对比，过去融洽，现在恐怖紧张。

第二部分问题

朱赤：

一、口气稍重一些，从爱护出发，问题要揭发。

二、体制问题——行政学院，无领导，同时多头来抓。绿化委员会要停一天课，种树，要干部时抓一把，平时无人管。

三、省委集体领导问题要加强。

四、建议要针对缺点——骄[傲自]大是主要风气，做官思想。

高光：

原因是老思想——如××一开口就是井冈山。

另一种是少年得志——代表人物是吴宪、林乎加、吴植椽、金韬。

有些省委同志也学了不良作风。

好的同志也有，如杨思一。

建议：一、好好学习“无产阶级专政”文章，解决群众观点与力戒骄傲个人主义思想。办法是开展批评自我批评，加强群众观点。我们在地下时期如没有谦虚，就不能生存。根[子]就是当了官，忘了本。

二、这些问题能不能听到，能不能解决。如金[韬]始终不参加，下决心不听群众意见，舟山地委也没有去。

三、具体领导问题多讲一些。

原因：(一)是个人品质问题。(二)还有历史根源，重大事件没有消毒——莫干山会议、四中全会决议、城市会议对压制民主起了很坏的作风。历史问题要交待结论。(三)省委在自由主义，以书记为中心，不听其他常委的意见，有些委员看书记面孔说话，有些人采取庸俗的自由主义态度。(四)有些省委对书记的粗暴作风有互相包庇的态度，如对小谭[启龙]维护家长制度，如委员稍有原则，就不应〈拥〉维护小谭的面子。(如吴，霍，林，金)

对江华也如此，是不展开批评的。

说省委内部是民主的，是假面具，许多人不提反面意见。

“书记支持委员，委员支持书记”——小谭在地委书记会议上的临别赠言，一条经验。

十月会议问题——是原则性的错误，其原因是按少数人包办，教条主义的具体表现。

要求省委委员经常参加党的支部会议。

四、制度体制不健全。

候选人问题：

顾耕初：

少年得志、骄[傲自]大同志的当选问题，值得考虑。如金[韬]与吴[宪]，不应提为候选人。金韬不参加会议，舟山地委也不去，不服从组织决定。——另一条不要放在集体问题上。

每人应有鉴定结论与详细的历史，否则不选。

(文件编号：I52)

江华在浙江省第二次党代会上的发言摘录

1956 年 7 月 6 日

这一段讨论形势与下一段怎样办及作一个发言。

一、会议形势

主席团一致认为会议收获很大,代表肯定了工作,批判了负责同志的思想作风的错误与缺点及其根源,必须把这一精神继续下去。

主要收获:发挥了大会作用,指出每段工作的错误根源,党内生活不够正常。所指出的主观主义倾向是正确的。硬性化、打通思想、命令主义,损害了与群众的联系。如农业问题上强迫命令。

ブル改造问题上也存在这些错误。迷信自己,不信群众,对上负责,对下不负责,对下面干部体谅不够。如粮食统购统销问题,没有倾听干部与群众的意见,造成群众的很大不满。

省委内部没有及时展开讨论,集体领导不够。部门同志积极[性]没有很好发挥,使各方工作不能及时配合。

自我批评精神不够。批评干部,一点小事提到原则高度。来自下面的意见,不加考虑,不愿接受批评,单纯批评下面,阻止了言论。省委要的报告主要是对某些干部的处罚,缺少严肃态度。省委存在相当严重的骄傲自满情绪,去年以后有所滋长。

大会中心发扬民主,修正报告与讨论。

二、下一段会议的要求

(一)把会议中心更加明确起来,充分发扬党内民主。(二)具体分析情况,健全党的生活。

发展经济文化建设的全面问题。

第一,首先要解决思想作风问题,分析党内民主生活问题,克服ブル思想,充分揭发错误思想,分析各种思想的形态所造成的恶劣影响,要求具体解决办法。在思想上组织上加以改善,运用正确原则。

第二,明确今后的任务。全面规划全面领导。

省委错误根源:党的生活的不正常、不健康,骄[傲自]大自满。特别是主要负责同志相当严重,指责揭露是完全正确的。钥匙是党内民主生活。

个人检查：十个字鉴定:“不谦虚,不谨慎,骄傲,粗暴!”例如：建德地委统购问题,不讲分寸,对〈加〉嘉兴地委压力很大。青年队问题、浙江日报参考资料问题。

对同志不是互相帮助态度,对某些干部在方式上也采用粗暴态度,完全是错误[的]——加大帽子,不是CP应有的品质;提高来说,是党性不纯的表现,政治品质问题,[是]不能负担正职的。根源是阶级社会的影响,在党内长期内没有把私货加以完全改造,战争中负担指挥工作,很少与群众接触。

明明白白[检讨]自己的主观主义、官僚主义、命令主义。

（文件编号：I51）

浙江省第二次党代会小组讨论记录

1956 年 7 月 6 日

高光：

（1）主客观问题：参考文章。

（2）思想工作：宣传时事政策问题应当加上，推动实际工作。

（3）干部政策：从上看干部，只看到摇旗呐喊干部是好干部，更重要的从下面来看人。

（4）肃反问题："草菅人命"不提，原因为何？

（5）金的鉴定问题：以老爷态度来做鉴定，骄傲自大是主要的问题，列为候选人是不妥当的，因为没有自觉。利用多数处长不了解情况，就硬否定自己的政策掌握问题一条。

孔鲁：

（1）工农业问题，提出正面的：工业放在什么位置上，要有奋斗方向与指标。

（2）对负责同志批评，口吻要温和一些。

（3）金[韬]的鉴定，不够虚心，也有一部分理由，"保留"自己态度。

顾耕初：

陈伟达捕人问题——界限不清，粗暴，主观武断不听意见。

无论如何不能删去对负责人的指名批评。不能动摇。

对金韬问题要着重揭发，作风不正派，不同意孔鲁的意见，对党不负责。

黄逸宾：

他不参加讨论，为了写自己发言，十余天准备时间。

主客观不符"完全同意省委报告"——指金的发言稿。

新华分社：

新的省委要有补救办法，要看有没有检讨精神。如金的问题，很难补救，可能认为是别人乘机打击，不能作为候选人。

××有二个老婆，没有办理手续，说明品质。

钟儒：

指金的问题。

(1) 对负责人矛盾问题不能删去，还要把事实摆出来。

(2) 金的问题——有应付过关，他说：工业部检查，优点比原来还多，把五三、五四年鉴定拿给我们看，对近年来的检讨不提，不是切望大家提批评。

行政学院：

要负责人自己检讨。如吴、江，看了他很怕，反映事实，不扣帽子。

除点名检讨的外，其他一些同志也要自己检讨。

理论问题：要求切实办好学校。“组织部调了一些 25、24[岁]干部去高级党校，为了凑足 230 人。”

杨思一问题，[报告上]字句要改。

朱赤：

(1) 口气稍重一些，与人为善精神。

(2) 体制问题——

(3) 表扬的人。

(4) 行政学院——体制不好，学校关系不明确，地委、市委干校问题。

黄逸宾：

(1) 主客观问题：减轻责任，主要克服主客观矛盾，不是不犯错误，主观能动性问题。

(2) 工农业问题没有讲清。方针问题——不具体。要提出批评。

(3) 干部政策，报告没有提到，了解从上而下的多，有片面性。

陈伟达——自大、轻率、粗暴，撤区并乡。

(4) 吴宪问题——滑头。林乎加——优缺点都有。

但工作积极：主要看态度。

吕[志先]可以表扬一下，霍[士廉]还好。

展览会要具体化。

骄[傲自]大已形[]成为省委的作风，县委变得高不可攀。([如]奉化县书记)

全党流毒，党群关系不好。

地市委干校问题更具体提出——省委不重视地委，也不重视理论队伍。

鉴定：

(一) 对自己的错误与缺点，很少自觉与自我批评精神，有敷衍的态度。

(二) 官僚主义、粗暴的人太多，代表性不强，不能能适合今后的建设工作。农村干部多，工人~~知识分子少~~文化科学少。

党代会问题(宣传分团的意见)：

候选问题——推选中的问题。

其中的人选：

(1) 无资格、思想作风不好、没有能力、有挂名不做事的——吴仲廉、李林。

(2) 思想品质不好——金[韬]、吴植椽、陈伟达、吴宪。

(3) 听话，能力不强，老部下：徐金玲、刘木易。

(4) 历史不清楚的——蒋驹、卜明。

代表性不广。

(1) 这个名单是少数人决定，以组织部为主，[有]主观主义、不民主的表现。如四个常委在北京，其他委员不知这些人情况。

(2) 中心工作、中心代表，对有特长的~~品质好的~~没有包括进去。

(3) 不能成为团结的中心，[对]克服党内官僚主义及作风，不能有确信。

(4) 按现有职务来选委员不妥，应按德才再来分派工作。

(5) 鉴定优点、缺点，临时搞[的]，谁也不能肯定，全面历史不清楚。

怎样办?

(1) 由单位自己推选新的候选人，应当扩大，省委的只当作一部分人意见。

(2) 对不称职的提出取消的意见。

(3) 投票委员不能事先选出。

(4) 出席北京会议代表不能自选,在[redacted]再选。

王稼恒:

听了报告很失望。

对××,在人民大会堂每次听报告,他都[说自己]是小学生。听了发言,觉得不对头,言行不一,是老爷上司。(有人插言说,他常说自己是无才无德的)

我看他为了中央信任他,可以不问下边信任。金对江也是否如此。是否成了习惯,眼睛向上? 金不来看汇报,关起门写报告。说完全同意党代大会报告是不行的。希望克服骄傲自满情绪,不要对上一套对下一套。改变粗暴态度,否则上行下效很危险。要加强集体领导。

对大会发言稿[意见]

不要笼统

马润生:

据说个别委员作风不正派,×××搞女人,李学智五四年后骄[傲自]大。

王玉孚:

杨源时报告经常出毛病,而是都是重要政策问题。

高光:

吴仲廉工作不大作,工作不积极,态度粗暴,能代表什么?

基本同意,关于干部政策,大多从上向下看,而不是从下向上看。

孔鲁:

发言基本同意,但有些问题要提明确些。

顾耕初:

我同意陈报告几个主要问题。

陈伟达肃反捕人问题，他有责任。

对江、林、陈、吴、金、吴六人无论如何不能删掉，不批评浙江工作有困难，对省委几个负责同志意见要反映，特别是金韬要在大会接触。要考虑他候选人名单。

行政学院：

（1）对主要负责同志要严格批评，如吴植椽。

（2）对一部分省委同志，要点名批评。没有被点名的人，也要挂一笔，要他们知道自己的缺点。对杨思一学习就够了，不要赞美。

（文件编号：I52，J30）

浙江省第二次党代会候选名单讨论记录

1956年7月9日

霍士廉：

可以根据代表意见提出候选人，否定全部名单，完全自由，是基本精神与中心任务。党不是少数人的党。

代表之间交流情况，有此必要，决不要随便画圈。

候选人草案问题——建议研究。

收集意见交主席团，向大会作建议。

大会候选人名单问题（七月十日）

顾耕初：

（1）代表范围很少。

（2）德才兼备条件不够。

（3）工农分子没有。

（4）请研究补救办法，放手来提名单。

有历史问题的。

（5）思想作风很不好的，官僚主义很严重的。

（6）资格老，工作能力，思想作风严重有缺点的。

问题：

（1）提名单，推荐人名。

（2）挑选——不要的先去掉。

钟儒：

陈[修良]应列为候选人，党龄很长，一直没有犯过错误，没有受过处分，在白区工作很多，都积极为党工作，工作积极，思想作风正派。缺点有粗急毛病，也有主观片面毛病，但看问题尖锐。

附议：缺点是粗急毛病。如讲课，有时有些粗。

老资格也有主观片面的缺点。

朱赤：

直爽、敢作敢为、工作负责、好工作；另一方面，有时有急躁，组织部提得很多，很不仔细。

同金铃同志与陈部长不能比较。为加强党的理论教育是有利的，作风上同群众关系好，有一些急躁。

钟儒：

陈部长〈的〉有很多特别，能接近群众，关心群众生活，增加这样同志比较好。宣传部干部都容易接近，对下面生活很关心。去海宁大部分时间就到海宁县到处去看工人、学生的生活。发现生活上严重问题，向大会主席团提出。

全党干部的理论教育很有必要，省委同志中理论修养不够。

对女同志提拔不够，这个问题存在着。吴仲廉对妇女问题不关心，陈在三八节作了一次报告，很受欢迎。对妇女问题很关心。

建议：系统优缺点介绍一下。马润生提出把高光提上。

高光：

已有候选人，于冠西经验很多。

孔鲁：

陈民主作风好，没有主观武断，把问题拿出来，很满意，使人没有思想包袱，是上届省委不具备的优点。

看问题尖锐。

有时候不够冷静，带有主观片面性。

司兴建：

省委开始征求人事部门的意见，都写了原有委员，变动了一下，不尊重下面的意见。我同意陈为候选人。

从革命资历看，过程中没有犯过什么错误，对革命中考验中看，积极负责的表明。

到宣传部来了后，工作是积极的，负责的，比较好，钻研精神好，睡觉时间少，热心搞事业，身体不好，还是积极工作。没有工作很难过，要参加肃反战斗，妇女中有这种魄力很少，说明对工作负责。

对群众关系好，不约束，这人好接近，谈得很畅快。

省委委员中理论修养有一定水平，读书很多，省委中不多，讲课反映很好，通俗，很受欢迎。

机关党委代表会议上说：大家不关心妇女痛苦，对妇女工作可以多关心一些。有这个必要，具备条件。

黄逸宾：

同意列为候选人，优点：工作热心，魄力很大，联系群众比较好，没有什么架子，理论学习搞了许多工作。

（文件编号：I52）

金韬鉴定

1956 年 7 月 9 日

优点：

（一）贯彻党的指示，决议认真，并能及时向上级反映工作情况与提出自己的意见，取得领导同意后，贯彻决心很大。

（二）工作一贯积极负责，能发现问题，并能抓住每个时期的关键问题，推动工作前进。

（三）对马克思主义理论与上级指示的学习，一贯比较认真，钻研业务劲头很大，进取心强。

缺点：

（一）骄傲自满情绪比较严重，工作中看到的成绩多，认真检查缺点不够，对自己的作用估计过高，对群众的作风估计过你，民主作风不够，虚心接受别人的意见不够，与同志交流思想不够，耐心帮助同志不够。

（二）思想主观片面，重视贯彻执行上级指示，注意结合实际情况不够，例如，在布置宣传全国农业发展纲要时，强调了农业生产的宣传，看不到广大农民加入高级社的要求，没有布置进行高级化的宣传。

（三）在学习上有教条主义的〈货币〉倾向，曾经强调了“阶级斗争越来越尖锐复杂”，对中国无产阶级已经发生的根本变化，缺乏具体的分析。

省委宣传部部务委员会

1956 年 7 月 9 日

（文件编号：I52）

浙江省第二次党代会小组讨论记录

1956 年 7 月 10 日

高光：

基本同意：几点提法：

1）主客观矛盾要以“ブル专政经验教训”一文中关于犯错误问题提法。

2）关于思想工作问题，除理论工作外，还有一个分的思想建设。

3）关于干部政策：省委应从上向下看而不是从下向上看。今后要全面了解干部，正确运用干部。

4）肃反当中捕人问题，提到“草菅人命”太重，当时主要问题是政策界限不清。

5）关于金韬同志到现在还不自觉，以老爷态度来参加党代会，如果选上对浙江省今后工作有影响。

孔鲁：

陈的报告基本上同意，但有些问题要提的明确些。如我省工业和农业的关系，不但要指出毛病，还要指出方向。我意见：继续以农业为主，工业要摆到明确的位置，而要有具体指标。

提法有点过急。如对几个负责同志少年得意等口吻，要治病救人，避免讽刺提高情绪。主要摆问题，反对骄傲自满为主。

对金部长的鉴定。昨日金不虚心，对于金掌握政策稳与不稳问题分歧很大，黄、陈认为他不稳，金不接受。我认为：会上提出的具体事例，如解放台湾展览会、城市工作会议只是思想问题，没有既成事实，故不能成为一条。

（文件编号：J29）

对陈修良综合发言稿的讨论记录

1956 年 7 月上旬

干部问题

陈修良：

“使用干部问题，好人做好事，坏人做坏事，根据毛主席关于干部原则，是德才兼备，对作风恶劣的要撤换。”

“省委对宣传部要派得力干部，真正的德才兼备作风工作的人来负责领导工作。”

综合意见：（八点中之一）

“报告中对干部政策没有写进去，问题很多，该提不提，不能提[的]提起来了，印象主义，对干部生活漠不关心。”

综合大家意见：

对该报告，问题很多，没有从实际出发，是非界限不清，不能完全同意。

一、三方面意见：

1）左右摇摆问题，检讨不清，责任不明，许多错误，省委要负责，报告中有训示，下边的情况，这不能笼统的归咎于马列主义水平不高，主要是主观主义，因为是非马列主义的，这些错误不是偶然的，不应原谅自己。

2）目前党内左右倾向说的不清，从纠正“坚决收缩”以后，主要问题是什么不明确，这样提法片面，会助长右倾发展。

3）对工农业相互发展的关系问题，工农业发展的比重不清，工业方面不明确，这种说法不合乎马列主义经济学原则。重次不清。

4）省委对宣传教育工作，历史性的一贯不重视，报告中也如此。对于讲师团问题，作了决定，如何办不明确。另一方面，好像理论很重要，但又对现在的教学机构不很好管。如行政学院，地县学校，方针任务不明。在职干部学习也不好，对广大工农干部出身的同志迫切要求学文化，要解决。

5）对宣传部工作的领导，有偏重农业，忽视工业方面宣传的现象。

6）报告中对干部政策没有写进去，问题很多，该提不提，不该提的提了，印象主义，对干部生活漠不关心。

二、关于领导思想作风批判

1）我们认为省委每个时期运动中的错误和省委领导作风分不开，使下面造成许多不良后果。

“骄傲自满，主观主义，命令主义倾向，把干部看作傻瓜，只相信自己不相信别人，胆量小，抓个别的缺点，扩大，予以打击，原谅自己。如解放台湾展览会，又比如高级合作化问题，金部长对许多问题悬而不决，吹毛求疵。他来后工作无生气，照命令办事，盛气凌人，最使人害怕的他身上带有一个笔记本，下边不敢说话，陈伟达同志表现也明显，如肃反中规定抓数字，与情况不合。”

2）家长制作风领导，领导同志除了训斥外，很少找同志谈问题，省委决定个人分工领导，是否由省委作决定，不清楚。不同意就要统一思想，如建立理论队伍高级知识份子。又如××、×××，对人对事采取粗暴态度，不了解情况，如对“鼻子”问题，×也如此。这是非无产阶级思想反映，这种作风不许再发展下去，希改，检查。

三、今后建议：

1）分清好人坏人的界限，坚决撤换屡教不改品质不好的人。

2）一年之内学五个文件，要求决定。

3）加强政治思想工作，加强政治思想工作。

4）要加强宣传部工作，要派得力干部。

5）归口问题要加解决。

6）要求干部理论学习。

7）加强学术思想自由，贯彻百家争鸣。

8）加强现有理论学习机构的领导，省委应考虑办中级党校。

9）对农村工作应重视外，还应该重视工业宣传工作，加强农民文化学习领导。

10）注重电台，报刊，出版等工作，给予条件帮助。

黄逸〈浜〉宾：

发言轮廓可以。

高光：

基本同意。

彭耕初：

基本同意。

孔鲁：

……候选人名单：①

陈：

薛驹要求写结论。

吴仲廉：

工作做得很少，保姆用电费要报销，坐公交汽车也报销，不能当八大代表。

（文件编号：I51）

---

① 原文缺。

浙江省第二次党代会宣传分团发言摘要

1956 年 7 月上旬

“莫干山会议压制批评发展到高度”,“家长制领导方式”。

“如拔荸荠、拔稻子问题,省委不先提出,反过来批评下面。……很多事情看到苗头不许反映,行不通的事不提到委员会上讨论。”

出版社:

“帽子大,怕说话,粗暴作风,就是命令主义。”

黄逸宾:

“错误根源没有检查,主观主义不听群众意见,特别是‘坚决收缩’、‘超额生产,统购统销’。其次是自满,如这次报告为什么不早发? 认为上下意见大体一致,是主观主义严重表现。”

扣帽子——如宣传全级合作化问题,金就在扣上“小ブル疯狂性”帽子。向省委反映。

“不听反面意见,提了以后打回去。如莫干山会议,留下不好印象。”

“负责人作风不好(江、林、陈、金),主观表现只信自己不信别人,只有自己是正确的,别人多是糊涂。如台湾展览会。”

“自金来后宣传问题不大正常,金只抓省委个别人的心理,对别的人意见根本不考虑。……对上负责,对下不负责。”

奉化县委:

“强迫命令是从上面来的,如坚决收缩,思想不通,从省委来的。”

(文件编号:J24)

陈修良在省党代会几次讨论发言摘录

1956 年 7 月上旬

第一次发言(分团会议上):

(1) 关于学习问题:单打一,只是提出学习理论,有很大一批干部要学文化,不学文化没有条件学理论。学习包括理论,政策,文化,业务。所以说我们有些教条主义,省委对这些问题没有明确答复。

(2) 巡回演讲工作,如何这样做会发生很多问题。如① 干部哪里来。② 这些干部都是一些负责同志,人家是否给。③ 效果如何没有考虑。

为什么不发展壮大现有的宣传队伍?然而这些问题是动不得讲不得的,一讲金部长就说是省委决定的。我很怕,就不提意见,有些县夜校哲学学习,是主观主义,因没有条件。

(3) 宣传部工作:干着急,没办法,金部长来了之后,希望能把宣传部工作整顿一下,金部长来了后,希望很大,结果失望也很大,没有什么改正。一谈到成绩,就是莫干山学习成绩,如果真有成绩,还会坚决收缩,对资本主义工商业改造问题也如此说,学用不一,报告中只说马列主义水平不高,是存心不检讨。金部长领导思想是否成熟,还不一定。

再一问题,宣传部的工作,其味道说不出,金来后打了黄逸滨〈宾〉一顿,我在旁也有点怕,省委和宣传部关系不正常。我们怕背后背小包袱,金部长经常只抓一二句话就批。说明不正派。处长们怕他,我自己积极性发挥不出来,革命三十年很积极,也很安心,但这样很不痛快。去年纪念列宁生日要理论教育处写个发言提要,交江华后,他看了发脾气,使人下不了台,难受。以后谁报告谁写。第二天报告时把这些问题讲了。现在有些问题怕了。大概年纪大了,有些工作和问题很难受,部长不在家,要我做代理人,精神负担更大,主要是不敢负责。对于编支部教材就是教训。

宣传部干什么?方向是什么,不清楚。城市宣传面很成问题。理论教育工作很多问题不解决,农村[宣传]宣传处好一些,因为农业压倒一切。

工作多一事不如少一事,少一事不如没有事。工作中有盖子,这么长时间省里没有找我们谈过工作,省委就是抓金一人。如果省委真正加强党的思想工作,就要派强的干部,加强领导,改进领导方法。现在领导方法成问题,一来就找金部长,我们付部长难做。一说就是江华如何说,林乎加如何说,陈伟达如何说,这就是个人领导,家长式的领导,相信个人,不相信群众。

鬼鬼祟祟背后反映情况,很不好。要想把宣传部工作搞好,我意见抓一个有马列主义水平高,作风正派,懂得宣传部业务的人来做宣传部长。金在这方面欠缺。又不虚心,好像什么人都不在他的眼下,这太骄傲。太危险。“山门竹笋嘴尖皮厚腹中空”扣别人帽[子],乱反映情况,缺少马列主义。

和省委各部门关系问题,我意见相互配合,金的意见要监督他们。这很危险,因为都是平等。

宣传部和文教部的问题也很紧张,比如为一个普通问题(理论队伍文教部主张要自己建立,金韬要集中在宣传部)我们为难。和工业部问题也别扭。金就不发表意见,城市宣传工作耽误了。现在不是个人关系问题,素昧平生,这个问题不存在,主要是工作问题。

第二次小组上发言:

五云山学习总结时,学员提出许多意见,金当时不检讨,还说这一期学员不如第一期孙定国来校时期的好,并讲了许多人名字,陈伟达记下来了。这次报告(指大会报告),也只是几个人在杭州饭店写的,别人意见不要听。

胡敏如发言时,我的插言(对大会报告意见)。

这是敷衍,不了解情况造成的,不但是水平问题。

七月五日分团会上发言:

我昨晚整理会议发言,发现会议有缺点:

(1) 建设性意见比较少,比如如何贯彻陆定一同志指示,讲得不多。

(2) 批评的笼统,抽象,不具体,根挖的不深,批评他们马列主义水平不高。我们批评如果一般化,也是水平不高,事与人要联系。

第三次在分团上发言:

提出八点意见:

(1) 使用干部问题:好人做好事,坏人做坏事,根据毛主席关于干部工作原则，是德才兼备，对作风恶劣的人要撤换。

（2）大会以后，应根据中央指示，组织学习五个文件，省委要作出决定，包括改变作风。

（3）加强全党的政治思想工作，建议大会以后省委召开各个部门开会研究与解决这个问题。

（4）省委对宣传部要派得力干部，真正的德才兼备作风正派的人来负责领导工作。

（5）干部学习工作应该根据中央指示，初中以下的一定要学文化。应该学理论的干部，要首先从省级机关开始，并且要解决在职干部学习问题，与轮训结合起来。

建立经常性的时事政策的演讲工作制度，要搞好这一工作，要组织宣传部充分发挥新闻、广播、出版工具。

（6）农村是个问题：一是合作化后宣传工作问题，另一是农村工作的阵地在那里，我考虑农村俱乐部可以作为党向农民进行教育的阵地。

（7）希望省委对宣传部工作不仅是抓农村，同时也要抓工业。城市各个方面问题。

（8）提高学术研究工作，做好“百家争鸣”工作。

第四次发言：

综合大家意见

大会××报告问题很多，没有从实际出发，是报告很不清……不能完全同意。

三方面意见：

（1）左右摇摆问题：检讨不清，责任不明，许多错误省委要负责，报告中有训示，下边的情绪，又不能笼统的归咎于马列主义水平不高。主要是主观主义。因为那样是非马列主义的。这些错误不是偶然的，不能原谅自己。

（2）目前党内“左”右倾间说的不清，从纠正坚决收缩以后，主要问题是什么不明确。这种提法片面，要助长右倾发展。

（3）对工农业相互发展的关系问题，工农业发展的比重不清。工业方面不明确。这种说法不合乎马列主义经济学原则，主次不清。

(4) 省委对宣传教育工作,历史性一贯不重视,报告中也如此。只讲生产问题,对讲师团问题作了决定,如何办不明确。另一方面,好像理论很重要,但又对现在的教学机构不很好管,如行政学院。地市委干校方针任务不明,在职干部学搞的不好,对广大工农干部出身的同志迫切要求学文化,要解决。

(5) 对宣传部工作的领导,有偏重农业,忽视工业方面宣传的倾向。

(6) 报告中对干部政策,没有写过进去,问题很多该提不提,不该提的提起来了,印象主义,对干部生活漠不关心。

关于领导思想批判

我们认为省委每个时期运动中的错误与省委领导同志作风分不开的,下边造成许多不良后果。

1. 骄傲自满,主观主义,命令主义,倾向现象:把干部看作傻瓜,只相信自己不相信别人,肚量小,抓个别的缺点,扩大,予以打击,提高自己。如解放台湾展览会,又比如高级合作化宣传问题。许多问题悬而不决,吹毛求疵,金来后工作无生气,照命令办事,盛气凌人,最使人害怕的是他身上带有一个笔记本,下边作风不敢说话。陈伟达表现也明显。如肃反中规定抓多少数字情况不全。

2. 家长制领导作风。

领导同志除了训话外,很少找同志谈问题。省委决定个人分工领导,是否由省委作出决定,不清楚。不同意见要迅速统一思想。如建立理论队伍,高级知识分子,又如江华,林乎加对人对事采取粗暴态度。不了解情况,如对"鼻子"问题,林乎加也如此。这是非无产阶级思想反映,这种作风不允许发展下去,希望检查。

今后建议

1) 分清好人坏人的界限,坚决撤换屡教不改,表现不好的人。

2) 一年之内学习文件,要求省委决定。

3) 加强各个部门思想工作,明确宣传部工作。

4) 加强宣传部工作要抓得力干部。

5) 归口问题要加解决。

6) 要求干部理论学习。

7) 加强学术思想自由,贯彻百家争鸣。

8）加强理论学习的领导，省委应考虑办中级党校。

9）对农村工作应重视外，还应该重视工业宣传工作加强工农干部文化学习。

10）注重报刊，电台，出版社的工作，给予他们条件，帮助。

（文件编号：J24）

陈修良综合宣传分团发言记录要点

1956 年 7 月上旬

[关于]领导作风：

出版社：

"不听相反意见，逐级严重，是个别问题。"

高光：

"打击别人提高自己"(党的问题)。

顾耕初：

"无论如何不能删去对负责人的批评。"

钟儒：

"对负责人品质问题，不能删去，还要把事排上来。"

[奉化]县委：

"骄[傲自]大已形〈经〉成为省委的作风，县委觉得高不可攀"。"全党流毒，党群关系不好。"

行政学院：

"对一部分省委同志，要点名批评，没有点名的人，也要不提名的挂一笔。要他们知道自己的缺点。"

"建议省委检查领导作风，因为已经不是部分委员问题，而且影响到省委作风问题。"

高光：

① 眼睛向上，不问下情。

② 命令主义，对地委书记乱扣帽子。

[关于]干部政策

顾耕初：

“使用干部不当，品质不好的提拔”

“从上看干部，不是从下看干部”——高光

候选人问题

“我们分团是全面地看问题的”黄

高光：

“对干部看法不对，对于有意见的同志认为不好，只喜欢不反映困难的干部就认为是好干部”——高光。

“派反革命分子到报馆”——马。

“名单已经决定，何必选举，民主形式”——司建云(党委会)。

黄逸宾：

“对好的同志要表扬，以杨与吕，杨能联系群众，表扬吕与金对比，过去宣传部关系融洽，现在恐怖紧张。”

钟儒：

“表扬杨思一，字句要改。”

我也同意表扬——我认为“杨态度和善，能接近人。”“吕志先去宣传部我们关系好处。”

第三，“为什么要指名批评六位负责同志。”

钟儒：

“对负责人品质问题，不能删去，还要把事实摆出来。”

顾“这个人的批评无论如何不能删去，不批评今后会影响浙江工作。”

行政学院：

“对一部分省委同志，要点名批评，没有被点名的，也要挂一笔，要他们知道自己的缺点。”

第一部分对大会报告意见

高光：

① 发生左右摇摆问题没有说清。

② 自我批评很差，如集体领导。

③ 发挥积极性问题很抽象，没有具体办法，如对待知识分子问题。

出版社：

报告轮廓还是对的，缺点是责任分不清，主要问题少，混乱感觉，没有时间性，如左右的问题，现在问题是什么？萌芽是什么？看不到？缺乏具体内容，不生气不活泼。

马润生：

报告不能满意，没有解决问题，缺点说得不透。

广播电台：

省委要求县委开展思想斗争，省委自己则看不到，很少自己检讨。

黄逸滨〈宾〉：

① 自我批评很差，重点不明确不具体，如工农业问题，方针问题不明确。

② 错误根源没有检查，主观主义是不听群众意见，特别是“坚决收缩”“超额增产”“统购统销”……其次是自满，如这次报告为什么不早发，认为上下意见大体一致，(林乎加)主观主义的严重表现。

成绩是肯定的。

钟儒：

对报告很失望，除工业大有文章可做外，其余是模模糊糊。

左右问题——现在是不是应以右为主。不对头，如机关干部学习要县都搞理论学习，实际上 80%以上干部要学文化，也没有人讲课，闭着眼睛喊右倾。

孔鲁：

原则笼统，没有具体东西，帮助不大，重点不突出。缺少自我批评，提法不确当。

工农业生产关系问题——工业放在什么位置上去，是非界限划清，应有具体的奋斗目标，不是仅可能发展。缺少自我批评，教训人的口吻，理论一套，这样下去，不能使人乐观。这个报告时间性十七年还是七年？总结工作从什么时候算起。主客观矛盾"长期存在"，是不合于理论的，地球毁灭以前都要存在。

出版社：

报告不明朗。团支部大会总结差不多，左右界限不明。

马润生，浙江日报（经理）：

同意大家意见。

新华分社：

骄大，少民主空气，如专制作风是重点，要分析提高。

第二部分关于领导作风的意见：

高光：

① 重大问题缺乏思考，照办，责任心不够，不是生气勃勃的，来一阵风就站不住，如几个大错误，如对中央的草案也提不出意见。

省委会议上有不同意见，没有讨论。资产阶级改造只看中央的经验，自己不考虑。主观主义，脱离群众是主要原因。其次是教育问题。许多事情看到苗头不许反映，行不通的事不提到委员会讨论。如拔荸荠问题，插稻子问题，省委不先提出，反过来批评下面。报纸文章，林乎加不许发表。

眼睛向上，不问下情。

② 命令主义，对地委书记乱扣帽子。

③ 原因：省委某些委员不虚心，骄傲，开会高价征求意见，过去了不执行，对下批评采取粗暴方式，帽子很大，江华与林乎加很突出。不调查不研究，如

说浙江日报是 CP 的,还是 KMT 的。(一天没有发参考资料)

如文艺问题,写了一篇鼻子,要查作者,是不是反革命分子写的,不懂装懂,态度粗暴,不是以理服人,骂马润生:“你[在]睡觉吗?”

④ 不愿听反面意见。

建议省委负责人很好检查骄傲思想,莫干山会议压制批评发展到高度。对杨思一与彭瑞林。四中全会问题时又整他们二人,家长制领导方式。建议省委开展批评,莫干山问题要交代。

⑤ 集体领导问题。

只谈原则,没有具体办法,审干办公室问题——省委没有研究这方面工作,审干工作走了一段湾〈弯〉路。

⑥ 干部问题,保守思想,提拔干部不够;工资待遇很低。对干部看法不对,对于有意见的同志,认为不好,只喜欢不反映困难的干部就认为是好的。

出版社:

有些省委同志有个人主义情绪,“坚决收缩”问题没有不同的意见。怕人家说不虚心,因而不敢坚持自己的意见,帽子大,怕说话,粗暴作风,就是强迫命令。

肃反问题:如陈伟达在宣传部会议上发言不讲道理,不听人讲话,韦国文,定为对象。对于可怀疑的,认为是“右倾”批评一通,冤枉好人。(如二人)

林乎加要出版二本书,一定要加班加点,不遵守制度。

狮子笼灯事一定要检查,对艺术问题是粗暴的。

① 强迫命令——不听相反意见,逐级严重不能看为个别问题,出版社招待作家看为浪费,文化局可以这样做。

② 工业化问题:省委没有明确的目标,仍以农业为重点,这个报告不好传达,方针问题应加重视。出版社十二年规划是农业,工业是照顾的,如何办?

③ 对党内的思想问题没有估计,目前主要问题是什么?对工农干部的努力方向是没有的,如文化学习。

行政学院:

① 用经验教训来谈问题,界线不清。

② 检查中如何改进错误，少具体措施，只看重马列主义教育，但另一方面对群众路线问题如何检讨与改正，没有积极办法。

③ 革大三反问题，“惨无人道”，要学校包打老虎，官僚主义。思想改造，清理中层，都到行政学院，使人一到学校就背包袱。干部训练工作不重视，理论队伍问题缺少办法。

顾耕初：

文化工作，几年来没有讨论，看不出中心是什么？使用干部不好，品质不好的提拔，处理群众来信时很草率，干部有因此而死的，如插荸荠。不利用广播工具，对文教工作历史性的不重视。

新华分社：

① 大而无事，教育意义很少，自我批评少，而上责备下级，水平不高，群众现在不强，什么时候可以提高。没有时间性，许多错误不合实际情况，都从上而来。工作不是前进，而是落后，合作化全国60％，浙江50％，不分析具体错误，就不是马列主义。

② 领导作风。江华很少听人意见，如对黄源的批评骂人，陈伟达对青年团先进工人问题是推责任。对各部门负责同志交流意见很少，创造性不大，度量小。省委胆量小，骄傲自大，错误归于客观原因。向中央提出办法很少，只等中央指示。

马润生：

首先要克服自满，发挥积极性是为满足个人吗？

多头领导，对干部不关心。

林乎加人上人，KMT作风。于冠西没有原则，教条主义。

吴植椽——农林工作同志，不敢接电话，这样的领导干部莫名其妙。

吴宪——写了一个专评要我的检讨。

江华粗暴——如鼻子问题，不懂装懂，对干部不是一看二帮。

金×对黄逸宾采取这种态度是品质问题，打击别人提高自己，自己不解决问题，急急忙忙到省委去报告，表现自己发现问题，过后不要让他一个人进去，眼镜〈睛〉向下，多看一些。

委员意见：名单已经决定，何必选举，民主形式。（未完）

党代会分团[讨论综合发言稿]记录摘要

新华分社，胡敏如：

对综合发言稿分团的意见。

① 领导作风是骄傲自大，少民主作风，家长制作风是重点。

② 要分析提高，是资产阶级思想，落后毒素，封建落后思想反映。

③ 危害性问题。一个领导同志如果使人敬而远之，是可怕的问题，不是小问题，会引起党内不团结，例子：萧山一个县统购统销就死了一百三十九人。

④ 要求领导干部应有三条——谦虚，民主精神，联系 M，金×的作风可怕，既不懂业务也不虚心，根源是什么。

⑤ 报告要形象地，例如：坚决收缩问题，没有调查研究，主观主义。

几年来成绩很多，错误缺点很多，把问题提出来。

⑥ 具体人问题：以民主作风为主，不一定很具体，金×民主作风太差，对别人发言经常驳回去，有些惧怕，部内同志思想有隔阂，会引起不团结，表现自己的心理，别人受批评沾沾自喜，是品质问题。

马润生：

基本同意。

出版社，王稼恒：

应加上：

① 第一部分应加上个人主义，对上负责对下不负责，是个人主义问题。

② 也许人家革命，希望他改进。

③ 建议了解干部，一年开一次大会，改进等级，交流情况。

④ 省委只知道工人农民生产，要干部工作，不知道除此之外，还有别的生活需要。

黄逸宾：

肯定报告问题方面，措词要考虑。

① 重点不突出。

② 对省委意见，主观主义，命令主义。

③ 主要对事，同时对人的问题，举个例子，往工作上加以分析。人的分量应减少，热忱严格，避免讽刺，更政治地。

④ 对金的问题可以减一些，在今后解决，他还有意见。

⑤ 主要做的是主观主义，不民主。

⑥ 发展工业问题，方针不明确。

⑦ 不重视宣传教育问题，系统讨论少。

⑧ 理论队伍问题不提，讲师团方法问题不提。

⑨ 不管城市是放松问题。

⑩ 金韬带有日记本事不提。

⑪ 建议可以减少一些，体制问题再谈一些，关心人的问题，具体宣传业务问题不提，可以归纳一下。

集体领导问题为什么发生？

① 省委员会内部不民主，有人积极性不高。

② 对好的要表扬，如杨思一要表扬，能联系群众。吕志先要表扬，与金韬对比，过去融洽，现在恐怖紧张。

朱赤：

第二部分(领导作风问题)

① 口气稍重一些，从爱护出发，问题要揭发。

② 体制问题——行政学院无领导，同时多头来抓。

③ 省委集体领导要加强。

④ 建议要针对缺点，骄大是主要风气，作官思想。

高光：

原因是老资格，如江华，一开口就是井冈山，另一种是少年得志代表人物，是吴宪、林乎加、吴植椽、金韬，有些省委同志也学了不民主作风。

好的同志也有，如杨思一。

建议：好好学习“ブロ专政”一文。文章解决群众观点，力戒骄傲思想，办法是开展批评自我批评，加强群众观点。我们在地下时期没有谦虚就不能生存，根[子]就是当了官，忘了本。

集体领导问题要多讲一些。

原因：

① 是个人品质问题。

② 还有历史根源，重大事件没有结算，是莫干山会议，四中全会决议，城市工作会议，对压制民主起了很坏的作用，历史问题要交代结论。

③ 省委有自由主义，以书记为中心，不听其他常委意见，有些委员看书记面孔说话，有些人采取庸俗的自由主义态度。有些委员对书记的粗暴作风有互相包庇的态度，如对小谭，维护官〈家〉长制度，如常委稍有原则，就不应拥护小谭的面子(如吴宪、霍士廉、林乎加、金韬)。对江华也如此，是不开展批评的。说省委内部有民主，是伪面具，许多人不提反面意见。小谭在地位〈委〉书记会议上临别赠言有一条经验，“书记支持委员，委员支持书记”。

十月城工会议问题——是原则性的错误，其原因是由少数人包办，教条主义的具体表现。

④ 制度问题不健全。

每人应有鉴定与结论与详细的历史，否则不选。

(其他同志也有一些补充的意见，基本上没有表示不同的意见，个别的认为字句要慎重。

我根据这些意见，把其中文字略加修改，基本不改，秘书处因催稿关系就透出去了。——陈注)

(文件编号：J23)

浙江省第二次党代会发言记录

1956 年 7 月上旬

顾耕初：

我同意陈部长提出的几条主要问题，其中几个零碎些。

陈伟达同志肃反中捕人问题，固然当时情况复杂，但他是有责任的。他不虚心不听取人人家下边意见，主观武断，有些同志知道他去宁波地区也如此。

对江华、林乎加、吴宪、吴植椽、金韬的批评，无论如何不能拿掉。不批评，今后浙江工作发展下去困难。我意见充分反映会上讨论的意见，更相信同志们发表的意见是有分析的。

（1）绝密字样，表示愤慨问题，我意见保密还要，“愤慨”二字不要。不发给代表是不对的。

（2）对主客观分析一段，有“如今后会犯错误备案”等语，可不这样提。

（3）对省委几个负责同志要反映，特别是金韬同志，要在大会上接触，要考虑他的候选名单。在昨天鉴定会议上要求严格是应该的，正常的帽子，要求不一定太大，要排出事实。过去与黄逸宾相处年余，相信不会有个人成见。也相信，因此相信金的态度是党内的真事情，越来越表现不正派，考虑他是不是[应列]为候选人。

黄逸宾：

金的报告半个月以前就要办公室主任写[了]，自己不动手，一直拖到开会，很紧张，又拉大家来开会，并因此不能参加开会。

王良伏（奉化县委）：

[对]新的候选人意见很多，如何补救，看他是否存在检讨精神。金是无可挽救的了，是不会怀疑黄、陈趁机搞他一下？另一方面也可以趁机来个假检讨。如不能补救就拿下。

钟儒：

昨天金韬的鉴定有过关思想，不够认真，接受别人的意见不虚心不诚恳，我不能同意孔鲁意见。

行政学院：

（1）对主要负责人要严格批评，如吴植椽同志，使浙江日报不敢接电话，大家看了他怕稀稀。部长怕政委，这都要让他们知道。

（2）对一部分省委同志，要点名批评，没有被点名的人，也要不提名的挂一笔，要他们知道自己的缺点。

（3）关于理论队伍问题：希望下届省委加强领导。

（4）对杨思一同志学习就行了，不要赞美。

朱赤：

发言稿发言稿口吻也重，错觉不与人为善，听了刺耳。要[从]爱护同志，爱护领导观点出发，措词希望慎重修改。如对杨的表扬，对金的批评。另一方面，体制问题要强调一下，发言稿中没有提。对表扬的人只提到了表扬杨思一，会上还提到过其他同志，如吕志先。

黄逸宾：

坚持群众路线问题：

工业发展方针问题：以农业为重点，相应发展工业的说法是错的，就是不具体，方针不明。

名单问题：我同意大家意见，别人关于干部作风、工作问题，我以为从上了解多，从下了解少，片面。

对陈伟达，骄傲自满，处理问题草率甚至粗暴，肃反、撤区并乡，改变组织形式，下边很混乱。

批评几个人问题，对吴宪，觉得不太粗暴，主要是骄傲，林缺点很多，但积极大胆地提出问题。因此批评时也要表扬，治病救人。

行政学院：

建议省委检查作风，因为已经不是部分委员问题，而是影响到省委作风问题。

（文件编号：J30）

浙江省第二次党代会的讨论记录

1956年7月11日

（1）缺点愈多的鉴定检讨愈少。如金韬，缺点少的检查反多；如阎世印，很使人不能捉摸。不大合实际情况，优缺点很不可靠。

（2）杨心培妻子是肃反对象。

（3）要求主席团大胆放手发挥民主，发给各单位代表讨论意见，发给大家。

（4）所谓优点有些是缺点，如金韬“工作一贯积极”，他实际上对宣传部工作不负责任。

吴植椽——优点是不可信任的。

张敬堂——对人诚恳，不是事实。

（5）很少提到官僚主义——一般如此。如金、林、江、陈，都是官僚主义作风很大。

（6）很抽象，差不多不能看出真实情况。要求大会交流讨论情况，[否则]代表只好弃权，违反民主原则。

（7）方琦德——“清高”——不合事实，如××关系。

王芳——粗率作风，批条子不细心，国庆节捕了许多人，只看表面就捕人。

刘木易——文化水平低，很片面，钻牛角尖，只看到鼻子下面问题。审干工作不好与他有关系。他在温州工作时大家叫他“菩萨干部”。

江华——要补充，自己不动脑筋，光搬中央报告。如说人不要像猪一样，有人云亦云现象，不懂装懂，态度很坏。如[对]文学艺术问题。

李林——在山东犯过严重错误，性质如何，现在有无改正？

李铁峰——作风粗枝大叶，简单化很严重，[造成]一个区委死于牢中。

李频如——对水产学生问题大斗争，他说是反革命捣乱，粗暴得很。

沙文汉——县有反映，积极性不够高，政府工作抓不紧。

吴仲廉——工作积极性不高，病的问题如何？

省委组织部时闹不团结，没有检讨。摆老资格，骄[傲自]大。

吴植椽——工作不深入，优点说得太好，下乡随便查一次，盛气凌人，在人之上，自以为了不起，干涉别人的职权。如报社稿纸问题，限期登载。

生活腐化，有违法行为，应检查。

政治上问题没有弄清楚，要交待，军队中有军阀残余，野蛮，好打人骂人。

生活作风轻描淡写，[在]皖支生活作风不好，被斗争过，腐化是历史性的。花花公子，至今没有改正，应当交待。当作候选人，少德。

金韬——

(1) 骄气很严重，不倾听群众意见(大会时期很明显)，借口各种原因不到会。

(2) 优缺点：在工业方面工作，一点没有检讨。

(3) 对上级似乎有迎合味道，打着法政委旗帜，每次运动都如此，看面孔行事。

(4) 到宣传部以后，台湾展览会问题很不正派，打击别人提高自己，打下马威。

杨心培问题——结婚问题应说清楚，界线不清，要明确。

杨源时——有哗众取宠，违反纪律，自由主义的问题。工作有始无终，赶浪头，如肃反工作、知识份子问题。

王玉生：

刘木易——不能作组织工作，绝对化思想，使用干部工作有妨碍。

王起——单凭上面意图办事，教条主义倾向严重，对下压的多。经款、左右问题，一日三变(农业问题)。对本区工作不重视灾情，主观片面性，固执己见。

李频如——骄[傲自]大很严重，带有历史性，态度粗暴，盛气凌人。

个人突出，很要享受，三反时很突出，把医院汽车借来，他二千多斤粮食修汽船，地位观点。

吴植全——[检讨]原则化，生活问题不具体，是否品质[问题]、违法问题？

李频如——该团不同意他当选。特点看不出，抽象原则。

王芳——不细心，审批案件不亲自动手，积压多。

吕志先——容易急躁。

杨源时——自大情绪，干部关系不好，哗众取宠。

林乎加——工作有能力，果断，缺点，骄大突出，不虚心。

金韬——不虚心最突出，主观片面，自以为是很严重，反驳人的意见，好吹毛求疵，抓人的个别字句钉上，使人不敢再说话。压制别人，打击别人，武断，鉴定中表现检讨很空，比阎世印差得多。形式，不认真，应付，或表面化，要发展自己的错误。对他检讨很不满意。候选人不要当，强求同意（抓了几个处长，大家思想不通），顶牛。宣传部工作以后很难搞下去，[希望]引起省委注意。

杨心培——失恋结婚问题，界线不清。

燕明——老大很严重，省委去的人不接见，架子很大。他不学习，民主作风很差，地委内不团结。

阎世印——生硬主观，但比金好。

新华分社：

政治品质问题很重要，如金是品质问题。

（1）方琦德——提拔很快，缺少 CP 的道德，品质恶劣。要求拿出见不得人的东西。

（2）不同意金为候选人。

燕明，张敬堂。

朱赤：

（1）鉴定问题。由谁来鉴定？[现在这样做]不合理，[是]前届省委与主席团不负责任的表现。金与阎二人的鉴定一比，完全不一样。阎较深[刻]，金很不深切，对过去一笔勾消，不能评[出]德才标准，因为大家在表现上看阎比金好。

（2）霍士廉——优点，工作负责，定期办公，及时解决问题，作风上比较民主，好接近。

（3）杨源时——大胆，处理果断，工作好做，工作认真、深入。缺点：先松后紧，肃反四个月不管，有时宣传纪律不好，改得也快。

（4）林乎加——主观性强，工作不从实际出发。如三反打虎，要求大包下来，粗暴。[但]工作负责，如三反。

（5）杨思一——他根本不管行政学院，是何道理？

宣传分团的意见，黄逸宾主持。

对陈修良的意见：

长期革命考验。

主观片面常常有表现，有时有绝对化，组织工作，经验上差一些，地下已作太久，但不是什么大问题，可以改进，有时要发些脾气，比其他女同志候选人要好得多。金铃、徐畹珍较差，金工作不老练。（黄逸宾）

高光：

优点：忠于革命，才对自己的工作能担负起来。群众对他意见不多，都认为他虚心，认真、艰苦、朴素、作风正派。

发挥大家积极性好，没有压力。

对别人帮助好，政治修养比较好，原则性一般高。

政治开展。

（1）坚决要求列入陈、高[光]为正式候选人，不要不理不睬。

（2）于冠西与高光同志比较，高较亲切。谈问题比较深，能分析问题。

（3）资格比较晚，[是]后起之秀。

陈伟达——不够大公无私。（组织部长多列上为委员）

如对金[韬]、杨[思一]、薛[驹]。

照顾岳母问题，组织部干部宿舍好。

肃反家中——不从党的利益出发。

张明堂。

（注：宣传分团提出的省委候选人名单）

撤消的：金韬，徐畹珍，李林，吴仲廉，李频如。

应检讨的：方琦德，吴植椽。

才德不不具备：提为候补的，刘木易，金铃。

历史不清：薛驹，卜明。

提出的名单：陈修良，高光。

（文件编号：I52）

浙江省第二次党代会小组会记录

1956年7月13日

七月十三日　小组会

扩大主席团会议思想交流传达——黄逸〈浜〉宾

江华综合意见：

集体领导、方针、政策问题。

方针——性质是右~~，表现是左~~。

集体领导——不够健康，不够民主，不够生动活泼，上下关系紧张。

表现在四方面：

一、社会主义思想不明确，总路线执行上左右摇摆的错误。

农业问题，地方工业不积极，反冒〈近〉进，对资改造问题上，知识分子改造问题[上]，思想落后于实际。

莫干山会议领导不民主。另一方面，反映[出]方针问题，[对]土改后干什么[不清楚]，损害[农民]积极性。学习总路线后，积极性有提高。

五四年粮食问题发生紧张，中央文件没有很好的学习，惊慌失措，砍一刀，影响[了]干部积极性。不能因地制宜，坚决收缩，犯了错误。

资改问题——三反五反后的形势认识不足，城市会议的错误。

地方工业不积极，清律戒规多，也反过盲目冒〈近〉进。

综合工作缺乏全面规划。

原因：(1) 不够认真学中央指示，结合当地情况，党内没有展开争论，认识不深刻。(2) 没有发挥民主，历史教训没有总结。如土改扫尾，ブル改造，粮食问题。错误是包袱，是宝库，对中央来〈加〉嘉兴检查有意见，划缺点。

二、具体领导问题，集中过多，书记处、常务会，包办一切的事务，每日处理。候选人名单问题也差不多如此，〈加〉嘉兴县委搞出许多问题(历史问题)。

充分发扬民主，才能集体领导——主要教训。自下而上的批评很重要，印发发言内容。

李丰平：

每一问题[都]有一个主观[主义]，缺少认真讨论，集体与分工有问题，单打一。

原因是思想，其次是体制问题。各部门有不敢负责的精神，对上负责对下不负责。如粮食问题，中央要七亿，也只好上调。书记个人包办，不尊重委员的意见。肃反稳当，高级干部没有动手，其他省有此问题。江[华]对此还好，但近半年情绪不正常。

霍[士廉]比较稳当，但固执，对上负责对下不负责。省处长下去到下面说了许多外行话。

今后：加强干部学习，高级干部下乡，党刊讲思想问题。

根源不信仰党员与群众，保守，整态度，没有独立的思考，不向中央反映情况。个人主义、特权思想、政策性问题，讲得太少。官僚作风，〈上〉下面意见反映不上来。如莫干山会议，护拥[护]核心。

对被批评的人要分析，治病救人。

〈加〉嘉兴意见：抓毛病反映到中央，如不学习，组宣工作二次会议成为“坚决收缩”的序幕。

大会如何开法？

（此处记录者事后用铅笔补写一段如下：大楼一切都集中，书籍，打字，房子，家具，吃饭，在为节约，使大家生活工作使大不方便——不抓思想抓事务，管小事。）

……。①

几十件事，厅局都要[归]口来批，邮局检查工作也要省委批。许多是形式，常委经常到不齐。如讨论监委[的]大会报告。

各部集中也太多，削弱部门的主动性。各部也包办了各厅局工作。体制也有问题，乡人委也不起作用。

① 组织形式：多做报告，少办事务。不接触实际。

民主生活有很多问题。小谭[启龙]时代更严重不虚心，不能批评，粗暴态度愈来愈大。上下关系，对人严，对己宽，不是挑担子，而是加帽子。对相反意

---

① 此处有缺漏。

见，受到批评，某些同志自我批评少。对人粗暴，不愿听下面的批评。

不民主原因：严重的骄大自傲情绪。有一些采取自由主义态度，怕妨碍团结。

② 作风不好。脱离实际，少感性知识，不了解各方面情况与分析，单从上面出发。如高级化宣传问题，江华一下来就到〈加〉嘉兴前去批评，拿了鸡毛当令箭，工业化浙江最差。

解放台湾问题，听了毛主席的话，片面了解，认为蒋介石明天就要来了，蒋要来做付主席。由江[华]做出许多不正确的结论。

ブロ专政经验教训也是根据斯大林一句话，到处来套。浙江许多问题也就此产生。[因]少下去检查工作，工作一般化，[故]典型也是主观的，[反而]对实事求是作风就加以批评。

缺乏群众观点，组织形式不合实际需要，发扬民主不够，发挥积极性不够，对[问题]严重性认识不足，也表现在大会的准备工作[上]，对代表大会的这种制度认识不当，[因此选举问题也是]画画圈。

（文件编号：I52）

各分团关于大会报告讨论情况纪要

1956 年 7 月 14 日

宣传分团

陈修良：

从主席团会议和江华同志报告看，已有进步，开始接近代表们的意见。但仍不深刻。比如，对“左”和右的错误分析，仍然没有摆具体材料。比如，五次党代会议以后，下边反映上边胃口越来越大；五次党代会议以前问题也没有很好的划分，突出的表现在工农业的关系上。对工业为农业服务的指导思想问题没检查，教育意义不大。又如干部政策：从现在意见看，对不少负责干部意见还是很多的，是个严重问题，报告也缺少分析。对这次大会搞得这么被动，从现实和反映来看，是要人家画画圈，对代表不负责。这里可能有地位观念。

对代表候选人：有些人邪气十足，有些人读了许多马列主义书，但教条主义，以空理论压别人，言行不一致，金韬就是这种人。我们要选头脑清醒，勇于负责，对党忠诚的人。主席团对代表候选人太信任，不虚心听取下边群众的意见。鉴定是表面的，金韬、吴仲廉的鉴定和事实完全相反。要求主席团对候选人辨别真伪，分清忠邪，而群众路线是分清是非的最好的办法。

少谈马列主义多谈事实，要实事求是，江华同志报告就有这样缺点，还应该继续提高；时间短，要原谅，但要有限度。

司建兴：

关于集体领导，过去省委委员和常委之间有隔阂，这次思想交流只是个改进的开端，还需进一步发掘其根源。问题可能还有。大事管的松，小事管的很紧，这关系到领导作用问题，省委不仅是集中过多，而是太过火。这种方法比睡大觉还厉害。

党内的民主生活，由于省委做的不够，上行下效，机关支部生活民主也很差。支部大会一是转党，吸收新党员；二是改选。

关门调整、挑选候选人的作法很危险，代表们不会满意，而应到群众中去交流情况，个别的选不上的不要怕，提议在大会发言后再讨论候选人。

省委在交流思想基础上把提出的问题贯彻到今后工作去改正。省委今后要特别注意加强下边思想领导和解决具体问题(但不是事务性的)。如干部福利、学习、机关青年知识分子的思想等问题。

钟儒:

我们浙江党内不民主,许多党员不敢讲话,认为少说话为佳,有的人讲话,甚至被打击下去,或者背包袱,这是个严重的问题。如果这个问题不解决,发挥一切积极因素,则是一句空话。因此党代大会要注意解决这个问题。解决这个问题,就是有咱这毛病的人不应当选。如果有些候选人,代表们不同意,仍硬列为候选人,那么在选举之前被别人在大会上提出意见来,就不好办。

贯彻党代大会决议,必须在全体党员中解决问题,充分发扬民主,反对打击别人的恶劣行为,对品质恶劣的要予以处分。领导上不能因照顾个别的人,而压着多数人不敢讲话,这样做个别人的积极性可能发挥,而多数人的积极性就发挥不起来。

高光:

大会作为发扬民主的好的开端,省委不要作为“叶公好龙”,叫着要批评,批评了又怕。在大会后半段,如果充分发扬民主,开展批评,也会使人满意的。如果仍做“叶公”,就很被动。建议:1. 主席团要代表们充分发表意见;多多考虑下面的意见,2. 建议主席团把大会上反映出的问题忠实的向中央反映,特别对每个委员的作风不打折扣的向中央反映。对常委委员的意见,最好将原始记录送中央。使中央了解真实的情况。

报告中对常委和委员的意见讲的不多。比如政府部门干部无事可做,主要是不相信干部,不放手让他们工作。如宣传部,金韬来后几天就把积极性打掉了。江华、林乎加就认为别的常委不行。这些如果不从思想上解决,仍不能改进。

民主生活中对骄傲自满只提了一句,我看应大做文章。把表现形态归纳进行分析,做得具体、深刻、尖锐一些。

对作风上的命令主义要深刻检查,报告只检查了主观主义,不全面。过去命令主义上行下效,问题很严重。省委应挑这副担子。

朱赤：

前届省委的集体领导存在形式主义，如监察要作报告只有二三个常委讨论通过，可见平时问题是多么严重。现在是不是党政不分、以党代政？要检查、要交代。为什么集中过多？是不是有权威思想作怪？

林的鉴定中提到：莫干山会议问题是庸俗的维护领导威信。我认为性质上可能压制民主。

要求省委通过这次大会下下通气，痛改前非。在群众起来了的情况下，不要躲躲闪闪，要相信代表。我们是保护省委过关，但省委无论如何不能有过关思想。

工交分团

张庆三：

有些问题，无法统一思想，如只知莫干山会议，不知内情，听了报告印象不深。上次江政委讲的实际已包了。

朱奇：

意图不明确，谈反映还是统一思想？包下来对发扬民主是不好的，民主积极性会受影响。检查是被迫的，但收获是好的。

几个大的方针政策问题应正式作出结论。

王雨：

发扬民主开展自我批评有些收获，发生错误的根源基本上是找出来了。会议时间长，全国来说是空前的。省委虽被迫检查，但能下决心检查，还是好的。会议不要在选举这个问题上打圈子。现实问题如何解决，还应很好讨论。会议时间已长，要求有始有终。

张庆三：

大会日程是否可改变一下，大会发言可改两天，因为话都已说了，不过是业务方面宣传一下。

刘德甫：

发扬民主，开展批评，全省是空前的。小谭在这里[时]党内有些阴森森的，凡是会议，都是拥护。江政委是只听地委书记，不够广泛。这次，几年来所有的话，我都说了，对陈伟达的意见也说了，本想有机会离开浙江时，向陈伟达谈的。昨天传达，使我满意的是省委主要负责同志的思想交锋，问题已摊开，这就是决心。这样对改进省委领导，加强党的团结，打下了很好的基础。

×××：

思想交流是必要的，但如何与大家的活动结合起来，这几天领导关起门来活动，上下脱节。

昨天江华同志的发言，还缺乏自我批评，只摆情况，有些过分的顾虑，领导活动右倾，主要根源，得出什么教训，我们不明确。

今后：1. 同意昨天省委看法，提高省委领导水平是开端，会中及会后省委还要进一步检查。

2. 会议应转向研究今后方针、任务。大会发言可短些。

交通厅、工业厅组：

江华同志的发言，看出了集体领导的问题，但是核心领导怎样呢？自我批评精神是不够的，揭露得不彻底。

此次大会的简报，为什么只发到团长，副团长都看不到，有什么保密呢？代表大会是最高权力机关为什么不给我们看，充分发扬民主是不够的。

昨天传达主席团几个同志的发言看起来是进了一大步，对我们是有启发的，表现了有决心开好会议。但是发言中也是有缺点的，江华同志的发言，有些事实没有大胆地彻底地揭露，李丰平同志的发言中，批评与自我批评精神很好了。

会议时间拖得这样长，主席团搞了思想交流，下面形成无领导的讨论，主席团应该负责任。主席团在代表之上，特殊，不民主，违反了党章。会议表现了不相信群众，右倾保守。

要求向大家检查，不要层层传达。（全组要求）

要求中央派同志来听大会发言。（高继鹏、王乐泉、杨小森等 5、6 个同志。)

林乎加同志只是一般检查。霍士廉检查也不好。过去受批评或处分的,可能有正确意见在内。需要明确一下,解放思想。

文卫分团

高等学校代表小组:

(一)代表认为昨日小结比上一次总结有进步,较接触思想。有解决些问题。有几个方面的分析检查还是不够:一是集体领导问题挖根不深,检查到的三点都仅仅是客观原因和某些现象,没有接触到思想认识问题。常委、书记间有隔膜虽透露了一些,但没有公开揭发。今年上半年30多次常委会,但出席人数不足半数,讨论问题不合法,在这些问题上常委是否关心,责任感有否,争论有否展开都缺乏深刻的分析。常委是否在思想深处有功臣自居思想,看下面党员或委员水平低因而民主作风差,这些都没有谈得透彻,常委的骄傲自满情绪特别在四中全会后仍未纠正,也没有把各人产生自满情绪的基础,很〈确〉恰当[地]挖掘出来。是否可以把莫干山会议展开斗争情况好好的总结一下,作为今后发扬民主作风的经验教训,否则发表意见便会遭到挫折和压力,不敢说话。其次,在合作化"坚决收缩"的错误方针的决定,比前谈得明白,但认为根源已挖得见底了,这估计也太天真。4天半的扩大会议尚未很好的研究浙江党的今后应该干些什么的问题。这在其他省份的党代会都做了,我们没有做。此外,大会主席团所提省委候选人标准只提到有朝气、工作积极、敢提意见这几条,言外之意说代表们提意见时太偏重于工作作风、生活作风了。实质上生活、工作作风是不能忽视的。如斯大林对下面的粗暴,都当一个原则问题来看的。标准还应该提得全面些。

(二)昨日传达应派常委或主席团成员来,就妥当些,可以作些自我批评。但昨日传达还有些自我赞扬的味道,有些自我满足情调;传达中又夹杂个人解释;传达后征求大家意见,杨源时同志又立即解释,这似乎职责范围上了格,会上也缺乏民主作风。

昨日传达是否代表大会主席团全体意见,还是个别人的意见?传达中提到霍士廉、林乎加、李丰平同志怎样说,怎样说,能否代表省委共同意见?上届省委总结报告修正后,在大会发言前发给代表,然后代表们表示是否同意这个总结。代表要求大会主席团能做到把“大会简讯”在小组传阅，促使代表了解情况。进行讨论。传达中指出有些代表消息灵通，互相打听，好象不应该，要求划清界线，在代表大会中这样做完全可以，应该，主席团应予提倡。真正做到对代表的信任和尊重。

文教部小组：

省委这次报告基本上是满意的，4 天半的会议是有收获的，这种虚心、诚恳接受批评和自我批评的精神这是空前的，这也是党内民主生活的良好开端。

这个报告真正的找出了过去工作中存在问题的根子。就是在方针政策“左”右摇摆和集体领导没有很好形成。民主生活不健全。省委找出了这两个工作中的关键问题，这是此次会议的一个很大成绩。

但是我们对这个报告还有以下几点意见：

1. 这个报告只综合了代表的意见和对上届省委工作中存在的问题作了进一步的检查，但对今后的措施和本省今后的任务还没有认真研究提出修改意见，我们要求省委能将本省今后任务根据代表意见再研究提出方案交大会讨论。否则代表还会提出意见，易使总结难通过。

2. 这个报告对整个常委来说是满意的，但对个别有严重突出错误的省委来说，这样的检讨是不够的，我们希望一贯表现右的或有系统的错误理论作根据的常委应作系统的深刻的书面检讨。

3. 省委对全面的领导问题，这个报告中虽已提到，但还未放到一定位置上来，我们认为应作为一个重要问题突出的提出来。

4. 省委这个报告对成绩没有肯定，这样，使有些人会感到好象过去都是错的。

几点建议：

1. 关于党政分工问题：党委着重掌握方针、政策，政府部门负起政府工作的责任，这是好的，但必须注意不能使分工成为分家。省党委不另兼职，多研究方针、政策这也是必要的，但必须警惕官僚主义，不能以主观愿望去指导客观，而应从实际情况出发去研究方针、政策。

2. 关于集体领导，明解分工问题，省委应立即采取措施。常委不能兼职过多，最好不超过两职，常委对自己的工作要切实负起责任。

3. 建议主席团要继续加强对大会的领导，这次大会的发展，基本上是健康的，但也有不健康的地方：有些代表对省委提出脱离实际的过高的要求，某些代表以个人意气，产生了不正确的攻击，拍桌子、诬骂领导的现象。当然大多数代表都是以对党负责的态度、实事求是的提出意见与要求，但少数代表的这种不正确态度是有碍大会顺利进展的，建议主席团应加强领导，达到有领导的发扬民主。

4. 关于人选问题：目前，代表对某些候选人意见分歧，建议主席团在重新研究名单时，能预先征求意见，这样提出来较有把握、易于统一。

（文件编号：I51,J24）

关于省委宣传部门各单位综合意见的说明

1956 年 7 月 16 日

各位代表：

我代表宣传部门各单位代表发表意见。

一、我们讨论了××同志代表省委所作的工作报告以后，认为解放以来在党的正确领导下，由于全体人民与全党同志的积极努力，七年来党的事业的成就与发展是辉煌巨大的。我们所以能够获得这样巨大的成绩，巩固了人民民主专政，使党在劳动人民中间建立起很大的信仰，其主要的根本的经验教训，就是党强调了群众路线，发挥了全党和全体人民的积极性。然而我们必须指出：省委每个时期工作中都有过不少的错误与缺点，特别是近几年来，由于省委领导上没有充分发挥集体领导的作用，不够依靠群众，民主精神很差，不虚心倾听党员与人民群众的意见，因此在工作上犯了一些严重的原则性的错误，省委在自己的总结报告中，对这些严重错误，很少自我批评精神，没有从实际出发，加以具体的分析，因而思想界线划分不清，不深不透，而又满足于已有成绩，是这个报告中的主要缺点；同时省委对于今后工作的方针与任务，也还没有完全明确地根据党中央的指示精神，严肃地来考虑如何发挥全体党员和全体人民的积极性问题，因而在报告中所提出来的任务，就显得很不突出，缺少具体措施，步骤不清楚，思想性不强，对发扬全党的积极性教育意义不大，所以我们对于这个报告不能完全同意。为着今后的工作，我们要求省委根据代表的意见，重新严肃地检查自己的工作，向大会报告，现在我们对这个报告提出如下一些具体意见：

（一）对过去工作中一系列的错误，发生右倾与“左”倾的错误问题的领导责任问题，说得很不明确，而对产生错误的根本原因的分析，简简单单地说成是：“主要是我们的马列主义水平不高，缺乏明确的社会主义的思想”，我们认为这样认识是笼统的，片面的。根据事实，我们认为领导上所以发生这样错误的主要原因，是由于省委过去领导作风不纯，不民主，主观主义，命令主义官僚主义所造成的。如果仅仅笼统地以“马列主义水平不高”，作为主要原因来检讨，这就是减轻了自己责任，对于改进今后工作的作用不大。

特别不妥当的，是省委报告上说："当然，掌握客观事物的发展规律是不容易的，主观与客观的矛盾，是今后长时期内都存在的，因而在今后实际工作中，右和"左"的偏向，也是很难完全避免的。"这样的提法是没有什么实际意义的，因为我们知道，只有"带有毒素的某些思想残余"，在今后长时期中不要保存下来，至于事物的主客观的矛盾，在地球毁灭之前，人类存在一天，主客观矛盾是永远不会消灭的，绝对避免错误固然不可能，但省委这样提法，好像是原谅自己的错误，过去省委有些应当可以避免的错误，也好〈象〉像理所"当然"的，所以我们认为这样解释问题很不妥当，必须认识到人的主观能动性的作用。要避免或减少我们的工作错误，就要从实际出发，倾听正面和反面的意见，加以具体分析，才能获得主客观矛盾的一致，所以除了贯彻群众路线以外，就不可能有更好的办法。

（二）关于目前党内主要倾向是什么，没有明确的估计与认识。报告中指出："右倾保守仍然存在……在今后工作中克服将是长期的斗争"，所谓右倾的主要表现是什么？"左"的主要表现是什么？目前主要倾向是什么？这个报告对这样重要问题是含糊不清的，必须具体指出奋斗的方向，我们认为党在两条路线的斗争是长期的问题，而每一时期又有他的主要一面与次要一面，指出其主要倾向，使全党有明确斗争的方向，这样才是比较完整的提法。

（三）发展工农业相互关系问题。报告中指出："必须继续以发展农业为重点"，这样提法是不够全面的，对于我省工业化的前途仍然是模糊的。希望明确指出工业发展的方向与指标。现在问题是要适当增加轻工业，增加轻工业的投资问题，同时又要发展农业，互相适应的问题，所以省委这样提法是不够完整的，与中央指示发展沿海工业问题，精神上不够一致。由于省委过去偏重农村工作，实际上是放松了城市的工作，对各项工作有不少影响，因此我们认为工业的发展目标问题，有进一步明确的必要。

（四）加强党的思想工作问题。强调党内进行马列主义的思想教育，建设理论队伍是对的，但必须从现有基础出发，指出切实可行的方案。理论队伍的建立，首先要发挥现有的各级各种干部学校的力量，加强对其领导，提高教员的质量，准备开办省的中级党校，地市委初级党校，加强在职干部的理论学习着手，不应把建立巡回讲师团作为唯一的方法。同时必须发挥各级党委领导理论教育的积极性，办好地市委的干部学校。根据目前条件与经验，我们又认为组织业余教师的办法是比较切实可行的。省委不重视理论队伍工作，以对行政学院问题为例可以说明：该校在长时期中，由于体制问题没有解决，处于无领导的状态中，没有方针，没有足够的经费，连院长也没有，宿舍已有十余处要倒塌。对该院的请示报告，长期积压不予处理，陷于进退两难地步，这难道是重视理论队伍的表现吗？省委既然认为理论工作是加强思想工作的重要一环，那么我们认为建立理论队伍的步骤与方法还需要重新研究。更重要的是同时还应注意时事政策的宣传，加强各部门的政治思想工作的领导。

另一方面，省委对于广大工农出身的干部，迫切要求学习文件的要求，没有给以足够的重视，省委宣传、文教部门过去也是重视不够的，这对于向科学进军，加强干部理论学习都是重要阻碍。毛主席说过："我们工农干部要学理论，必须学习文化，没有文化，马列主义学不进去"，这句话应当引起我们的重视。根据我们在海宁县的调查，县级机关干部有百分之八十以上文化水平较低的同志，迫切要求学习文化，但报告中没有根据中央指示，干部文化程度在初中以下的，一律以学习文化为主，订出办法，而只注意知识分子出身的干部学习理论要求，不能满足广大工农出身干部的迫切需要，所以也是片面的。

（五）我们认为省委在掌握干部政策问题上，同样有主观主义的倾向。事实就是对干部情况很不了解，省委往往是从上来看干部的，而不是从下来看各种干部的优缺点，对有些干部的话偏听偏信是省委的主要缺点，因而使用与提拔干部有时没有能够完全按德才兼备条件来理解与配备。我们对组织部门的工作，也表示不能满意，省委不能正确掌握干部政策，表现在这次大会候选人名单的提出，也很明显，这个名单中，多数是好的，但其有个别的人是思想作风不纯，不联系群众，强调是老资格，但思想作风就不好，个别的是庸懦无能，没有主见的人，有个别的人历史问题没有公开宣布正式结论。在大会初期，这样一个候选人名单既没确定，不发给各个代表，只许少数人掌握，省委大会盲目选举的。后来经代表们要求发出候选人优缺点鉴定，主席团就临时通知在半天时间内做出鉴定，这种临时匆匆敷衍塞责的办法，有许多漏洞，不能使人对这些鉴定完全信任。例如金韬同志在宣传部的部务会议做鉴定的情况是这样的，他抱着过关的态度，一来就把工业部五三、五四年鉴定，要我们传阅，这次新的自我鉴定基本上按照旧的东西，略加个别字句的修改，对自己思想作风的主要缺点，没有什么正确认识。我们根据事实诚恳坦白的提出批评，指出他

“掌握政策不稳”,“对上负责对下不负责”,迎合省委个别负责人的意见,有个人主义的思想成份等意见,认为他在部里对自己管的工作负责,对别人管的工作不负责,是为了表现自己的功绩,认为他好扣大帽子,有压制批评的不良作风,对于这些意见,他都不能接受,也不肯把他写在鉴定上,表现他对自己的错误还没有认识,没有自觉,缺乏共产党员起码的自我批评精神。他的鉴定最后因为意见不能一致,他就自己做结论,根本不承认掌握政策不稳等意见。他把自己鉴定写得清描淡写,希望到会代表选他为省委委员,这不是很[明]显吗?

“干部决定一切,”在我们的经验教训中应列为重要的一条,但这个报告中一字不提,干部政策不加认真的检查与改进,我们认为要纠正今后省委官僚主义的领导作风,是难以想象的,有加以补充的必要。

其次省委对干部生活问题漠不关心的官僚主义倾向也很为严重,已引起了许多干部的不满,大家说:“省委只知道要工人农民增加生产,要求干部积极工作,但你们就不知道他们还需要生活”。我们认为改良干部的生活与居住条件等问题,已经刻不容缓,省委报告中也只泛泛提了一下,没有具体措施,是不能令人满意的。

又如机关肃反问题,陈伟达同志不听三人小组的意见,也无确实证据,就任意指名逮捕八个人,后经三人小组坚决反对,捕去三人,其中一人是并没有经过三人小组同意的(三人中目前已放二人)。陈伟达同志身为省委组织部长,对干部的政治生命,采取这样主观武断,粗暴手段,我们认为这不是偶然的事情,是对干部没有爱护的思想,对党对干部不负责任作风不纯的具体表现。

二、对省委领导上思想作风的批评。

我们认为省委各项工作上干部发生的错误,与某些负责人骄傲自满思想、没有很好实行民主集中制的领导有密切关系,目前有些干部的积极性不能充分发扬,这与省委领导作风也分不开,有些干部只会照命令办事,人云亦云,同志们有意见不敢说,怕打击报复等不健康现象,另一方面,有些干部看领导人面孔说话,抑制党内民主,不虚心倾听别人意见,骄傲自大等思想也相当严重。这种情况对党的事业危害性很大,因此我们不能不首先要求省委检查自己的思想作风,明确是非。我们对省委的领导作风与个别负责同志提出如下的批评意见:

(一)没有认真贯彻集体领导制度,集体领导与分工负责,本来应当互相统一，但事实上有的事情形成少数人包办，发挥各个委员的积极性不够，领导与群众联系不密切，下情不能上达；布置工作任务常向下硬灌。我们认为党的集体领导制度不能健全地建立起来，其主要原因是由于以下根源所产生：

1. 由于省委委员中有些干部思想作风不纯，骄傲自满情绪很严重；

2. 浙江党内历史上有些重大事件没有清算与做出正式结论，使党内压制民主的不良作风没有得到纠正，例如莫干山会议、贯彻四中全会决议问题、去年城市工作会议等问题，起了压制民主的坏作用，在党内影响很大。有些委员无原则的维持书记威信，思想[斗]争开展不够，因而使得领导上不民主作风由此得到了支持与发展；更由于个别书记同志如××、×××同志的粗暴作风，大家更不敢说话，有些省委负责同志采取了庸俗的自由主义制度，不开展思想斗争，这更帮助了不良作风有可能进一步发展的余地；

3. 党内制度与体制不健全，党政分工不明确等原因所造成。

（二）我们对于省委一些负责同志的批评意见：

我们一致认为前届省委委员中，个别同志有老资格的骄傲思想，如江华同志；有一些同志如吴植椽、金韬、陈伟达、吴宪、林乎加等同志，有自逞能干的骄傲自大倾向。例如本部门金韬同志思想作风有严重错误，他既不很懂业务，又很不虚心倾听其他同志的意见，骄傲狭隘，自以为是。到了本部门工作以后，造成同志间紧张的情况，与吕志先同志在职时的情况，有很大不同。过去吕志先同志比较能接近群众，倾听别人意见，彼此间关系也比较融洽，现在是大家不敢说话，不敢放手工作，情绪苦闷。金韬同志平日最喜欢抓紧别人个别字句，夸大弱点，硬性武断的作出结论。他到部办公只有几天，不经部内讨论，一听到台湾有争取和平解放可能，就立即推翻省委的批示，不许展出台湾展览会，并向江华同志汇报，夸大展览会的缺点，××同志也就信以为真，立即训斥了一位付部长，否认了省委的指示，金韬同志在旁都表示很高兴。农业合作化高潮到来后，我们看到高级化运动发展速度很快，部内提出要开展高级化宣传问题，金韬同志说：江华同志没有讲过，不许宣传，后来中央指出，他又把责任推到部内，金韬同志这种不良作风是有一贯性的，如去年城市工作会议上，他带头反对和平改造资产阶级政策，打击统战部的负责同志。此外，如在宣传部会议上，有一同志提出省委与部门工作关系不正常，他就抓住了“不正常”三个字整了别人一顿，迫得人家只好收回自己意见。在这次党代表大会时期，省委决定他参加舟山地委的会议，开始几天他并不参加，闭着门写他的发言稿，同时又借口参加舟山地委，拒不参加我们小组讨论，似乎他已下了决心不愿听一下批评意见了。（我们认为他思想作风不纯，列为省委候选人是不妥当的。）

我们认为省委绝大多数同志是好的，如杨思一同志能联系群众，倾听群众意见，有些同志也还作风正派，忠诚老实，都值得学习的。根据以往教训，本届省委人选问题，必须经代表详细讨论，慎重挑选，以保证党的领导的健全，是完全必要的。

三、我们对今后工作的建议。

（一）根据中央指示，在大会以后，一年时间内，全党学习中央指定的五个文件，整顿党的作风，反对教条主义，提高觉悟。

（二）要求解决体制问题，把宣传部与文教部归在同一口内，以便统一宣传、文教方面的工作。

（三）加强对党委宣传部门的领导，根据中央指示，各部门分别管理基层组织的决定，应进行切实研究，解决具体分工合作的办法。

（四）重视报刊、出版社、广播电台、新华分社、行政学院的工作，解决他们的实际困难问题，如体制问题，以充分发挥他们的积极性，给以有利条件，政治上与物资上给予应有的照顾。

（文件编号：I48）

浙江省第二次党代会主席团扩大会议记录

1956年7月26日

林乎加：

一、候选人。二、选举法。三、大会日程。

名单问题：过去有被动，因为负责人忙于检查自己，没有很好领导大会。前一阶段：主要是充分发扬民主。第一个是非，是批评不民主问题，统一这个思想，解决民主作风问题。经过二十天后，负责同志进行了检讨，看到不民主的影响很大，思想已一致。克服还要一个过程。

剩下问题是：具体问题上是非界线还不够清楚，我们认为这一些是非问题，可以不必急于划清，如某些工作的估计问题，只能留在以后解决。对领导人的批评中的是非，完全可以不必去划清。例如：有些与事实有出入，可以不需要去解说，对已严，对人宽。工作与作风一起的问题，主要检查自己，也不需要划清，工作的关系问题也去比较去解决。

有一个问题需要划清是非，与理论问题有关系的。选举是组织问题，讨论候选人如对历史真相问题需要划分清。原则性问题需要交待清楚。

主席团分工不够好，与代表联络不够，在选举时须要加强。

第二，候选人名单存在问题。

(1) 名单不断有变化，杨源时问题发生后，影响很广。

(2) 前届省委个别人有关思想作风原则性问题。

(3) 有些人的组织问题。

对这三方面问题讨论结束：

杨的发言问题。江华发言后，基本上解决了思想问题，但存在不同看法，最后一致。主要是省委对此问题没有重视，莫干山会议是有结论的，多数同志不了解历史，有困难，影响大会，所以认为放在小范围内好，再去大会上作报告。

有部分代表不大满意，有不同看法，是非多未统一。因此杨[源时]的发言中所提到的一些人名字，引起不满，认为杨这样做法不妥当，需要批评。燕[明]、高[希圣]二人发言态度不好，骄粗态度，没有认真的排出事实，讲清道理，有些带上帽子，“坏份子”。因此引起另一问题——批评的态度，也是二十天的中心问题。大会主要是批评粗暴与戴帽子，结果还是出现这个现象，引起代表的气愤。不是一看二帮的态度，这是大家的意见。

这件事是一个深刻的教育。原来把二个问题混在一起看：历史问题，看法问题，与态度问题混在一起。

主席团看法是片面的，一个是怕是历史问题与看法，第二是批评态度问题。若干同志提出不能解决带帽子的粗暴作风；不能造成自由活泼的讨论精神。杨很激动，压力大，要求解释误会。反映主席团领导不够。这是一个问题，提出“小人作风”，使批评不正常起来，使群众背上了包袱，造成愤慨。

三个人基本方面是好同志，是有光明一面，但都有阴暗一面的。暴露黑暗，也取得教训。主观片面的批评不能解决问题，反而造成隔阂。这样自以为是的批评，达不到批评目的，反而造成对立。如果实事求是的，一看二帮精神的，客观的，研究其错误的原因，帮助他提高认识，被批评的要检查自己的错误，应着重看不对的一面，应当统一思想，达到团结目的。领导上要联系群众，接触实际，如“坚决收缩”不在会上争论，下去调查，就不会犯错误。这次争论又是这个问题了。

要多听反面意见，不要有框框，不要自以为是。

代表们对燕、杨、高的要求高了一些，看法不一致。可能在选举时要发生错误的结论。只看在会议上所表现的现象，不看他们的基本方面的情况。代表大会上没有反映出正确的干部政策，即对犯错误同志的态度问题，对党十分不利。

邓小平说：斯大林主要是对犯了错误的人，做了组织处理，一个人做了自我批评（莫洛托夫与马林科夫）。对斯是疾恶如仇，就是撤职处分。我们还是受了一些影响。这样会压制自我批评。我们一贯是“治〈人〉病救〈病〉人”的态度。思想从严，组织从宽。要统一这个思想。对这个问题不解决，对今后有严重后果。主席团所以仍把他们列入候选人，因为他们都作了自我检查，要警惕个人好恶感情出发。

第三，前届党委委员思想作风的批评问题。

一般同志认为程度不同都有傲气，表示接受批评，帮助很大，都有改正。我们认为可以改正。错误是由于思想斗争不开展——常委内部不开展，没有进行一看二帮的精神，因此有些同志很突出。我们认为名单可不变，没有改动，没有政治问题与组织原则问题，主要是领导上的责任，书记更是更多的责任。大会检讨中对个别同志提了许多意见，如金韬，主观片面、骄傲自大、教条主义。这个批评是恰当的。讨论中提出鉴定问题，认为金有缺点，不够严肃。打击二个副部长问题，是金不民主作风，同事中有缺点，鉴定意见不是金自己写的。耐心团结、协商，主动清除隔阂作得不够，耐心说明道理不够，与副部长有隔阂。这是事实，但组织上打击人，这样子的事没有。二个副部长的积极性是受损害的，主要错误是思想作风问题。金表示接受批评，对自己的认识很不够。一直到大会发言还是认识不够，现在有进一步的认识，工作关系没有搞好，对工作有损失。

方琦德问题——××××问题，已受了处分。杭州市认为他有改进，一贯向党伸手，帽[子]又大了。解放初期闹地位受了谭的批评，以后就没有重犯。工作没有表现，他在办公室，大家看不出来。行政事务他负担了，缺点错误是有的；不少代表团坚决不同意提出根据什么原则？

吴仲廉同志：

介绍反革命分子是一个错误，但她当时不知道，曾向有关机关做了交代，有书面材料，不能说“包庇反革命”。

工作上问题——处理案件不妥当，有一些不能吴负责，如诉南下干部的苦问题。当时他不是妇联主任，潘香求问[题]是由省委讨论决定的。

积极性问题。她工作做了不少，但因身体关系，休息很多。她对工作是负责的，杀人〈不〉少，不能由法院负责，是党的政治问题。此后杀人更少。如有问题责任是省委的。朱[redacted]欣问题以后公布，我们处理吴，由省委挑担子。

提候选人的干部政策问题要求考虑，思想作风问题不做处理。按这个原则办理。经过悔改的我们采取一看二帮较为恰当。

[吴仲廉]因长住在杭州饭店，脱离群众，由省委负责。

请考虑主席团的原则精神是否对。组长会议还要传达，展开讨论，不是主意已定，贯彻下去。希望把选举搞好。

李丰平：

对基本的精神如不同意下午讨论，否则回来传达与讨论，还要开小组长会议。

王起：

金的问题最无信心，基本问题没有意见。

黄逸宾：

金列为候选人不同意。

鉴定情况：主要是思想，组织上也有缺点，有出入。

李丰平：

还要准备一下，明天下午开小组长会议。

（文件编号：I52）

谭震林同志在浙江省第二次党代会上的讲话

1956 年 7 月 27 日

在山东大会上讲话来说明问题，不能完全满足你们的要求。

这次会议开得很好，时间虽然长了一些，收获比在马列学院学一年还大一些。有些问题是具体的马列主义，当然还有非马列主义一部分。非马列主义也有教训的意义，这个界线要分别，否则就危险了。

几点经验教训：

一、中央指示：根据上级又要根据具体情况，提马列主义，根据总的精神是马列主义要和中国实际情况相结合，具体工作也如此。你要改变上级决定要请示，否则会成为分散主义，如山东过去的错误。一切照办，其结果也要犯错误，责任是谁的？不是中央，从未如此说过，你们[不]要[无]条件执行决定，而是[要]因地制宜。如“坚决收缩”问题，中农部要照办，当然由他们负责。当然不能说省委没有责任，首先省委要负责任，没有深刻的检讨。省农村工作部是不是完全对的呢？我看不是完全对的，他们都参加了中农部会议，并没有发表反对意见，而且执行了。这是非马列主义，不够老实，不老实吃饭有困难。

到会代表不讲话，事后说话也不对。

地委县委的态度也应一样。

不根据具体情况也是不对的，对上级的指示，置之不管，然后总说自己是对的，这个也不对。你不提意见，自搞一套，非马列主义态度，工作做好了，在组织原则上是不对的。原因是党是民主集中制，采取不作声的态度，错了与我无关，是自己不要民主，是投机取巧。

少数服从多数，不同意见可以保留。合作化运动是不是一贯右倾保守？一贯右倾这是不对的，有右有“左”。如新登县合作化运动是对的，新三反没有错误。后来大发展不是右倾，坚决收缩才是右的错误。一贯来右的说法不够马列主义，掺了假马列主义，不是实事求是，这与山东一样的不对。

我对邓子恢也是支持的，他基本上是对的，也有错误是事实。有些同志认为自己是百分之百的马列主义者，虽只有几位，不要装腔作势。

二、中央指示，要调查，深入下层，听取群众意见（毛指示）。马列主义者要走群众路线，要有学习态度，省委要向干部与群众学习，没有谦虚态度，也就研究不出真实的情况。

毛主席经常找下级同志谈话，合作化问题才有正确的决定。这个方法我们没有学到。

大会的批判，说明对自己的调查工作做得不够，有的是很差。因此你们就有问题，不符事实情况，掺进主观片面。这个批评很对，切合实际情况。你们批判是对的，反过来，同志们自己也要考虑一下，不能认为自己是完全对的，真正全面的人很不多，对那些有缺点的人，要看他是否诚意检讨，另一种人不肯承认自己的主观片面，不进行批判的人，如何能改变？

三、中央指示：运动一般是健康的，但不可能把一切问题都有把握。发展过程中，必然有许多新的问题发生。有副作用的要注意克服……

经验教训：是运动发展的规律，主导方面是健康的，如运动本身是错的，如分散主义，自然是错的。运动本身是否正确是主要条件，任何运动不可能完全健康的。

报喜不报忧必然要犯错误，运动有主流与副流，一样要起副作用。如高级化运动是主流，但也有副作用，不能怕他有副作用。

去年十月以前，毛抓数字（合作化），提到十万数字，他很高兴。

后来他又抓质量问题，关键是量产问题，所以有四十条的决定。

[redacted]区是新的萌芽，我的错误是自己没有去调查，没有问地委。只看好的一面，没有看缺点一面。小谭是只看到缺点一面，也犯了错误，二面不掌握，要犯错误。

数量与质量问题——什么时候应当注意。

当一件事情还在开始就要注意数量，如40%农民要求入合作社。右倾克服后主要是质量问题。

又如第二五年计划问题。

四、发挥积极性问题。善于放手各负其责、各尽其能去工作。

给以及时的帮助与启发，不及时指导会发生分散主义，拖拉，只有抓紧，才能发挥积极性。关于事务主义，善于发现工作经验，及时表扬，与经常检查工作，及时热忱的抓出原因，迅速克服缺点。

有一种人认为除自己外没有正确的人。成天忙是不对的，有一种人，成绩是自己的,缺点是别人的不对。另一种人放手不管。

这三种情况都存在,要发挥积极性与创造性问题,调动积极因素,放手与抓紧是重要条件,放手与检查结合。

检查工作要有二方面,发现好的与坏的。对检查工作我们要欢迎,发现缺点与错误都是好的,乱讲一番也好,使我们可以注意。如被戴了帽子,就要看具体情况,对的要,不对的不要。

批评与自我批评应互相结合——中央指示。

团结出发,原则要尖锐,要有全面与分析。

五、有助于团结,工作方法的缺点,应有伸缩性,时间地区要注意。

(一) 已经开展的,健康的。总的说来,表现在:有了充分的批评与自我批评,是从团结出发,又是尖锐的,全面的。例如集中力量来批评省委的领导与思想作风问题,也中肯,也尖锐。省委民主精神不够的,不是没有。省委也常开会讨论,但听取大家意见不够,不能考虑反面的意见,不大了解下面同志的意见,不大向下面同志请教,做得很不够。还表现在经常联系,解决思想,了解思想工作做得很少,除肃反外,不大往来交换意见。这是一个原则问题,不充分发扬下去,必然要犯错误,使工作受损。瞪眼是粗暴,尖锐是解决问题的,不痛不痒是不解决问题的,要揭露矛盾,一定要尖锐。总的达到此目的。个别同志态度方式不好,瞪眼、拍桌骂人等等。

(二) 其次,批评民主不够,主观片面问题,[找]原因还是不够。

(三) 批评态度粗暴,同志间应当温和。(戴帽子,不加鼓励)。再批评过分一些也只有好处,没有坏处,想得痛了,才能改正,所以这种批评是对的,但不能采用粗暴态度。如[有]一二个人态度,以粗暴对粗暴是不对的。

(四) 骄傲自满批评也对,应当尖锐批评。省委不批评是要发展的,至少可以好年把,搞二三年就会好了,一次还不够,打倒骄大不容易,要有顽强精神,只有鼓励也要帮助不滋长骄大情绪,但也要注意方式。

(五) 思想领导作风,这是原则问题。方针方法问题的批评,有的批评很好,如对"左"右问题要指出时间。这是"倾向"但不是"主义",难道浙江一点"左"都没有吗?如三反打虎没有"左"的吗?如打出假老虎,所以对工作问题要有全面的分析,才不致发生片面。

批评中的缺点:

同志对此认识还不够全面，敢于批评的人不多，站起来批评是好的，不大容易的，有些是全面的，好的，有的还有片面性，带有缺点，要求每一同志都很完整，很有分析肯定是不行的，否则谁也不肯讲话了。怕戴帽子。虽然不需要都全面，但听批评的人也要分析批判，不用自己脑子考虑一下，容易发生片面。因为一般说，敢于站起来批评的人，是从他的角度来看的，不可能要求他全面的看问题。勇气是好的，有些同志听到某一个人的批评，要分析是否全面，有些同志没有分析，有些是分析的。

个别同志出发点是错的，他不是为了团结来展开批评，而是带有个人攻击与意气的，想把人家整倒，这是不妥当的，应当把问题记清楚。上来骂一顿，加一些帽子，是恶意的攻击，翻开记录看一下，这对选举很有关系。那个人固然有错误，但是是不是全面，这也是马列主义的学习。

还有一个缺点，应当批评与自我批评相结合，不是要求每个同志都如此，但个别同志只是进行了批评而没有进行自我批评，这个人是谁你们也知道。

总的说是批评得很好的。

（六）抓紧和放松，互为因果。山东各部门要求省委全面抓紧不对的，另一面要放松。

（七）对待犯错误的人，应治病救人，愿改正自己的，应当热心维护，帮助他，使其得到温暖，改正错误，使其觉悟起来。不给他时间与机会，采取歧视态度是不对的，违背与人为善的态度的。

浙江有些同志有过错误的，但没有向明那样的人。偶尔犯了错误的人，我们不要伤害他，个别同志发现有错误，采取什么态度？如发言粗暴，只有批评没有自我批评的人对他是错误，带有个人情绪的也是错误的。这只是个别的，是思想方法问题，可以说是小错误，还是要采取与人为善的方针，对大小错误的人都适用。还有一个方法是等待与忍耐。

毛指出九条：

有一个同志发言引起大家不满，如何对他，还要按毛主席的办法的好，是团结全党的办法。

“选举工作是关于团结的政策，为了团结各方面是做了很多工作，通过候选人名单时，否决一个人是一个缺点。”

中央指示一段，“要有不同的意见的人”。

（八）山东在选举问题上有错误。省级机关多了，下面少了。上面的干部较强是事实，但地方也要照顾。名额所以有限制，排名单不可能照顾得很周到，不能没有错误。这是永远如此。八大有代表名单有的排了五个月之久，三分之二是各地代表，既不可能，只好可惜。至于其中个别的是否要更换，如有需要，可以不必开会，必须要有让步。全国各省都如此。应更换的要更换，也要从比较出发。一谈比较就有困难。对候选人的看法是较全面来看。只能根据多方面意见来看，所以讨论名单时是困难的。选举也不可能每人得全票，对候选人是一个很大的压力。中央只管书记与常务委员会，其他委员由他们自己去决定，圈得不好要出毛病，大家要多花时间去考虑与研究：① 政治地位，经验要[有]考验；② 历史；③ 代表性；④ 新生力量要考虑。不能从资格上去看，要能说反面意见的人，有这样人有好处。（如王明）

[把]名单分为三类，看得一钱不值，这种说法不对的。因为候选名单是用了许多时间的，是比较上合理的。他一个人怎样知道？他是天生的马克思主义的，这是牛克思主义者，因为他不懂得辩证法，不懂得集中的智慧上面，大家的愿望是搞好一件事，这个名单是集中许多人的智慧的，不是三类，有七八类人，其中有些人是不好的，可以考虑的。是主观片面的看法，这个问题提一下也好。

最后莫干山与十五次扩大会议问题。这二个会议可以合并起来讲。这二个会议是错的，不是展开批评与自我批评，而是压制批评与自我批评的。反过来整分散主义是错的。这个错误性质是什么呢？还是个别性质的错误，不是主要的问题。方式是个别的错误，与总路线的错误应有所区别，没有区别是不妥当的。四中全会的决议，对高饶反党联盟来写的，莫干山与四中全会决议应当展开批评，所以华东局反对这二个会议加以批判指出了批评，而对于出席这次会议的同志没有分析他。其他同志没有去批评他，让他自己去批评。

不要采取总路线的批评方式去进行，这是不妥当的。有些同志有争论，看出不同，你们要求我只好代表个人来说一下。

大体说，莫干山会议可分为三类人：第一，坚持错误方针的人。其中有二种不同的情况。与小谭一致的，主观片面的人，也有不相一致的人。小谭不要自我批评的人，每个字都要说得清清楚楚的。支持没有毛病，在原则上说省委不是常委，支持书记是需要的，因为省委间的团结是我们的生命，闹到中央就不得了。四中全会就强调这个问题。支持错误，你不应支持他，揭发了以后进行了自我批评。这样同志是好的。“庸俗”二字不必要，[说]是盲目性，是可以的。主要是看法相同，主观片面的问题。如果扩大起来，看为宗派，这就危险了，不是实际的。

第二种人是“随风倒”。看风向，完全没有主见，比第一种人还要不好，因为你不老实，缺乏独立思考，结果是犯了错误。

第二类型，既不支持也不反对，采取自由主义也不对，因为对原则问题采取自由主义是不对的。

第三类型，坚决反对这个方针的人。他们前一段正确的，后一段就不正确。他不坚持斗争，原则性不强，因而也犯了错误，“原则性不强”的错误。

参加会议的人都有错误，不要说：我是完全正确的。莫干山会议因为没有坚持。你是吹牛，骗人的，骗多了要倒霉。如李万铭是不真实的态度。否定这一方面，说自己是正确的，不对的，是错误的，自己不讲，我们加他二个字。

莫干山会议为什么出大乱子，除了小谭外，对其他同志外，还要研究一下。这是自由主义，如没有自由主义，如十四次扩大会议，省委只为检讨，应战，检讨了三天，莫干山会议因为少了一个自由主义，没有取得教训，出现自由主义是要出问题的。要看另一方面，自由主义起了破坏作用，任何时候都是危险的。

这样分析一下，我认为大体如此，看效果如何？

方针精神，要主动的团结别人，展开自我批评，不能不够，可以补充，二种方法，还是认为自我批评的好，于大多数同志进行了，个别同志没有自我批评，还要帮助他。一是自我批评的人，是站不住足的，这样顽固的人，是不能站住的，批评自己是又能的。这样有利于党内团结，对区、乡干部更要耐心，不要太急。犯过错误的人，我们应帮助他，他会自我批评的。问题是不能下面小资本尾巴没有割完，有的同志很能自我批评，改不改由我，这样的自我批评的人等于无用。我们还要批评他，问题不是搞承认错误，而在于有勇气改正。有一些人如李立三，他来了一个自我批评。斯大林说你很快承认，怕不深刻。李还是好人，错误不是一下子能改的，不能过分承认他。但对不肯承认错误的人，我们要耐心等待。

会议中许多问题没有分析，你们自己考虑，采取这样做效果好，不必分类，追究没有好处,不利团结。要追求能不能改正错误。改了就欢迎,又等又抓,你们不改,就要整他。如王明已许多年还是不改,恐怕选不上。因为他讲反面意见,八大代表是不是投票,有问题。浙江这样的人我还看不到,你们可能看到。所以对莫干山会议犯错误的人,要用团结出发来看,还要争来争去,没有必要。特别是目前工作问题还要讨论,这个问题集中讲合作化,很有必要,每次会议都讲对党无益。下一次会议都应支持一下,不要谈这个问题。代表有权来制止,闹了二三天,究竟为什么?

(文件编号:I52)

浙江省第二次党代会宣传分团讨论记录

1956年7月28日

司建兴传达林乎加同志报告。（小组长会议上发言）

会议准备不够，走了一段弯路，界线没有很好划分，表现在：

一、对浙江历史问题情况没有很好认识。过去有些毛病，特别是农村问题没有很好解决，要求畅言无限，都要谈出来，发扬民主已经解决。

很多人对错误已有认识，问题揭发还是开始，要求发扬民主。有些问题要搞清楚。一次搞清有困难，主席团说不统一要拖时间。

二、有些问题不解决对工作有阻碍。由老谭来说，莫干山会议在负责干部中谈，还是大会谈来决定。我们汇报了会议情况，他参加了三个省的会议，大同小异。

三、当前主要问题是选举，准备不充分：① 材料不充分，大家不满。② 思想工作不够。事先未能充分酝酿，上下结合不够。群众不通，硬要打通，因此出了毛病。会议期间出了事情，如燕明与高希圣的发言，不是一看二帮，乱戴帽子，引起不满。批评是对的，粗暴态度不对。江华已经发言是正确的。

过去对思想斗争没有这次深刻，教育意义大，很深刻。燕高二人的批评有过大，杨源时检讨发言中某些地方矛盾有出入，不完全符合事实。为什么要批评，主要是不冷静。思想上也有问题，想通过此会议，解除自己的思想，因而有片面性。因此有不满情绪。因此进行了批评。

教训：（1）党内思想斗争要一看二帮，治病救人，反过来就会造成思想混乱，引起不团结。（2）主席团解决这个问题不够，一时搞不清，走了弯路。

四、选举问题。

（1）首先要有正确思想。

（2）要有集中指导下的民主，代表可以履行职权，任选原则有很好考虑。

第一，条件问题，根据人民日报社编精神。

第二，选什么干部大家可以考虑，干部要有优缺点，不要从现象来看，要看本质。

八大代表提名问题。在人选上过程，是由省委提出，人事部门提名，省委排队研究的。有一些同志不符合情况，一时一事看人的毛病，对人应从历史上来看，我们还是全面考虑的，但片面主观一些。这样看法是不对的，如金韬、燕明、吴仲廉等同志，有缺点，但应从历史情况来看，还是好的，不是一钱不值的。还是放在候选人里面去的。

主席团决定放入，为什么？比较了一下，整个角度看，要其他同志来挑这个担子，挑不起来。如果吴仲廉是全国数得着的人，没有几个人。

民主权利应尊重，党内外不同，发挥自己的意见，党外不同，由我们先布置好了的。主席团有没有决议？可以委托大家来履行，主席团有责任领导大家来发扬。

钟儒补充：

第一问题：大会意见中央是否知道，每天都有汇报。到了燕明问题后，中央所以派了谭[震林]来参加。山东与浙江省差不多，天下老鸦一般黑？

第二，莫干山问题。一时难以做结论。主要讲三个人发言。提出对杨思一的发言，说明是主席团的意见，所以江华发言，又有意见，没有批评杨源时。

第三，选举问题。

统一政策思想，尊重代表权利。名单提出过程：各地委、各部干部处，提名最多的提出来，大家的意见很多，有些还是不妥当。毛的话，不要看一时一事。

[对]金、燕、杨、吴、李、林等同志有意见，作为一时一事是对的，但对全部历史来看是不对的。大家只看一时一事，你们无法看全面。举例黄逸宾同志说，他对金在宣传部工作看是有意见，如从全部来看我同意他列为候选人。陈安羽说看他态度不好，但按历史来看还应投票。有些代表不完全合格六条，排队来看，还是这些同志好，再找不出更好的同志。这话不对。

各代表团意见：

对鉴定问题主席团认为合乎手续，刘杨的批评不合事实，金韬说组织部名单多了，有情绪，代表团只有传达。

讨论：

谭的意见对候选人有机动精神。林说组织七人小组，取消了名单。这是群众意见正确，不是流产。

钟儒：

（一）对林的意见。同意其原则意见，后面一部分，不大像话。把这些人的批评看为一时一事的问题。如燕明在〈加〉嘉兴工作中许多问题，不是一时一事的问题。如金的问题，必须对自我批评有意见，应当研究其思想作风有许多错误，还应从其过去工业部、工会、宣传部问题联系起来看，不能从资格中来看，不能说挑过一个担子来说。

经过排队只有这一帮人行，使人觉得不像话。其他人都不行吗？如调查这些人，就不能工作了吗？抵触很大，下面不通就是要我们画圈。对这样情况，应当批评。

（二）黄逸宾同志的说法，如何，应当申明。

黄逸宾：

（一）选举的最高原则应说清楚，才德兼备，大公无私的。报告中讲得不清楚。照顾应选举，如女同志，有许多困难，各个方面也要照顾。如七大提出吕正操是地下党员，水平不高。

（二）看人应看全面，我们分团是全面看问题的，如霍、林虽有缺点，我们还是同意他们做书记。有些人不是一时一事问题，不是说犯了错误，都不行，因为要看他的态度。一看二帮是对的，不能着重说照顾。

（三）名单问题。全团的意见，绝大部分是同意的，说一直是这样（90%），陈的发言稿是笔误，他也没有说全部候选人不好。

金韬问题：个人认为错误是事实，但也经过一定的考验。坚持过地下工作。作为候补委员，过去批评如此。

那天发言：金打击人是不民主、不虚心，不是组织上上打击（对二个付部长）。只是思想作风不好。

鉴定问题：我申明：与吕志先谈话，谈到金的问题，排上原因是没有犯重大错误。主席团拿下来，好像是处分，不是一看二帮，我认为有道理。选不选是另一问题，我同意他的道理。

会后向吕志先谈：恐有问题，同意刘为候选人，思想问题有，组织手续与事实有出入。林说他没有错误，林扩大我的话，是不对，没有这样说。

高光：

申明有必要，我们没有把全部名单分为三类。谭不合于我们的实际情况，不要用分团名义。我们没有这个问题，没有检讨余地，其余不加修改。因为许多人发言都有错误，如青年团。

（一）用分团名义，不加检讨。

（二）对谭的批评，有粗暴的态度，"牛克思"是否分团都有问题，你不了解情况，不应如此说，不对头。应反映这个意见。[谭]与燕明一样扣帽子。

顾耕初：

总的精神同意大家意见，林乎加同志的发言前面二段无意见，后段有意见，第三段问题。组长同志情绪不一致，没有起指导作用。对金的问题，对工业部问题，许多揭发的事实是长期的右倾倾向。宣传部工作没有起积极作用。

发言中缺点问题：（一）文字上不必再作修改，全部文件都要收回，修正没有用处。（二）第一问题的申明要讨论。

反复修改，初步意见有些字句不妥当的，没有很好修正。个人情绪有些冲动，应当提出，措词问题，不够细致。

司建兴：

鉴定问题：金很不虚心，弄字句，这个同志有个人患得患失思想，作为候选人不够。问题不在提林乎加说的，刘[本易]上去在思想上还是有问题。国有权，列入可以，也可列入，选不[选]上没有把握。各地委也如此说。大学、文教部是不同意他的，党群也不多，不虚心。刘上，好处不大，当了官他恐不能扭转。[对此]信心不高。

李佩南：

加帽子"牛克思"，我们不同意。

来团讨论是好的，也有一些缺点。例如自我批评不够，批评多了不一定要求都来批评。精神上这方面差一些。陈部长也有批评,但不够。宣传部思想问题责任没有说清楚。

我们从下面观点出发,对部长与其他同志有些偏激。如陈、金问题,情绪有些偏激。不够治病救人,因此总的精神上有些问题。

申明问题:同意如不符合事实应当申明,检讨部分可不写上,马上检讨影响不好。

高光:

谭[震林]的报告有好的部分,说到了二面。

对王明、李立三问题提得不好,不应说。

选举问题:谭[震林]说中央瞎了眼等说法是不应当的,并没有人不要他。书记与委员更有分别。反过来代表都瞎了眼,否认了群众的意见。

对“牛克思”问题,下了飞机就批评。中央委员不要如此说,夸夸其大,谁也不敢再说话,都带上了帽子。

林乎加同志的发言大家都有一致看法,解释[得]不对。

商景才:

谭的报告有启发作用,实际经验去体会,比较深,[对]划清界限有很大帮助,讲一次有必要,表现中央对会议的重视。

对候选人做一些工作也有必要,应当的。另一方面讲得不适当。关于提意见问题,如说你们提意见的人也是主观的,以主观对主观,提法不妥当,代表要不要检讨,不是解决代表的问题,代表已经被整过,主要是对省委。先要检讨自己再批评呢?个人问题是今后问题。

个别话句有措词不当,态度粗暴,刺耳得很!不够循循善诱,启发,以理服人的精神不够。

支持主席团是应当的,选不选是另一问题,如把问题讲清了,好办,解决任何问题要全面,不能扣大帽子,有些地方是太武断,如中央“瞎眼瞎了”。

林的发言,总的是好的,但有些话是刺耳的,做一番工作是必要的,但太粗暴,反而引起误解。

坚持一面倒的意思,“集中制下的民主”。作为主席团应当以民主为基础,从群众中来才对，所以恐怕还是使人觉得："我主席团推的，你们应当选上。"

黄逸宾：

谭的话总的精神是好的，充分发扬民主，重要的，还没有极端民主化，搞下去也可能。

（一）批评发言，是否过重过早，使发言同志背上了包袱。"牛克思"问题。发言中并没有否定一切省委同志。同意李士南同志意见，陈对名单[的意见]也没有这个意思，名词间是有不妥当的地方。民主刚发扬，是不是妨碍大家的意见。

〈主〉致命伤是省委不民主，很不妥，以后还[会]不会不服从领导。

（二）对干部对上来看是不是的，这是刘少奇的话，我们对书记处的批评也是一样。

（三）声明问题，办法有成绩：1. [宣传]分团弄一个声明，陈[修良]检讨另搞，可以结合，或者以个人名义来搞。2. 三类人问题，加以说明，以陈的检讨为主。

钟儒：

个人问题应不应检讨，不讨论。分团声明，发言稿不必声明。

（文件编号：I52）

就宣传分团发言稿中措词问题致大会主席团并转谭震林同志的说明

1956 年 7 月 28 日

大会主席团并转谭震林同志：

关于我代表宣传分团发言问题有如下申明：

（一）宣传分团发中提到候选人问题的措词不妥，把“其中个别的人”写成“有一些人”等字句是很不妥当的。这一点已由分团加以申明，我不再重复了。但必须同时申明：我在讨论中也决无把全部候选人名单分为三类的思想。我对候选人中许多人情况不了解，也从未提出过什么意见，只是对个别少数人有意见。分团讨论时也只对十个左右的候选人提出了批评意见。

（二）我起草的发言稿虽经过分团讨论与修改，但最后一次作文字修改时因急需要交卷，未及讨论，致有以上所述的问题，造成对候选人好像都不满的感觉。这个责任由我来承担。发言稿中除上述一点不妥外，还有若干地方也有言之过甚的毛病，经过大会讨论以后，我本想修改发言稿，要求主席团重新印发给到会代表们的，但分团同志们认为目前已无此需要，所以只得作罢。由于我的不审慎所造成的过错，我应作检讨。

（三）造成发言稿的不妥与缺点的原因，根究我的思想，我觉得除客观条件外，主要由于我只看到领导上某些错误与缺点，没有冷静地看到另一方面。我的情绪偏激，因此不能不发生片面、主观的思想方法。在起草这个发言稿时，如说：“把代表们都看成傻瓜，要求大会进行盲目选举，这是根本违反党章的行动”等字句，是不妥当的。固然，“把代表们都看为傻瓜”这句话在分团讨论时有人提到过，但我也有同感，不能冷静地考虑，流露在字上就显得过份了。自感其中还有一些缺点，我不能都写出来了，只好当作我自己的一个经验教训来看，这就是我必须更加注意头脑冷静，学会全面地看问题的方法，以减少错误。致以

敬礼！

陈修良 1956 年 7 月 28 日

（文件编号：L79(1)）

谭震林在浙江省第二次党代会扩大会上的讲话[①]

1956 年 7 月 30 日

（杭州饭店一楼文娱室）

这次大会开得很好，正确。对省委负责同志严重的骄大、粗暴、生硬、乱扣帽子作风，方式上的官僚主义，不调查、不联系实际，不和下面同志商量的错误，给了尖锐的批评。这是第一个重大的收获。我已看了一部分的发言。发言稿中看出了代表们发言多是正确诚恳的，都很生动实际，有的很尖锐，有的客气一些。例如县委（龙游）发言很好，但有一些还值得研究的。代表大会对省委批评是从上而下，不是从下而上。

第四页，集体领导问题，高人一等。"常委比省委高"，如无事实，这样方法就不对了。"家长式统制"，这是个人主义严重，还是什么，你们其他委员为什么不说？只有三个人说省委中不是奴才，不是压制人，而是吵架。有一些委员采取不和蔼态度，因此这样写法不够客观。

第五页，举的事实不对，说的是离开总路线，是不对的。是不是完全执行了总路线，这是一个分寸问题。

第六页，第四问题，家长统治值得考虑。

第七页，省与县"分权"给一面，这个问题不能这样提，是集中下的分权。

不戴帽子是好的，纠正他一下，可以理解的。

除此以外，还是代表了极大多数代表的意见。

各个代表说法不同，是一个思想问题，其他县书也有说得〈及〉极好的。这个发言有代表性。就此发言表示态度。

省委负责同志检讨后，有些同志[说得]不深刻，有些过了头，除表示同意外，还要指出缺点。

这次大会收获是：

---

① 本文是记录稿，与下面一篇谭的讲话，标题、时间均有不同，内容有重复，也有较多区别之处，故照录。

指出省委内部有严重的自由主义的偏向，已发展到为主流，如不阻止，可以成为反党的宗派，反党主义的。为什么这样严重？事物的发展是作为客观事物而前进的，一步步的前进。一种思想倾向，首先是小广播，互相地小广播，形成自由主义的倾向，发展成为自由主义的部分，形成宗派，再发展为宗派主义，成为反党的宗派主义。高岗也如此。他不是外面派进来反党的。大会发生的问题可以看到马列主义的理论。

这次大会暴露出来的倾向，有自由主义的倾向。有人提出领导上[的问题]加以揭发，这是警惕性，应当表示感谢。今天来说还不是宗派主义，如说没有发展，则不是事实。如有些人发言，引起反对。大会整主席团，有人问："你到杭州来，火气为什么这样大？"极大多数代表反对自由主义，有些同志还是不承认这个错误。火就是从这里来的。

美国一个 CP 骂罗斯福，第二天在报上发表。

主席团很敏感，不能不生气，要以理服人，不能强迫。这种自由主义表现有三：

（一）抓住莫干山会议的犯错误同志不放。检讨已经过了份。这是一种什么态度？不是"治病救人"态度，对别人错误打击，对自己的错误一句不说。打击别人提高自己，对自己错误没有自我批评，反过来整别人。这是马列主义的态度？对别人批评我抵抗，自以为十分正确，这是什么态度？在大会表现这样态度好不好？我以为不好，不是聪明，骗多了要暴露。

（二）一部分委员是不正常的，发生了"小人问题"。主席团对人进行粗暴的态度，受到了批评后，主席团作了解释。他们还要在主席团会议拍桌，到现在还不认为错误，认为不支持他们。他们认为要照他们办事，如不[是]多数代表反对，这条错误还不能克服。这些同志，[即]承认错误的同志是聪〈敏〉明的。

（三）大会过程中发生许多流言。如组织部说某人有裙带关系，某人攻击某人，还有许多流言蜚语。其中还有"党内小人"引起了一场风波。小人是剥削者给劳动人民的侮辱，用谩骂态度有什么好处？我们上[了]这个当。这种说法对党内团结没有好处，自由主义者用这个帽[子]制造党内纠纷，混水摸鱼，思想相当混乱。上这个当的人很多。

问题是这样严重，是根据毛主席提出来的，否则更影响选举工作。在目前已发展到不能挽救的地步。拿到在大会上去说是不对的，希望同志们对这个问题还是不要放下来，应向省委进行自我检讨，以便对他进行帮助。为什么要在这个会议来揭发这件事？

第一，大家都明白的，流言蜚语，使不少代表[即]有些同志主观性强，作风正派的同志落选，难道真正有裙带关系吗？现在更清楚了，群众是不是知道呢？只要把事实公布了，不要以为自己的选票多了。如[被]揭发了很难当选的。把二个可以选上的为什么选不上，因为发生了“裙带关系”问题，目的是要使他们落选。

大会中有一些同志，完全盲目的做了俘虏。他们〈盛〉神气十足时，[要]揭发他们；如不揭发，将有更多人要陷入进去，这是种危险。

第二，他们是不讲理的态度，[也是]主席团[成员]之一，弄得主席团民主工作很不经常。平时在省委会上也发生过。不是省委没有缺点，而不是采取帮助态度。他们是不是要高明一些？事实证明，希望他们要想一想，而要多从自己方面去检查。

他们这样表现如不加以揭发，结果是怎样？

第三，自由主义已发展到了疯狂的阶段，什么人的话都不要听，只要听对领导不满意见，都认为好的。对“卫护”领导有过严重的歪曲。如四中全会。为了团结是全党的生命，卫护省委、市委领导是为了党。这种危险性，我们要注意。

当然对错误领导应当展开批评，目的是为了改正错误，同领导作斗争也是为了领导。他们想法，是[用]对反动地主的办法来对待领导，乱棍齐下，打死为止的办法。对反动地主[这]也是违法的。对待领导同志，这是为什么呢？我们不做结论，自己去检讨。

他们的错误已发展到了这样程度，不能不揭发，为了挽救他们不能不说。

自由主义错误，完全可以挽救。当然，可能与实际，主要依赖他们的觉悟。省委耐心的帮助他们，但是有一定限度的。浙江报社里登载一篇“内在与外力”关系。

浙江党内自由主义是有一历史性的。

领导上的错误，如莫干山会议、四中全会决议问题，没有指出自由主义的错误，给他们一种错觉，他们是正确的。他们愈来愈自以为正确的。

由于十五次扩大会议没有指出他们的错误，这样也就形成起来了~~这样~~

想法。

二个会议没有指出错误，增加他们不少的错误。他们受了什么委屈，对他们同情，我们没有批评他们。不是说他们没有缺点，因为两方面批评分散力量。省委主要负责同志的错误与缺点，他们利用这种不满情绪，这是自由主义发展的客观原因。他们有严重的个人主义，骄大、粗暴的思想，如大会上所表现的大多数都反对他们，是主观片面的表示。不是打击那个发言，是正确的。因为他们态度粗暴，对待主席团同志粗暴是恶劣的，自由主义又发展到主观主义。二种倾向可以由那篇文章来说明，思想不健康是主要的。省委内部如何团结？他们关心是对的，能解决是非，他们就是没有市场，陷于孤立。

他们可能觉悟过来，内部是能够加强的。

如刘木易为什么说出在组织部内部的话在大会上发言，这是纪律问题，不是思想问题。他们拿机要材料去批评别人，应受严重处分，甚至开除党籍与[受]法律制裁。我也知道刘木易是好同志，是代表小组同志再讲一讲。这些原因中不能去谅解的。

沙、杨历史问题。

沙、杨问题。历史上有关[节]问题，正在进行审查，由中央负责的，省委加以协助。从这一通知起，不能不采取一些措施，有些会议与文件不让他知道是正常的。沙、杨在政治上有些问题，为什么担负责常务委员会呢？中央规定，历史没有弄清者，工作上一律不调动。[因为还]存在着二种可能，弄清后处理。沙、杨不当八大代表，也是这个原因。省委说候选人名单把有一些人没有列入，也是因为这个原因。对沙杨二人问题不能加上宗派的帽子，也不能查问。有什么秘密吗？党在任何时候都有机密问题，不应公布的，就不能公布。这种情况是经常存在的，如饶[漱石]、潘[汉年]、扬[帆]、曾镜冰等人材料不能公布。党中央八大代表中名单也如此，有些问题还要讨论。

沙的工作情绪不正常是可以想像的，自然的。代表大会上不能发材料。你的水平这样低？

有同志提出他们建议要他们当付书记，因为你们不了解情况。要多方面考虑问题。十年二十年后还有档案事件。

（文件编号：I52）

谭震林在省委各部委处长和县委书记以上干部会议上的讲话

1956年7月31日

同志们：

这次党的代表地开得很好、很成功，会议中对前届省委几个主要负责同志在思想作风上存在的严重的骄傲自满和主观片面；在领导作风上的态度粗暴，方法生硬，乱扣帽子，用指责批评代替艰苦的思想工作；在工作方法上严重的官僚主义，脱离实际，脱离群众，只从愿望出发，不从实际出发，不进行深入的调查研究，不和下面同志多商量研究等等，以及其他方面的一些错误、缺点，给了深刻的尖锐的正确的批评。这就是这次党代表大会第一个重要的收获，这个收获是全体代表努力的结果。从我看过的一部分县的代表发言就看出了大会极大多数代表的发言都是以诚恳的态度对前届省委在思想上和作风上的一些错误缺点进行了深刻的批评，这些批评一般的都是很生动、很实际，有的很尖锐，有的比较客气些，总的说都是正确的，例如龙游县委书记的发言就是一个很好的典型，当然这个发言中有一些问题在提法上是要研究的，除了这些要研究的问题之外，全部是正确的。我看了十几个县委书记的发言，虽然各人讲法不同，但集中的批评是领导作风问题，思想作风问题，所以这个发言是代表了极大多数县委书记的意见，也是代表了这次党代表大会的根本问题，大家所要解决的也正是这个问题。其他县委书记的发言也还有比这个发言更好更完整更客观的，为什么要拿这一篇来讲呢？因为这一篇是有代表性的，会议的主要火力是对准这个问题。同时，省委几个主要负责同志也作了深刻的检讨，虽然也可能有一些不深刻的地方，但也有过了分的地方，我想再说除了说一些抽象的原则之外，还能拿出一些什么好东西呢？

这次大会第二个重大的收获，就是深刻地暴露了省委内部是存在着严重的自由主义，这种自由主义已经由一种自由主义的倾向发展成为自由主义的活动，如果不及时地加以揭发和制止，很可能发展成为反党宗派活动。这是事物发展的规律，是不以人们的意志为转移的。比如一个人，是从婴儿、幼儿、儿童、少年、青年、壮年这样一步一步地发展起来的；一种思想倾向，也是一步一步地发展起来的，比如自由主义倾向，就是由小广播，慢慢地形成小广播集团，再发展成为自由主义倾向，自由主义活动，宗派主义倾向，宗派主义活动，一直发展到反党宗派活动。这次大会暴露出来的自由主义行为已向着宗派主义倾向发展，大会中有人指出这是一种宗派主义活动，要求领导上加以揭发，这是正确的，表现了他们政治警惕性很高，嗅觉力很强，我们应该向他们表示感谢，当然这种自由主义的活动还没有发展到宗派主义倾向，如果讲它是宗派主义倾向，那是不符合事实的，如果讲它没有向着宗派主义倾向发展，那也是不符合事实的。大会中一个同志发了言，引起了一些同志不满意，他们就单独开个会，组织反驳发言，但会前会后都不向主席团打任何招呼，结果这个反驳发言遭到大会反对，主席团出来讲几句公道话，他们又用拍桌子，打板凳，整主席团，一直整到晚上十二点钟还不放，后来听了各代表团的回报，知道了自己在群众中陷于孤立，极大多数代表反对他们的发言，这样才冷静下来。可是有同志一直到现在还不承认错误，这可以说不叫错误叫做正确作风？叫做马克思主义？这个走火可以说是难免的？我的火气就是这么来的，你们错了，人家还没有责备你们，但是代表们不能原谅你们，当然主席团同志要讲话，主席团是代表大会选举出来的，他不讲话，代表们要整他们，他讲了话，你为什么要整他们呢？

这种自由主义表现有三点：

第一，是抓住莫千山会议不放，抓住在莫千山会议犯过错误的几个主要负责同志不放，一次检讨不成，二次检讨又不彻底，检讨已经过分了（比如维护领导问题）还要追究原因。这是一种什么态度呢？这是马克思列宁主义者对待干部的政策吗？这是治病救人与人为善的政策吗？这是一看二帮的态度吗？对待别人的错误采取这种打击干部的办法是正确的吗？可是对待自己的错误一句话也不讲，难道莫千山会议的自由主义是正确的吗？为什么一句自我批评都没有呢？这是马克思主义者应该有的态度吗？自己有了错误不作自有批评，反过来装作十分正确的样子，这是马克思主义者对待同志对待事物的态度吗？所有这些我认为都是不对的，你对人家批评得这么凶，这么厉害，扭着不放，对自己的错误却一句不讲，而且摆起架子好像十分正确，这是什么态度？代表大会是最高权力机关，在这个大会上采取这种态度究竟好不好？我认为这是很愚蠢的，不是很聪明的，人家有眼睛看得到，只要稍稍点破一句，人家就会清楚的，骗人事情只能做次把，骗多了狐狸尾巴是要暴露的，所以还是老实一点有好处。

第二，是大会主席团中有部分成员的活动是正常的。会议发生了所谓“小人”问题，他们不在主席团会议上提出讨论，而是几个人去讨论，推举人在大会上进行粗暴的批评。这种行为在受到代表反对时，主席团负责同志作了较正确的解释，他们就在主席团会议上公然拍桌打凳地攻击领导同志，说领导无原则，不支持他们，使会议无法得出正确的结论。他们这种粗暴无理的攻击一直到现在还有人不承认错误，这就证明了问题的严重性。

第三，是大会过程中发生了很多流言蜚语，例如组织部传出候选名单中某人是因为什么裙带关系，某人在排挤某人等等，其他也还有些部门传出不少流言蜚语，这种流言蜚语如果不坚决加以制止，就有破坏党内团结的危险。在流言蜚语中有一个所谓党内“小人”之说，因此引起了一场风波。什么是“小人”呢？这是剥削阶级送给劳动人民的侮辱性的称号。以剥削阶级的观点来〈污〉辱骂共产党员，这是什么态度呢？用这样一种恶毒的语言去谩骂一个同志又有什么好处呢？淡然自由主义者是有目的的，但我们就不应该上这个当，我们应该知道这种说法对党内团结只有坏处，没有什么好处。把这个帽子送给任何一个同志，对这个同志是毫无帮助反而增加了感情上的裂痕。自由主义者是要用这样一顶帽子达到破坏党内团结、制造党内纠纷，以便他们浑水摸鱼，我们不少同志上了这个当，特别在广大“小人”圈的发言后，就上当更大。

问题即是这样严重，为什么我在第一次讲话中不把这样严重的问题提出来呢？这是根据毛主席一看二帮的原则有意地这样做的，不然就会影响选举工作，也会使大会的时间拖长，而且这样的问题在目前来说尚未发展到不可挽救的程度，拿到代表大会上去是不适当的，即是今天我指出了这个问题的严重性，我希望同志们还是不要往下传达，以便等待他们自己觉悟起来，向新的省委进行自我检讨，以便于新的省委有充分的时间对他们进行个别帮助。既然如此，又为什么要在这次会议上加以揭发呢？我想有四个理由：

第一，我想大家是会很明白的，比如在这次党代表大会中的流言蜚语，就使不少的代表中了毒，难道浙江真有什么裙带关系吗？这种攻击式的流言蜚语使比较正确的同志落了选，使那些自由主义严重的人反而得到了更多的选票，他们现在神气更足了，误认为群众是支持他们的，实际上只要把他们的错误事实加以公布，那么就有落选的危机。要说这次选举的缺点，这就是一个缺点。

第二，同志们也很明白，在这次党代表大会中，有些同志受到了他们自由主义毒素的传染，完全盲目地做了他们的俘虏，替他们摇旗呐喊，有些人甚至陷进去了。在这个时候，正是他们神气十足的时候，他们就集中力量攻击拒绝他们并且要揭发他们这种行为不当的人，如果不在这个时候揭发这种危险，我想还会有更多的人陷进去的，这个危险就会更大起来。

第三，你们也是很明白看到的，在这次党代表大会中，他们是用这样蛮横不讲理的态度对待主席团的几个主要负责同志，他们的一唱一和已弄得大会主席团民主生活集体领导很不正常，他们这种蛮横态度平时在省委会议上也发生过，当然这不是说省委几个主要负责同志没有错误缺点，可是他们对省委几个主要负责同志的错误缺点不是采取善意帮助的态度，而是表现自己，要省委服从他们，其实他们是不是更高明一些呢？七年来工作的实践即是很好的证明。我希望他们很好的想一想，不要光责备党照顾不够，而应该多从自己方面去检查。他们这样表现如果不在现在加以揭发，新的省委还会有安静日子吗？省委内部不团结，其结果是什么呢？

第四，自由主义的活动已发展到了疯狂的阶段，什么人的话他们都是不愿意听的，而是采取拒绝的态度，不问意见是否正确，只要对领导不满的意见，他们都说是好的，他们对维护领导的问题，是有着一种曲解。我想维护领导是正确的，必须的，是每个党员应有的指责。同志们，你们想，领导可以不要维护？那末四中全会决议是怎么写的：维护党中央的团结，维护省、市委的团结，是党的生命。维护党中央的团结，维护省、市委的团结，维护什么呢？就是维护领导嘛。当然，我们对待错误的领导是应该展开深刻的尖锐的批评和斗争，这种批评和斗争是为了什么呢？是为了使领导者改正错误，更好地来领导工作；这个目的也就是维护领导，就是加强党内团结。可是他们的想法跟这个想法是不同的，自由主义者所用的那些办法去对待领导，究竟是为着什么目的呢？还是为了维护领导，加强党内团结，加强领导，还是干什么？我想这用意请他们自己去考虑，我不做结论，因为做了结论，他们又说你乱戴帽子了。他们的错误已发展到这样程度，如不在今天加以揭发，我想对党固然不好，对他们也是一个不堪设想的下场，为了挽救他们，就需要及时的加以揭发。

他们是不是可以挽救呢？我想是完全可能挽救的。当然这只是可能，不是现实，要把可能变为现实，主要依靠内在因素，也就是说主要依靠他们自己的觉悟。省委应该耐心地心平气和的去帮助他们，但这种外力的帮助是有一定限度的。浙江日报七月二十七日登了一篇文章："鸡蛋与石头"，请大家读一读，就可知道外因与内因的关系。石头不能变成鸡，鸡蛋才能变成鸡，这既是因为鸡蛋有内在因素的缘故。浙江党内这种自由主义的形成和发展，是有两方面的因素的，一方面是领导上存在某些缺点和错误，例如莫干山会议，华东局只批判了会议的方针、精神是错误的，而没有同时指出当时那种自由主义也是错误的。这样就给了他们一种错觉，他们误认为自己是完全正确的，是马克思主义者，他们的神气愈来愈不像样了。他们拿着这个招牌是十分愚笨的。又如十五次省委扩大会议，华东局也只批判了会议的方针、精神的错误的，而没有同时指出当时在会议上受到批评的同志也是有错误的，这样他们也神气起来了，装作十分正确的马克思主义者，他们这种想法和前一种的想法是一样的。由于这两个会议都没有同时指出他们的点，误认为他们受到什么不少〈怨〉冤屈，因之对他们表示同情。我们对受〈怨〉冤屈者必须表示热烈的同情，这是应该的。可是他们并未受到什么〈怨〉冤屈，向他们表示同情是上当了，使他们尾巴翘得更高了。华东局在当时没有批评他们，只批评了领导同志，并不是说不批评他们是他们没有缺点和错误，而是两面批评了就会使力量分散，减轻了主要方面的力量。再如，由于省委几个主要负责同志所存在的缺点和错误，引起了很多干部的不满，这样他们就利用了党内这种不满情绪发展起来，已经发展到很危险的阶段了。这就是自由主义发生和发展的客观原因。另一方面的原因是他们自己有着严重到十分程度的骄傲自满思想、个人主义、主观片面和粗暴态度等等。这次大会中已全部暴露了他们这些毛病。如他们在大会上就放了两炮，想以此来引起大会的波动。其结果却相反，代表中极大多数反对他们，这即是他们主观片面的具体表现。当然，我并不是说他们放炮中所攻击的那一个发言时正确的。那一个发言也是很坏的。又如他们在放炮时那种粗暴态度和在放炮后又用那样蛮横不讲理的态度对待主席团的负责同志，这就证明了他们的粗暴是很恶劣的。这就是自由主义发生和发展的主观原因。这两种因素，究竟那一种是主要的呢？我想同样可用"石头和鸡蛋"那篇文章来说明，内在因素是主要的，他们自己思想不健康是主要的。

我想同志们一定会担心新的省委内部如何团结的问题，这种担心是正当的，有理由的。只要你们大家都关心省委内部的团结，你们就能辨别是非，就不会中流言蜚语的毒，他们就不会有市场，他们就会陷于孤立的低位。这样在大家的帮助之下，在省委耐心地帮助之下，他们可能会觉悟过来，省委内部的团结是能够加强的。

为什么我要向主席团建议撤消刘木易同志作为省委委员的候选人呢？因为他把大会中别人向组织部汇报的材料拿到大会上去发言，批评人家。这是违背组织纪律的，这不是思想问题，也不是意识问题，更不是作风问题，而是人人都知道的组织原则问题。任何一个作组织工作的，作人事工作的，作机要工作的，作秘书工作的，作保卫工作的以及其他一切有关机密工作的同志，他们都无权拿这些机密材料作为自己批评别人的根据。只有经过组织批准了，组织又委托你去执行才可以，否则你就没有权利。如果违反了，必须受到极严格的纪律处分，以至开除党籍，受到法律制裁。主席团没有接受我的建议，那末我的责任尽到了，将来如何处理，由省委报告中央去确定。当然我也知道刘木易同志是一个好同志，这件事他在事先是不知道的，是由代表小组写成了发言稿他去讲一讲的，但这样涉及机要纪律的事件是不能从这些原因中去原谅的。

（文件编号：K22）

宣传分团关于综合发言申明问题讨论记录

1956 年 7 月

发言后申明问题。

高光：

申明有必要，不要用分团名义，没有检讨余地，其余不必修改。因为许多人都有错误，申明名单没有分三类。

彭耕初：

① 文字不必再加修改。

② 初步意见，有些文字不妥当的，没有很好修正。个人情绪有些冲动，应当提出，不但是字句问题，不够细致。

李佩南：

同意不符合事实的应申明，检讨部分可不写上，马上检讨影响不好。

黄逸宾：

发言中并没有否定一切省委，同意李佩南意见。陈对名单也没有这个意思，名词是有不妥当的地方，民主刚发扬，是不是妨碍大家的意见。

声明问题。办法有几种：

① 用分团名义弄一个申明，陈检讨另搞，可以结合或者以一个名义来写。

② 三类人问题加以说明，以陈的检讨为主。

钟儒：

个人问题应不应检讨不讨论，分团声明，发言稿不必声明。

结果：用分团名义写了一个申明，各代表传阅，我写了一个简单的检讨，内容是申明并没有把全部候选分为三类，是措词问题。其次检讨了我主观急躁，对领导批评过激等等。

（文件编号：J23）

关于综合发言稿问题的说明稿(片断)

1956年7月

党代会发言中问题(大会发言的根据与事实)。

否定省委的成绩吗?

发言稿:"我们讨论了江华同志代表省委所作的报告以后,认为解放以来在党正确领导下,由于全体人民与全党同志的积极努[力],七年来党的事业的成就与发展是辉煌巨大的。我们所以获得这样巨大的成绩,巩固了人民民主专政,使党在劳动人民中间建立起很大的信仰,其主要的根本经验教训,就是党强调了群众路线,发挥了全党和全体人民的积极性。"

前届省委成绩是肯[定]的:

① 讨论江华同志代表省委所作的报[告]以后"……可见"七年来我事业的成就与发展是光辉巨大的,是这肯定省委的成绩的。其原因是:第一,党的方针路线正确领导,与群众路线相结[合]。第二,发挥了全党和全体人民的积极性,所以能获得巨大的成绩。

② 不同意还是不完全同意省委的报告吗?"近几年来每个时期都有过不少错误。"我们的意见"不完全同意"(要原始记录)不是完全不同意。

代表提出的意见。

孔鲁:

"对报告意见:原则笼统,没有具体东西,帮助不大,头重脚轻,缺少自我批评,提出不却当","缺少自我批评,教训人的口吻,理论一类,这样下去,不能使乐观。这个报告时间性十七年还是七年,总结工作从什么时候算起?主观与客观矛盾'长期存在'是不合于理论的,地球毁灭以前,都要存在"。

出版社代表:

报告不明确,同支部大会结论差不多,左右界限不清。

马润生"同意大家意见"。

对工作意见与作风问题(可参考记录)。如对左右问题,我发表这下面意见：

“左右摇摆问题检讨不清责任不明。原稿是只指出‘右倾’，没有指出‘左’倾，下面责任大，还是上面责任大，没有说清。”

代表意见摘要：

钟儒：

“对省委报告很失望，除说工业大有文章可做，其余模模糊糊”。“‘左’右倾的问题，应开展两条路线斗争，现在是不是应以反右为‘左’？不对头。如机关干部学习，要县都搞理论学习，实际 80%以上干部要学文化，也没有人讲课，闭着眼睛喊右倾。”

这里要求报告更具体一些，不是不承认这个分析，所以要省委检讨思想作风问题，——主观主义，官僚主义问题。

这个意见谭震林同志结论也同意的：

“这次党代大会开得很好，很成功，会议中对前届省委几个主要负责同志在思想作风上存在的严重的骄傲自满和主观片面，在领导作风上严重的官僚主义，脱离实际，乱扣帽子，用指责批评出发，不从实际出发，不进行深入的调查研究，不和下面同志多商量研究等，以及其方面多一些错误缺点，给了深刻的尖锐的正确的批评。”

（文件编号：J23）

对党代会综合发言严重错误的检讨稿

1956 年 7 月

检讨我在第二次党代表大会发言的严重错误。

第一，关于干部政策“使用干部不当，品质不好的提拔”。（顾耕初）

“省委是从上看干部的，不是从下看干部的”。（高光）

候选人问题：“对干部看法不对，对于有意见的同志，认为不好，只喜欢不反映困难的干部就认为是好干部。”（高光）

“派反革命分子到报馆”。（马）

“名单已经决定何必选举，民主形式”。（党委会）

我自己：“如果省委真正要加强思想工作，就要派强的干部来领导宣传部。要派一个马列主义水平高，懂业务的人来做〈到〉宣传部来当宣传部长，金在这方面欠缺。”“好人做好事，坏人做坏事，对作风恶劣的人要撤换。”

“把干部看作■只相信自己不相信别人，肚量小，抓个别缺点，扩大，予以打击，抬高自己，如解放台湾展览会，又比如高级合作化宣传问题，许多问题不解决，吹毛求疵。金来后工作无生气，照命令办事，盛气凌人，下边不敢说话，陈伟达也很明显，如肃反中抓多少数字情况不全”……

把候选人分为四类，虽然指的是部分少数人，但是因为个人主义意气作用，对省委干部政策不满，分为四类，侮辱省委“把代表看为‘傻瓜’要求大会进行盲目选举，这是根本违反党章的”。

对省委正确干部政策，只从局部出发把他看为全面的缺点，这是一个极为严重的错误，对党的领导威声与团结极为不利。增加选举中的困难问题，使个别同志落选。不是对同志治病救人，而是一棍子打死办法，进行无原则的攻击。

第二，关于表扬杨思一与吕志先。

提出者高光：“好的同志要表扬如杨思一。”

关于加强工矿企业中宣传工作问题的讲话稿

——省工会干部训练班报告

1956年8月10日

说明：

（一）因为党代会关系，教育计材收到后还没有充分时间来准备，只好提出几个问题和大家来商议，不是指导[师]性的报告。

（二）省宣传部对工矿企业工作总结经验太少，情况不够了解，具体材料不多，只好当作个人意见来看，希望大家指教，使我也能学到一些实际知识。

一、为工业化而奋斗必须加强宣传工作。

工业化目的：

我国人民目前的共同目的是要把我国建设成为一个伟大的、有强大的工业和农业、有高度科学文化的社会主义国家，工人阶级与农民是完成这个历史任务的基本力量，依靠工农联盟，把一切可以调动的积极因素，都要调动起来，才能完成这个任务。党在目前还要加强统一战线，团结改造资产阶级，其目的也是为了争取各种积极因素，共同为社会主义建设努力。

如何工业化？

重工业是我国建设的重点，这是已定了的方针，现在问题是要适当地增加轻工业投资，继续改造农业生产，适应人民生活上的需要，这一点苏共二十次大会提出发展轻工业问题。改善人民生活看得很重要。物价是很重要的，对工人的工资、物质生活的供应与提高是很重要的，柴米油盐，衣食住行，孩子问题，都得关心，否则工人阶级就要不满意，生产的积极性也就提不高，工会是代表工人的利益的自身组织，如果忘记了工人的利益，只谈空道理，就要失去人心。

我们对工人工资问题也犯了错误，所以现在要调整，今后轻工业与食品粮食需要更大，所以不能不重视轻工业的发展问题。“把重工业发展建立在满足人民生活需要的基础之上的办法，可以使重工业发展的基层更加稳固些。”（毛主席）

省委的计划传达工业问题一段。

省委第一次党代会议报告指出：本省会议任务是："继续完成社会主义改造，大力发展工业生产，积极采取有效措施，尽可能迅速地促进国家工业化的实现，有步骤地进行国民经济的技术改造"是完全正确的。本省情况：工业很有发展的余地，有铁，磷，泥煤，铅，锌，铜，明矾，矿石等稀有金属的碳藏，有很大的工业潜力，有许多工厂可以建立，工业化的前途是广大的，手工业的发展可能性也很大。（如杭州剪刀工人就有二万人）

工人阶级觉悟提高是推进生产的动力。

工人阶级在社会主义的建设中的觉悟有很大提高，合理化建议多，不断的发现先进生产者，就是一个证明，他们是一种最积极的因素，因为他们是带动落后的力量。

为什么工人阶级在资本家工厂不积极，现在大为积极呢？这就是因为他们拿出了主人翁的态度，共产主义教育起了作用，阶级觉悟有很大提高，也是我们日常工作的结果。这一条经验是要重视的。认为完成生产重要，政治宣传工作不重要的思想是不对的。工人阶级觉悟的提高，表现了在二个主要方面：

（一）工人阶级的生产积极性，表现了在对生产数量与质量的提高，表现了共产主义的态度，他们的大公无私的是为人类的共同利益而奋斗，如"支援农业""支援解放台湾"的口号提出，受到热烈的响应。

工人群众反对浪费，爱护国家财产，遵守纪律，开展劳动竞赛等，都是自觉的表现。

（二）工人们逐步地懂得了个人与国家利益一致互相结合的关系。工人们对国家的生产的责任心，在数量与质量上的任何努力，都是共产主义的思想萌芽，或具体表现，在旧社会里工人把自己看为工资的奴隶，只知道"拿钱吃饭"，甚至仇恨机器对他们的束缚，生产为资本家的口袋，不积极生产是必然的现象。

我们对工人的普遍的、程度不同的阶级觉悟性提高，不能估计过低，这些成绩的获得正好是我们党与工会长期地政治工作中所得来的。

必须继续加强政治工作。

因此今后为了完成社会主义的建设，实现"又多又好又快又省"的方针，我们的政治工作的任务是将要更加重要，把全体工人的政治文化技术水平提高到适合社会主义国家的实际需要，我们必须加强宣传工作。

政治工作对生产的重要，在相反的情况里也可以看到，有些工厂工人生产不积极，完不成任务的地方，主要原因往往是思想工作做得太差的结果。因为不依靠群众，采取官僚主义的态度，行政命令一般号召，或者用惩办主义的方法，那里的生产情况往往不好。这样的例子很多，大家都明白。目前工人生活还是比较困难，生产积极性比解放前高，这个问题只能从其觉悟性来看，自然不改良生活仍是不对的。

宣传什么？就是政治思想工作，工会必须在党的领导下，对工人群众进行共产主义的教育，这样才能保证生产任务的完成。

二、在工矿企业中如何加强宣传工作？

以上许多同志都已经讲了许多具体方法与方式，如工会文化教育事业宣传工具的利用方法等，我不再重复，这里只是补充几点意见作为参考。

（一）什么是共产主义的教育问题。

如果认为共产主义教育，就是只向职工群众讲解共产主义的理论知识，那是片面的，共产主义的教育内容是多样性的，因此他的教育方式也应当是多样化的。从几个方面略微谈一下：

1. “劳动光荣”的教育，是共产主义的教育，因为资产阶级的教育就是“剥削光荣”，“劳动低贱”。我们对工人必须宣传人类的存在与发展没有劳动是不可能的，人类的幸福自由就是建筑在人的集体劳动上面，劳动者是社会历史的创造人。

2. 共产主义的道德品德的教育——反对偷窃国家财物，偷懒，不负责任，不遵守劳动纪律，对妇女的不尊重，损人利己，腐化堕落，对父母子女妻子不爱护，对同志的不关心，等等都是非产主义者的道德。

对于进行这样的教育，过去我们在批评方面多了，这就不能收到实际效果，例如挂警钟，惩办主义公开揭发等粗暴办法。这是对待所谓“落后”的问题，落后与先进不能划出鸿沟，[可]互相转化。真要做好这项教育，我们必须正面地来树立榜样，耐心具体的帮助教育，所谓“相互学习，互相帮助，取长补短，共同提高。”

表扬先进生产者，劳动模范，吸收优秀工人入党入团提拔积极分子等方法是能起教育作用的。对于那些今天暂时还是思想落后的工人，我们必须耐心教育,不能歧视他们,落后的原因是我们教育不够,方法不好,对犯错误的人,用“治病救人”态度去对待。工人在这方面必须很好进行说服教育的工作。

3. 进行科学知识的教育也是共产主义教育,工人因为受旧社会的影响,不少人还有宗教迷信,相信命运等思想,这一些我们不能打击讽刺,必须进行教育,受了科学教育,工人的人生观,就成为唯物论的,这不是共产主义吗?

4. 帮助工人进行业余的文化学习,也是共产主义教育,因为文盲是与政治教育矛盾的,毛主席说道:“工农出身的干部不学好文化,马列主义就学不进去!”这是真理。

广大的女工群众文盲作多数,迷信落后的特别多,家庭问题也多,因此工会对这一部分女工,必须进行教育,适合他们的可能。工会不重视女工工作是不对的,因为浙江轻工业多,女工问题使得我们深深的注意。

其他如生活上,工作中,都有许多问题与共产主义思想相联系的,我们都要有意识的去逐步地提高他。文化工作要活跃,因为这是具体教育,如演戏看电影……

工会是共产主义的学校,党的宣传任务主要是宣传共产主义,所以工会做好这些宣传工作,也就是在党的领导下进行工作,其目的是同一的。

(二)关于国内新时事、政策等等的宣传。

这方面问题,更是直接地从马列主义观点出发的,进行得好不好对生产作用很大。但可惜我们还是做得还不够有计划,或者进行得太[空]洞,不能与本厂的情况具体结合,作用就不大了。

这一正面的政治教育工作,其作用如何,根据经验可以看到,例如五年计划四十条,资本主义在商业改造、农业合作化、工农联盟等宣传,这些教育对推动生产起了一定的作用与鼓舞,这是大家体会的,这类宣传今后必须经常地进行,而且还要及时生动具体,做到“家喻户晓”,深入人心。

(三)推广先进工作经验、技术教育——这方面教育工人都很有兴趣,是保证生产质量与数量提高直接有关的问题,共产主义社会里工人的技术一定要很高才行,有高度技术的工人,这是共产主义教育的具体表现,这里特别要帮助落后的一同前进。

以上只是简单说,还有许多东西可以进行宣传,每一时期都可以有一二个中心问题，这样逐步积累起来，工人的进步就很大，一下子强贯下去不好，要有过程与具体方法，条条道路通共产主义的道路。

三、宣传工作的方法方式上的几个问题。

（一）对不同的对象要有不同的宣传方式与方法，千篇一律是最不受欢迎。同时形式主义，五花八门，内容空洞作用不大。如过多的展览会、大报告会、讨论会、访问观摩、模范窗、喇叭，这些东西固然要，但要注意质量与效果。过多重复，内容空洞，工人就不注意了，而且已经有不少的批评。

工厂内部有几种人要分析：工人，普通职员，技术人员，脱产干部，还有资本家，职工人中也有不同的情况，政治文化，技术水平也不一律，而且还有男女老少的不同，还有党团员与非党群的区别，这样复杂的对象，进行同一样的宣传工作就不能成功。

同时工厂中现在发生干部学习项目过多的问题，值得注意，工厂干部有的学哲学、技术文化、俄文、时事政策，应有尽有，我想：应当各人掌握一二，过多了就学不进去。

有些职工自己能读报，我看不必勉强集体读报。

工厂里的高级知识分子，与资本家的教育问题，工会也要注意一下，对他们也要灌输共产主义思想，党组织要负责，工会要进行具体的工作，这个问题还没有很好解决，我们要有办法。对这些人工会是要多吸收他们参加群众活动，同时也不要强迫，可以要他们讲技术，行政管理的经验，参加工人的政治性集会，工会干部“登门拜访”，交换意见等方法去影响他们。

（陈修良旁注：

内容：

1. 知识份子政策，要看[是]工人阶级，反对宗派主义。

2. 改造什么？资产阶级思想。

对资方：

1. 前途教育。

2. 照顾其生活利益，不歧视他，放下包袱。）

（二）宣传工作既要讲大道理，也要讲小道理，工人批评我们宣传工作“空喊”，是不是大道理讲太多了？不讲不行，讲太多了不中听，大道理是指原则方针，政策，理论等，小道理就要谈个人与集体的具体关系，如工人福利，经济问题，生活问题，生产中具体问题等等，我想两方面都要讲，例如宣传买公债，既要讲国家建设利益，也要讲个人利益，不能说："不买公债就是不要社会主义。"

（三）宣传网问题。

宣传网要不要？有二种不同意见：

主张要的：

1. 认为网的作用可以使党与群众可以密切联系，反映情况。

2. 可以统一宣传内容，党委可以培养使用党政工团的积极份子来进行对工人的思想教育工作，和工会组织不重复。

3. 减少开会时间，深入车间与家庭。

主张不要的：

1. 已有党团组织，是重复的。

2. 宣传工具既归工会管，有了宣传员工会就不好管（如黑板报，读报）。

要不要不是原则问题，要组织积极分子进行群众宣传，是原则问题，我们应当研究一下。

根据华丰第一车间宣传组的工作经验，方法如下：

1. 对时事与生产问题，针对群众思想，进行口头宣传，特点是："不拘形式，见机就谈"，利用生产小组会，进行宣传。

2. 利用班前班后碰头会进行宣传。

3. 宣传员的条件必须对这个工热心能说话，地方劲好，能团结人，其中也有不识字，个别谈心。

4. 家庭拜访。

5. 利用黑板报，广播，读报等进行宣传。

6. 每月由支部开一次宣传员大会，布置宣传内容。

7. 每一个宣传员都有一本日记本，对每个人工人的思想问题记下来，加以教育，并对支部汇报。

8. 每月宣传小组订出一个计划，根据小组与支部的决定。

宣传网应担其工作的性质，看口头工作为主，实质上鼓动工作，苏联工厂中宣传员与鼓动员是二种人，有许多宣传员多经过鼓动员挑选出来的。

宣传工作与鼓动工作的分别，是按照列宁的原则提出来的。列宁说：（见

“做什么”)“宣传员讲到失业问题的时候,他就应当讲到经济危机是资本主义的必然产物,指出危机在资本主义社会中必不可避免的原因,说明必需把现社会改造为社会主义等等,总之,他应当提出‘许多主题’,而这些主题多到那样的程度,以至提其全部总合问题也只有不多的人(比较说)方能一下子完全领导,而鼓动员讲到这个同一问题时,却只举出全体听众所最熟知和典型的例子,譬如失业工人家属的饿死、贫困的增加等等,并极力利用这种众所共知的事实,给予群众一个观念,即贫富悬殊增长之间不可想象的矛盾观念,并极力在群众中激发起对这种很不公平合理现象的不满与愤恨。”

我们目前有宣传工作者(如报告员)也有鼓动工作者,但是在条件与分工上似乎不大明确,因此还要研究。

其次,党的主要任务是思想政治工作,如果不要宣传网,到底如何通过一定组织形式来直接进行宣传鼓动工作?工会的宣传委员会能不能完全代替他,这个问题也可以研究。

因为认识不一致,各地做法不同,有的组破人去,有的若有若无,有的还在加强,认为很有作用。到底应当如何解决,我们要进行积极研究,请大家讨论。

四、总结。

(一)要加强宣传工作,首要关键在于党与工会的重视,过去党是重视的,所以才有很大成绩,今后还要更加强,这一点是不要顾虑的。不要把生产任务与政治工作对立起来看,要认识思想是指配人的行动的,工人的政治觉悟不提高,提高生产是困难的。党的组织必须以思想为其主要任务,主观宣传鼓动工作,党组织必须统一领导各种群众组织,进行宣传工作,这样才能把全厂的政治工作推动起来,但不能过分要求把分工问题划清,党对工厂有监督权,工会对生产有监督权,工会是纽带、助手,所以问题是领导方式问题,经验不足,作风等问题所造成,今后是要解决的。

(二)工会干部与积极分子宣传工作者,必须改善作风,力戒骄傲,虚心听取群众的意见。宣传工作者,不能以理服人,以教训口吻对人,否则就要失去群众,宣传工作应多从正面教育着手,单纯批评方法必须力戒。特别宣传工作者必须不断提高自己才能不致落后。骄傲是落后的开始,不能不慎。

(三)党与工会在工厂企业中的宣传工作,浙江省的经验还不多,我们必须创造，希望今后我们大家在这方面努力，推广经验，工业化的前途，发展是肯定的。我们必须有充分的思想准备，去迎接社会主义工业的大规模建设，我们工会工作是光荣的，我愿祝同志们的成功！

（文件编号：I47）

浙江省宣传部部务会议记录稿

1956年8月15日

发言内容

一、宣传部工作方向与任务问题

过去工作上的主要问题：

（一）以农村为主的方向是片面的，党的思想工作应对各阶层人民负责。

由此所发生的问题：

1. 各个处的工作不能在每一问题上有机联系，如报刊出版，广播的宣传工具，对城乡人民没有很好担负责任，其他也一样。

2. 工作不及时，对非农村问题，不大抓。如工矿企业，时事政策问题。

来抓农村工作也有片面，抓思想教育不够，下乡目的不明，浪费很多的人力。

（二）具体很多没有建立起来，表现如下：

1. 只有机械的分工，没有树立整体的全面关系，各处各个部长各管各的。

2. 认识不一致，长期地对宣传部的各个方面的宣传方向不明确，阻碍同志的积极性，而其主要原因，是领导作风不大民主，群众观念薄弱，工作不从实际出发，来一件做一件，而又不及时，不全面。

二、宣传部的今后工作方向与任务问题

宣传工作即是政治思想工作，“提出问题，解决问题。（效率，报告）”

二个方式：宣传与鼓动。

二个范围：对外宣传；对内的教育。

目前我们的任务是什么？（大约半年）

（一）对外的宣传马列主义，树立正确的学习态度，反对主观主义——反教条主义与经验主义。

目前在理论问题上首先要反对教条主义。（根据中央指示）

第一批应先从县书以上领导干部与教育机构的教学人员与报纸出版、广播方面开始，学习五个文件。（现在到明年二三月是高潮）

（二）时事政策宣传。

目前党代会决议——工业，农业，科学，文化教育等，对台湾问题，其他要找问题，要解决思想问题。

以上问题应动所有宣传工具来进行，各处应有自己的任务。

对内教育问题：

（一）宣传干部要训练一下，建议抽调短期学习。（节约干部）

（二）在职干部教育。

理论与时事应互相结合，统一在党委的领导下进行，处长以上的不应由党组来管，党组同志自己应受党委的监督，现在是倒过来的。

党纪不重视是怕理论学习不解决实际工作联系。

党委怕的是各部门自己业务学习多，项目多，不能统一起来。

这一工作的矛盾解决方法：

（一）理论与实际的联系，从事实出发，理论是立场观点，宣传部指导，具体思想工作要党委搞。

（二）可以普及到各方面，经常报告，写文章，动员宣传工具，及时地进行，还应当召开各地委的会议来布置（如重大问题，如十大指示目前的台湾问题，五个文件）。

参加轮训的干部，主要问题是改进教学质量，二门基本课是抄袭中央党校的多，简化，中国化（通俗化），有些问题经中国问题中编教材。

教员问题：如有讲师，应分配到各个教育机构去落实。

（三）支部教育——① 研究支部的教育方法。② 教育材料供给。

（四）县级机关干部的教育问题——还是应以时事政策为主，文化学习占多数，少数20%调剂。

地委干部问题要具体帮助——组织检查。

理论教育处干部分散——应从莫干山要一些回来。

（五）“宣传通讯”应加强，克服一般化毛病。

要及时。

指派要利用——对干部也要通过他，如有些要点。

三、宣传网问题

应开专业会议，城乡一起开。（专业会议）

四、部与部间的分工问题

（一）[陆]定一："属于具体业务的宣传工作由业务部门搞，大政方针，思想问题要由宣传部抓，有些工作，要宣传部本身搞，这里需要分别情况，不能把工作完全推给人家。"

建议省委：或由宣传部及有关部门共同研究。

（二）城市宣传工作——主要问题还是由于接触实际不够，领导上不注意。（以农村为主）

提议本季度应开一个座谈会，以七个市为主。

工厂企业的党的宣传教育——主要是共产主义教育，他的内容是多样化的，如时事政策，方针任务，道德问题，科学宣传，共产主义原理。

五、组织形式问题

（文件编号：I47）

浙江省工会干部训练班的课后情况反映记录

1956 年 8 月 16 日

陈部长的报告，对每个学员都给予极大的鼓舞，普遍反映：气打足了。（意思指宣传工作重要性进一步明确了）。方向明确了，回去一定好好的做宣传工作，同时，对陈部长的报告还普遍反映：通俗，生动，易懂，是大道理与小道理相结合的典范。总之，学员对陈部长的报告，体会比较深刻的有以下几方面：

（1）明确了浙江省工业化的任务，看到了本省工业化的前途，进一步加强了做工会宣传工作的事业性与责任性，他们说：本省要新建设许多大规模的工业，给家纺工会宣传工作带来了重大的任务。我们一定要做好工会宣传工作，提高职工群众的政治思想意识和文化技术水平，为浙江省工业化积累资金和培养人才，有信心来完成浙江省工业化的光荣任务。

（2）看到了几年来宣传工作的成绩，了解了党今后要加强对工会工作的领导，进一步增强了搞工作宣传工作的信心。听了陈传报告中列举很多事实，说明职工群众几年来觉悟的提高，使许多学员检查了自己只看到群众缺点而看不到群众优点的毛病，看到了职工群众几年来在党的教育下，确有很高的觉悟，认识到几年来宣传教育的巨大成绩。同时，陈部长报告中检查和表示今后要加强对工会的领导，给学员搞工会工作的鼓舞很大，回去对开展工会宣传工作有畏难情绪的学员，听完报告后说："石头放下了"。"四等干部思想逃跑了"。

（3）明确本工会宣传工作工作的对象包括工程技术人员，职员和资本家，并明确本对工程技术人员、职员和资本家教育的目的，是调动他们的积极因素，为建设社会主义服务，因而对宣传教育的任务了解的更加全面。许多学员对工程技术人员和职员的问题上。检查了看不到他们的优点并看不惯他们生活习惯，作风而不愿和他们接近的错误思想，对资本家问题上，他们也检查了对党对资产阶级政策有错误的理解，认为利用资产阶级是单纯的理解为利用他们的资金，给资产阶级的地位，理解为使资本家服服帖帖的放弃利息。现在他们都认识到这样对待职技人员和资本家是消极的，对社会主义建设时不利的。

（4）对落后者的态度有了进一步的明确，大家对陈部长报告中提出的："落后的是暂时的落后，先进的也有可能落后。骄傲就是落后的开始"几句话体会得特别深刻，他们说：过去我们离开自己来谈如何对待落后，因此，对落后者要以同志般的耐心帮助的态度，总领会得不深刻，现在深深的体会到对暂时落后的同志，必须以同志般的态度进行帮助，树立起榜样，给予前进的出路。

（5）进一步明确宣传工作要到大道理与小道理相结合的重要性，对政治时事宣传必须做到政治工作与经济工作相结合，和国家利益与个人利益相结合的道理有了进一步的理解，因而，进一步检查了进度宣传时，单讲大道理或只讲小道理而影响宣传效果的毛病。

（6）明确要做宣传工作的人要更加努力学习，并应随时警惕自己骄傲情绪的产生，大家反映，陈部长这一指示非常宝贵，有的说："这是给我们工会宣传干部打了一枚'长性针'、'强心针'。"

除上述几个问。题解决得较深刻外，尚未以下二个问题未很好解决：

① 明确到要对工程技术人员、职员和资本家地进行宣传.对究竟如何对他们进行教育缺乏方向和办法。

② 听了陈部长传达和表示党会后要加强对工会的领导，鼓舞很大，但有少数学员怀疑基层厂组织是否会和上面一样，重视起工会工作。

关于工矿企业是否要宣传网问题，各小组讨论有以下几个情况：

（1）现在宣传网组织一般流于形式，不起作用，有的学员说：我们现在是否有宣传网，自己是宣传员也不知道。（宁波市）

（2）现在在进行活动的宣传网有二种，情况：第一，宣传员任务是口头宣传，个别谈话，有的基层党组织，除布置宣传员口头宣传任务外，还要求宣传员在工会活动中起骨干作用，是这样做的，基层党组织是把工会宣传组织的宣传力量和宣传员统一布置活动内容，作用较大；第二，宣传网代替了工会宣传组织的活动或工会宣传组织在宣传网领导下进行活动，这样做的。影响了工会宣传干部的积极性。（如绍[兴]市工具[厂]、衡州蜡纸厂）

（3）大部分小组讨论中认为，工矿企业有工会和青年团组织，没必要再有宣传网组织，理由① 这些组织都在厂直接领导下进行工作；② 这些组织都有独立的宣传组织和一批宣传骨干；③ 只要党加强对工会和青年团宣传组织的领导，工会青年团是和党宣传网一样，能很好根据党的意思进行宣传的。他们认为在居民中和农村中可继续有宣传网组织，进行活动。

少部分学员认为宣传网代替工会宣传组织是不好的，但宣传网通过宣传员进行口头宣传作用是大的（如华丰造纸厂），因此需要宣传网。但大多数学员认为这个理由不是根本的，他们认为口头宣传是一种宣传形式和方法，工会青年团都需要运用，过去工会只重视大会报告，不重视个别说服教育是不对的。同时，认为工会又组宣传干部建立后，宣传干部就有和宣传员同样的一条任务——宣传党的政策任务，反映小组同志思想情况，因此，认为只要加强对工会、青年团宣传组织的领导，宣传网不一定再存在。

以上讲课后的反映和情况，请工矿宣传处转陈付部长

省工会训练班专业班——宣传班

一九五六年八月十六日

（文件编号：R127）

部务委员会记录

1956 年 8 月 17 日

商景才：

1. 开一个部务会，谈一下工作，讲一下国际形势。

2. 以农村工作为主，过去是对的，问题在于省委领导不全面，城乡工作有一个主体是对的。

3. 经验教训，加一条。

① 历史上错误。如坚决收缩，我们没有展开讨论，马后炮，也是因为没有认真抓思想问题。

作风问题——调查研究，体会不深，主观片面，自以为是，不能提出问题，解决问题。

② 有调查没有研究，同历史情况联系起来，经下面提出问题解决问题做得少，从上而下的注意多，上级指示与下情不能很好结合起来。

影响到水平的提高。

③ 积极因素的调动不够，民主集中制问题，有许多同志的力量白费，没有很充分的发扬群众的力量，部长忙，下面力量不能很好发扬。

4. 具体问题。

讲师团肯定要搞，弄一部份人是必要的，党校干部的配备，三年调一百人太慢（江华）。如省级机关可以，地委另外调配。训练由我们负责。

中级党校要建立房子，轮训干部也要房子，列入计划。

新生力量与干部都要培养一下，业余学校要办好，

各部门管干部同时也要管教育，但要逐步进行。总的规划目前还要马列主义教育当作首要任务。

中心贯彻党代会议与十条，保证生产的完成。

政治理论学习围绕这个中心。

黄逸宾：

部的盖子揭得对，鼓励大家研究问题过去不够，主要问题抓不住，贯彻不

下去。

总结教训问题：成绩优缺点不要讨论，肯定意义：同意陈的意见。① 工作一般化，抓思想不够，少创造力，不根据实际情况。② 了解实际不够，下去的方法不好。③ 不够全面，忽视全面，如农村与城市，[只]抓理论教育，对其他不抓，城市工作不明确，抓什么？领导上有缺点，对干部生活组织生活参加不够。

改进部的工作问题要补充一下。

理论队伍问题要提出。

中级党校后年省委应开学，明年准备好。

时事政策问题部内分工由陈来调节。

九月份开地市委会议。

孔鲁：

总结里面应当补充几点：积极性如何发挥。

① 不安心问题，发展前途不大。

地位，提拔不快，有兴趣问题，结婚问题，肃反问题未做总结的，总支要负责，要求有马列主义观点立场，这个要求是对的。

② 硬任务与软任务相结合问题——思想工作也要有具体工作来表现。思想工作的效果，从外行变为内行，要提高业务。

③ 领导作风重大问题要互相监督，钻进去研究要自动。领导起助手作用，还要提出问题。

④ 城市处要配一个付处长。

⑤ 思想交流问题。

（文件编号：R120）

宣传部部务会议记录

1956 年 8 月 18 日

罗毅:

干部不安心问题:

① 肃反问题个别同志不安心,包袱重。有些同志要求领导低头,“大胆怀疑”,是对的。

② 超龄团员入党问题。由于历史问题未解决,部的领导抓得不紧,只靠支部管是不够的,有些问题不与本人谈,背上包袱,可以与本人交谈了解情况。

看文件,发书籍答应很多,但不执行,使人觉得不安。

③ 干部理论学习很重,要下决心研究。

杨凤阳:

总的方向任务没有意见:

如何发挥积极性问题?

① 要求各处室在日常工作中培养教育问题加以注意。业务学习问题,大家认为很差。

② 温暖不够,批评多,骂人,如[说]广播电台,“思想落后,要改造”使人难过,愈批评愈僵。

朱静如:

政策学习问题。

五个文件结合工作与机会来学习。一年当中学习这个文件,做几次报告,不划阶段。

学习方法:原则上做计划,各党委自己搞,结合本单位情况,半年内学完,报告人名单各单位自己决定。

实践论,矛盾论,已经学过,再搞有问题。实践论做解答报告。

对部的领导意见:

经实际出发问题:陈部长从实际出发不够,调查一些材料,得出结论不够。有些问题对优点不够强调,但对过去基础上的成绩要总结,在接受上容易一些。教育处的工作成绩没有像样的经验,领导要求还高,多抓主要问题,如教材审查,学习上多帮助。

陈可年:

同意部委的意见,由处先讨论,再集中是好的。

① 分工问题,地委干部——归哪一处管,地委干校训练对象是什么?

② 一百人干部的配备法,是包括地委,行政学院,党校的干部配备,本处干部的配备。

五云山一批干部如何办。

具体意见:① 五云山干部长期放在那里是不对的,理论教育处工作不能抽出去,索性经八个人中抽出一个,换回张春台,不占编制,人员问题。

② 理论教育处与学习室人员要有分别,十一人。

学习室要充实,分为四个组,吃干训费,讲师团建立后还是要。

邹青:

① 刊物内部宣传工作应抓思想,具体经验少一些,业务工作反映。

批评自我批评性文章,我们刊物可改为业务干部看的刊物。

领导关系:通讯员组织,要有变动,成立一个编委。

② 请示报告制度问题。

有些问题不易解决的,请示处室提供意见,及时答复。

③ 经费问题。

④ 办公问题。

(文件编号:R120)

宣传部部务会议小结报告

1956 年 8 月 18 日

（一）对这次会议的估价。（不总结过去成绩与优点，教训与任务。）

民主集中制初步建立，是空前，不是绝后，是贯彻党代会的具体行动，是今后巩固的团结，加强宣传部门工作的一个起点。

巩固民主集中制，还要不断努力，顽强的斗争。

因为民主集中制是无产阶级思想在组织问题上的表现；与个人主义自由主义是对立的，所以要互相监督、斗争，才能巩固。

巩固这个制度——可以发挥全体干部的积极性，克服困难，工作任务才能逐步完成。

（二）过去的经验教训。

1. 思想工作抓得少，不深不透，领导工作很不全面。

历史上有过不少教训，其主要表示如：新三反的反冒进。

"坚决收缩"问题，没有起先导作用，合作化运动引证据典，教条主义。

工作不全面——如以农村工作为主，又放松了城市。

抓了理论学习又放松了每个时期党的政策的宣传教育，对马列主义学习态度不正确——理论与实际关系。

放马后炮——工作不及时，有失宣传工作是一切运动的先导作用。

执行上级指示不能与下面具体情况结合，自动地提出问题解决问题的事例不多，宣传工作严重的落后于实际。

发生这些现象的根本原因：

领导思想作风不纯，主观主义是主要的，也即是事务主义，经验主义，教条主义，在各项工作中都有一定的表现。

而其主要经验教训：是缺乏切实调查研究，眼睛向内，[未]从实际出发所造成的后果。

调研工作不是没有，因为由于思想领导差，下乡也就少计划性，有的是有调查而无研究，有的是提出问题，不解决问题，有些调查甚至是主观主义的（如坚决收缩）的思想支配了自己。

2. 集体领导没有建立。

这一个问题全省委领导作风分不开，但本部门的领导思想的主观性要负主要责任。

集体领导没有建立起来，在近几年来发展得很不正常。其具体表现是：

① 重大问题领导上不和大家讨论，民主精神很缺乏，部长很忙，处的同志工作无从着手，有些工作处内同志已经办了，而又随便否定（如支部教材问题）。使许多同志的力量白费。

因此造成同志们有一个错觉：认为只要领导上提出问题，我们就做具体工作，减弱大家的积极性与创造性，更不敢大胆的发表反面的意见。潜在的力量没有充分发扬，使许多工作更加不能全面地考虑与进行。

② 各处的工作有机地互相联系少，甚至各个分工的部长间也很少彼此了解工作的情况，有分工而缺少合作，使整个部的工作，不能如同一部机器一样开动工作。至今各处所留下的许多分工问题不能具体解决，其原因在此。

根本原因：

缺乏依靠群众思想，大家办事的民主作风很差，自以为是的思想，阻碍了大家积极性的发扬。有些问题认识不能一致，其原因也就在此。

特别是个别领导同志不爱听反面的意见，对不同的意见，好像是犯上，不合法的行为，这就更加阻碍了民主集中制的执行。党代会及这一次会议揭开盖子，是完全必要的。

因此，我们的主要经验教训是：

必须上下监督，健全党的组织生活，会议制度，开展批评与自我批评，经常交流思想；要经常与官僚主义倾向作不断的斗争，我们的民主集中制才能巩固。

必须大胆放手发扬民主，同时又要高度的集中，这样才能真正提高积极性，提高政治水平。

（三）几个具体的意见：

① 各处的具体任务，上下结合，部可提出任务，处可以补充，由各处自己拟出工作计划，经部的批准执行，例如理论学习问题的安排，农村、乡市，出版广播的当前任务，必须看形势变化而定出自己的宣传任务。

② 对外关系——责成各处提出与有关部门的矛盾问题，提出解决意见，

召开联席会议共同解决;有些可由几个处一起研究,理论教育处,应按中央指示与本省情况,拟出规划。

③ 理论队伍问题。

建议省委:今后必须抽出一百个人充实训练机构,三分之一干部,其余抽高中以上青年,造房子,干部由我们自己训练,中级党校应即筹办,干部,基本建设立即应准备,争取后年春夏开办。

④ 各处的具体分工问题,由部来调节,如时事政策的宣传问题,必要时还可考虑改变一下组织形式。

⑤ 克服干部不安心问题,经双方面来的,我们相信改变作风,可以改善现有情况,但具体问题必须积极解决,党与团员关系要改善,加强对团员的教育。

例如,肃反的结论,干部要求用马列主义的观点分析,责成总支负责。干部的生活福利问题,个别同志的思想问题,应由党与行政协同解决,个别同志的工作,也可考虑适当调整。各处室要加强干部的业务学习。配齐各处的干部,城市处要有一个副处长,其他各处也应考虑充实与调整。对往后的对待问题。

⑥ 加强机关的政治的学习空气,提高思想性。

部的领导上应经常向大家作政治与工作报告,同时处的领导上也同样要关心,及时总结经验,开动脑筋。

我们必须认识到宣传工作的重要性,全体同志必须把党的思想看为光荣的事业。

同时又必须注意:

硬软任务不能机械分开,有软必有硬,有硬必有软,如理论教育,是软性的,但也有硬的任务,如写教材,统计数字,不能提倡错误,空想,我们要有抽象工作,也要有具体工作,为了做好思想工作,没有具体的行政事务工作,我们也难以完成任务。

这次会议准备了一个报告给省委,批下后即开一个地市委宣传部长的会议,各处应当准备材料与意见,全体行动起来,为党的当前任务而斗争!

（文件编号:I54）

省委选举工作会议

1956 年 8 月 25 日

杨思一：

预备会议情况，基点试验中发现的问题及措施：

县全部已有试点，310 乡已展开，已基本在上局部展开，试点已经结束。

收获几点：① 围绕生产来进行是抓得紧的，按中央政策来进行的。

② 人员比例，党员最高 40%多一些。妇女 20%左右(中央)。选举权被剥夺的 2%多了一些，(0.5%)低了一些，各乡不平衡。党员 12%—80%。

③ 宣传比较充分，对候选人讨论比 53 年做得充分。

缺点：

① 劲头不大，比 53 年差，选民不够多，试点乡有工作组，而且较好的乡尚是如此，应当十分重视。

② 生产问题谈得多，选举工作谈得少。选举会议形成生产会议。

不够重视原因：

① 盲目乐观。认为高潮，群众觉悟高，选民资格已有材料，因此放松。

② 任务观点。不看为重大政治任务，没有着为选举工作可以提高政治觉悟。

③ 生产与选举如何结合，体会不够。县的工作组怕影响生产。

④ 相当多干部轻视政权工作，认为没有人民代表大会也能搞好工作。候选人资格没有充分审查，有的发错了选民证，有的漏掉。群众对候选人不大重视。

方式不对：有二个村，一村举手，一村不举手。发动群众的积极性不够。

政策问题：

1. 地富与一般政治剥夺权者面偏宽(怕失立场)。

2. 党员数偏高，妇女偏低。

3. 落选人没有积极教育，消极情绪。

4. 领导问题——组织活动差，主要是工作组包办代替党团，群众团体活动少。

讨论：各部门要配合，省委发指示。

吕志先：

发扬民主问题：

① 二年来乡的领导主要由乡支部决定，直接贯彻到合作社，政府与人民团体作用不大。

这样情况，批评谁？放手发扬民主的对象与界线要考虑。因为群众不了解，很多问题是上面来的，这个情况要掌握，批评了党，乡政府不好说话.要用适当办法向群众说明。

② 整党整社问题。

不作为一个整党问题，结合多了，不好办。

整社问题——目前还谈不到，主要是发展高级社的问题？不好结合选举。

③ 政策问题。

要把对与不对的分明表示，与去年社会镇反的经验要结合，具体地说明，不是从比例上去掌握，领导上要从政策上划清界限，进行教育工作。

④ 训练：开会就是训练，县必须是分批地进行，一面检查，一面进行，时间省。

彭瑞林：

① 新登全县经验可以总结一下。

② 政策前后要分明，比例不提。

③ 主客观情况要估计，下半年工作很紧张。（兵役，水灾，普选……）

结合党代大会精神的贯彻。

二个地委普遍还未安排，因为开党代会。

吕志先：

准备工作不足。

① 思想宣传不够。

② 政策划清问题，不明确。

③ 组织准备也不够，没有五三年的劲头。

认识不足：

① 国家根本制度认识不足，那些是违反宪法的，如组织部长捕人。

② 农村情况根本变化，认识不足。

进行教育，正面教育，大小道理，与具体事件要揭发，与批评相结合。

政策问题：

① 阶级关系的变化。没有认识。如党员比例高的问题。党与非党联盟思想不明确，各界代表人物面更广。不能随便剥夺权利，家属成份不好，涉及许多知识分子，积极因素如何发动起来。

地主富农分子问题——要研究一下，不对的在运动中要纠正。

② 宣传教育工作——是主要的。

宪法与阶级关系问题。

霍士廉：

选举工作需要很好抓。

要求：调动人民积极性，为建设服务，根本是工农业生产问题，条件比五三年好，可以实现这个要求。

条件：群众觉悟高了，组织上巩固了。

干部的领导作风有改正。

应比五三年做得要好：现在问题是如何加强。

问题：1. 今年选举中群众觉悟比五三年好，不能说比过去坏，但也不能满足于这。对干部与群众应进行国家法制的教育，主要问题是对乡干部的教育问题，各团体，报社都要进行宣传。

2. 选举与生产结合问题。

征粮、分配、灾情问题，正在进行。

基本上要解决高级合作化问题（九十月任务很大）。农村工作中心是这高级化问题。

统购统销问题也不能轻视。

冬季生产问题也要安排。

选举工作——目的是调动积极性来搞好生产。

时间——过去经验一星期时间。准备时间不在内。

要吸收五三年的经验,要有具体办法。

3. 要求在春节前搞好,不要以十一月为限,因为有一个党代会。地市委领导干部多是代理的多,情况不了解。

目前要搞什么?

① 政策界限,目的要求明确。

② 干部要由省来集中训练,开十天会议,统一思想,然后把五三年一批干部,要调出一些人,协商收集。

因与妇联干部一定要参加。

③ 统一教材。把问题先搞清。

④ 省级机关有关部门统一布置工作。

分工布置任务。先研究出一些问题,可以发动起来。

⑤ 政策界限——基本是法制问题,要好好研究一下。

这个问题是根本原则,由政法会议中提出讨论。

监察院,公安局都要动员起来。

检查领导问题——要研究情况。

⑥ 发扬民主问题教育什么——教育民主集中制要叫得很响。

人民有权来批评领导,可以撤换与调换候选人,同时又要服从法律。

使干部群众都懂得。

会议:主要讨论工作,制度问题。

候选人问题——可以批评干部的生活与工作作风问题,不是开斗争会,可选与不选。多数通过,不保证。落选的要进行生产思想教育,家庭困难的不必照顾,要脱离群众。也不要调到外乡去安插,有些干部可以培养的,仍要教育培养,领导上不好的,也要负责任。

照顾不能对外说,只能内部掌握。

典型报道,好的坏的都要,同时发表社论。(浙江日报)

选举办公室起草报告省,省人委批示,宣传工作逐步展开,宣传部组织各种报道,着重好经验。

前一阶段没有搞是由于领导上问题:

① 不重视政权工作,民主权利的表现宣传不是资产阶级式的,因为内容

不同,要求不同。

② 宣传内容,主要问题:说明运动的政治意义,与生产有关,与巩固政权工作有关。民主集中制观点要加强。政策界限可按国务院公布的宣传,不好。

③ 各团体各部门应抓住自己的对象来进行不同的宣传,方式更多样化,内容更生动。群众生活问题要联系起来,不要等待提纲今天是执行问题。

④ 宣传部应派人与办公室合作。

宣传提纲应从现实问题出发,大小道理要讲清,材料应集中。

⑤ 宣传部应及时检查各单位的宣传工作。

⑥ 城市与农村同时进行,各部各处要配合,各地报纸广播要充分发动,宣传部应要通知他们。

(文件编号:R113)

宣传部讨论

1956 年 8 月 27 日

参加：各团体军队本部各处。

浙江日报：

没有计划，不准备大搞（牛厅长说）要求宣传部领导，组织报道。

思想：① 报上宣传，是不是同人民选举差不多，因此怕大搞。只想派一个人到乡去看一看。没有进行研究。

② 四五条问题，政策界线如何宣传，心中无数。

广播电台：

没有为新闻，不重视。没有列入计划，无准备。会后研究。

妇联：

没有讨论：

军队：

有一些打算，限于队伍内部，对外宣传要配合。

宣传部：

情况了解很差，没有准备，初步意见：

① 宣传什么？对选举如何看法？

政治生活中一个重大事件，对社会主义建设是一个推动力，调动积极因素同各项任务是一致的。

把优秀分子选出来，把不好的分子剔出去，对一般错误的干部受到一次教育，使人民受一次巨大民主教育，与贯彻省党会议精神相结合——反官僚主义，主观主义，作风更反对。

民主集中制问题的宣传。

② 群众经验的宣传。

批评与自我批评问题的教育，改正缺点，改变干部与群众的关系。

③ 法制教育，选举政策的教育。

按法办事，要进行教育。

教育：

选举政策教育，手续制度，政策界线问题。

① 迎接选举运动：要大张旗鼓的宣传，家喻户晓。

② 组织报道，地主富农要进行宣传。体会社会主义对他改造，妇女参加民主生活，生产中的作用。

军队：

重点放在烈军属，复员军人。对群众宣传要配合进行。

报刊：

人民代表的作用过去没有很好宣传，过去具体事例作报道。

办公室：

政治工作的意义要讲，代表的作用，制度问题的认识，现在是只要合作就可以解决一切。

“政权是人民的权力。”不了解为什么要选举。

宣传提纲要发。

（文件编号：R113）

省常委会议

1956年8月28日

霍[士廉]:

本部要点问题:

1. 九十月这段时期,八大以后,工作有变化,党的领导方法会有变化,以后再研究。至十一月止,如党校问题,不好办。训练多少人,要有规划。

2. 讲师团——放在宣传部领导,培养为主。分散去党校,大学在学习,目前不能规划。

3. 各部门关系问题,八大后讨论。

4. 五个文件如何学要讨论。

吕[志先]:

① 五个文件学习要与十条与省党代会议结合,了解干部思想情况,加以研究。整顿思想在八大以后搞,目前学习文件,作思想准备。听说党内思想建设还有新的布置。

② 理论,时事文化,学习安排要注意。任务政策,理论时间安排要考虑。

③ 城市农村宣传工作,下级党委多去安排,可以提出一些任务,机动一些。

④ 干校教育工作的检查,如党校要讨论一次,教学为主。

⑤ 报纸广播内容要抓——经费问题要解决要研究。

⑥ 各部门关系问题——各部门要在互相对照,然后由省委开一个会议。

⑦ 党校问题要修改规划与组织部商议。

二个月自修问题建议解决,业务部门干部训练计划对象划清后再定。

⑧ 讲师团——扩大学习室,与阶级教育要一起开,学习室加强,准备备课。讲师团编制与莫干山干部合起来。

彭[瑞林]:

当前工作到年底为止。

八大到现在问题要考虑，哪些是在进行的，哪些没有进行的，哪些是打算的。

领导问题应加上：八大任务分为四项：

① 十条，党代会议为主要问题，要加上具体执行情况。如何传达，各有一套。偏差问题要注意，思想统一问题。

② 时事政策与业务[新]问题，如何结合，农村中问题很多，勤俭办社，有些问题还要贯彻。

城市问题要考虑。

③ 理论队伍问题——批皮问题，经费，基本建设问题，要与各部打交道。

④ 地市委宣传部会议解决什么问题？

⑤ 讲师团问题——要通盘解决，目前要分段。

（文件编号：R113）

宣传部部务会议记录摘要[①]

1956 年 8 月 30 日

城市工作处：今后工作任务问题讨论。

1）与各部关系问题：

财贸部认为经济宣传要我们搞，工资改革问题金玲有意见。

① 支部教育要管，如何管？基础知识，时事政策。

② 具体政策问题——共管，检查思想问题。

③ 时事政策宣传问题——全党性问题，国际时事。

宣传提纲的审查问题——分二部分处理，不管的与共管的，备[案]一份。

2）[对]ブル宣传问题——统战部关系。

3）训练工作，市委、工人干校——组织部关系。

4）宣传队伍？——宣传网？

各部自管，我们提出总的规划，督促，检查研究。

5）今后具体工作，与各部开一个座谈会。

十条，省决定贯彻。

① 支部教育——九月上旬搞好。

② 八大问题教材——与农教处合搞。

③ ……。[②]

发言

时间关系不能畅所欲言。各位意见都很宝贵，但今天是一个开端，还不可能具体化，希望各单位各党派各学校各团体作进一步研究，我最后发表一些意见：

1. 方针问题——二个口号是一个完整的方针，其目的是为了“提倡在文学、艺术、科学研究工作中有独立思考的自由”，有辩论自由，有创造和批评自

---

① 原文无标题，系编者自拟。
② 原文缺。

由，有发表自己的意见，坚持自己的意见，和保留自己意见的自由。

因此，我们必须防止简单化的“左”的错误。

科学是没有阶级性的，随便加上政治性帽子是错误的。我们接受了苏联的教训，要反对迷信“权威”。

2. 这一方针是团结知识分子要具体化的方针。

因为思想的团结是真正的团结，要达到团结的巩固，不展开批评与自我批评的自由是不可能的。

中国在各方面的遗产很丰富，我们必须加强研究，同时又要学习外国好的东西。因此又发生了~~我们如何学习外国好的东西这一个问题~~。在报告中的最后一部分提出来，我们要重视。

主要问题是防止教条主义。“全盘西化”要反对，无批判的接受速度要成为“复古”主义，都要反对。从五四以来这二种偏向都存在，我们要接受历史教训。

（文件编号：R120）

八大文件学习布置问题

1956 年 8 月

（一）关于八大文件学习问题——头一段落如何解释，明年问题多。

面广而不深，现在要使大家领会精神与实质，辅导与实际工作结合体会是要紧的一步，与整风准备结合起来。弄清正面道理为主，一些措施目的为此。精简节约不包括在整风内，明年要搞好。

（二）在职干部学习问题——业余学校暂时不开始。

政治业余学校问题是主要的，如何帮助在职干部自修，向科学进军问题。

矛盾问题：学习项目多，干部忙（文化、业务、时事、理论），自学相矛盾——几门课还是要的，如矛盾论……，[辅]导员没有，与轮训矛盾。

（1）“又多又快”——原则在学习上不大合适，少而精，顺序渐进，不能速成。

（2）程度不齐，业务不同，又要照顾。一般化与特殊性又要双方照顾，所谓活泼，生动性问题，工作与学习相联系。

（3）向科学进军不但是青年，因为包括范围很广，如何组织？

（4）新党员是不是要学党章。

（5）政治业余学校——[陆]定一同志说不一定按老规定。要谈到八大问题，如上层建筑、生产关系、阶级斗争、个人在历史中的作用。

政治经济学是谈第二个五年计划，谈分配、生产、工资、住房、帝国主义问题。枯燥是由于理论与实际问题没有很好结合。

讨论：

（1）学习不平衡，死板，引不起兴趣。每一个对象很复杂，领导学习不活泼，主观主义，从上面上都往下推。

（2）按领导干部与一般干部来分不能绝对化。下乡如何学习有经验教训。

（3）整风什么时候开始？如不久，八大不要停。

（4）理论学习，解决实际问题不够，是不是可以不恢复。

（5）业余学校要不要恢复？与各单位布置有矛盾。

(6) 结束八大[文件学习],处长以上写一篇心得？可以在总结工作中进行,不要一律,有些人还要下乡,写自传等。

（文件编号：J417）

省委扩大会记录

1956 年 9 月 1 日

霍[士廉]：

今年各季工作安排问题。

生产是中心问题。

情况：

① 生产情况很紧张，各部工作都要考虑。

工业生产，完成 60%；建筑工程基本上没有完成计划，下半年很紧。工资改革面很广，新合营工厂尚未布署，工人福利问题很多。

② 农业生产——秋季问题多，八十万亩晚稻没有插，改种什么东西？劳力、肥料有困难。120 万亩连作稻晚了十余天，收成有影响，劳动力很紧，群众思想有些混乱，消极因为旱情关系。付业多种经济要搞好，否则不能增加收入。杭县吃了亏。生产救灾——旱灾有些地区未解决。

秋收以前少拿农民东西，秋收后才能打算。农业附加税应减少一些，不合理的价格要调整，使合作社收入可以增加一些，面要扩大，调动积极性，思想组织工作都要调动。

③ 市场问题——秋收后进入旺季。今年阶级关系已改变了，各阶层人民要求有变化。如合作化后儿子不负担父母了，不想要地，只想多得工分。钱的使用法也不同了，情况没有摸着。

以上问题为一切工作的根据，不能离开基本形势。城市首先是工资改革关系生活很大，同时要解决福利问题。工会积累许多工会费，工人意见多。第二是改造问题，究竟已达到什么程度，还有什么问题，不能拖。第三，机关干部生活问题，肃反、审干等问题也要安排进去。

农村合作化问题，规模多大，合作社规划要定，思想工作要做，要总结。普遍问题——质量不变，要花一定劳动来贯彻。推到春节，但要安排好，选举与整社如何穿插？

兵役——二万五千人，限于十八岁，一月要完成。

统购统销——地县多要求数目，最低数要计算，要经过调查研究。

审干工作，没有解决，干部不安心。

肃反问题——向下展开后要掌握政策，省级机关层面很大，清理积案，重案问题。

干部评级要解决。

领导方法问题——很多具体事要解决。

首先省委各部工作首先搞好，互相统一，即是组织工作。

各部自己工作要点先定好，九月上半月要搞好，每个工作要在常委讨论一下，各群众团体也要讨论。

新闻广播单位也要根据中央指示来研究宣传方向问题，干训学校问题由组宣二部共同讨论。

研究了各部门工作以后，就要分工负责，常委更要多[着]力于上述三个问题，特别是农村90%分配问题。以农村工作部为主，各部如何共同服务，可以根据自己情况。

第二、工业生产问题：

市场问题由财贸部负责。

工资问题很要注意，变成彭抓工资问题。

干部工资由组织部抓中央管理干部的问题，各部抓处以上干部，由组织部评审。

合营厂问题统战部负责。

肃反——王芳负责；审干——刘木易、杨心培负责。

改造问题——沙。研究知识分子，统战问题。

各部安排好，可以下去看情况。

余纪一：

① 普选工作搞得不够。

② 阶级关系变化后，我们工作做得太少，调动党外积极性问题如何办？对民主党派要求，党内如何看法？政协是政治问题，我们不能只看业务问题，重大政治问题要考虑。

肃反问题——没有经验，使他们不安，实质上与民主人士对立起来。政策做法是与统战问题没有搞好，他们[有]意见。追历史问题，民主党派没有地位。

（文件编号：R113）

宣传部部务会议的讲话稿

1956 年 9 月 3 日

半年内宣传工作基本任务(全体干部会议上传达部务会议精神)

一、本部部务会议的基本精神。

根据毛主席十条指示,本届省党代会精神,中宣传部的陆部长的指示,结合本部目前情况进行研究今后工作问题。

这个会议不总结过去工作的优点与缺点,其原因:

(一) 党代会已经讨论;

(二) 第一季度已有总结,所以着重三个方面:

1. 根据党代会精神,党部工作问题的基本经验教训。

2. 半年内今后工作的方面与主要任务——宣传部做什么大家要求明确。

但工作全面的检查,因为过去谈过,主要解决今后问题。

二、过去本部工作基本的经验教训。

(一) 思想工作抓得少,不深不透,不能起先导的作用,领导工作很不全面,不及时马后炮。

思想工作不能很好起先导作用,有过一些历史的教训——新三反的反冒进,"坚决收缩"问题,思想落后于实际,跟着喊引经据典教条倾向,资产阶级改造问题也如此,[对]社会主义革命阶级斗争会"空前尖锐"的思想没有批判。思想工作与实际脱节,因而在重大运动中思想领导不够,甚或左右摇摆。

工作抓得不全面——表现:如此"宣传工作以农村为主"的方针,放松了对城市人民的工作,特别是对工人与劳动人民的宣传工作,抓了理论学习,放松时事政策的宣传,理论与中国实践脱节,联系不够,教条主义的倾向,基本原理的学习是重要的,但只看重一方面就显得〈偏〉片面。

执行上级指示不够与下面实际情况相结合——硬贯任务,另一方面由于接的实际不够,不能自动地"提出问题,解决问题",有些问题虽然提出,但不能彻底解决。这些现象说明宣传工作是严重地落后于实际。

发生这些现象的根本原因:领导思想作风不纯,主观主义是主要的,也即是事务主义，经验主义，教条主义的偏向，在各项工作中都有其一定表现。

主要经验教训：是缺乏切实的调查研究，眼睛向下，缺乏实事求是精神所造成的。

调研工作不是没有，但由于领导思想的主观成分，效果不大，例如不断下乡，但缺少计划性，有的是有调查而少研究，有的是提出了问题，不及时解决问题，有些调查甚至是主观的（如坚决收缩）。

（二）集体领导没有很好建立起来。

这个问题固然与前届省委的领导作风分不开，但本部工作在这一问题上我们要负主要责任，不能推卸自己责任。

具体表现：

1. 集体领导制度执行得不正常，集体领导与分工负责没有很好结合，在这半年来更是明显，使各项工作不能及时解决某些问题，认识上不够一致的，有些工作不能统一安排，统一规划。使工作拖拉，事务主义有所发展，影响干部的积极性的发挥，是比较大的。

重大问题领导上不和大家商谈，集中大家智慧，民主精神差，不大爱听反面意见，这就更加阻碍了民主集中制的贯彻，所以这次党代会议揭开盖子，是完全必要的。

2. 由于部的领导缺少民主集中制精神，使各处工作不能有机的配合，互相联系少，分工的部长，也缺少对部的全面工作的了解，分工多于合作，不能使全部工作如同机器一样，开动起来。至今各处工作还留下不少问题，不能具体解决，其原因即在于此（例如时事政策宣传教育，基层支部教材，出版广播的内容不能城乡兼顾）。

根本原因

缺乏依靠群众的思想，大家办事的民主精神不够，实际上是主观思想所造成的。因而阻碍了大家的积极性的发扬。

主要经验教训。

今后必须实行“上下监督”，健全党的组织生活，建立一定的会议制度，开展批评与自我批评，（自下而上与自上而下相结合）经常交流思想，这样才能逐步巩固民主集中制，与官僚主义倾向，要作经常的斗争，不能看为简单的事情。

领导上必须大胆放手发扬民主，同时又要高度的集中，要有负责精神，解决问题，这样才能真正提高积极性，提高大家政治水平。

三、今后本部工作的基本任务问题。

（文件编号：I47）

关于党的第八次代表大会重要文件的学习意见

1956年9月21日

根据党委布置，为了使全体干部及时了解党的第八次代表大会的进行情况和初步学习大会的主要文件，决定自九月十九日起原规定两个半天的理论学习时间，一律用来学习“八大”文件和中共中央与国务院关于加强对农业生产合作社的生产领导和组织建设的指示，兹将学习要求与步骤提出如下意见（如遇党委有具体布置时本计划则另行修改）：

一、学习文件：

1. 毛泽东同志在党的第八次全国代表会上的开幕词。

2. 人民日报九月十五日社论：我国〈卫〉伟大社会主义事业的里程碑。

3. 刘少奇同志：代表党中央的政治报告。

4. 邓小平同志：关于修改党的章程的报告。

5. 周恩来同志：关于发展国民经济的第二个五年计划的建议报告。

二、参考资料：

1. 党的历次代表大会介绍。（载九月十四日人民日报）

2. 党的重要会议简况。（载九月十五日人民日报，九月十六日、十七日浙江日报）

3. 与以上主要文件有关的其他参考资料。

三、学习要求：

明确“八大”任务，初步了解各个文件的主要内容和精神实质及领会党领导我国人民取得两个〈卫〉伟大革命胜利的经验。

四、学习方法：

以自学为主成组织集体读报，并结合小组漫谈的方式进行。

五、时间安排：

九月十九日学习毛主席的开幕词及人民日报九月十五日社论。

九月二二、二六、二九日学习与漫谈刘少奇同志政治报告。

十月三、六日学习与漫谈邓小平同志修改党章报告。

十月十、十三日学习与漫谈周恩来同志关于发展国民经济第二个五年计划的建议报告。

六、学习中应注意的几个问题：

1. 这次学习时间的安排是紧凑的，因此要求有阅读能力的同志，应当适当利用业余时间主动地自学上列这些文件。

2. 毛泽东同志的开幕词必须精读，细读，以领会文件的精神实质。

3. 学习中遇有疑题和不够明确的地方，如小组能不能解决的，则由大组研究解决，大组难以解决的汇报学委会统一研究解决。

学委会

一九五六年九月二十一日

（文件编号：I47）

党委书记关于八大文件学习安排问题讨论

1956 年 9 月 24 日

文工党委：

百家齐鸣，省党代会决议，如何结合？要求目的？

中国青年的提纲，题目太多？

工交党委：

一、文化学习不能停？

二、工资问题很忙，不能抓紧，部门与党委一些布置。

政法[党委]：

有省代会问题有三种类型，有些劲头不大。

党群[党委]：

下星期布置，因为没有看到电报。

如何结合党代会问题？

自学为主，结合漫谈，一个星[期]读一个文件，讨论一次。

农林[党委]：

以国务院指示为主，国庆节后搞。

财贸[党委]：

已布置，具体要求没有提，有人不同意进行理论学习、文化学习问题。

宣传党委：

一、什么时候联系实际？

二、资料。

三、群众与党委要求不一。

（文件编号：I47）

霍士廉在党组书记会上关于八大文件学习情况的讲话

1956年9月26日

关于八大文件的学习问题。

一般积极，一部分还不够重视。国庆后外宾接待很忙，目前要学好，中央文件都有历史意义，各部门都要学习，合作化指示农村的阶级关系有了变化，八大的几个报告提到了农村问题。

如党章报告：二个党员介绍，预备期一年，什么道理？因为阶级情况发生了变化，只要有了入党条件，预备期可以一律。富农也按劳取酬，阶级也起了变化、政策也有了改变。

各个发言总结了各项工作，全党都应重视，明白以后搞什么，文件是解决会后的工作的方针，如不学习好，肯定要犯错误。过去思想上的骄傲，不了解新的问题，社会主义取得根本性胜利后，新的问题更复杂，要接受过去沉痛的教训，全面转入社会主义的革命，这是问题关键，马马虎虎混过去，糟了。所以要求大家统一思想。

接待外宾是社会主义内部关系问题，对争取和平关系很大。

学习要求：初步阅读，二个作用① 整风② 明确会后的新方针政策，二个问题要有联系，只有一面不解决问题，斗争一下不能解决思想问题。调动积极性是基本实现了(省委代表大会后)发挥批评与自我批评，对大家情绪有很大的鼓舞，脱离群众，很有警惕，但代表大会上批评了思想对会议工作研究不够，新形势下的实际工作问题没有很好的解决，思想上若干思想界限不明，产生一些消极因素，有二十多县委书记思想有不稳定。不愿当书记。有一些积极性发挥了，但不知道如何办法，这次农村工作会议先学中央指示，在讨论工作，很有效果。

我们主观主义是由于新情况下，不知道如何工作。

这些文件是与马列主义与中国情况相合的，每一个问题提到原则上来说，从实际主观情况出发的理论就是总结斗争经验，所以要停止经常的理论学习。同时要注意五个文件要互相联系，才能明确。

要求学习不能一般化，也不可能有目标的要求，特别领导骨干，处以上的干部要抓紧，把这些干部认真组织学习很重要，一般干部不能要求过关，有一个同志还不知道在开八大，证明平时不看报，负责同志：要做讲解，组织阅读，作报告，省委各个负责同志都要学习，组织看平时的讨论，解决具体问题。对中央的指示要表明态度，如何改进工作，还是省委的责任。

各机关负责同志都要好好学，以后如何搞，要待八大会议后解决，五个文件结合学习，首先要求负责同志先学好：

怎样学法：联系实际，提高认识，建议不要占用学习时间，要看进度，再考虑。恢复正常理论学习，早晚不要硬性规定，争取自愿去学习，如不看小说。负责同志带头学习，宣传部有计划的搜集思想情况，提出百家争鸣。省委接受不抓学习的批评。对领导干部的要求应当提高，实际不多，理论不高，工作上一定要犯错误，不能保持你永远做领导工作，有了实践，为什么要犯错误，就是因为理论不高，不接近实际。

谁领导这个学习？首先是部门的负责同志要领导，思想工作具体责任由宣传部来负责，作为省委的学习办公室。具体组织领导，宣传部统一领导各部门的思想工作，他不能说省委不重视，应当随时向省委提出情况与报告，省委经常检查与督促。各厂局由各厂局长负责，如不能做好，首长要负责，机关党委主要任务是组织干部学习，做具体工作，依靠支部、具体领导、党组是一个组织，当然要关心，主要是管思想保证党的政策的实现，主要的是谁？采取具体领导的方式，党组要列席党委，按计划办事，党委保证计划的实现，党委有权监督行政负责人的学习情况。

宣传部有责任检查每一个负责同志的学习，可以找去谈话，帮助他来学好，支部也应检查省委每一个党员的学习情况，加以督促检查，出席党的小组加以检查。

文件的互相联系问题，如政法部门就要研究经济问题，才能理解法律问题，商业部门也要懂得生产，所以全部都要学。

八大代表回来后，再作布置，大家思想要做准备。回去后，自己研究。

（文件编号：T14）

全党学习八大文件的初步意见稿

1956年9月

一、目的与要求：

解决领导的作风问题，反对三个主义，领会文件精神，接受全党与地区的历史经验教训，通过目前工作，学好文件精神，通过工作着重检查与执行群众路线问题。（通过工作）

毛："俄国的革命和建设的胜利，都是马列主义的胜利……但还有严重缺点，这就是：思想上的主观主义，工作上的官僚主义，组织上的宗派主义。"

根据本省的情况：各级领导干部共同要求进一步解决，如何改正作风，执行群众路线与集体领导，经实际工作中找出思想的根源，具体解决的方法。

二、学习的主要对象问题。

重点放在县委书记处长以上干部，但又要结合一般干部的学习，共同进行——重点与一般结合，先后要分，要求不能一样，方式又要多样化。

好处是：

（一）各部门，各级党委容易联系群众，结合工作的检查，调查研究，解决问题。做到与群众商量。

（二）发扬批评与自我批评，党内外的团结问题，可以得到进一步的发展与巩固。

（三）时间快，面广，上下一致，效果大。

三、方法与步骤问题。

时间大致半年。

（一）通过会议集中学习，由省委召开一个县委书记以上的负责干部会议，传达八大的主要精神，明确目的、方法步骤，学习文件，做一些辅导报告。会议分组讨论，各地委，省委各部门分别讨论，以便贯彻到各方面。（陈修良旁注：第一种方案）

然后省委加以总结，提出贯彻的办法。

（二）会后由各地委负责领导县的具体的学习。

分批轮训，地委因工作可能有意见。（陈修良旁注：第二种方案）

发挥地委县委的作用，这一个时期省委要开一次会议，集中起来。十一月份集中于行政学院，可以考虑先集中地市县委宣传部长，先进行学习（十月底抽调），分批轮训，自然好处是：省的领导强，辅导学习文件比较强。不利方面：

1. 各地情况不同。

2. 妨碍当前的工作。

3. 时间慢——王云山只能每批训一百人。

高级干部 237 人。

中级干部——地委委员，正付部长，省委正付处长，县委正付书记，县长及相当于这一级的干部共有 1 859 人（2 000 人）。（上半年的统计）

（如包括县委委员，付县长共计 4 000 人多）。

（三）省级机关干部如何学习？

1. 按各个系统，依靠本单位分别进行，以处县以上干部为重点，一般干部理论学习仍旧恢复（三门功课要学），结合八大文件讲课，先讲中央党史，经济学社会主义建设按中国问题讲，哲学主要讲"从实际出发，反对主观主义，教条主义"，听几次报告。八大代表要工作，文化学习继续进行。五个文件为主。

2. 找个别地区个别须学习与调查研究，检查工作，总结工作，帮助下级工作相结合。

按照组织部与宣传部的办法：

领导干部带领一批干部进行重点的调查，（国务院指示的经验）检查帮助工作，回来总结，检查自己的部门工作的缺点，找出典型事例，作为教训。

（四）利用各种训练机构学习。

1. 各业务系统的干部训练班，分批分期抽调骨干进行学习与总结经验，领导干部要去亲自掌握，计划由各部自己制定。

2. 利用党校组织机构。

现有的学员春节前以八大文件为主要内容，进行讲课（已经办了），二个星期还要延长一些时间，最好是一个月。

从春节后，调训部分县委付书记，付县长等干部进行学习。（在职中学不够好的，或因工作没有学好，思想不通的）

3. 地委干校分调一批分区委的干部。

4. 支部教育材料：城市工厂已发通知，目前在党员中普遍进行四个八大主要文件的学习，明年进行新的教材进行教学(在准备编写中央一定要写好)。

农村：今年十一月以前，国务院的指示为主，主要问题也是“群众路线”反命令主义为主。培养典型，明年开始学新的教材。

5. 党外人士的学习：由统战部计划宣传部合作。

民主党派社会人士开办讲习班，民主党派如何学，由协会负责计划。

6. 大专学校。

(1) 怎样做党员；

(2) 党章；

(3) 基础工作教材；

(4) 理论常识；

(5) 学习什么文件。

五个文件要补课：第一步先学，再谈八大文件。是反对三个主义，认识主观主义危害性的武器。

八大文件：以毛、刘、邓决议四个文件为主，其余参考。

(6) 最后要求各级党委与为各部门总结工作中的三风问题改正办法，正式向省委报告。

7. 要求省委具体的领导，推动各部门共同协作，宣传部抓学习情况，研究思想问题，提供意见。

目前学习情况特点：

一般都已经阅读，但不深透，原因是：

1. 学习目的要求不大明确，如何整风？没有联系实际工作的检查，有些疲倦。

2. 进度不大一致，“各取所需”，全面精神不大了解。

3. 工作忙，文件多，时间少，重点不明。

总的说：领导上需要进一步订出计划，省委要切实掌握。

(文件编号：I47)

关于学习八大文件干部集训计划

1956 年 9 月

（页眉注：县委书记、县长以上，省处长、地委委员 1 859[人]，如包括特委委员，4 000 多人。）

一、要求目的

（1）抓重要骨干，县长与处长以上干部。

（2）集体整风，在提高认识中解决个人思想问题，不采取过关办法。

（3）学习中要求达到什么目的：整顿三风。

二、方法：

1）不集中，各单位自己整风，好处是一般与重点结合。

① 联系实际，检查、调查研究工作，解决问题。

② 有了 M，容易进行批评与自我批评。

③ 时间快，普遍——集训一批作为骨干。

2）发挥地委作用。

3）学习对象，重点：

省级机关处科以上干部，半年时间；一般干部，一个半天学理论，重点以八大为主，另一半天学文件。

4）训练机构问题。

5）集训目的只能是培养骨干。

三、学习要求：

解决集体的领导作风问题，因此要反对三风，个人强调自觉。

谷：

三风不正是集中表现的。干部很想改正，县委专开会解决不了问题，如党政关系，集体领导问题，无法解决。特别对乡的领导，如何领导，小心怕事。

中心在于贯彻群众路线，反主观主义、宗派主义、官僚主义。

（1）县书以上干部利用会议方式提高认识，各地委带县委共同分组讨论，回去后去解决工作，各地支部有代表，做一些报告。会议要有准备，找出典型，作为启发，省委加以总结。

(2) 干部对象：重点与一般干部结合，抽出负责干部学，搞不好。

省党校明年上半年集中一批县委书记、县长、地委委员、一部分县委委员学习。五八年正式成为中级党校。

行政学院——按初级党校课程学习，结合八大文件。区书、县委员。

(3) 省级机关干部如何学习？

各系统负责干部下去检查工作，结合文件的学习。帮助他们工作，回来总结工作。各个单位自己来整风，依靠本单位自己搞。发挥各业务机构来调训骨干学习。

(4) 党外人士开办讲习班学八大文件。

（文件编号：I47）

关于学习八大的笔记一则

1956 年 9 月

一、目的要求。八大代表回来传达以前，事实上要分二个阶段来学，目前目的要鼓舞积极性，广泛组织阅读与讨论，领会文件主要精神。

提高认识，“看文件本身也是要求”，“熟悉文件内容”，为打下进一步打下基础。

（一）要认识各个八大文件互相有联系，各个文件又有自己的特殊发挥。

（二）业务不同，重点要求不可能完全相同，不能要求每个人立即全部懂得，重点自己定（如农村干部以国务院指示为主），“各取所需”，适当的根据自己的实践经验，加以研究，但不要提倡个人检讨，目的为了逐步解决当前的主要思想问题，改正工作（反主观主义，官僚主义，命令主义，宗派主义）。

二、方法问题，不能统一，省级机关情况很不同，省党代会是一个值得注意的问题。

（一）浏览一遍，讨论几次，以那一个文件为主自己决定，全读或部分均可。

（二）省党代会议决定未传达的要传达，领导上检查问题，以后再谈，实质上可以结合。

（三）文化学习的同志，要组织他们读报，不能停止他们的学习。

（四）群众中宣传问题——非党干部，可泛然阅读，自由漫谈，党员进行帮助，了解思想情况，看他们对我们工作与思想的批评。

（五）步骤——先学什么后学什么，不要受限制。大会发言尽可能要看。

（六）愿做笔记也可做笔记。

（七）国庆后汇报一次，主要问题：

1. 如何布置的。

2. 党与非党群众对文件的认识与意见。

3. 进一步如何抓的问题。

4. 书面报告。

5.《学习通讯》要以这个问题为主。

（陈修良旁注：① 相当初中文化程度，大部分学理论与组织部意见不一。）

（文件编号：I47）

关于最近学习八大文件情况的汇报

1956 年 9 月

一、党组会议后

普遍动起来，主要报告看过(2—3 个报告)。

对总理报告数目字多，不感兴趣，第二个五年计划还早，不大重视。

农业系统情况：部内学的，下面情况复杂，农业厂学社章，没有学中央农业指示，八大文件也不看。

医院系统也没有学。

二、思想情况：一般干部思想

(一)“长期共存”方针不同意——主要是我们在检督，老人死了后，还有什么民主党派。

(二)生产关系已经超过了生产力不通——生产力与生产关系互相适应，为什么还有矛盾。

(三)ブル还存在，提得太早，应当是主要矛盾仍是工人与ブル矛盾。

情绪：

(一)各取所需——如财务部门只重视物价、合作社问题。

(二)入党以来第一次深刻的影响，党的伟大性。

三个了不起：CP，毛主席，China。

(三)认识了许多问题。

1. ブル改造的可能性，统战部干部比较安心。

认识了统战工作的重要性。

2. 新章程——看了后想做一个好党员，未入党的要求更努力。

3. 工〈厂〉业部少数干部对以重工业问题不大同意，[认为]〈化〉花资金过多。

4. 自由市场——统一工作不好办，小商贩不列入计划，统计工作怎样办?

5. 农业生产问题。(农林党委反映)农业厅学习发言，林业厅党组书记回去还没有传达。最近有许多会议。

(1) 农业生产的独立性，〈为〉会不会造成生产忙乱。

(2) 对多种经济问题很有兴趣。

6. 宣传党委普遍看过一二遍,有些人做了笔记与座谈。

(1) 认为是马列主义的具体化,也有认为老一套。

(2) 广播电台有一党员[被]劝告退党,现在要控告。

(3) 将来要整风,现在要老实一些。

7. 卫生厅——赖光新过去不管学习,[现在]要每天下午都学。处长反对,定三个半天,怕整风,怕宣传部要谈话。

党外人士反映:

一、动员自己党员学习八大文件。

二、也有说 CP 出了问题,才要民主党派。

问题:

一、要求如何明确——看文件的目的。

二、十月中旬后,如何办?

三、某些单位学习领导还是不大重视——农林厅、文教厅仍有占有时间的,青年团员去听恋爱问题,或者开会去。

有些支部还是抓工资改革——省统战部。

四、党校可否给课一个月学习八大文件?

(1) 教员学生没有时间学八大文件。

(2) 政治经济学正在教社会主义建设部分,教员讲苏联的课本,学生不满意,教员不多讲。

教学机构对八大的学习情况。

一、尚有业务系统七八个学校没有布置学习。

二、党校、行政学院——教学人员很积极,领导上还重视不够,要推动。

学员有二个晚上自学。

教学人员的目的性还不明确——是理论与实际的联[系],不明确。

教员思想:不愿放弃讲稿,学生要求讲中国问题,教员认为八大不是政治经济学,有过多的现象。学生有意见。

教员要讲苏联的,适当结合中国情况,否则要辞职。学生要求讲中国问

题。(社会主义问题)

师范学院

二年级:

七门功课,中文、汉语、俄语、教学法、教育学、中共史、方言语言、体育。三十一节课,课太紧。

中共史读何干之。教育学。

健康,神经衰弱,失眠,开〈半〉夜车,每晚睡四小时,说学生不艰苦。(焦付校长)

1)老师情绪,师生团结。

2)国家制度——不合理?

3)整风运动有妨碍。

下学期。

减少内容:如何教法。简缩内容。

由考试〈用〉改考查——院长的话听不得。

怕变为考试,方法方式,时代背景。

书面作业——出题目,"左"右倾批判。

助教党员(夏莲云)。

(文件编号:I47)

关于政治业余学校问题发言提纲

——省地市县政治业余学校问题座谈会上发言

1956 年 9 月

时间：一九五六年九月×日，地址：人民大会堂小会议室。

参加者：省地县市各地负责理论工作的部长及理论教员一部分；本部的理论教育处，各机关党委负责人等。

陈修良发言：（最后一天）

政治理论学习先要肯定成绩：

① 普及，也提高了一些；② 摸到了一些经验；③ 对实际工作有一定帮助，如重视了调查研究，如强迫命令减少了。

以下讲几个问题：（根据会议上同志们提出来的）

（一）学习目的与要求——干部要求学习理论与文化是好现象，但要做好这一工作，领导思想要明确，要有计划，要从具体情况出发着手，即从主观力量与客观要求出发。

政治业余学校对象，以一般干部为主，过去方法是：一种方式，一样内容，包括各种干部，想一网打尽。莫干山训练班的，中央高级党校的内容也去传达讲了。本来目的是系统学习理论，但因此发生了问题。

① 内容广而深，中外古今的都有，学不进去，消化不良，（不能应用）理论与实际联系成了问题。量大质不好，用贯〈灌〉输方式，这是执行方针的问题。

② 辅导发生困难——方面多，问题多，涉及经典著作就有困难。

③ 干部要求不能满足，效果不大好，问题多，不能使其独立思考问题，是执行方针问题。

教不好的原因：是没有教本，领导上没有经验，简单地，急于求成。

一般要求什么？要求学习马列主义原理是对的，但要由浅入深。县的一般干部应当是学初步理论常识；第二，更须初步联系实际，特别是党的政策问题，因为这是具体马列主义。打下自修的基础。

使一般干部懂得主观主义就是唯心主义，反对教条主义与经验主义，党八股等现象。

必须通俗——指〈致〉使人能懂，不贪便宜，抄搬书本与别人的讲稿用实际融化起来的东西，提倡思想自由，应用到中国问题中去。

正面教育要多。

目的：学会选用理论。

（二）方法：进行理论教育要看各种对象——这是学习中的群众路线问题，也就是所谓“安排问题”。

县的干部特点：① 文化水平很不齐——自文盲到高中，大学都有。

② 业务不同——中央指示：各部门要进行干部训练，各业务部门的学校也要学哲学与政治经济二门功课（省的学校）。

③ 理论水平不致——要求不一致，所以内容也必须有所不同，方式也不能一样。

④ 干部流动性大，下乡的多（最高达 70%）。

⑤ 党员与非党员还有区别——非党员中有多种不同情况，要求不一样，不能同党员一样要求（党员必须进行马列主义教育）。

方式与内容一致：

① 各样不同的干部必须有各种方式来进行——安排问题，“殊途同归”。

② 解开绳子，不一定都按照课本讲。所谓“系统”，不是指某些人的讲稿就是系统，而是各种理论问题，要有比较深透的理解，不要把教科书看为神圣的，只能供参考。生动事物中国问题很多，根据学员所能理解的讲一些，作为启发，能实用，只做榜样，问题要学生自己去解决，也不是每一处都要举一个例。我们的任务不但是认识世界，还要改造世界——与“百家争鸣”问题联系起来，理论指导实际，还要从实际中发展理论，这是毛主席的指示。教条主义的祸害就是从书本出发，我们不能提倡。

③ 不一定先学哲学，也可以先学别的如政治[经]济等，可以根据干部自愿。苏联党员学习是先学历史（联共史），一般政治常识，哲学是自修马列主义者学习。

如何办法？（指各种干部理论、文化业务、时事政策的学习安排）

① 自愿原则——可以调动积极性，领导的责任是启发，帮助解决问题，不要太怕自流，不能过分强调统一与集中学习。

② 学理论上的与学文化的界限一定要划清。执行要灵活。还有许多非

党员，支部不能硬保证。文化，理论，业务各人学一门，有余力的可学二门。(顺序而进，才能学以致用)。他要学几门，只要吃得下也可以。如果几门都不愿，要学别的，学文艺也可以，有许多人要学物理化学、数学很好，要照顾大家兴趣，我们怎样知道这些人里面；将来没有专家，要做好这一点，宣传部要调查研究，有这个气魄。

③ 学习组织形式多样化——这是根据不同要求而来的，对马列主义学习不能采用一种方式。如政治业余学校。列宁也最先是参加马克思主义小组而来的，抗战时有许多同志参加了读书会，小组等等。

目前政治业余学校如何办？

第一，把人数缩小一些，课程另定。(用初级党校课本)，这样可以讲课的人就多了，克服目前五花八门的内容，教育初步的马列主义常识，对〈以〉党内新的干部为主，组织党的教育网。

未办而要办的地区更有准备：

① 配好专职教员，其次是兼职的。

② 教材等中央即将发下的教科书，已办的学校，按初级党校的教科书教。

③ 学员必须要按照一定的标准。

④ 宣传部要有一个专业干部管业余学校工作。

第二，省级机关的政治业余学校问题。

业余学校的组织领导：——归省级各机关党委办理，省宣传部负责几个方面：

① 研究教学内容；② 加强对辅导员的指导；③ 抓计划；④ 检查督促；⑤ 统一管理理论教员。

各机关党委任务：

① 进行学习中政治思想工作；② 组织党员进行马列主义教育，定出工作计划；③ 聘请兼职教员；④ 检查学习情况，经常向宣传部汇报；⑤ 组织辅导员；⑥ 管理教育行政事务。党委宣传部设一二个专职干部管理其事。

第一，县级机关如何办业余政治学校，可以研究，未办的不要急。先办一所或办二所，要看具体情况。按干部分管原则进行，好处是理论与实际好结合，可以集中力量管教学中问题，行政事务可以减少。每月二个半天办公时间学习问题还是要确定。(要经党委批)

第二种方式：读书会，自修小组，个人学习。（建议由支部掌握报告宣传部，他们自学的应有计划）进行不定期的演讲会，轮训干部——主要克服下乡的困难。（下乡难学好，所以要轮训专门学习）。

主要的是要按个人的业务，政治文化程度，工作时间，个人兴趣的不同去接受马列主义真理。

宣传部对这方面的方式应当去研究其优点与缺点，总结经验，与创造经验。

第二，时事政策学习问题。（这是具有一般性的问题）

时事政策内容大致是：

① 工作布置；② 业务性问题，如肃反学习；③ 一种是宣传性的，如解决台湾，反对侵略埃及等。

对于第一类时事政策，必须全体干部中进行学习，可用做报告，工作中进行，宣传部配合进行。（意指大问题要由党委来领导）

对于第二类问题：对象必须要有分别，看各人的业务不同，也应在工作中进行学习。

对第三类问题，时间可安排在半天工作时间内，省委宣传部应当及时布置内容。（指一般性问题）

第四，干部早晚应有自己活动的一定时间，康健要注意。（省级机关晚上不集中学习，县的机关干部晚间也集中学习。）没有事也坐在办公室的现象一定要纠正，不能对这些同志加上“学习不积极”帽子。

早晚都集中学习不妥当——不能过分强调集中学习，什么都统一。

商店营业员等学习时间要另外安排。

（三）理论干部的培养问题。

培养理论干部的新生力量要有长期观点。

大学毕业生在学校时学了马列主义课可以担任教课，其他干部如何分别培养为理论教员？

① 省委党校分批调训过的；

② 现有的理论教员（已训过的）；

③ 固定专职干部，他们不能做看门工作（指宣传干部下乡后，理论教员有在看管机关的）；

④ 县委应当培养辅导人员，逐步扩大骨干力量（学习中也一定要有骨干）。省级政治业余学校大班辅导员有一五〇人（6 000 人中平均 40 人中有一人）学习小组长也是骨干。

党的“八大”以前要准备好，“八大”以后如何学习要布置。

现在要求准备好的几件事：

① 干部要求要摸底——了解干部要求，（如文化、理论、业务）安排好。业务学习由各垂直系统自己管。

② 教材——只能通俗，不能太宽太深，以通俗初步常识发主，中央对初级干部的教材就要发下来。

③ 思想准备——总结自己的经验，教学人员及宣传部同志要学整风文件（即中央所规定的毛主席在过去整风时的报告，等五个文件）。教条主义表现要研究。五个文件的学习，目前一般干部中还不进行，以免混乱，理论学习仍照旧进行。

（四）大家说部长以上负责干部没有时间学怎样办？

我认为他们应以自学为主（在职时），八大以前可能出些题目，宣传部应当考虑出什么题目，省级机关的干部以省党代会议决议为主，检查主观主义问题，可以写心得，八大以后更有新的布置。

其次，是请负责干部去上课，还有一个方法是轮训。

（五）干部文化学习问题。

干部要求学习文化，这是主观需要，没有一定文化水平理论学不进去，没有文化社会主义建设不好。

要求学习文化的干部比例很大，要求在文化上提高深造的，不能带上个人主义帽子，要满足他们要求，为了今后工作需要，国家科学发展，提高干部个人能力，提高文化是必要的。

其次，学习文化方法也要研究，宣传部应与文教部合作，共同改良，可办高中班也要办。普通中学内的八门课，如物理、化学、文学……如何逐步进行学习可以研究讨论。可能这一段不讲了“物理、化学……”

（六）工商业者学习问题。

这个问题统战部要求宣传部配合。

地委宣传部要帮助统战部，县委不能举办搞，省级对工商[业]者另有布置，不准备集中。

问题是：

① 想用一种训练班方式轮训，这种方法要发生强迫命令，用过革大办法不妥当。——如检讨、审查历史、总结鉴定、填表三分、培养典型，大家挖根。（关于这个问题中央统战部当时有指示的）

对工商业者要“劝学”也要“劝不学”，如病老、弱、忙的。

② 要求与方针：

对我们党员干部的十六字的教育方针，对工商业者不适合，中央统战部提出说：“讲清道理，自由辩论”，——“一破一立”，也不强调联系实际。

③ 辅导员——也要有资产阶级中的知识分子来教一些课。（这一点中央统战部也有指示）

④ 教材——按照中央统战部发的，目前要做准备。

（七）地委理论教员编制问题。

原则上分配到各地市委的共计 250 人，省级机关留 80 人。

理论教员待遇问题——他们的书报要发，评级时要注意，不能太低，不要在名额中限制，可以由干训费中支出。

以上意见：

（1）我们要报告省委，请求批示。（后来写过一次报告批示）

（2）还要他们回去和地委讨论。

（3）还要看各县的情况来搞。

（4）这次开会目的，按座谈会的通知进行，谈几个问题：目的是讨论县委干部的理论学习安排，学习的目的、方法问题，不是总结经验，不总结优缺点，所以不是总结会议。

（文件编号：I57）

在省地县理论工作座谈会上的讲话记录

1956 年 9 月

陈修良：

我们成绩很多，主要是宣传部没有总结，学习后强迫命令减少了许多。这一时间内摸了一些经验，学习了马列主义哲学，打破学习哲学神秘思想，成绩应该看到，不要没有信心，我们要有信心，好好总结一下。今天八大发出消息来了，要提高理论，我们要有信心。

许多工作缺点，主要省宣传部不明确，县不知怎样搞。过去叫你们搞，讲的简单，不具体，越快越好，怎样办，很简单草率，有许多问题，缺乏调查研究，然后计划一下，指导下去，那我们的成绩还要大。我们简单化的决定，也表现在我省级机关，我们搞理论教育工[作]者，要搞。

现在：

(1) 县里干部理论学习要求目的是什么？目的性不明确，方法也讲不到。我们一般都知道，干部都热烈要求学习，这是好现象。但干部有各种各样学习要求，我们过去缺乏了解。假使我们去掉部长级干部，以县的一般干部的学习讲，什么要求。过去我们采取一网打尽是采用业余学校，大家都来学，这不对的。教讲内容有高级学校，莫干山的有……，教员下去传达一下，孙定国录音放一下，这是不看对象，不对的。我们过去按高级党校课程，有他的思想根源，我们认为给干部系统的理论学习，但是没有考虑怎样系统的循序渐进的学习。一网抓的面太广，古今中外都讲，而且东拉西扯都的面太广，而且不深不透，而干部，列宁、费尔巴哈……怎样没有知道，这样就不消化。不消化不能应用什么性质，这对方针运用不够，省级机关也没贯彻，面广而不深，毛主席讲，讲话要给人听懂。另一个问题发生辅导问题。干部问我们费尔巴哈是什么一会〈回〉事，我们没看过，答不出来。列宁的物质定义，究竟是怎样，是抽象的，怎么样？不知道，讲辩证法内因作用，零零碎碎，特别是辩证法的范畴问题搞不[清]楚，不能讲。辩证法里花头很多……内因外因……

(2) 这样讲课效果不好，是灌输的方法，没有独立思考，灌输与启发是对立的，灌输一定不能启发，学员听你讲好了，而学员听起来很紧张。因为你贯

[灌]的很多，而且讲的很多，错误也搞进去了……像病人一样，饭吃的太多了，不消化。所以独立思考是重要的，[是]方针性的问题，我们有些同志不接受意见，不认识这一问题。

这些现象从何而来？最主要的是领导没有讲，特别是省宣。我就没有讲，不懂。要向同志们检讨。我没有给你们讲所以你们……另外没有教本，宣传部不敢写，怕的很，怕戴帽子、检讨，如果不怕了，我们就会聪明起来。其次简单化，性急，没有准备，等原因，造成……，当然你们那面也有毛病。

今后怎样办？一般干部要求怎样？理论学习中要求的二条，① 初步的学会理论的常识，不是高深的。为什么呢？因为这些干部，新的党员很多，老干部少，他们对马列主义学习少，没有基础，我们要由浅入深，循序而进。以便打下他们自学的基础。② 要求初步的知识，初步的联系实际，能对党的方针政策能够领会懂得。这很重要。如有干部学了哲学，对毛主席言行，党的方针政策，基础懂得多这很好，能够把党的方针政策领会[导]工作做得〈谅〉漂亮……

那么我们讲课就要通俗化，使之都能懂的。因此要发挥自由思想，引导到用的方面去。学习马列主义目的是为用，这很重要的。学习马列主义目的为用，解决中国问题，解决目前问题，这是很重要的。如果我们讲课东拉西扯，东搬西搬，照本宣读……就是讲的没有错，没有用。有的说，这样不是太难了，我认为不会的，这意见是通俗化，不要求他们批判另外什么学派。从正面去讲解。这不成问题的，如批判黑格尔，你不懂黑格尔怎样批判。我们是理解多[少]讲多少，我的讲稿就是小学生。这样做，教师自己用过脑筋，讲的话就有通俗，就有劲。我们大家来用脑子，当小学生的态度，不要以理论家自居，不允许人家提意见批评，就此解决了。

第一，看不同对象进行不同教育，这就是安排问题。这一问题的本质也就是群众路线问题，要看群众的要求进行教育，县的干部有几种：① 文化水平不同，大学……。② 业务不同……而且今天新的情况发生，各系统来管，有一直线，这就牵扯到管理问题。所以我们的工作很复杂，而且中宣部规定，除学业务外，要学二科理论。省级机关七个党委办。就是业务不同，学习内容不同，联系实际不同。怎样安排，要联系实际。

① 县干部流动性很大，最多的70%，今后流动性也不会减少。

② 党员与非党员也应有区别，不能一律要求。我们党章上规定党员一定

要学……非党员没有规定。我们有些人要党员非党员一样看待，发生强迫命令。而非党员又很复杂，有资本家，民主人士，各种信仰，因而我们的教育方法要多种多样，使丰富内容教给人，没有方法，内容也不能……，形式内容是一致的。

对方式问题提几点意见：

（1）对不同干部采用不同方式安排学习，不要强求统一，下面要讲。

（2）解开绳子，“无产阶级历史经验”讲，党中央提出的问题，这是我们宣传工作同志都要注意。要反教条与经验主义。“无产”[一文]是说：“我们不少研究者仍然带着教条主义的习气，把自己的思想束缚在一条绳子上面，缺乏独立思考的能力和创造精神，也在某些方面接受了对于斯大林个人崇拜的影响。”这就是绳子，这条绳子要摔掉。这一文件要很好学，摔掉这条绳子，与我们教课问题很大，有些讲苏联专家，人民大学的，不讲自己的，这是一条绳子。我的讲深后，人家问我根据什么教材的，这都是绳子。我们党校同志有能力，也不敢讲。这不能怪苏联专家，苏联专家明确交待过我们，不能搬用他们提纲。

我们应该学习苏联丰富宝贵的经验，就是我们学得不够好，而且苏联教材随着历史的进步也有错误，如亚历山大的哲学就有错误的，我们中国许多问题，资本主义改造，他们就想不通，如一长制中国就行不通，我们就用党委制。农业走农业集体化与机器并进的，我们就并不这样。因此系统就不能拿出版的讲稿就是系统。应该[在]马列主义中（某一种）提出主要问题，完整研究并与中国问题结合系统起来，不要把教科书看做系统，不……教科书只能做参考。

第二，怎样上课呢？只要根据学员能够理解的问题，把地方的问题要解决的问题，就是教学内容，教员就是榜样，起启发引导作用，指出方向，由他们自己去解决。这样就好办……因为马列主义不仅要认识世界，还要改造世界。这有一个问题，“百家争鸣”的问题，教学上如何争鸣问题，现在全国大家去争论，有的说：课堂不能争论，怕打乱系统的学说，应照规定的大纲教。这不对的，这把人造成一个规格，那样就没有唯心主义与唯物主义了，这是客观存在，这说明老师也有绳子。

讲错了人家提意见也有好处。自己可以改正。从学员提出的意见，是最好的意见，自己就知道有些不对，那[哪]些讲的不详细，不明确……学员提了意见就不上课了，这不对的。自己讲稿要不断修改，医生看病一样，先看什么病，敢对症下药。要尊重他们的意见。争鸣问题大家都可以鸣，有的说要黄莺一样鸣，有的说要乌鸦一样……我说要公鸡一样，不要怕，不同意见都可以，所以甩开绳子的问题……

第三，学习内容的安排问题。

苏联一般干部先学常识，中级干部……高级的自学哲学，苏联第三年学哲学，现在我们是先学哲学，现在既成事实，怎样办？我个人意见要先学逻辑，中共党史。

第四，怎样组织学习。

1）遵守自愿原则。这对发挥干部积极性很有用的。不能与强迫相结合，但自愿也不是自流。我们有些人认为自愿就把自流等同起来，因此要来一个集体学习，强迫命令，这是不对的。

自愿可以选择理论课……原则学一门，他要学几门，只要吃得下也可以。如果几门都不愿，要学别的，学文艺也可以，有许多人学了物理化学，数学，很好，要照顾到大家的兴趣。我们怎样知道这些人里面没有专家呢？要做到这一点，就要调查研究，我们宣传部都要有这（自愿）气魄。

自愿不能不领导，随便学哪一门都要领导。

2）学习理论与学文化的界限杠子要划清楚。多少人学理论，多少人学文化，这杠子也不是死的，要与灵活相结合，如有一个宣传部长他虽小学毕业，但他会讲课……就不一定学文化，大家自己根据这精神去划。

3）组织形式要多样化。采取不同形式，读书会、演讲会、讲座、业余学校、讲习所等都好，只要大家在里面创造经验。列宁就是马列主义小组学习起来的，中共也是马列主义小组起，同样可以学马列主义。特别是水平高的同志，他不愿去学校听课，他们可以自学，这样他们更有计划的发挥自己的活力，水平要大体一致。

课程讲中央发教学大纲，另一个党校新的教材可以供大家参考。大家又有实际经验。就好讲，许多宣传部长可以讲，下下水，吃既〈几〉口水不要紧，下次就会讲了。

已办的要巩固起来。使其提高，教学经验推广，没有办的要好好准备，要这样几点：① 要有专职教员，或职业教员，也不一定是党员同志，党外人士也可以，他们许多很有学问[题]的。② 教材，我们要帮助一些，重要自己想办法。多搞。③ 学员要把他安排好。④ 要统一专职干部管理，不要抓另外东西。⑤ 宣传部与党总支研究适当分工。

宣传部：A. 教学内容；B. 对辅导员的指导；C. 抓党组织，对他们帮助审查；D. 检查督促；E. 要管理理论教员，不准乱调。

党委：A. 进行政治思想工作；B. 订计划；C. 帮助宣传部聘请专职干部；D. 经常检查学习情况向宣传部汇报；E. 组织辅导员；F. 教学上的行政工作，我们是这样[讲]，你们也可以研究。

宣传部要多做教学研究。

宣传干部要规定有二个半天学习。

时事学习问题：这是一般性问题，党员都要学，一类是工作性的，如四十条，决议；二类是业务性的，如肃反，中西医问题；三类是国内外时事，如台湾埃及等问题。一类党委管，我们配合，二类不一定都学，工业[作]中学，三类时间安排，灵活一些，做个报告也好，不要死版〈板〉规定。

对干部的康健问题要注意，如果太紧，排的太挤，生病我们要负责。早上晚上集体学习我不同意，省级机关没有这样。

第五，理论教员培养问题。

要培养新生力量，要多方面培养，要有长期打算，至少五年，办法边学边教。在实际讲课中锻炼他，第一次讲一定不会好，其次，省委调训，现在已训练好的有，还有一批大学生，第三，固定专职教员，不能叫他们做另外工作，第四，培养大量的辅导员，这样经过三五年后，也是教员了，很有发展前途。

第六，要准备，八大决定要出来了。

① 干部的学习内容与组织部要安排、排队。

② 要总结经验，各种各样的经验要总结一下，以便大规模的学习理论。许多事情要办，先要准备好。

③ 教材要加以整理，加以充实精简，不能不着边际。

④ 部长干部以上学习问题，以自学为主。学习内容省级机关准备出题目，给他们学后自愿写文章，另一办法请他讲课，这就不得不促使他学习。再一办法调训，也要遵守自愿，宣传部帮助他们安排。

⑤ 文化学习问题，有文教部的宣传部也要提意见由他们自管。顶要紧的不要戴人家帽子，不学理论不学文化完全有理由的。没有文化就不能工作，毛主席讲：工农干部不先学文化，就不能学理论。有些人要学俄文英文也可以。要去考大学也可以。不要压制他。这并不妨碍理论学习。是丰富理论学习，也要从整个国家需要来考虑，因此不能强制。

⑥ 省级自己配备一套理论教员，二百多人分配到地市委去工作，具体教学分配以后研究决定。

⑦ 理论教员待遇问题，供给者报，不要扣太紧，这次调整工资也不能忘记，工资低的要提高。给他一定的条件。

以上意见，下午讨论，错的提出意见。

（文件编号：I58）

向省委汇报八大文件学习情况稿

1956 年 9 月

（陈修良旁注：

一、星期六开过一次党委书记会议。

二、星期一派人到各党委检查，情况是重点了解，不大全面。）

一、进度不同——一般说情绪都很高。

（一）已普遍开展学习的，例如：

党校——结合教学，速成中学。

宣传党委，党群单位。（办公厅）

财贸——上星期布置。

建设银行：全体干部开了动员会，银行——连工人都组织学习。

财政厅：科长以上干部集中学习。

税务局：总支开会，布置到支部。

（二）局部开展，或因其他原因抓得不紧。

1. 工作忙，会议多，推迟到国庆后——工业厅，交通厅，工程局。

2. 文教——前一时期学陆定一报告尚在布置中。

3. 政法党委——肃反，审干，团大会忙。

（三）尚未动员布置学习的。

农林——农农业厅土特产公司国庆后还没定。农林一个总支把中央合作化领导指示看为“参考文件”。文件多，堆积多，因张敬堂不在家，省党代会议的精神尚未传达。

省工会——前几天还有党员不知道八大在开会。

二、要求与方法。

要求：“鼓舞积极性，普遍读后与宣传，领会文件精神，提高认识，为一步打下基础。”

方式：

（一）党委布置，个别是以学委会方式出现（如银行）。

（二）各个文件有特殊，发挥兴趣不同，先学什么文件，由各单位自订，广泛组织阅读与讨论，漫谈。

（三）集体读报，或自己看。（文化程度与报纸有限）

提出问题研究，愿做笔记的听便。四个文件为主，农村问题与陈云报告有关单位比较重视，一般以四个文件兴趣较大。

三、问题：

（一）文件多，工作忙，时间少——二个半天有被占领为会议时间的，干部有意见，怕领导不重视，党委要求党组主持，领导干部要带头。

（二）领导分工问题——以党组为主[或]以党委为主，要求明确，党委认为学习应当由党委来搞组织工作，书记在思想上要支持（如报告等）。

（三）党群系统比较重视，业务部门对学习抓得比较松，原因是：

1. 行政工作多，怕完不成任务。

2. 思想上认识：学了八大文件对工作有什么关系不大明确。

（四）党委反映各机构的领导干部学习不够，无从了解情况，不能与一般干部一起学习，不好办。

（五）文化学习的同志时间很困难，他们如何要求？

（六）党员与非党员干部要求不能全一样，应有一个区别。

（七）省党代表会议的传达有三种类型，尚有未传达的，传达尚未讨论，已讨论的。

如何结合八大问题。

（八）如何联系实际。

四、宣传部工作：

（一）出简报，学习通讯，以这个问题为中心。

（二）与各地市委电报三天一次联系，汇报情况。

（三）每星期开一次党委会议，抓情况，解决问题。

（四）建议主要文件都应读，互相有联系，同时因业务不同，各单位学习重点可以有所不同。

（五）各单位负责同志应当抓紧给以指导，具体工作由党委来进行，应当注意思想的典型与一般情况相结合，注意非党干部的意见。

理论上问题应给以解释，例如：为什么人民民主专政是无产阶级专政？为什么党是成熟了的党？为什么各党派要“长期共存”？

（文件编号：I47）

杭州市关于八大文件学习典型情况的汇报

1956 年 10 月 4 日

杭州市：

八大文件学习情况。

机关企业学校已普遍开始，在阅读漫谈阶段，已恢复二天半学习时间，其余学习暂停。

① 机关比工厂好，工厂宣传工作，职工中反应不多，国庆节有些影响？读报多，工人听不懂。要求做报告。工人只记了生产数字，工资问题，对提高质量问题注意不多。

② 机关干部认为少奇报告不如赫鲁晓夫有力——没有看懂八大文件的内容。

屠新耕：

鸿来丝厂的情形。支部书记怕文件多，为宣传而宣传，照本宣科。理由是因为工资改革忙，厂方抽一个小时半时间，先进行学习，由上而下。读报，讨论时乱扯，总之等待上级发指示，目的要求，不大有办法，要求先学后学做一个报告。根本不懂得，只记得"虚心、骄傲"。

十一月份的工作问题。

研究思想问题为主要目的：

(1) 八大文件学习问题。

(2) 反映问题，厂矿干部的领导作风。

(3) 方针政策的理解问题。

理解问题。

以杭州为重点：A. 思想确定；B. 学习方法指导。

(1) 十月底以前把问题总结一下。

(2) 学习教材问题。

(3) 宣传工作问题——先进生产者运动，改造思想问题，ブル知识分子问题。

鸿来生产不能完成计划的原因：

(1) 先进生产方法贯彻不好，全面推广苏、南经验，主观主义。学苏搞肃反，麻痹，运用“立线法”，工人不懂得，不愿改出。用技术的理论思想与组织工作，与工人个人利益与国家利益没有联系。

(2) 过高的估计工资提高可以提高生产——工人说工资改革是好的，但生产没有改好，劲头不大，定额过高，80%工人拿照顾工资。

现在领导用减低定额，用平均办法，要浪费原料。

以什么为主，以什么参考：以苏联教科书为主？八大文件为参考，主要内容？哲学提纲事实上已经打破苏联教科书。

学习八大问题的重要——成熟了的中国共产党，马列主义的发展，国际意义。

1. 不学要犯大错误，对象是干部与准备干部。

2. 对实际工作的推动，教学机关要在思想上起带头作用。

3. 在职干部经停止了一般理论学习，全力以赴，估计以后还要整风，先学好文件。

适当联系实际工作有好处，打下思想基础。

以下以党校、行政学院为主，情况不同，要求不能一律。

（文件编号：T14）

教育机构学习八大问题座谈会

1956 年 10 月 6 日

教科书与八大文件如何结合？

（一）目的——要解决理论的联系问题。学习的目的是："毛选"836 页。

八大问题是具体的创造与应用的模范。

（二）理论要不要讲？要讲，如何讲？不按教科书讲，教员有困难。

例如：自由市场问题，就要用价值法则与价格政策来解释——要结合社会主义经济部分，要按党的政策讲。

"价值规律通过价格机制自发地调节商品经济各部门向社会劳动和生产资料的分配"——价格受供应关系的影响。商品生产者发展生产力："商品生产者追求个人利益的分散活动，促使技术得到进步，社会生产力得到发展"。

ブル规律，私有制没有完全取消，这是客观，不会发展ブル经济——不会。国家在价格失调时调整合理。

（三）要不要打乱教科书的系统？应当适当打乱。原因：

（1）苏联的条件与中国不同，经验总结不同，不能照搬。例如中国是和平改造问题，促成了ブル五反后投降。"机会主义者所鼓吹的资本主义步入社会主义是不可能的"，"过渡时期反ブル的阶级斗争的尖锐化是合乎规律的，因为ブル的反抗随着社会主义建设的展开而加强起来"——这些结论与中国情况不符合。中国ブル五反后愿意和平过[渡]。

（2）有些是如重工业与轻工业问题、一长制问题，在苏联行是有〈劲〉效，在中国不能用。对旧的专家问题的态度。

（3）有一些是中国特有的情况，例如：社会成分问题——中国还包括有公私合营企业，苏联没有。这些问题要根据理论与实际来讲——恩格斯讲过，ブル不反抗，就不要用暴力去消灭他。

所以，系统应当坚持中国党的全部决议，而不是苏联教科书。我们不为完全按目录头一课谈，小目录要改，大题目也要改，应讲的问题多。如：

① 过渡时期的特点。

② 中国社会主义的工业化问题。

③ 农业合作化问题——要以国务院指示与八大文件为主，结合本省。

（全盘集体化的条件，消灭富农，集体农庄的组织基本形式，都要按中国的系统讲，不要用这样一类题目）。

二十五章——可以谈，“苏联在社会主义的胜利，革命太多了，可删去一些。”

社会主义的物质基础——刘、周的报告为主。

以下有许多问题都要策略或不谈，有一些要有发挥。如商品的流转问题——即是贸易政策，国民收入分配问题，可以谈中国的工资改革，与农民的分配问题。

（四）目前怎样教法。

（1）停课二——三星期或一个月，先学八大几个主要文件，师生一齐学习，提出问题。

（2）教员作理论的辅导，按问题来答复，不要可惜已经写好的提纲。

（3）专门问题——具体的业务政策性问题可请专家来讲。如银行系统国家的财政预算问题，党的若干历史问题，多种经经济问题。（工业农业部都开会讨论过，他们有材料，可以借来。但要提出问题，不要无目的）

（4）怎样组织讨论？

A. 按问题按工作不同，分组讨论——

B. 集中思想问题，整理研究其问题——方针政策、思想作风、理论问题。用处：对今后编教科书有了目的与新内容，对领导上有帮助。这是一次调查研究的工作。

C. 开展讨论，提倡独立思考，百家争鸣方针应当贯彻。

（五）政治经济学、党史、哲学三级还是按计划讲下去，但具体计划与步骤方法要改一下。邓小平报告、党章——恐怕要加进去。（党校）

（文件编号：T14）

商景才汇报宁波情况

1956 年 10 月 11 日

乡村干部作风：

强迫命令，包办代替。支部领导作风差，一揽子，党政不分，不从实际出发。党政分工问题没有解决，助长成为光杆子。归后后没有工作。（县委领导作风）

（文件编号：R116）

杭州工矿企业关于八大学习宣传的汇报

1956年10月24日

工矿八大学习宣传情况(杭州市):

一、干部学习情况:

一般采用读报办法,要求很高。领导干部比较学得好一些,党与非党干部一齐学。谈得很快,“开快车”,有的慢(震旦),对毛的开春词很有兴趣,一个月时间学完。

问题:

1. 学习目的要求方法不明确,等待上级布置,党组织没有研究如何进行干部的学习问题,——原因是上面没有具体布置。

2. 对文件学习还不大重视,厂文件太多,不大懂,理论上问题难懂。

什么是马列主义?

什么是资产阶级民主革命?资产阶级是不是参加了革命。

什么是主观主义?

科长以上干部,四人中有三人是党员,或工人出身。

要求上课。

干部不了解学的目的,解决什么问题?

有的干部要求很高,要一下学通。

有讨论不下去的现象,党委没有自动的辅导。

不感兴趣的——老一套与总路线一样,实际上没有学。

3. 学习时间——每天或隔天有一二小时,觉得不够。90%学文化.时间困难。

二、宣传情况——主要读报,广播节目转播,黑板报,抄报纸。

吃饭时读报,效果不好,党团员不做口头工作。

八大文件在工矿没有宣传好的主要原因:

支部还没有上课。党员很想知道,没有人上课。

目的不明,等提纲,等教材,怕宣传,无人管。宣传很差。

省宣传部发下党员的宣传通知,下面搁下来。市委宣传部发了一个通知,没有内容。省内没有正式的布置，搬了霍的报告。作为指示。

二点要求：作风与政策。

学习简报如指导文件，下面在传达。

专业党委等待上面指示，现在不学，怕重复。

工厂大部分力量肃反，没有管思想工作，总支书不管党的工作。

方式呆板：吃饭时读报，抄报纸，转播，没有厂内的实际问题。

（文件编号：R117）

嘉兴地委在省委常委扩大会上关于农村工作情况的汇报

1956 年 10 月 24 日

〈加〉嘉兴地委，燕明：

1. 农业生产，比去年增加 15%，比五二增加 23%，主要是粮食增产。棉花尚无估计，台风损失大，不如去年，渔业增加一成，反右倾思想推动很大，大面积改变耕种制，劳动太紧张，面积增 11 倍，主要改了早种稻为双季稻，直播产量较高，但费工很大，产量很高，条播稻也高。

2. 方针与规划问题——生产问题，比今年加 8.23%，主要是水稻面积要减少，一部分种其他，田瓜也要减少一些。

经济作物，林牧渔业。

（文件编号：R117）

地市委书记会议

1956 年 10 月 29 日

吴宪报告：

（一）投资重点问题。[①]

吴植椽：

关于农村问题意见。

合作后带来许多问题，原因很多。

副业生产下半年是否上升，好项目有多少？

缺点主要问题，生产与分配，个人与集体问题，掌握不够适当。

多种的发展，才能支援粮棉，合理利用土地，充分发挥劳动效力。

中央强调管牧业。分散经营。初办合作社集中经营粮食，不限制付业。

渔业减产，温州减 15%。

问题：

① 县与乡可否因地制宜发展经济？重点自己定. 如雷阳可考虑造纸为主。

② 合作社改要在国家计划指导下进行，但因此发生强迫命令，定得过死。上下结合，中央与地方分级管理。

过去未按本地情况，经中央到合作社，九年来一直贯下去，毛病很大。

③ 这样做，粮食问题如何保证完成计划——土特产还是搞恢复工作，主要的经济作物先恢复种植，逐步进行——这是一条杠子，不合法粮食挤掉。

④ 技术改造问题。

计划过大，技术指导差；一般化，不看个别情况，主要是种连作稻的条件交代不清。特别是劳动力少多少，没有认真研究，失去季节的 30%。

推广改双季，没有注意习惯。

品种不适当。

---

① 原文后缺。

双稻双铧犁，可以增产 5%—10%，水田也可用，但不用的占 36%。肯定可用。原因是：复杂性没有估计到，技术有问题，步调急了一些，多点示范没有做，普通试用。

⑤ 分配问题。

阎世印：

1）工业生产方面：

二三季度没有完成计划 97%，第四季也没有完成。

质量问题——七三种产品比较有些提高，（比去年）如丝的质量。今年完不成计划，工人有悲观情绪，有利条件还有。

成本大，浪费大的问题，只能完成计划的一半，利润 97%，烧碱[每]人每天要浪费四十元。

质量提高仍不稳定。

2）基本建设。

九月份完成 52%，今年完不成（指工作数），财务计划，只能完成……

城市建设——九月份止 77%（?）。问题是：材料少，设计跟不上，计划多变。质量不好，突击所造成。

3）交通运输方面：内河航运只能完成 39%，铁路较好。

手工业生产，66 万人，产值略有增加。（30%）估计。（典型中来）

4）先进生产者运动。

长期竞赛，比[等]级制度好的，成效较显著。

仕一力：

粮食问题。

① 台风吹后的减产是第一个特点。

② 粮食工作紧宽问题界限不清，思想不统一。

③ 今年以社为单位进行统购统销，带来许多问题。

④ 生产品种太少，生活要求需要品种很多。

如何解决?

可以有三种办法。不能完全用自由市场。

减产地区,节约为主。

粮食问题的看法:[对]紧的情况掌握不够。

以社为单位问题——布置上如何结合有问题,秋收分配要结合。

(文件编号:R117)

省委学习八大会议文件讨论纪要

1956 年 10 月

经验可以通报，如何学由各级党委自己研究。

1. 教员集中学，主要研究学习方法，文件精神，理论性问题加以辅导。宣传部可以先集中学习。

2. 理论学习——理论学习中可以结合，主要也是思想方法问题，文件当作必读文件，党校机构可以利用。机关党委因地制宜，工农干部要学文化，不能过度。

3. 基层组织——支部教育。

4. 如何整风——各级党委联系工作，统一认识。不以个人为主。以解决集体工作。（同意汪子达的意见）

彭瑞林：

检察院干部都在学八大文件，但有自流现象，缺乏领导。

① 六个月学习，过程安排要研究，工作与学习矛盾要解决。边做边学——方法是比较适用的，学习与工作问题要结合。

集中搞理论学习不妥当。

② 典型试验有问题，——如党委都搞，就不要试点。

③ 集中一部分干部学习，是可以的。同意吕志先的意见。

总目的要明确——个人为主，还是集体为主，集中学习也有问题。因为要搞工作，有矛盾。

④ 目前以领会文件为主。

黄仲华：

学习情况。

① 一般干部学得多，厅局长学得少。

② 干部要求以后怎样办？

③ ……[1]

意见：理论与实际。

初步领会文件，同时要联系目前的工作问题，另一方面要检查与准备检查工作，如自由市场问题，即要解决，有的怕放，有的主张先放工商。农业与商业关系问题。

学习要与调查研究相结合。

十一二月内先学习文件，还要借中央各部要开会，四条线：

① 在家；

② 学习；

③ 下去；

④ 上北京。

办法：

① 厅局长干部拿出一半时间学习，一半工作，隔一天学，一天工作，按各单位自己集中，提出一些问题，作解答。

② 处长及一般干部由机关党委管，宣传部专门管一下(?)

不要抽调干部集中。

③ 县多或者抽调到党校来学习。

④ 一月份总结工作，各系统再开会。

⑤ 一般干部目前不要停止学习。

⑥ 理论学习与八大文件没有矛盾，也可结合，不要分二个阶段，教育机关要学习文件与经验结合，几年计划。

五起：找个方案：

① 集中学习。

② 检查工作，总结工作，同意第二方案，因为：又工作又能学好，提高认识，两方面，工作与作风都可解决。

县委以上情况：生产节期思想混乱，下面干部分工不管负责，对下面不敢批评，是非难划，干部团结还有问题。

具体界线没有划清。

---

① 原文缺。

如何解决：通过学习，讨论工作，意见一致，可以统一。

工作份量很重，学习与工作要同时照顾。

集中方法也可以考虑，但时间可延迟。当前不可能。

与理论可以一齐学习。

怎么办？

① 重点对象，县书以上干部，方针：结合当前工作，贯彻八大决议，检查作风。

② 学习什么文件，农村中国务院指示要学。

③ 学习骨干——主要是党委，首先是书记，主要自学，做几次报告，各部门负责同志分头去帮助学习，二个半天不行，更多花时间。

④ 检查工作，省委各部门负责同志，分头下去检查，很有需要。

十一二月份地委自己先搞，一月份再由省委来考虑进一步贯彻。

燕明：

（1）解决什么问题？反三风，基本政策。

（2）要求问题：以政治决议为中心，学习方针政策为中心，同理论上实际上加以解决，可以提高，思想检查。

反三风提法不全面，——指事实。

（3）方法问题——理论与实际相结合有几种方法可以研究。同意在职学习，但不能要求系统学习，太高。

调来集训与地委各部门工作与会议相矛盾。

写一个详细的原则指示，不要具体布置，各地委自己去安排。

李频如：在职学习为主，集中小部分训练干部，调县书来学有一定困难，如舟山地委有困难。

宣传部长应先学习，有好处。

吴植椽：

不能等系统学好后再来贯彻方针政策，方法：

① 各级党委主持搞，首先由省委抓住几个主要问题来搞清。工业、农业、自由市场，文化，科学等问题，省委内部自己先学好，着重方针路线问题。

② 十一月十二月间工、农、商、加以研究，以代表为中心，领导研究，以思想问题为主，二个月中着重检查工作。

③ 各地委也要先学，先调查研究，然后再学。

④ 开大会放到后一步，三月以前要开好，不能太晚，一月上旬必须开完。

⑤ 部门——依赖党委，部委，党统一起搞。

抽调骨干学习的办法不同意。

集训是解决辅导员的问题。

不同意恢复理论学习。

再调来学习，党校等已有许多人，不好再抽来。

江华：

八大的主要总结：三十多年来经验看，包括社会主义建设，空前丰富，但是有人认为没有新东西，学习积极性普遍不高。

"中共是政治上成熟的党"——这句话要有深刻的理解。中国党主观主义，宗派主义比较少的国家，与各国党相比较而言，所以要从理论上与实际上来看，不是为了具体工作问题，能从八大文件来解决各地工作问题是不能的。

现在主要矛盾：大与小的矛盾，所以学习，要从理论上实际上来学。因为文件本身是理论性的总结，如代表常任制问题。

省委如何执行？一方面要贯彻执行，如十大政策，关系问题。人民民主专政问题，民主党派自己去学，我们不去领导，就必然如此。是不是一下就能学好，我们要考虑，如浙江的工业化问题，就有争论，要有调查研究，地下的宝藏问题，各部门，各级党委要分析研究，求得进一步解决如何贯彻。

另一方面是：提高所有党员，特别是县委书记以上干部，是学习的重点，大家反对系统学习，这个不对。至于时间如何是另一问题。基本要依赖各级党委与部委的领导，每周多少时间由各部委地委县委自己去讨论，系统地学习不排斥，什么时候可以考虑，是否调训可以研究。

系统学习与贯彻执行不要混淆。树立正确的榜样，不要先去找缺点，把思想先提高，把他提高到理论上去，如油菜价格问题，单纯提高是不对的，首先要提高单位产量。

学习不能离开当前问题。

方法问题——采取整风方法，但不是运动。肯定成绩，还要找缺点及其原因，不要去追究责任，领导上首先要挑担子。如沿海工业问题，国务院挑了担子，下面好办，各级也要挑担子。

批评问题——肯定成绩上去批评，划清界限，如知识分子要住在西湖边，就做不到，通过工作总结，肯定成绩，加以批评。

学习要求："必要个人的检查"不好，有可能要追求责任，可以抹去。主要是集体领导问题，省委委员首先要负责。

方针是什么？调动积极性是主要的，不好定标准。

县的领导是一个问题：少数人意见应当尊重，可以保留。

传达政治决议要普遍，所有同志要做这一工作，不是八大代表问题。传达以后，重点学习，各级党委，一般干部，普通党员各部委自己去传达。传达决议与学习要有分别，一般农村党员不一定都要学习。党员可以上课，干部要作重点的学习，党外要宣传，民主党派由统战部计划，自觉自愿的进行。

县以下如何学，由地委考虑，机关由各部委去考虑。

廿六日省委作一切传达——决议为主。

宣传部搜集材料，可以作一些发言，当作个人的发言。

省级机关收集问题，可以作报告，不要停止学习。外国人发言不要去研究，不要指示，作为通知。

具体方法再研究：省委委员集中学习搞不起来的，因为要到各地去开会，可以指定发言，讨论。

李丰平：

① 省委主要抓各部委的学习，地委抓市县委的学习，定期检查，县委如何学，自定计划。

② 十一月省委要讨论一次，地市县委都要讨论，报告省委——关于贯彻问题。

③ 省委与部委的主要同志，党组、县委，为主要对象，一般干部各单位机动学习。

（文件编号：R117）

江华关于学习八大文件等问题的谈话①

1956 年 11 月 1 日

（一）学习问题，目的问题。

〈正〉整风，理论学习，贯彻政策，以什么为主？三个东西都有，那一个为主？〈正〉整风是要〈正〉整的，但不是追求个人的责任，是为了提高认识，改进作风与工作，有朝气，生动活泼，完成任务。因此要由上而下，全体党员，分别先后传达与学习。

传达目的，使全体党员明白奋斗方向，是路线问题。通过传达学习，明白各项工作的基本政策，基层党员也要知道。

方法是联系实际，改进工作。团结党内外一切的力量，总结一年的经验，转变作风与工作，可能解决当未解决的问题，超额完成国家的计划，鼓起高潮。认识了八大的许多新问题，会使我们学习情绪高起来，如工业化问题。

总结经验中，推动完成第一个五年计划的完成。

（二）领导问题。

改造问题还留下许多问题未解决，新问题很多。如自由市场。积累与消费问题，因此要〈尚〉善于学习。

正确光荣，伟大成熟的党，在同东欧比较就明白了。

如何处理同志间的关系？由于不懂，不自觉，意见不同而产生。民主集中制问题如何执行。有一个党委，要求盖常委的章子。有的开过九次全委会，省委开得更多。

党与 M 关系问题——有不一致的看法而产生不团结问题，主观片面所产生。这要学习马列主义，反复做思想工作。

各地区按不同情况去完成任务。

思想工作要重视起来，人人要做这项工作。要注意“随风倒”，我们党内有市场，小ブル思想的反映。

对于批评问题，有缺点要批评是对的，如肃反问题，基本上是正确的，要在

---

① 此系在地委书记各部联席会议上的讲话。

成绩的肯定上来批评。不能有缺点，而停止肃反，“有反必肃”。

党代表会议上批评有界限不清的，粮食问题有些地方还不清。

（三）积累与消费。

存二种看法：一种是要节约。

第二，如何逐步改善人民的生活，八大决议是逐步积累，与改善，以积累来建设生产，在这个基础上，适当的改善人民的生活。国家与人民二方面要照顾，在国际共产主义运动中，中国党是一个重要问题。

二个矛盾：个人与集体；积累与消费。

物价问题。

（四）建设、文化、教育、卫生等问题。

新安江的建设，浙江将有几十万的发电量，如何利用？

在党内加强法制教育。干部今后主要强调文化、科学、经济建设方面的学习。

（文件编号：R117）

省委常委会议

1956 年 11 月 2 日

江华：

要讨论的有几个问题：

一、近况与问题，城市农村，工资改革方面的思想问题要汇报中央。特别是八大以后的各方面反映，东欧问题。

办工厂要综合，简单的汇报中央。

二、中央要开二中全会——时局问题，明年财政，粮食问题，节约要注意。

时局问题党内外思想要搜集，主要为了教育干部。

林乎加：

关于八大学习问题。

① 各单位有自流现象，需要统一规定，以二个星期休工半天学习。免得互相干涉，讨论几次，宣传部起草一个指示。

下星期一就开始。（办公室）

② 宣传，文教，卫生系统如何加强问题。

波匈闹得最凶的是学生，原因是思想建设性少，只抓经济建设不行。

报纸工作如何加强，省委对二个部的工作要检查一下。大中学校工作如何加强，政治工作很值得注意。

③ 各单位人民来信要具体研究，要综合研究，每月党刊上发表一下。机关内部的知识分子的思想改造工作——宣传部与组织部要考虑。学八大变为整风，要有一个规划，整风一关非过不可，五二年没有贯彻下去。党委今后要加强思想工作，宣传部也要出些题目，如何做法？

过去许多运动起了巨大作用，今年搞什么？

八大问题如何宣传？

农村——以中央指示为主，春节中大大宣传一下。

城市——形势与目前的干部思想问题。

来几次大规模的政治宣传工作，时间与目前努力方向等。

××：

吕志先联系思想部门的工作。（宣传、文教部门）

重点放在机关干部，文卫系统，报纸，党校……

人人都要做思想工作，下星期分系统座谈研究如何学八大问题。各委员各部委同志都要做思想工作，思想工作要放到支部，才能搞通。

省委只抓各部委的学习。

人委方面的非党干部，社会民主人士在政协或机关都可去学。

彭瑞林：

机关党委所搜集的思想情况，归谁管？

应归各部门管，同时宣传部总汇。

霍士廉：

一般干部每星期二次（照常）。

① 负责干部延至三星期。

② 思想工作，过去工作的基本估计，当前如何加强？

各厅局负责干部是一个问题，省委委员如何学？

③ 组织上应有措施，思想部门工作讨论太少，只有使用，平日不管，机关党委工作如何加强。

吕志先：

下星期要弄好草案，开一个各部委负责同志开一个会议。以政治报告为主：① 思想作风；② 政治形势，经济关系；③ 各国革命运动的经验。

文件：周的报告暂时不学。

时间：各部委半天学习，政府部门照顾。

方法：开座谈会，谈心得，常委集中讨论几次，各部负责人参加。星期三先开一次，各厅局放在第二步。

学习贯彻八大文件的指示

① 时间二个星期半天——一般干部照常。

② 文件。

③ ……[1]

（文件编号：R117）

---

① 原文缺。

政协座谈会记录

1956 年 11 月 4 日

吴岷：

居民对基层干部在肃反问题很有意见，有气愤，内部问题还是外部问题这一点分不清，从匈牙利问题看到，普遍认为中国了不得。

江华：

从匈牙利问题看到，他们的肃反不彻底，我们“有反必肃”原则不能动摇。

蔡堡：

说肃反不彻底是匈牙利的教训，我认为毛的方针是对的。匈牙利怕是没有懂得，过去有乱肃的事，如随便捕负责人。我要补充江华的意见，不要冤枉好人，其他兄弟党要向中国学习。

其次“百家争鸣”政策很好，“英明政策”，中共的政策，不会发生匈牙利的问题。

××：

波匈问题发生觉得很突然，说明二件事，不够研究国际问题，我们有些麻痹，被胜利冲昏了头脑，匈牙利问题不至于扩大，因为苏联采取改正错误的政策。中国也如此，发表了宣言，东欧民主国家已有十年历史，基础较强。

匈波事情不同，对反动采取什么态度，我们如何支持匈牙利问题，会不会干涉内政。如为反动，应采取积极态度。中国绝对不会发生匈波事件。肃反较彻底，革命力量大得无数倍，反革命是没有办法的。

会不会如匈牙利内部发生问题，我看不会。他们提出，独立、民主、自由、改善生活的口号。中国没有独立问题，也没有沙文主义，民主生活——一天天在增加民主生活，八大提许多方针，民主生活更活泼，人民生活问题，总的说已有改善。农民生活还很苦，不能说一直没有问题，如统购统销，生活改善注意不够。

埃及问题——用什么方式?

一个军人：

匈牙利问题不能敌我不分的看。

中国问题也不能说绝对无问题，因为敌人还存在，思想中的敌人还存在，不警惕也可能出乱子，如高饶事件，大问题没有，小问题很多。我们要加强民主党派的自我改造，美帝要抓民主党派，更要清醒，是非，敌我要分清。

×××：

第三次大战不可能发生。

（文件编号：R117）

林乎加在学习座谈会上的发言

1956年11月8日

由宣传部出题目，除共同性外，各取所需，二星期内研究共同问题，然后分部门进行学习。

首先讨论党的领导问题，主要是反三风，党内民主正确对待犯错误同志。犯错误是因为不知道，不觉悟，这样才能谦虚与群众商量。

问题：

1）对待犯错误的人如何对待问题，界线要明确。

2）如说挑担子不对（长征问题）那末主次责任如何分清，大家都负责？划线如何划？

学习中心：

① 目前研究党的领导问题，整风问题，民主问题，党的团结统一，对待犯错误问题，三风不整问题，结合五个文件。

② 目前形势，主要矛盾问题。

③ 政策问题，经济学上新问题是……

就是工农商业关系还要有专题研究，ブロ专政问题，党章问题。

各单位第一问题先学，研究题目报告宣传部。

先在小组讨论，宣传部收集情况，大组复合情况。

个别问题，由宣传部预约，分往省委委员。

组织演讲，写文章。

吕志先：

① 主要由各部委自己照省委决定进行讨论。

② 二星期内每半天学习，要统一时间。

③ 各厅局由各部门与其研究，其他干部由机关党委研究。

④ 各部委设秘书，反映情况。

（文件编号：R117）

中国革命与中国共产党报告提纲

——在工商界学习班对各民主党派人士演讲

1956年11月8日—1957年5月18日

第一部分中共领导中国革命的基本问题

（一）中国社会的性质——认识客观发展规律，从实际出发是马列主义的根本问题。

这一问题是说明中国社会矛盾的尖锐，说明为什么中国革命必须用社会革命武装方法解决，而不可能采取和平的方法。中共与国民党有过合作时期，由于国共分裂，进行过长期的内战，抗日战争后，毛主席到重庆与蒋介石订了双十协定，结果也以战争为结束，这是为什么？应当知道这不是CP不愿和平，而是国民党与美帝不愿和平。刘少奇的政治报告上说："我们的政策是：如果国民党愿意和平，并且愿意在和平条件下进行改革，这是有利于人民的，是我们所力争的。但是我们知道，和平的愿望能否实现，却不取决于我们，而取决于统治阶级。"

为什么中国革命是武装斗争？这是客观的条件所决定，不取决于人的愿望。什么是他的客观条件？这就是社会经济与政治条件。所以我们有必要认清中国社会的性质，只有这样才好解释各个时期的路线与政策，中国共产党的英明伟大，所谓"成熟了的马列主义的党"有什么根据，这要从事实出发来分析。

中国革命是十月革命的继续，CP的建设是马列主义的理论武装起来的，党一开始就认识到马克思主义的理论，我们认为：社会生产力与生产关系的矛盾发展规律，是决定社会发展的一把钥匙。中国革命的全部历史是一场严肃的阶级斗争历史，为了充分发展生产力，从其旧的生产关系中解放出来，斗争是必然非常尖锐的，由于统治阶级不愿意和平放下武器，所以中国革命不能不是长期的战争。

一、中国社会的性质是什么？（民主革命以前的性质）

我们都知道，中国社会长期停滞在半封建半殖民地社会中。中国在十九世纪还不能迅速成为资本主义的社会，其主要原因是地主阶级与农民阶级的矛盾没有解决。每次换朝代的结果，总是地主阶级胜利，如明清二代的许多农民斗争的失败，也是中国社会长期停滞的主要原因。

十九世纪中叶，自鸦片战争以后，外资侵入中国以后，封建社会起了重大的变化，使中国内部资本主义的萌芽有了新的发展；（红楼梦中已描写了当时资本主义的萌芽）同时外国帝国主义压制着中国资本主义的发展，特别是重工业。他要求中国永远保留在半封建半殖民地的统治，因而使中国的矛盾有了发展。——这就是对外的民族矛盾，对内有封建主义与资本主义的矛盾。（地主农民，ブル与ブロ）

前者是民族斗争，后者是阶级斗争，二个矛盾的交错，使中国革命的历史非常复杂与艰苦。

自从鸦片战争以后，就逐渐沦为半殖民地国家，“丧权辱国”的事情不断出现，九一八以后，日本夺取了中国大块的土地，这些沦陷区，实质上成为日本的殖民地。民族矛盾变成为突出的矛盾，超过了国内的阶级矛盾，抗日统一战线才有建立的可能。

帝国主义为什么反对中国资本主义发展：① 市场垄断；② 资本输出；③ 原料需要农业上半封建社会，价格便宜，地主做他的代理人。

奴才思想要反对——“侵略比不侵略好！”

这个社会的特点：（毛主席综合六点）

1）自足自给的自足经济破坏了，但封建剥削制度的根基——地主对农民的剥削仍然存在，而且勾结帝国主义，通过买办与高利贷资本，加强剥削。（通过银行，钱庄，当店，合作社，商业的收购机构，对农村直接加强剥削，有一套剥削网）

农民在鸦片战争后破产的速度是逐步加强的。太平天国起义不是偶然的。中山先生描写中国的贫困，当时反映一些农民的破产情况。

2）民族资本有了某些发展，并在中国政治，文化生活中起了颇大的作用，但是没有成为经济的主要形式。（力量软弱）同外资与地主经济有或多或少的联系。中国现代资本主义的发展，主要在前清的末〈叶〉页。

ブル从哪里来的？

中国民族资产阶级的前身——“亦官亦商”的官僚资本如李鸿章办招商局轮船公司，大部分民族是从地主，商业资本中发展起来的。四大家族是典型的官僚资本地主兼资本家的很多，外帝与地主有联系，因此决定了他们的软弱性——经济上要仰帝国主义的鼻息，如银行贷款，半成品出口，中国的海关，对外贸易，交通工具都掌握在外资手里，不能求得高度发展，外国资本家还在中国办了许多工厂与中国ブル竞争。民族ブル无法充分地发展他的经济势力。

3）辛亥革命推倒了皇帝，但是接续了地主官僚军阀的统治，大革命失败后是地主和大资本家的专政。（沦陷区是日本帝国主义的统治）

中国民族ブル实际上没有掌握过政权。

政治上是在买办地主阶级统治下的。主要是民国以来的军阀统治不断的卖国订不平等条约如廿一条，以及一批租借地。民族ブル是指中产阶级没有实际掌握过政权。蒋介石政权是大ブル与地主买办的政权。民族ブル也是受压迫的阶级同时也剥削工农。资产阶级文化也可怜，文化侵略——外国人的医院，学校，传教，报纸……这在鲁迅先生的作品中可以看到，一方面是“保存国粹”，一方面是“洋八股”。“精神文明”所以鲁迅说：“中国社会上毫无改革，学术上没有发明，美术上没有创作”。

辛亥革命——是现代ブル领导的一次革命。由于ブル的软弱性，失败是注定的。辛亥革命为什么失败？主客观原因。

1）帝国主义与满清王朝——地主阶级力量深厚，比资产阶级力量强大。

2）中国ブル的无力。（限于一部分知识分子领导）旧三民主义革命史代表ブル民主革命思想的。

革命部分——反满清，民族主义旗帜，要求民权——建立共和国。

不彻底部分——

没有如共产党那样提出彻底革命纲领：八小时工作制，土地改革……

没有提出社会主义的更高纲领——彻底消灭私有制。

因此也就不能团结发展工人农民力量，只限于一部分知识分子。幻想帝国主义可以自动让步，想避免与帝国主义的冲突，反帝的统一战线没有建立起来。ブル不可能成为革命的领导力量，就在于他同工人农民利益矛盾，印度ブル就做不到，他们只能利用帝国主义与社会主义的矛盾，巩固他的统治。印度人民将来也要革命的。

3）组织力量很弱——同盟会所包括的是ブル与其知识分子留学生为主。

工人没有参加进去，只有青红帮一部分势力。农民还没有组织。

中山先生在失败后，很快就有进步：所以有新三民主义，与三大政策——联俄，联共，扶助农工政策。第一次国共合作，共产党代表工人阶级力量出现在舞台上，中国革命的面貌才为之一新，五卅运动，北伐的胜利。

力量。（沦陷区是日本的独占）

帝国主义如何操纵政治与军事力量？

北洋军阀是各有靠山的，他们争地盘是由外国支持的。近的事实：如蒋介石政府——军队是全部美国装备，借款是外国的。抗战胜利后，马歇尔亲临中国，坐镇南京，国共和平谈判的失败是决定于华盛顿的。现在台湾也是这个样子，斗牛士或导弹队去台湾是为了反对中国解放台湾。

4）中国长期不统一，政治经济，文化的发展极端不平衡——这是一个非常主要的特点，由于不了解革命的不平衡性，中国党曾经犯过严重的错误。如李立三与王明博士的"左"倾路线。

革命发展地区的不平衡——有革命的根据地，有最反动的封建式统治，与殖民地式的统治（如东北），经济——新民主主义经济到原始共产主义生产都有。

5）由于帝国主义与封建压迫，（特别是帝国主义武装侵入）中国人民，特别是农民日益贫困，为世界所少有。

小结：从以上特点来看：中国社会经济：由封建到资本主义的经济发展的可能性，由于生产力发展是被生产关系（资料所有，生产方法与分配）所束缚着。所以社会革命是不可避免的。所以，中国民主革命要解决的主要问题就是反对他的压迫者：谁是敌人——帝[国主义]与地主，买办。

① 帝国主义与中国民族独立自由的矛盾

② 封建主义压迫与农民大众的矛盾

二者犹以第一个矛盾是主体。帝国主义是最凶恶的敌人。如果没有帝国主义，中国资本主义可能已大踏步前进了，如日本一样，中国落后的主要原因是帝国主义压迫。

次要矛盾是：

① ブロ与ブル矛盾

② 反动统治内部的矛盾

第一问题对象是谁？

（二）中国革命的对象问题第一[个]问题根据上述：那么对象是谁呢？

“不是别的，就是帝国主义国家的资产阶级与本地的地主阶级”——毛说：

中国近代史贯穿着打倒二个革命对象的史实——鸦片战争、太平天国、中法、中日战争、戊戌政变、义和团运动、辛亥革命、五四、五卅运动、北伐战争、土地革命战争、抗日战争，直到中国的解放。

“战争是政治斗争的发展”，每次革命运动的高潮，常常用战争方式来出现，说明斗争的剧烈性。中国每次革命斗争从鸦片战争以来，不管其主要领导的阶级是谁，都针对着二种革命的对象，革命的性质是资产阶级民主革命，始终不变。其大体经过分述如后：

鸦片战争——针对英帝国主义。

太平天国运动：反满清统治，农民争土地，还有与“洋枪队”作战。

戊戌政变：要求成立“君主立宪”——资产阶级改良政治的要求。新兴ブル思想家的代表人物康有为主张“公议政府为大国之始”——反对官僚地主阶级的专政。当时已有：中国被列强瓜分的危险，戊戌政变康梁想改革中国政治，“穷则变”是有革命要求的。

义和团：“抗清灭洋”是有反帝性质的，农民原始的革命行动。

辛亥革命：各地武装起义，中山先生在同盟会入盟宣誓：“驱除鞑虏，恢复中华，创立民国，平均地权”。中国革命有了同盟会的领导，开始出现了正规的资产阶级民主主义的革命。

武装斗争要不要决定在于统治者的态度，和平革命历史上很少有，特别是中国这样一个被帝国主义统治的国家。中山先生是主张武装斗争的。所以要办黄埔军校。

列宁对中山先生的估计，他说：“在我们面前出现了真正伟大民族的真正伟大思想”。“在亚洲还有足以代表真诚战斗彻底的民主资产阶级，还是以为十八世纪末法国大革命的伟大政治家的忠诚同志”。

五四运动以后中共的产生，在这个运动中革命的知识分子比辛亥革命更加进步。革命的政治领导者是ブロ。这个运动的性质——“五四运动成为文化革新运动，不过是中国反帝反封建的ブル民主革命的一种表现形式”。（毛泽东）

不管各个阶段形式如何但革命的对象仍然是一样，所以他又说："直到国外反动势力和国内封建势力基本上被推翻而建立独立的民主国家之时，才算ブル民主革命的成功。经鸦片战争以来，各国革命发展阶段各有若干特点。其中最重要的区别就在于中共出现以前及其以后。然而就全体看来，无一不是带了ブル民主革命的性质"。（毛"五四运动"）

这个革命运动的结束是中华人民共和国的成立。

ブル民主革命的基本结束。

"中华人民共和国的成立，标志着我国ブル民主革命阶段的基本结束，和ブロ社会主义阶段的开始；标志着我国由资本主义到社会主义的过渡时期的开始。"（八大刘少奇政治报告）

第二问题：关于ブル在民主革命中的问题——民族ブル是革命的，还是反革命的？——二重性

中国ブル在民主ブル革命曾经参加过革命，如辛亥革命、北伐、抗[日]战争，但由于"他们同封建地主有经济联系，二个革命任务，他们都不能承担"，（毛）在革命的紧要关头，人民群众起来后，中国大ブル（即买办阶级）就在一九二七年叛变了革命，即以国民党内部反动集团为代表的那个阶层，曾经叛变了革命，所以当时中共不能把这些背叛民族利益的大ブル分子当作革命的对象，就是为什么发生十年内战（1927—1937 年）。

统一战线中没有ブル，是因为他反革命了。

"这个时期民族ブル一度附和反对革命"——这就是历史上有名的中国ブル叛变革命的事实。大ブル的代表人物就是蒋介石与汪精卫。

蒋汪背叛革命仅仅是个人问题，还是有其社会历史根源？

这个问题要研究，明确认识他。有些人说是个人问题，这样看法不是马列主义，我们认为一个人的错误必有社会历史与认识的根源。毛说："工农觉悟，ブル反对工农，这是世界ブル一般规律，不过中国ブル这个特点更加突出罢了。"——说社会推动力是自私自利思想，是ブル思想的代表，我们认为自私自利要使社会落后。劳动创造一切。

是阶级利益的不同和斗争。

蒋汪集团不是一个人问题，目前蒋在台湾，"反人民反共"也不是一个人问题。

第三问题，中国革命为什么这样痛苦与残酷？由于革命对象——反动力量的非常强大，三个反动势力的联盟。因此产生了中国民主革命的新的特点，这就是：

革命的长期性，残酷性问题——谁是洪水猛兽？是大ブル、帝国主义、地主统治的残酷。连马相伯先生在上海也受到迫害。1930年中国民族ブル发生总危机，使许多工商业者破产，这才是真正的洪水猛兽，他席卷了许多人的生命财产，许多人失业。

由于这些特点，毛主席在大革命失败后指出了正确的方向。

① 中国CP要武装斗争——这是客观实际所造成的。战争是政治的继续。

南昌起义是他的起点，因为反革命到处进行了残酷的屠杀，自卫战争也是被迫作战的，所以我们不能不建立农村根据地，进行武装的游击斗争。反动势力一直到占据台湾为止，并不肯放下武器，历史事实证明，“中国革命的特点是，武装的革命反对武装的反革命”。

② 要在农村建立根据地。

由于中国革命的不平衡性，农村的统治力量比较弱所以有首先胜利的可能，但也带来了长期性与艰苦性；其次，我们也并不放弃城市的秘密工作，在城市的主要方针是：“积蓄力量，以待时机”，利用一切可能利用的合法机会，稳扎稳打，组织广大的工人、学生、知识分子的革命力量，进行统一战线与国民党军队中的分化工作。——农民的斗争是主要的，农村与城市工人斗争又是互相呼应的，反动堡垒中有斗争，我们善于争取革命的一切力量。国民党内部是有斗争的，这就是，冯、阎、蒋、桂，军阀的混战，反映着帝国主义者及统治集团内部的矛盾主要在英美日三个互相争取中国为自己的殖民地；反动集团内部也有分化，如十九路军的抗日。

错综复杂的中国政治条件，形成了中国革命历史的极端复杂性，我们党的历史也同样是复杂的，经验与教训也特别多。

中国革命的三个武器：① CP的领导；② 武装斗争；③ 统一战线。

（三）中国革命的任务问题（ブル民主革命阶段中问题）。

“旧中国中的主要矛盾，即中国人民同帝国主义，封建地主，官僚资本主义的统治的矛盾政治决议。总起来说主要任务：民族革命与民主革命二大任务。两者又是互相联系的。

中山先生的三民主义中所指:“实行民族独立解放”——反帝。

“实行民主政治”实即为反封建。他同情劳动者的生活痛苦,所以有民生主义。所以三民主义与中共把三民主义看为ブル民主革命中的统一战线的纲领,因为他与中共在民主革命阶段中最低纲领的精神是有一致的地方,但“举政治革命与社会革命,毕其功于一役”则是不对的,社会革命还要消灭阶级的剥削,政治革命是为夺取革命的政权,这是第一步。

刘少奇:“革命的根本问题是政权问题。”

中国革命的任务六代大会提出。

第六次大会的主要口号是:

① 推翻帝国主义的统治;② 没收外国资本的企业与银行;③ 统一中国,承认民族自治权;④ 推翻军阀国民党的统治;⑤ 建立工农兵代表会议政府(人民代表);⑥ 实行八小时工作制,增加工资,救济失业与社会保险;⑦ 没收地主阶级一切土地,耕田归农;⑧ 改善兵士生活,发给兵士土地与工作;⑨ 取消一切政府军阀地方的税收,实行统一累进程;⑩ 联合世界上ブロ和苏联。

所以这个纲领与三大政策的新三民主义中所提出的革命基本任务是大体一致的。

为什么民族革命与民主革命的二大任务是互相联系的呢?

因为:① 不打倒帝国主义,则地主阶级不能打倒,他有所依赖。

② 农民是革命的主力军,不打倒封建地主,帝国主义者就打不出去。“抗日战争实际上是农民革命”。

(四) 中国革命的动力问题——分析各个阶级。

这问题就是要研究各种阶级对革命的立场与态度问题:反对或者拥护者。

① 地主阶级——是对象,不是动力。

② ブル——有不同的阶层,情况是更加复杂,不能笼统,否则要犯错误。(有区别于大ブル)。

——大ブル是指买办性的,如四大家族,他们是直接为帝国主义所扶植,也是革命的对象,但是他们的后台老板不同几个,帝国主义矛盾日益尖锐,他们的态度也常常有所改变,例如:日本入侵中国时,英美派的蒋介石也参加了抗战，但在[反]反共反人民的立场上是不变的，所以叫做“顽固派”。（皖南事变是一个例子）顽固派的汪精卫作了汉奸。

——民族ブル主要是指中等ブル，他们对革命态度有二重性，既要革命又要反对革命，民族ブル动摇的经济原因：经济上受帝国主义压迫所以要革命，但他们怕工人与人民革命势力，所以民族ブル对革命态度有二重性，毛主席说得很对：

“他们的二重性，决定了他们在一定时期中和一定程度上能够参加反帝国主义和反官僚军阀政府的斗争，他们可以成为革命的力量。而在另一时期，就有跟买办大ブル后面，作反革命的助手的危险”（宁汉合流后）。“大敌当前时他们要联合反对敌人；工农觉悟，他们又联合敌人反对工农”。

对民族ブル的二面性问题的估计，对中国革命的关系有重要意义，我们党在这个问题有过错误。如一个右倾，三次“左”倾。现在ブル还未消灭，我们还必须联系实际来研究其二重性问题。（政治报告十四页）解放后限制与反限制的斗争，说明ブル有二重性，他不是一贯来无条件服从ブロ的领导与改造的。解放后主要矛盾是无产阶级与ブル，所以要有三反与五反。（见政治报告十五到十八页）

③ 农民以外的各种小ブル。

主要是指知识分子，小商人，手工业者和自由职业者。

知识分子——包括青年学生不是一个阶级或阶层。经其家庭出身来看是复杂的，除了少数为反动派服务外，一般的是趋向于革命，有一定的革命性，从历史事实看，辛亥革命留学生运动、五四、五卅运动、一二九学生运动以来如此。

我们党一贯重视他，离开他革命是不能成功。（见关于知识分子的决定）因为他是“先觉”者，对黑暗统治有很大的仇恨，失业失学破产的危机，中共的许多党员是经知识分子出身的，不是偶然。所谓“春江水暖鸭先知”。

但是知识分子要彻底进行革命，必须要与工农革命力量结合，因为他的生活条件，劳动条件是依靠他的个人能力，他的知识，他的信仰。

所谓“士为知己者死”，“不吃嗟来之食”——凭个人的品质与能力的表现。他经常动摇。个人的品质——这是他的武器，因此他往往要产生个人主义，主观主义与自高自大的思想。另一方面，他又不是地主与ブル，同ブロ没有经济上利益的对抗，所以他也可以跟着ブロ去革命。改造了[的]知识分子，也可以成为ブロ革命家。（例如鲁迅与瞿秋白）但他也可以跟大ブル去反动，如胡适。（动摇不定）

所以我们党是要求知识分子改造思想，目的就是要他为工农兵服务，为社会主义建设献出他的能力，改造问题的产生不是由于不能信任的问题，不是因为他们过去有问题。共产党员也要改造，如整风运动。

小商人，夫妻店的小业主，他们是被压迫的，被剥削的。（不雇工人的）

小手工业者：自由生产工具，不雇工，类似中农。

自由职业者：医生：他们依赖技术，类似手工业者。

这一些广大的小ブル群众，一般都能参加革命，是我们党所一贯来争取与保护的对象。他们的主要缺点是容易受ブル的影响，发生动摇。例如说"崇美思想""向上爬""好名好利"发财思想等。

④ 农民，人口 80%，内部有剧烈的分化过程，不是一个整体。富农——农村的小ブル，反帝是坚决的，反地主斗争中中立的，所以不能采用用行政命令加以立即消灭。

中农——无产阶级可靠的同盟者，重要的革命动力，他们的向背是决定革命胜败的因素。

贫农雇农——占 30%，农村的半ブロ，是革命最可靠的同盟者，革命队伍的主力军。

⑤ ブロ——工人阶级，依劳动而生活的人，是中国革命的主要领导力量。中国ブロ除了一般特点外，还有他特别优点：① 深受三重压迫（帝，封，资）；② 一开始就有自己党的领导（五四以后），没有西欧的社会民主党的影响；③ 多从破产的农民出身与农民有天然的联系。

他特点：① 人数少；② 年龄轻；③ 文化水平低——与资本主义国家的ブロ比较，他有一定的弱点。现在一部分新工人社会成分不纯，觉悟低，这部分工人要很好改造教育。

从以上的阶级关系看，所以中国无产阶级，对革命动力问题要有正确的政策。

① 团结一切可能团结的力量，建成统一战线——在二个革命中都不能放弃与松懈。

② 善于教育自己的同盟者，组织他们的力量——如对民主党派。

③ 对于动摇的势力，不顺从又斗争与团结——对民族ブル。

斗争的目的还是为了“团结”，历史上事实：一贯有斗争，解放后三反，五反的斗争。工商业改造后，团结加强了，但还有矛盾，这就是对社会主义立场看法有所不同。如制度的优越性问题，所以还要改造（讲理）。当代人民内部问题来处理，斗争。

（五）中国革命的性质问题。

中华人民共和国成立以前是ブル民主革命的性质，以后就是社会主义的革命。

第一问题：为什么第一阶段的革命是ブル民主革命？——新民主主义革命。

因为——① 新民主主义的革命同旧的不同，因为是世界ブロ革命的一部分，是反对国际资本主义的，走社会主义革命——即ブロ革命道路，旧的ブル革命则是相反的道路。

② “替资本主义扫清道路，又是替社会主义创造前提”——这是半殖民地社会革命的特色。是十月革命后客观上形成的，不是主观要求，因为帝国主义是没落了。扫清道路——十大纲领上所说的，反帝的经济剥削，限制富农与资本主义经济，对民族资本有利。地主消灭后小农经济可以发展，所以在解放后有二条道路的斗争。

③ 民主革命目的不是建立ブロ专政，而是为了“造成各革命阶级在ブロ领导下的统一战线的专政。”——所以我们各级政府有各党派人士参加。KM一党专政是失败的（大ブル与地主专政），CP也不一党专政，这是由当时中国的革命动力所决定。

中山先生也说过：“近世各国所谓民权制度，往往为ブル所专有，这成为压迫平民的工具。国民党的民权主义，则为一般平民所共有，非少数人所得而私。”但民族资产革命要有ブロ领导各阶层人民，不能让ブル专权，他不能领导革命，不是动力。要统一战线的专政。

第二问题：怎样决定革命的性质？

性质决定于革命的内容，任务，客观的经济政治条件。

例如：党的六次大会提出中国革命性质为“民主ブル革命性质”，其根据

是：当前的问题是：（六大时问题）

① 国家尚未统一，帝国主义还未驱逐出去；

② 地主阶级没有消灭，一切半封建余孽没有消灭；

③ 中国的政权还在地主、军阀、ブル的反动联盟的手里。

这些主要任务直到中央人民政府的成立时，才彻底完成。

目的是将中国建设成为一个独立自由统一富强的新中国——论联合政府。

这个革命与社会主义革命任务则有所区别，社会主义主要任务是：

① 彻底消灭阶级制度，取消人剥削人的制度；

② 一切生产资料归国家社会所有。

中共所负担的任务是双重的，革命的步骤也分为二个，八大毛主席说目前的情况是："彻底完成了ブル民主革命，又取得了社会主义的决定性胜利，"就是指的双重任务的问题。

取得了"决定性"的胜利，还不等于完全彻底的胜利，所以要有三个五年计划，八大的决议提出了奋斗的方向，是发展工农业，重工业为主发展文化与科学技术革命。发展农业是为了工业的更大发展。

主要是农业的落后与工业化的要求不相适应，技术要求与文化落后，人民需要与供应间的矛盾。

思想上革命——党内要整风，知识分子要思想改造，人民要教育。

农业的发展不仅直接地影响人民生活的水平和轻工业的发展速度，而且也影响着轻工业的发展速度。"农业生产不能适应日益增长的需要，今后必须用更大力量发展农业"——这就指出了主要问题。

第三问题，既然社会主义目的要消灭资本主义，那么为什么还要ブル及其政党参加政权呢？"长期共存""互相监督"是不是真的？

ブロ专政的对象，不是ブル，而是国内外反动派，及其残余势力。"人民民主专政是以工人阶级为首的人民大众对于反动阶级，反动派和反抗社会主义革命的剥削者的专政"。（刘少奇）

中国民族ブル有其特殊的地位，即对历史革命有一定贡献，有作用，而且有用于国家的建设，公私合营后，ブル分子已经成为企业内部的工作人员，使其逐步成为名副其实的劳动者。

民主党派在阶级消灭后，是代表他们作为劳动者一部分，还要对ブル分子进行长期的改造工作，所以要“长期共存”“二个万岁”是客观上不能取消的，是真话。不能怀疑的。将来阶级要消灭，逐渐消灭衰亡这是发展过程。

第四问题：二个革命阶段，都是ブロ专政吗？

解放以前根据地的人民专政的任务是反帝反封建，没有要消灭私有制，所以不能称为ブロ专政，只能说是他的萌芽，解放后任务变了，所以实质上是“ブロ专政”。

ブル为什么要接受CP与工人阶级领导？

① 工人阶级与共产党担负了历史任务——消灭一切阶级，包括他自己。“ブロ要解放自己，先要解放别的阶级”。（如ブル与农民）

② CP有马列主义的思想指导，这是最先进的革命思想，他的理想要进入共产主义社会，能使人类征服自然，使人类有幸福的生活。

③ 中共是久经考验的党，是最有革命经验的党，所以人民爱护他，他还要不断克服自己缺点。他的进步是无限的。不进步也要被人民所抛弃。所以要人民监督，三个风要反掉。

民主党派为什么要“长期共存，互相监督”，少奇同志的报告中已经说过了。——因为他今后将成为：被改造过的民族资产阶级的代表，变为这部分劳动者的代表，他还担负为他们的改造任务，同时又要监督其他各党派相互间的工作。

从长期的革命过程看，我们党是成熟的马列主义的党，因为他是根据革命理论具体运用到中国来的紧紧地依靠群众路线，所以毛主席说：“我们的建设胜利，都是马列主义的胜利。”

我们所以称为“成熟的马列主义的党”，这是由于党的经常进行二条路线的斗争——反左也反右，革命的道路是曲折的，中共还有不少缺点，在伟大的整风运动以后，我们将更进一步，祝大家都进步，向社会主义前途道路走去！

中共党史教材提要。（略）

（文件编号：T36）

各省级机关汇报

1956 年 11 月 9 日

工交党委：

（1）本星期都学国际问题，尚未传达八大问题。

（2）学习具体要求——各总支对一般干部如何？“提高认识”，不解决问题。

（3）一般干部文件都读了，深入一步有困难。

（4）学习中不许看报纸，匈牙利问题发生，干部坐在厕所内看报，埃及问题谈判，半夜不息。

（5）认为苏联对埃及态度不明，中国与苏联分了工，埃及归中国。

（6）匈牙利问题——苏军出兵气不足，干涉内政有二种意见。

（7）普遍认为中国比任何国家都高明。

（8）越南为什么不学中国土改的经验，应当推广中国的经验。

（9）拉哥西整■问题——反党、反人大，思想有抵触。

纳吉与哥达尔问题如何，不大了解。

要求领导同志做一次报告。

党群党委：

（1）匈牙利是什么派系斗争，有保留态度。他们是不是马列主义政党，卡达尔是不是好人？

（2）苏联大国主义是不是很严重。

（3）“那个有权力，那个就是对的。”——匈牙利问题。

（4）国际形势是不是缓和了？

（5）时事学习每个上午订出二小时，不对的八大文件学习。

农业党委：

只有农业厅还没有传达，因为定指标。

农工部近来抓得较紧。传达以后，有些问题已弄清，但还有许多模糊：从国际问题上对中国问题的体会。

（1）中苏友好的重要，有新的认识。

（2）统一战线的重要性，二个万岁①的重要。

（3）十大关系的重要。

（4）肃反的重要。如红衣主教为什么不杀。

（5）对苏联专家有反感。

（6）……②

八大文件问题

国务院指示要不要再学，决定还要结合的学。

（文件编号：R117）

① 毛泽东的形象说法，指共产党和民主党派都要长期存在的意思。

② 原文缺。

各界人士对于陈修良部长报告的反映

1956 年 11 月 12 日

根据各个党派的个别接触与反应，对陈部长报告有下列反映：

（一）一般反映很好，感到满意。

1. 社会人士说："报告人有三十年的革命经验，实为钦佩"，"陈部长报告中有生动例子，在引证毛主席的话中也有分析，使人满意"，桑文澜（市政协委员）认为报告对她帮助很大。

2. 工商界人士说；"报告通俗易懂，又联系了中国革命各个阶段的历史事实，听了很清楚"。许超（省政协委员）说；"我们对中共历史了解很少，系统的讲讲很必要"。

3. 中医界人士说；"报告既详细又结合了许多具体例子，大大的帮助了我们理解问题"，"陈部长报告使人听了津津有味，过去有些报告使人打瞌睡""报告有内容、有重点、有分析、很适合我们理解水平和需要"，有些中医师听了报告后，即去书店买"中国革命与中国共产党"。

（二）少数的认为"不过如此"。

1. 社会人士陈锡钧（金石专家）说；"他们（指党委负责人）的讲话总是有根据的，总只有这样就讲讲"。

2. 工商界翁谊安（省政协委员）说："陈部长与余部长对于学习八大文件的中心发言基本上是差不多的，不过在具体例子上穿插不同而已"。

（三）个别的认为陈部长对于某些问题解释不够恰当。

1. "陈部长在分析中等阶级（民族资产阶级）时，又往往把李鸿章举为例子，对于民族资产阶级与官僚资产阶级的界限混淆不清"。（民建干部）

2. "陈部长在解释民族资产阶级的产生时，说他们（民族资产阶级）的产生是'先开了工厂而后买了土地进行地租剥削'不够恰当，她把事实说颠倒了，应该是先有土地、地租剥削而后开了工厂，成了资产阶级"。（民建干部）

3. 个别工商界人士说："陈部长说马歇尔在南京时，她也在南京，是何意思不明确"。（意思是说陈部长在表现自己）

（四）对于会场掌握和报告技术上的一些反映与要求。

1. 普遍要求报告人在报告到重点或重要的地方，要重复的讲一讲，这样，使那些能记笔记的，便于笔记，对于不能笔记的，在重点字上印象较深。

2. 中医界、社会人士、高教界及民主人士家属对于这次报告感到满意的：(一) 报告时间放在下午。(二) 较为准时开讲。(三) 较早(四时半)结束，但一部分工商界认为是“抽出一个半天不容易，这么早结束是浪费时间”。

3. 少数反映：(1) 陈部长讲话时轻时重，常常听不清；(2) 个别的认为陈部长讲话有些地方语气未完(即说的不够透彻)即转到别处了，感到承上启下，转折不够清楚。

中国人民政治协商会议浙江省委员会秘书处(印章)

1956年11月12日

(文件编号：R129)

在箫项平同志客厅谈话记录

1956 年 11 月 18 日

同在者有李正文同志。

1. 在日本的工作关系，统称为国际关系，即是苏联远东情报局，实为红军参谋部第四处。

日本方面的苏联负责人后被日本当局所捕（后被杀），他供出了许多消息，美国方面根据日本的消息，迫害施米特来，她向政府控诉，说是破坏宪法，轻信敌人方面的材料，后来她的打官司打胜了，但仍被迫害，不得已逃往英国。

她在日本情报上做了许多的工作，对中国革命很同情，遗嘱交给朱总司令。

2. “怪西人”即上海远东情报局的苏联负责同志。

3. 1934 年箫在吴先清去东京后，也去过一次，与吴见到一面。箫与苏联负责人因使用一个干部问题曾有争论，后来把关系划为四部分，四分之三由苏联人掌握，后来结果经箫掌握的一部分没有遭到破坏。

4. 余飞叛变后，我〈于〉与他离婚事情他知道的。

箫曾去大夏大学教书，（一九三二年时）他谈起我曾与余飞去看过他，他记得我是沪江大学的学生，可见其误了。

（文件编号：F16(2)）

李正文同志的反映

1956 年 11 月 18 日

李正文同志的回忆：

1. 他与吴先清 1937 年 11 月 27 日被捕，经手的机关是特别会议，所捕的人多是没有根据的，判决后送到北极作劳工，生活极苦，死者无算，估计不会判死刑而是病死的。

2. 吴李二人被捕是罗静一所检举，她是冀朝鼎的爱人。史璜被捕后，她曾自首过，检举李的捏造事实是：

① 说李在十月革命庆祝酒会上不吃酒，对苏联建成不拥护。

② 说李对照日文看俄文，是不相信马列主义。

③ 李有不少的钱，因他节约，说他有问题。

④ 懂日文是一条重要的嫌疑。

罗的检举信被吴先清所发觉，李知此事是罗的捏造。当时吴李罗均在莫斯科国际马列学院读书，二人亦均是箫项平同志所派去的。

吴的被捕可能是因为从日本去的原因。

3. 箫的儿子也在那里学习，那时只有十四岁，一天倡建一新、美、中、苏的国旗，即被怀疑为特务，要判决徒刑，幸经加伦将军的挽救免判刑，他的班长是白劳特，很同情他的事情，但无法为他说话，美国同志很气。

（文件编号：F16(2)）

张际春在中宣部会议上传达刘少奇的报告

1956 年 11 月 19 日

东欧问题发生原因：

（1）匈[牙利]不是自己革命成功的，是苏[联]解放他的。没有经过群众运动与斗争，解放后也没有一系列的改造，对ブル也很简单地没收了。因此群众对什么是民族观念不清，是非不分，民族与阶级关系搞不清。

他们所谓人民运动是指自由主义的，自发的人民运动。

（2）国家小，重工业发展，农业轻工业没有发展，过多的发展重工业人民生活很苦。学习苏联不全面。如对领导人生活特殊化他们学了，到处是广场，兵工厂规模很大，原料很少。

（3）一切按苏联办事，教条主义，苏联专家有个人主义，大民族主义思想作怪，伤害民族性。如贸易工作者打小算盘，引起不满，这样就被ブル所利用。

（4）苏对匈问题处理不妥。南[斯拉夫]国可能有些影响，共产主义可能有一个派别，强调各自的道理，值得研究。社会主义有不同派别。

苏共 20 次大会后，可能有右派。现在如越南埋怨搬中国经验，朝[鲜]也有一些问题。

我们方针：

① 搞好中苏两党关系，严肃谨慎。

② 搞好自己的工作，这是主要的，苏联人中确有一些人有大民族主义，马列主义没有发展，偏重工业，领导干部特殊地位。中国无论如何不能如此。ブロ专政是不是一定要发生贵族，中共认为可以避免，不一定要产生。如加强检查委员会，整风是可以的（定期整风）。

基础组织的民主制度，工厂委员会民主可以扩大，专政是对反革命对人民应"民主"，对领导人的权力应有限制，不能独断独行，物质待遇，不能悬殊太大。

二、明年经济计划（周总理）

教训问题，东欧经验要引起注意，中国的首长制前排后排制，等级制是封建社会的，特别讲究。

三、粮食问题

四、结论(毛)

第一,经济问题,七条意见。

第二,国际形势。

波匈出了事我说是好事,“失败乃成功之母”胜利了还会有革命吗?匈实质只是革命与反革命斗争。

上层建筑与生产力的关系有矛盾,机器与土地通过人讲话,生产关系不好,就要有劳动者起来讲话。共产主义社会没有武器,但还有拳头、石头,两个关系也会有革命。

第三,中苏关系问题:

十全十美国家也没有,苏有光明与黑暗的二面,真理与假理,丑与美的二面,如学校五分制,好不好难说。

反革命?物理学上的反作用,东欧国家没有根据十月革命来教育人民与党。

斯大林问题——可不可以说是一种派别?“个人崇拜”不如说是“个人独裁”。

斯大林丢了不少马列主义东西,绝对化了。一长制是封建法律,20次大会有片面观点。中国也有,如只要学俄文,有人还在学落后经验,盲目性要长期才能克服。苏联有缺点但我们还要拥护他,他们有力量。对苏联态度:九个指头赞成一个指头有意见,有统一有对立。中国与苏联名称不同,对各种政策就有不同,军队也一样,一切照抄,不能说一切屁都是香的,也有臭的。军队每天谈二点,优点、缺点,二点论者,很多人是一点论者。

里通外国:匈、波与苏联关系没有搞好,共产党内向另外党送情报。如南[斯拉夫],这是很坏的,破坏关系。高[岗]也如此。

要向全党说明,这是违反组织原则的。现在干部中也有这类事情,自动讲出来不要紧。对斯[大林]的刀子,采取又保守又批评的方法。我们是放手发动群众,如三反五反等斗争,他们没有运动来锻炼他们的斗争。

第四,大小民主问题:

中国ブル与知识分子的改造问题还有许多工作要做,长期教育。人民内部问题要用小民主的办法,党内也如此。

大民主是解决革命问题的，有些干部要求大民主，要研究[为]达到什么目的。我们革命运动是大民主，骂群众应当挨打。（格罗的演说）

对斯用小民主办法，他们是用大民主办法。

整风问题：先半年通知，不要怕，要有可反的，半年为期。使其自动慢慢下楼，和风细雨的改造。个别的要采取批评的方法，主要是采用教育的方法。军队与地方待遇悬殊太大，高级干部可以减薪。

（文件编号：R116）

陆定一在中宣传部会议上的报告[①]

1956年11月20日

第一部分主观主义问题。

八大文件学习有二句话："政治决议作骨干，各省市自己安排"。目前有些地方学不下去，有些地方学二年，这个不对，因为明年要开全会，还有其他会议忙得很。

第一，如何学法？第二，6个省提出要整风。

二中全会提出要整风，毛说：要来一次小民主，和风细雨。三反五反用大民主，打出许多假老虎。反胡后的肃反，安徽开万人大会指名斗争，都出岔子，不能用大民主方法。

现在搞小民主，真正治病救人，具体如何办？

主观主义就是教条，经验主义，学习苏联有教条主义，他们经验先进与落后的，"搬"中宣部很多，如工农速[成]中[学]无论如何不能搞，逐渐明白起来，留苏学生回来后，作弊是神圣的，哪一个部长不作弊？原来很多是速中出来的（尤金也是）。因为他们把教员看为资产阶级知识分子，学生是工农，金字招牌不好动，老子是无产阶级，部长作弊原因是功课很不好，时间短。

各部门教条主义还很多，毛说：主观主义比猪还笨，有的已经转了弯，人大教条主义很严重。毛说有二个中央。[连]吃饭时间、[上]六节课[办法]都要学。皮肤是黄的，不是白的，真是"跟屁虫"。百分制是ブル的，甲乙丙丁是封建的，一定要五分制（中央未同意）。现在教条主义有些下降，但还很大。

东欧许多坐过斯大林的牢，就受人欢迎，很光荣。

拉科西是不好的，但比红衣主教要好。但老百姓反去欢迎[纳吉]，把拉科西看为"反动"——脱离群众的教训。

二中全会主要讲匈波事件，他们解放后没有做M工作，如土改我们做了三年，斯[大林]是不赞成的。毛说：蒋如回来，还要去欢迎，小蒋分子非杀不可。

土改——朝鲜是苏[联]要他学的，用恩赐方法。不经过斗争，发表命令。

---

① 原文无标题，系编者根据内容自拟。

农业合作化的办法，他们倒过来，单干的最好，国营的糟。为什么？是强迫命令的结果。

三反五反的好处，树敌很少，教育了ブル。Poland（即波兰——编者注，下同）是五人以上的厂都没收，匈〈亚〉牙利的知识分子没有整风，利用裴多芬俱乐部。他们赞成"百家争鸣"，但没有听到"思想改造"。不反胡风不能百家争鸣。他们弄得谁反苏[谁]就好。

苏联对旧知识分子一脚踢开，巴甫洛夫是列宁保护下来的。查清有必要。中国民主派比美共还好一些，美共还反苏。这是不依靠群众的结果。

建设社会主义依靠谁？斯[大林]的公式是重工业。反对布哈林是对的，但不要轻工业，只有长这利益，目前利益就不管了。农业是什么都用机器，一年只用一次，浪费很大。农庄给拖拉机站的占收入70%，实收10%，劳力没多大用处。看牛的女人最有用，地间劳动没有工分，半年无事做，轻工业品很差。

中国建设重工业，连农民也有份，是依靠群众的。

肃反问题：反革命没有肃了好多，反把党员肃了一半多，正是大问题。中国肃反有偏差，实只占1%（四万）。匈[牙利]反革命分子团结了许多人，组织小集团，真正的反革命分子也不会太多，但处理不妥，动作起来很厉害。我们斗错的占5%（8 000），完全没有问题[的]还有十一万二千人。第二次肃反可能偏右，是不是肃完，很难说。

为什么中国人民欢迎肃反，匈〈亚〉牙利人民表示愤怒？这是肃反好不好问题，他们把工作只交给公安机关做，我们不如此。

很多政策不一样，我们要学十月革命的办法，我们要反掉违反群众队伍的办法，必须反掉。

阶级斗争问题——[社会主义社会]"没有对抗性矛盾"的说法不对。

自古以来，孔子做春秋，因为阶级矛盾，子杀父，臣杀君，也是对抗性矛盾。李世民兄弟，曹操父子相互残杀都是内部的矛盾（对抗）。如工人阶级有工人贵族，特权与高工资，重赏与重罚，社会主义分配不好就发生了工人贵族。经济学上从不研究这类问题。只有"按劳取酬"一句话。苏工人与干部相差几百倍，院士四万，工人二百五十卢布（现在三百），人民生活没有改善。中央多负三万，文学家给他一本支票簿，可以随便支付。中国作家要稿费高，特权与高工资，连汽车喇叭也不一样。警卫制度也不得了，到中国来，吃饭用飞机装食物。出去一大堆人，如临大敌。中国也学了这个制度，看戏也有特权。

平均主义不好，但也有好处。长征是靠平均主义过来的，那时如都要汽车就糟了。

征兵制全国七万人搞兵役工作，这个制度可以考虑改变，还有边防局，搞得很紧张，过路的都要查。吴努很有意见，“个人独裁”就是不要人民的话，土改、肃反、重赏、重罚，只要重工业、高薪制——都是脱离群众的办法。苏联人骂劳动英雄为“拍马屁”的，做了英雄就没有 M 了，这叫做“个人独裁”制度。十月革命一套搞掉很多：阶级斗争、依靠 M、ブロ专政……现在有些国家已经不大讲ブロ专政，如哥穆尔卡也如此。还有原子时代、自动化时代说法，连尼赫鲁也是社会主义。铁托说：只有社会主义力量，没有阵营了。包括美国也在内，他们说没有 CP 也可以有社会主义，南国(即南斯拉夫——编者注，下同不另注)就不要党了，只有“同盟”，ブロ专政也不要了。

哲学思想：“对立的斗争”原来是“对立的统一”，大会有一次接到电话，有人问：什么是“对立的统一”，从此以后只有“对立斗争”，到了社会主义只有“斗争”，取消了辩证法，只成为主观主义了。今后只学十月革命一套，不学这一套了。

秦始皇统一中国，但个人独裁，书同文，统一[文]字是好的，但二世即亡，即因独裁。斯[大林]做了许多好事，可是“独裁制度”错了。联共党史结束语，把希腊神话放进去，实际上是逃避现实，所以我们不要上当。马雅可夫斯基的诗不一定是好的，中国人也学他。

所以教条主义要检查一下。

少奇说共产主义有派别，铁托与斯都各有派。我们要学十月革命。主观主义问题很多，宣传部干什么？就是要搞思想工作，苏联是事务机关。

整风中什么是主观主义，宗派主义要多讲一些。

如编教科书如何依赖群众，不能只听专家的话，要听学生与教员的话。

英国党，垮了许多，美国变了质，他们不要党，觉得麻烦。

印度——过去一个总书记很像一个幼稚的文学家，他出版的书要在中国农村推销。陆[1]说：“知识分子要当党员不容易。”

---

① 原文如此。

会不会天黑，不会，苏联与中国党有基础。

改正错误是长期的，中国党在 1935 年才纠正，完全失败后才“山重水复疑无路，柳暗花明又一村”。好事就是坏事，犯错误也有好处，觉悟到了就会改正。

对苏联第一要保护，第二要批评。一把刀是斯，一把刀是列宁。20 次大会砍掉了斯[大林]，被杜拉斯（今译杜勒斯，下同，不另注）、铁托拿去了。铁[托]成了第一个“马列主义者”。在中国影响最少。[中国]不能完全丢掉这把刀。

第二部分，宗派主义。

现在宗派主义问题很多（比第一次整风）。

党与 M 关系，表现：上下级关系，这个部门与那个部门，不许人家批评，只有首长，不见面。生活不能共甘苦，宗派主义发展到“个人专制”。苏联那里有什么批评与自我批评，只有斯[大林]批别人，犯了错误打得要死。平日不教育，犯了错误一棍子打死。

大国家主义——我们不改正也要成为苏联一样，被人家赶出来。苏联帮助很多，贸易工作不平等，中国也在帮人家。

大民族主义——西藏问题。苏联给 Poland 十五亿，建了一个科学宫。为什么还要还债？看了就骂娘，中苏贸易很紧[张]。

第三部分，官僚主义。

架子大，看不起人，不下去，特权，重赏重罚，功劳归个人，无论什么县得个人奖，重赏。现在是高级浪费，比 1952 年高级了，如沙发地毯，房子愈来愈好。

终有一天老百姓要算账，每一工作要检查一下。

整风怎样搞？小民主，个别的坏分子要斗争更尖锐。其余用治病救人方法。

搞哪一级？上下问题，三风只是上面问题，这有部分道理。条条下达，但有些浪费不是上面要他干的。上面不对的，不敢抗拒，照着就做，不合马列主义的。毛高兴听各种不同意见，我们要讨论不同意见。我看广大干部与领导干部都要整风。

搞思想问题：全面反省哪一套可以不一定要。

如何讨论？可以谈文件，谈工作，谈思想，也可请别人提意见，愿同什么人谈都可以，他的思想没有到这个程度可以随他去，等待觉悟。

保证“和风细雨”大家高高兴兴，恰到好处。

先搞上面后搞下面，让下面提意见。

五个文件问题——与其他文件一并考虑。整风意义很大，要搞好。1942年在延安机关中整风，学了一年文件，王明提出许多意见，认为是路线错误。毛、王明、王稼祥、任［弼时］开过一次会，王明的十大纲领提出了。后来一病至今，没有讨论下去。

整风运动后变为群众运动了，开始时大家莫名其妙。

（文件编号：R116）

陆定一在中宣部会议大组会上的结论[①]

1956年11月22日

为什么要整风?

1. 各小组认为再学八大文件就成为学理论,钻牛角尖了,各地做法不同。山东检查地方主义,有些已在检查主观主义。匈[牙利]事情发生得很好,别国的损失给我们补偿很大,坏事可以变为好事。他们有一百万党员,党就瓦解了,中国也很多,不加教育也会垮。群众也要教育,说CP比KMT还坏。做决议是做面上东西,要人去执行,认识路线正确,在匈问题上可以取得教训,讨论一下东欧问题也有好处,很快联系起来,不是停下来。

2. 整风问题。

县委以上干部六十万,地委以上一万多,全党600万干部。

要不要叫作整风运动,十五年前整过风,用联系实际办法,后来成为审干,现在不必抢救,胡风问题后,性质也有点像抢救运动,已经做了。第一次整风训练了许多干部。系统地批评了自己的思想,十余年来吃了整风饭。全党懂得如何反对三风,革命因此胜利,合作化?ブル改造这都不是简单的事。

民主革命很艰苦,垮了四次,可见革命很容易失败。第一次大革命失败只有三个月时间,许多人退党。汪精卫同纳吉差不多,"夹攻中奋斗",施存统[很]多的。

从整风后,一帆风顺。现在不整风不行了,同自己革命,ブル的命已经革完,不要以为以后可以"高枕无忧",社会主义没有矛盾……生产力不断发展,生产关系要相适应才好。

现在同谁斗争?要同我们自己的非ブロ思想斗争。高饶更严重:要这种人来领导革命还要失败。所以要革掉非ブロ思想。每个人总结自己要下功夫。这与学习八大文件检查工作不同。整风时为了整掉非无产阶级思想,不是一下子去掉,以后还要发生。有人怕,全国都要搞,各地有许多尾巴没有结,整风可以结。

---

① 原文无标题,系编者自拟。

整风运动苏联没有，只有中国独有是好东西。英国代表大会开得最多，党最小，皇帝很民主，每天上朝。但这不是民主。我们党代会开得很少，但成绩很大。老党员带上新党员，没有出大漏子，整风起了大作用。整风以后还要搞，可以大胆写上“整风运动”。文件写“不是政治运动”，我看不必要。

如果发现贪污违法乱纪事如何办？应讲出来，法律上可以宽一些。民愤很大如何办？这是少数人事，就是没有整风运动也要处理的。

上下级关系怎样办？害怕群众的经过整风也就不怕了。

如何分批整？

县委以下的可以用训练班等办法。

上海ブル说资本主义有优越性，确是有一些。如瑞士瑞典人民相当富，瑞士四人有一辆汽车。上海有一万多地下工厂，也是优越性。我们工厂不赚钱，他们有优点我们要向他们学习。社会主义有优越性也有缺点。如外蒙造了许多房子不是优越性，人口只有五十万人（前为九十万），内蒙牛羊大为减少。社会主义有优越性，不要看得很绝对。

反主观主义要搞得愈深愈好，对工作有利。新干部这样多，和尚坐关，何况是干部，和尚关了五年才能做方丈，有了代表大会制度还不够，因为这是决定方针政策的，至于每人就要整风。

生产关系与生产力矛盾就要变革。共产党领导这个国家的，就要革ブル思想的命，把整风放在这样地位就好办了。

方法问题——半年准备，慢慢让他下楼，各地可以典型试验，搞二三年大约可以了。

业务机关，学习理论的如何办？

在职干部学习问题有许多明堂。中下级干部只能到初级党校去，或进训练班，学习一下就够了。平日不必多搞，应当停止。要看什么书都可以，离职学习应不应停止，可以考虑。

组织问题——要有一个委员会解答问题。

领导上听不得意见如何办？

中国封建社会的忠臣不怕杀头，我们难道没有忠臣？一定要说话，不[想]听反面话也是要说。

反教条主义——教条主义有各种各样。王明、博古是十足的了。建设时期有苏联教条。现在又有许多理论。后来稳定下来，这个专家回去了。从此后，我们应当懂得，政策性问题，不能学苏联。经济、文教部门同志比猪还笨，不懂得教条主义的害处。

主观主义包括什么？有ブル思想，还有思想方法问题，这是长期存在的。主客观矛盾永远存在，所以永远要整风，不能说过去整得太多了。

时间，1958 年才能正式开始，因为要肃反，[redacted]，审干，尚未结束。贪污浪费不列入整风范围，完全搞整风。（思想）

政治业余学校问题——不一定要死板的根据中宣部的规定。初级组对象，不必学哲学，只讲常识就够了。要不要办各地考虑。

3. 整风准备工作。

有人说领导人先搞主观主义；有的说要整个人主义，还要研究。

整风要不要痛苦？我看不能没有痛苦。如三七分、二八分，就要有斗争，有痛苦。终[究]要听到别人的批评，没有听的阶段是不行的。立刻答辩不行，否则人家就不说了。然后再研究错得多少，以后就高兴了。恐怕一部分同志就要经过二个阶段。不要看得很容易，免得隔了八年十年，发生匈〈亚〉牙利事件。有些地方，特别是没有民主的地方，喜欢乱加帽子的。那种地方火气更大，更痛苦一些，整个党是有民主的。

Poland 还有以前共产国际一套，搞来几个字句，加上政治帽子，派出钦差大臣，加以“右派”帽子，给以打击。如王明过去对何孟雄，王明办法很多，右倾帽子加不上就加上调和路线，一朝天子一朝臣的办法。波兰现在还如此，我们不能如此。王明、立三还是中央委员，就是如此。共产国际是一党二派制，ブル是二党制，封建主义是“一朝天子一朝臣”。“欲加之罪，何患无辞”的办法，问题就多了，我们要搞整风。

“对事也要对人”不能说绝对对事不对人，也不能说批评一点毛病都不会有错误。电子计算器也有万分之一的错误，早日准备苦痛可以少些。

生产力与生产关系是什么？

生产关系是上层建筑，在阶级社会主要是生产所有制，分配制，私有制消灭了，还有上层建筑问题，如分配制，法制……，可以影响到生产力。分配不好，就发生工人贵族，阻碍生产力发展。工资制，政治制，民主集中制等都是上层建筑，也要影响生产力。封建社会专制主义者有秦始皇。唐太宗很民主，人家批评他的就升官，杀人要经皇帝批准，一年只杀十几人。

社会主义可以有斯大林的个人独裁，我们社会也可以产生独断制，甚至比拉科西的权力更大，如猪的生产。因为一切由国家掌握的。

铁托言论可以注意，他以为苏联不存在他也能存在，这是不能设想的。中国革命如比苏联先胜利，恐怕要亡国或者饿肚皮。苏联建设了重工业，我们才能建设工业。但他们有偏向性。如乱肃反，杀了许多干部，长期不注意轻工业与农业。

整风要解决这个问题。各项政策弄得不好，生产力就要来革命，工具经过人说话，克服ブル思想与主观主义。

（文件编号：R116）

各界人士对“八大”讲座第八讲“关于人民民主专政问题”的反映

1956年11月下旬

本月19日本会要求省委统战部梁玉如同志就“八大”讲座第八讲作了报告。经过初步汇报、部分宗教界、社会人士、社会知识分子认为“人民民主专政为什么实质上是无产阶级专政”有了较明确的了解，对于为什么在现阶段民主生活须进一步扩大也增加了一些了解。但一般反映不够满意。

一、普遍反映话语听不懂：

根据社会人士、社会知识分子、宗教界、民建、农工、高教界家属等方面的普遍反映，认为话语听不懂，语调忽高忽低，忽快忽慢，许多话语听到了上半句，听不清下半句，到底讲点啥，搞不清楚，有些社会人士说：“我坐了半天，只听到‘专政和民主’、‘民主和专政’几个字，其余的听不清楚”；有人问一位社会人士对这次报告的感想，他连忙说了七个“不懂”。高教界说：“高复隆副部长的报告，还有一半听得懂，这次连半懂半不懂也没有。”社会知识分子说：“下讲如果再是他来讲，那我是不来了，因为反正听不懂。”在中途休息时，离开会场的不下百余人(这种现象过去从未发生过)民盟反映说：“许多人感到中途离开不礼貌，但坐下去真是情绪愈坐愈低”；在会上睡觉的人确也不少，有些老先生甚至睡得鼾声很大。

二、大家对人民民主专政这讲企望很高，所以出席人数亦较多，但听了报告以后感到失望，各界人士对这一讲主要想通过这一报告来从理论上观察国家政体，因此对报告抱着莫大的企望：肖山县、德清县特地派专人来听报告，以带回去，解决他们困难。省法院吴仲廉同志见报后，也来听讲；社会知识分子和高教界家。(原文下无内容——编者注)

（文件编号：R129）

反右时期的宗教问题[①]

1956 年 12 月 10 日

主教们所提出来的：

问题：

(1) 对小地主太过份了，他们克勤克俭的。

(2) 对地主[和]对ブル为什么态度不同？ブル的罪恶也很大，造成社会很多的罪恶。“奸商”也很可恶，“一本万利”，地主剥削是用高利贷形式。

(3) 大ブル与民族ブル在经济上有没有区别？

(4) 农业合作化高潮有些加强，所以出了问题，是不是毛主席号召来的，是不是太快了？由私有制到合作化有超额完成。

(5) 不经过社会主义人民生活能不能工业化与改善？

(6) CP 对宗教如何，说是唯心论不能接受。但哲学现实来说，宗教是不是唯心论。要除去有神论与无[神]论。

神也是“主观存在”，无形的东西也存在，因为几千年人民所信仰。人只能改造，不能创造世界。“劳动创造世界”[是]不对的。(?)

(7) 宗教问题在教堂以外不能争鸣有些不服气。

(8) 中国任务问题，民族与民主是相互有关系[的]。

(9) 对宗教是不是又斗争又团结的政策？

（文件编号：J417）

---

① 原文无标题，系编者根据内容自拟。

各机关党委书记会

1956 年 12 月 19 日

朱静如汇报情况：

问题：

① 一般干部学习不够，没有人进行辅导。

② 有些问题没有解决。

③ 有些单位没有很好学习。

建议：

① 整风问题，后年开始，准备工作。

② 五年内轮训干部计划可以延迟。

③ 党校成立中初部，温州成立初级党校。

④ 三百万在职干部向科学进军。

⑤ 十二月后结束突击性的学习，转入经常。

⑥ 一般干部是不是还要继续学习，自己决定，不定期讲座，各机关组织讨论，一个个问题解答。广播电台，训练班上课，[在]《学习通讯》上讨论。

⑦ 理论学习，恢复原有二班。

（关于业务学校问题与整风准备等问题）

（文件编号：I91）

余纪一在省统战部长会议上讲话摘录

1956年12月21日

“实际上已经在共产，还在争论ブル能不能改造，我们落后到什么程度”。

“三反五反后ブル削弱了，被包围的形势已经成功了，敌人已经快要投降，我们喊话要他投降”。刘少奇说：“不迫不成，同时要教”。现在是以教育为主，以讲课为主的方式进行核心分子培养，其重要性比高树勋起义高。

（文件编号：P669）

陈××在上海报告摘录

1956年12月25日

“同命运，同努力，不要各打算盘”——指合营企业的ブル。

“过去是敌对阶级，现在都是平等的公民，应当建立共同的感情，也是先进带落后，工商业界有许多经验，我们要向他们学习。”

“ブル已经在要求进步，还说不能改造是反马克思主义的。”

（文件编号：P669）

关于四十条问题讨论

1956 年

1）经销代销的优越性，知识太低。（1956 年 2 月 6 日省委）

2）农业合作化顺利开展，头脑发热情况是有的。（同上）

3）“经〈济〉服从于财政”。（1955 年 12 月 20 日党代会议总结）

吴宪说 1955 年 12 月党代会议江华总结形式问题（反保守问题）是毛主席的指示？但江华没有正式传达。

4）“八大文件学习宣传部应抓县委书记以上干部的思想，一般干部不要学。”（1956 年 10 月 6 日江华办公室谈话）

“农村党员不一定要学八大文件”。（10 月 23 日省委干部会议）

5）“如何处理同志之间的关系？由于不懂，意见不同而产生”——学习八大文件问题（1956 年 11 月 1 日地委书记联席会议）。“党与群众关系问题，有不一致的看法面产生不团结问题，主观片面所产生”。

6）“干部今后主要强调学习文化，科学，经济建设方面去。”“在党员中加强法制教育”。（1956 年 11 月 1 日）

7）杨源时在政协高教小组会议上说：“学校实行党委统一领导不好，要实行校长制”。江华不批。

（文件编号：P667）

谈人民内部矛盾[①]

1956 年

今天要讲的是人民内部矛盾的一个重要问题之一，党内关系，党群关系问题。

对敌的斗争我们过去讲得很多，人民内部问题谈得很少，所以是新问题，但这个问题是老早就存在的，古今中外都有的问题。

阶级关系起了根本变化以后，阶级斗争还存在，不能用对敌人的手段去对付人民，人民不是专政的对象，如三八节，听八大传达不到用捆的办法是不行的了，对人民是民主与教育问题。

这个问题很多人不知道，叫做思想落后于实际，理解有片面性，认为事情办得不多不快是落后于实际，因此有些事情又是盲目冒进了（如双轮双铧犁）。

处理人民矛盾的重要，非对抗性矛盾要变为对抗的——如人民闹事，大而至于如匈〈亚〉牙利，不要以为人民可以无条件地服从领导，领导上不能团结党内外的人，就谈不上领导。

所以这个问题极端重要，要好好地学习这一课目。

（文件编号：I80）

① 原文无标题，系编者根据内容自拟。

组宣工作会议问题

1956 年

吴宪同志报告:

(一) 十月城工会议有片面性毛病:

(1) 不了解三反五反后形势的改变,对主流估计不足。

(2) 分化情况缺少分析,二面性估计也不够。

(3) ブル社会主义革命时期的积极性估计不够。

我们认为ブル是消灭对象,不能说有积极性。这一点毛主席说也是对的,不能说有"革命性"。但仍有其二面性,也就是消极与积极的二面。在反帝问题上,仍有一定程度的积极性,大多数人是好的,如抗美援朝。在建设社会主义上也有作用,企业与人才都有用,资金与经验都有益于国家。资金只有三十二亿,但人才不少,可以创造财富。

消极一面也是有的,如抽逃资金,消极经营。改造就是反对其消极一面,发扬其积极一面。

"革命与反革命都是软弱的"。我们过去说中国ブル革命是软弱的,但不懂得"反革命也是软弱的"。苏联当时情况不如此,ブル组织了武装队伍都跑了,外国人看中国ブル在选举中投我们票。很奇怪,这是大势所趋。

ブル本质是反动的,共同性方面强调了,而忽略了ブル的特点;忽略了一面都要弄错,往往左右摇摆。

(二) 对ブロ来说:三反五反以后,主要毛病是关门主义。

有一些干部处理关系上有丧失立场问题,如支部大会要ブル分子参加,传达支部决定,对违法严重的,不加处理。右的在党内还是少数。

三反五反多数是要挤垮,关系紧张是多数,有许多是不闻不问,公股代表不吃ブル的菜。

(三) 和平改造。

经济——赎买;对人——以教育为主。

党内思想是一个重要宣传任务,要有事实,其次是理论。

全省四个工人以上的企业六千多,工人,——产值三亿,高产三十二万户。

林乎加：

党内思想情况：基本上是好的，主要倾向是思想落后于实际，保守思想很严重，如千斤稻有人不相信，如整党建党认为不能与中心工作结合，学习唯物论要妨碍中心工作。

落后原因：不接触实际，摔跟头的都是老手。骄傲自满情绪，满足于老一套，不看新事物。

刘少奇说领导有二条路线：

(1) 全面规划，接触实际，“杀一只麻雀”。

(2) 保守路线——按老办法，怕困难，强调特殊。

不相信人民与党，相信个人满足于老一套，没有革命家的精神，坐在机关里发号施令，最大障碍是领导思想的经验主义。

（文件编号：R116）

关于学习马列主义哲学问题的发言稿

1956 年

业余政治学校从今天起正式开始了，这是一件重要的事件，使得许多同志有机会来系统地学习马列主义的基本理论，把它用到实际工作上去，这对于社会主义建设工作，是一件具有头等重要的意义。我预祝同志们的成功与胜利。我今天主要讲三个问题：

（一）学习马列主义哲学理论的重要。

（二）马克思主义的哲学应该学什么？

（三）学习的方法问题。

一、学习马列主义哲学理论的重要。

我们党是按照马列主义的理论建设起来，而又根据这一个普遍真理，根据实践发展与丰富起来的党。我们党的一切工作的方针是以马列主义的理论与中国的实践规定出来的，因而获得了革命的胜利与社会主义建设的巨大成功，这是大家都知道的。

中国革命的历史事实证明学习理论的重要。

第一，由于苏联十月革命与中国五四运动马克思主义传到中国，使中国的革命的面貌为之一新。毛泽东同志代表中国无产阶级和中国人民将马列主义的科学理论，创造地应用于中国革命问题上面，发展了马列主义，具体地运用到半殖民地的革命问题获得了胜利。太平天国和辛亥革命先烈的革命事业，因为没有掌握马列主义而遭到失败，而以毛泽东同志为首的中国共产党因为掌握了这一真理，就取得了新民主主义革命的胜利，现在又是按着马列主义的真理正在继续为社会主义建设完全胜利在斗争着前进着。而思想战线上的胜利则是社会主义胜利的重要保证。

第二，抗日战争时期毛主席领导全党的整风运动，批判了教条主义与经验主义，使全党理论水平提高一步，因而取得抗战的胜利。因为整风以后达到了全党政治上、思想上、组织上空前的巩固与统一，革命的力量就大大地增长了，因而非但取得了抗战胜利，而且解放了全中国。

相反的，中国党史曾经告诉了我们，由于过去某一历史时期我们党的领导违反马列主义的原则，犯过许多严重错误，使中国革命在一定历史时期遭受了挫折，如陈独秀、李立三“左”倾与右倾的各种机会主义的路线，使中国革命暂时遭到失败。这些失败的教训，我们也是不能忘记的。

回忆过去，瞻望将来，这就向我们提出了一个重要问题，就是如何学习与掌握马列主义的理论，运用到目前革命的阶段上去。对于学习马列主义的重要性问题，绝大部分同志是理解的，但也有少数同志认为：“不学理论也能够工作”，也有一些人并不能真正理会其重要性，而是采取得过且过的态度，工作上犯了错误，每次检讨，还是不断的重犯，思想水平提不高，这个问题如何解决？党中央指示我们必须全体干部学习理论才能根本解决这个矛盾，所以提出来每个干部都要有系统的学习五门功课，道理就在这里。

具体地说，我们就很容易理解这个问题。

第一，社会主义的奋斗目的是为了消灭剥削制度，消灭阶级，这一套理论是马列主义所具体地规定了的。我们党的方针、政策，也就是根据这个原理而来，因而有总路线，五年经济计划，农业社会主义改造计划，资本主义工商业改造等的规划提出来。

第二，马列主义确定了在消灭阶级的过程中，阶级斗争是不能避免的，而且还是复杂尖锐的斗争，所以要巩固人民民主专政，镇压反革命，而且阶级斗争的剧烈化又要在思想上反映出来，所以这条战线上，首先要获得胜利。如对高饶反党联盟的斗争，反胡风集团，镇压反革命斗争，都不是偶然发生，而是阶级斗争剧烈化中不可避免的必然结果。苏联贝利亚反革命案的揭露，也是同一道理。今后我们消灭了资产阶级，但是彻底消灭资产阶级的思想，则是长期的斗争。这也是马列主义所老早提出过的，所以必须加紧理论的学习。

反革命的理论我们容易认识，但是各种各样的资产阶级思想特别是唯心思想，则是极为普遍，人人要犯的毛病，而其危害特别大，特别普遍，阶级消灭以后人类的资产阶级的唯心论思想还有长期的影响，因而我们作为革命的先锋队伍的共产党员，就有绝对必要来学习辩证唯物论。只有把自己的头脑用马克思主义的哲学——世界观武装起来，才能与一切唯心论做斗争，也才能克服主观主义，唯心论意思，办好一切工作。

我们都没有学过唯心论，也没有进过主观主义大学，为什么主观主义唯心论思想有这样广泛的基础，这个根源必须抓出来。

基本根源：社会存在有不同的阶级，精神与肉体劳动相分离，统治阶级终是鄙视肉体劳力，强调精神作用，这是唯心论的主要来源。例如胡风的"主观战斗精神"，便是唯心论中的一种流派，所谓主观唯心论，又如胡适思想，都是唯心论的代表思想。剥削阶级消灭以后，唯心论要失去其最后依靠。但唯心论的哲学的最后消灭，必须在共产主义社会成立与巩固以后比较长的一个时期，人类的意识中才能逐渐消灭。所以苏联的哲学的思想斗争，还是竭力在批判唯心思想，而中国则尚在开始进行，如批判俞平伯的红楼梦问题，反二胡的斗争，反梁漱溟思想等等。

其次，唯心论能够发达并且还与唯物论斗争，还须从人类的认识过程中找寻其根源。人类在使用概念来思考时候，存在有变为唯心论的可能性，即所谓主观片面性问题。

什么是概念？"反映并确定事物客观之本质属性的思想方法，叫做概念。"毛主席说："概念这种东西已经不是事物的现象，不是事物的各个片面，不是他们的外部联系，而是抓着了事物本质，事物的全体，事物的内部联系了。"（实践论）例如说："人能创造劳动生产工具是一个一般概念。抓着了人的本质，不是偶然的现象了。"人能创造生产工具是他的属性，与其他动物有区别（即其属性有分别）。但是使用概念来思想任何问题，必须把概念的一般性与特殊性分别开来，而且要认识其互相不可分裂，否则就要脱离客观真理，想错事情。例如说，资本主义工商业改造问题，我们少数工人或干部"他们只看见本厂或本店资本家过去的一些违法行为或在这次公私合营中的消极态度，就认为要把他们逐步地改造成为自食其力的劳动者，是不可能的。"（人民日报一月十七日社论），就是把特殊概念代替了普遍概念的错误看法，即把特殊现象，即只看到资本家消极性一面，看不到一般的积极性。少数人代替了多数人，作为普遍现象来论断了。相反的，如只看一般现象而忘记了特殊现象，认为一切资本家都是积极的，没有一个反抗的，这也要犯错误。所以把一般同特殊脱离，强调一方就是唯心论的思想方法，是我们常说的主观片面的思想方法。

我们干部谁也没有说"拥护唯心论"，但我们上述的思想方法的错误例子，则是不胜枚举，这就是因为没有好好学过辩证唯物主义或者学过而不能具体运用的缘故。所以我们即使承认辩证唯物论是真理，如果不能真正领会其精神与实质，这还不能说是精通了马列主义，所以我们要"边学边用"，力求精通，这就需要很长的时期。读了几本书，也决不能自满，我们要不断地同自己的唯心思想作斗争。自然不读书根本不学会马列主义哲学的基本原则，也同样是达不到思想改造目的的，问题是既要反对教条主义，又要反对经济主义。

所以毛主席说："要有目的地去研究马列主义的理论，要使马列主义的理论和中国革命的实际运动结合起来，是为着解决中国革命问题的理论和策略问题而去找立场，找观点，找方法。'的'就是中国革命，'矢'就是马列主义。"（请参考《改造我们的学习》一文）

我们许多同志都是忠实于革命事业的，但是由于思想方法的错误，往往把主观代替客观，片面代替一般，在实际工作中常犯错误，因此改造我们的世界观，学习马克思主义的哲学的重要性就显得十分明白。至于如何学，我想提出几点意见作为参考，具体进度已经有了一个计划，这里不谈了。

二、应该学习什么？

（1）要学会认识论。思维对存在的关系是哲学的最根本问题，也是我们一切实际工作中的最根本问题，因而我们学习哲学问题首先要学习认识论问题（反映论），抓住了这个基本问题，其他问题就容易理解。

恩格斯说："哲学问题的最高问题，即思维对存在的关系，精神对自然界的关系问题……"。（古典哲学的终结）

物质和精神的关系，那一个先，那一个后，即什么是第一性，什么是第二性，这个问题是唯心论与唯物论二大阵营斗争的问题。谁承认物质是第一性就是唯物论，谁承认精神是第一性，谁就是唯心论。自从有哲学历史以来，一直就是争论这个问题。

我们的干部都承认自己是马克思主义者，当然不会承认精神是第一性的唯心论，但是我们口头承认还不等于真正承认，言论与行动不一致也还不等于彻底搞通这个问题，这却是我们的主要问题。而不是"老一套"旧调重弹。最好的事实证明，也就是我们的干部鉴定中几乎大家都有一条，叫做"思想方面片面性主观性"，所以不自觉的唯心论，我们不要自讳，需要批判，需要改造。

这是一个世界观的问题，说来不是简单的问题。在实际生活中，我们常常可以看到自己或者别人不彻底承认外间世界的存在的事实很多。

例如：我们常说某人个人主义、自高自大思想很严重。这种思想如果分析起来，从哲学观点来看，那这种人一定是认为自己终比别人强，个人的作用终比集体作用还要大，所谓“老子天下第一”。他看不到或者不够充分估计客观存在的事物，如党的领导，人民群众的力量，各种组织的相互推动作用等，客观上是否定或者不完全承认“客观存在”“外间世界”的存在，而是坐井观天。只看到他个人很伟大。所以个人主义者的思想方法，实际上是唯心论，就是承认思维是第一性，存在是第二性。

又如经验主义者，往往把过去的老经验搬来乱用，他并不承认眼前的客观情况，这也是唯心思想的表现。教条主义也一样，根据书本上的空洞概念出发，把书本上的道理机械的用在现实生活条件中，这就叫做“不从实际情况出发”的唯心思想表现。所以毛主席说：“我们要反对主观主义，就要宣传唯物主义，就要宣传辩证法。”(整顿党的作风)

马克思主义唯物论教导我们，唯物主义的认识论，必须严肃地坚决地承认外间世界的存在，及其在人们意识中所反映出来的思想，作为推理的基础。这就是说我们的言论行动应当从客观存在着的实际出发。为此目的就要实践，要调查研究，占有材料。对具体情况作具体的分析，按照实际情况决定工作方针，这就是承认“存在第一性，思维第二性”的原则办事。以上所讲的道理，也是毛主席所经常教导我们的，但是要分析情况，这就要有立场观点，所以又必须学习辩证唯物主义与历史唯物主义。谁能掌握马列主义的普遍真理，谁就能对各种事物作出正确的分析，“左右逢源”来理解各种问题。

要学好马列主义的哲学，这里首先要克服怕难的情绪。有不少同志觉得哲学太抽象，神秘，不好懂。我们认为学习哲学如果停留在抽象的范围内，这就难懂，如果与实际生活与工作联系起来这就容易懂。例如“否定的否定”定律，恩格斯以种麦子为例，说连小孩子都能懂。又例如所谓“存在”或“物质”，这就是说客观世界、国内外、省内外、县内外、区内外、机关内外、我们的工作环境、群众需要等等，所谓“思维”(或谓精神或意识)，这就是说“意见”“方针”“政策”“办法”“计划”等等，这些都是我们每天在做的事，懂得了哲学上的基本道理以后，思想方法与行动就不致犯主观主义毛病。所以学习哲学，解决思维与存在问题，要看为关系我们革命事业的一件重大事情，不是无可无不可的事。根据马列主义的理论，使得中国革命获得非常伟大的胜利，全部历史证明了这一个事实，这是不容我们怀疑的，将来在学习中共党史的时候，我们将要具体地说明这个问题。我们业余政治学校教课计划第一部分——辩证唯物主义要讲的就是关于这个问题。

（2）要学会唯物辩证法。

斯大林说："辩证法是马克思主义的灵魂。"恩格斯说，他与马克思"发现了这一唯物辩证法，在许多年来它都是我们工作中最好的工具和我们的最锐利的武器"（古典哲学终结）。可见学习辩证法规律的重要性。马克思主义的辩证法的最主要一面是它和唯物论的认识论的统一，互相一致。

唯物辩证法是生动的认识现实的科学方法，恩格斯提出了辩证法的三大规律，以后我们要详细地解释这个原理。

唯物辩证法的最基本原则，在于承认运动是物质的存在形式，即要承认凡物皆动，皆变，皆发展是物质的属性。辩证法就是研究物质运动的规律问题。例如说，"人生有生必有死"，这就是先承认了人这个物质是要变化的，科学的哲学任务就是要研究其从生到死的发展规律。

唯物辩证法的世界观，认为（一）离开物质而思考运动；（二）离开运动而思考物质的存在；（三）物质的简单化的运动都是不能容许，不可思议的唯心论的形而上学的观点。我们必须承认："一切的静止与均衡仅有相对意义，而运动则是绝对的"，这就是马列主义唯物辩证法的基本原则，中国古代哲学家说："天不变道亦不变"，这种观点就是唯心论的形而上学的思想方法。一切反动哲学都认为世界的物质是一成不变，国家、阶级、法律、道德、财产私有权、哲学等等，都是永恒不变的东西，所以他们的哲学理论往往被剥削阶级所利用。有些唯心论者他们虽然也承认物质有变化的可能，但是他们认为这不是物质运动自身的变化，而是由于人们的思想支配的结果，才能使它起变化，一切主观唯心论者都是这样说法。例如实用主义的胡适就认为："天地间没有不变的天理"，"科学定律是人造的"。

此外，唯物辩证法又认为物质变化不是简单的机械式的运动也很重要。辩证法的三大法则就是在于说明运动的发展规律的复杂性。简单地说：

第一，必须承认物质内部存在着矛盾（对立斗争法则），运动的原因是由于内部的矛盾发展。例如说，目前有资本主义改造运动的产生，就是因为目前中国有资产阶级与无产阶级二个矛盾斗争阶级存在的缘故，所以才有这个大运动。矛盾是斗争的形态，我们要学习毛主席的"矛盾论"。

第二，量变到根本质变的法则。这一法则要说明物质由一个形态转变为另一形态，需要有一个过程，从数量变为质量，是一个飞跃的形态出现，而不是回到旧的形态里面去。如说公私合营后，资产阶级虽然还暂时保存其私有权，但是生产关系起了根本的变化，企业的经营管理权实际上归了国家所有，这是一个飞跃的革命形式，是消灭资产阶级所有制的一个改造(和平改造的方式)。

第三，否定的否定的规律。是要更进一步说明事物发展过程，即说明新和旧的东西顺序发展阶段的内部联系，说明事物发展是无限的，变化多端，层出不穷，新的事物是不能战胜的力量，新与旧的转换不是还原，而是螺旋式的向上发展。例如说公私合营后，生产关系起了根本改变，是一个否定，但这还不是永远停留不前，还要把私有制彻底消灭，资产阶级还要进行改造成为自食其力的劳动者，彻底消灭资产阶级的存在，这个运动是要向上发展的。

总之，唯物辩证法的世界观，是和唯心论的观点是完全对立的，从其主要方面来说是：

第一，辩证法不是把世界看为彼此隔离，彼此孤立，而是互相有联系，而又互相转换的统一整体。而唯心思想则是否认物质的统一性，因此往往片面孤立的考虑问题，所谓“头痛医头，脚痛医脚”，顾到东顾不到西，不从全局出发的思想，实质上是唯心论。

第二，辩证法不能把世界看为静止不动的东西，而是要看作永远不断变化着的东西。任何东西的内部都有新的东西在不断产生，旧的东西不断的在淘汰与死亡，而唯心论者则承认或者不彻底承认这个法则。例如基督教说世界是上帝创造的，人是上帝的儿女，生来就是这个样子，人不是从生物演变过来的。中国的佛教把万物的运动发展归之于“神力”。机械唯物论者虽然承认自然界有发展的规律，但说到人的社会历史时，就否定了它的发展规律。我们有些同志认为“生产到了顶，不能再好了”，实际上是否定发展规律，也是一种唯心思想。

第三，辩证法不是把发展过程看为简单的数量增加，承认数量的变化要变为质的变化，如水加热到一百度时要变气体，而唯心思想往往看不到这个质的变化，他们只能看到数量的增加或者把它看为循环不息的复原运动，看不到物质的运动是内存质的变化，是上升的运动，例如我们思想落后于实际，右倾保守的思想作风，毛病往往是由于看不到数量要变质量，所谓运动的高潮到了，就是质的变化，不是老样子。如农业合作化问题，多数农民群众已经普遍要求合作化了，运动的高潮实际上已经到了，这就是运动的质变，而我们去年上半年还要“大收缩”，这就不合实际情况，唯心思想指导了运动。

第四，辩证法最主要的出发点是认为世界万物都有内在矛盾，正反面矛盾斗争的结果都有其过去和将来，新的事物一定要胜利，而旧的东西终究要逐渐衰亡，如细胞的新陈代谢。这对于革命工作者有重要意义。因此这就是说：万事要向前看，要懂得历史又要有预见，不能固定地留恋着旧的东西，站在原地不动。同时又要注意新东西是从旧东西中变化出来，在一定时间内有其继续性，不能立即不要一切旧的东西，所以毛主席对文艺工作指出，提出“推陈出新”的方针。现在经济建设我们还要充分地利用旧中国遗留下来的财产和技术，就是这个道理。相反的唯心思想则是往往割断历史，不看过去的发展关系，同时又往往只有“老一套办法”，缺乏预见，不重视新的事物，所谓“固步自封”，自满自得，就是唯心思想的表现。

总之，唯物辩证法是在于教会我们善于去正确地观察事物的发展规律，它的三大规律教导我们理解物质的发展原理，它是无产阶级的世界观，一切革命的人们拿了这个武器，就能理解这个世界，并能改造这个世界。

历史唯物主义，就是要在社会历史的范围内说明其发展的规律。通过这个学习，能使我们懂得劳动创造财富，树立劳动观念的必要；理解阶级的形成历史，和其必然要消灭的道理，无产阶级的历史任务、专政的重要性、人民群众在历史中的作用等等问题。懂得了这些原则，就能使人们克服个人主义，培养集体观念、生产观点，加强社会主义的积极性。

三、学习的方法问题。

（一）学习的方针：“学习理论，提高认识，联系实际，改造思想”。这就是说，既要读书，也要反对教条主义。

（二）顺序而进，不要急于求成，否则碰到困难，就要灰心失望，求学如登山，总要一步步前进，以后每个干部还要抽调轮训，现在只是初步的准备，以便以后可以更高的深造。许多经典著作暂时不去读它也无妨。

（三）时间与学习的矛盾。机关干部二个半天的学习制度，必须取消，时间有困难，怎样办？唯一办法是自己挤时间。取消的原因，每年有五十二个星期休息，如再加一天，每年有三分之一时间不能工作，比农民一年工作三百天还要少，对社会主义建设不利，机关干部不能例外，所以中央命令取消；其次是工厂企业实际上都是业余学习的，机关自然更可办到，有事实为例，困难是可以解决的。

（四）提倡独立阅读，独立思考，和集体互助相结合，最好大家要学会做笔记，使思想有系统。办法已订在计划之内。

（文件编号：E215）

对干部学习问题的讲话

1957 年初

肯定成绩：

1. 普及，提高一些；

2. 摸到一些经验；

3. 对实际工作有一定帮助，重视了调查研究——强迫命令减少。

（一）学习目的与要求：干部要求学理论与文化是好现象，但要做好领导思想要明确，要有计划。要从具体情况着手——主观力量与客观要求出发。

以一般干部为主，过去方法是：一种方式，一样内容，以莫干山、中央高[级]党校为主要内容，所谓传达，包括各校干部，想一网打尽。

1. 目的是：系统学理论，但发生了问题。

因而发生：(1) 内容广而深，中外古今都有，学不进去，消化不良（不能应用），理论与实际联系成问题。

(2) 辅导发生困难——方面多，问题多，涉及经典著作有困难，质不多量多，灌输或是执行方针的问题。

(3) 干部要求不能满足，效率不好，不能独立思想问题，是方针问题。

原因是没有教育，领导没有经验，简单化，急于求成。

一般要求什么？(1) 要求学习原理是对的，由浅入深。县的一般干部，应当是初步理论常识，打下自修基础。

(2) 必须初步联系实际，特别是党的政策问题，因为这是具体马列主义，使一般干部懂得主观主义就是唯心论，反对教条主义与经验主义，党八股等现象，必须通俗——但不是要求批判，通俗是指使人懂，不贪便宜，抄袭书本讲稿，用实际融化起来的东西，提供思想自由，应用到中国问题中去。

2. 进行理论教育更看各种对象，正面教育。学习中群众经验问题，就是所谓安排问题。

县的干部：(1) 文化水平很不齐——文盲到高中、大学的都有。

(2) 业务不同——中央指示各部门要进行训练，也要学二门课（省的学校）。

(3) 干部流动性大,下乡的多(最高70%)。

(4) 理论水平不一致——要求不一致,内容也必须有所不同,方式也不能一样。

(5) 党员与非党员还有区别——非党员中有各种不同情况要求不一样,不能同类一样要求(党员必须进行马列主义教育)。

方式与内容一致:

(1) 各校不同干部必须有各种方式来进行:安排问题,"殊途同归"。

(2) 解开绳子,不一定都按课本。所谓系统不是指某些人讲稿最系统,而是指各种理论问题,要有比较深透的理解,不要把教科书看为神圣的,只供参考。[要有]生动事物,中国的问题很多,根据党员能理解的谈一些,作为启发,能实用,只做榜样,问题要学生自己解决。不是每一段都要举例。我们的任务不但是认识世界,还要改造世界——与百家争鸣问题联系起来,理论指导实际,还要从实际中发展理论。这是毛主席的指式〈示〉。教条主义的祸害——就是从学术出发,我们不能提倡。

(3) 不一定要先学哲学,也可以学别的,可以根据干部自愿,苏联党员学习是先[学]一般常识,哲学是自修课程。

学习目的问题——一般干部是对象,内容多——不消化。系统讲理论原则问题,经典著作,看不懂,辅导问题,与实际联系发生困难。

如何办法?

(1) 自愿原则——调动积极性,领导的责任是启发,与带动解决问题,不更怕自流,不能强调统一集中学习。文化,理论,业务,只学一门,目前可学二门。还有许多非党员,支部不能保证。

不要怕挤掉,进了大学还要学,先后问题。

(2) 学理论的学文化的界线一定要划清,执行要灵活。顺序而进,听不懂[难以]学以致用。

(3) 学习组织形式多样化:解决不同要求而来,马列主义学习不能用一种方式,如业余[学校],如列宁也在马克思主义小组来的,抗战时有许多读书会,小组。

第一,业余政治学校,人数缩小,课程另定(初级)讲解的人就多了。

克服目前五花八门的内容,初步的马列主义常识,对党的新干部用,以党员为主，党的教育网。

要办的地方要有准备：

(1) 专干教员，其次是兼职的。

(2) 教材未办的等中央教科书，已办的按初级党校教材。

(3) 学员必须按一定标准。

(4) 要有一个专业干部管业余学校。

省级业余学校的组织很多：省的各党委办，宣传部负责几个方面：

(1) 研究教学内容；

(2) 加强对辅导员的指导；

(3) 抓计划；

(4) 检查督促；

(5) 统一管理理论教员。

党委：

(1) 进行学习中政治思想工作；

(2) 组织党员进行马列主义教育，定计划；

(3) 请兼职教员；

(4) 检查学习情况，经常向宣传部汇报；

(5) 组织辅导员；

(6) 教育行政由党委宣传部设一二个专职干部。

3. 部长以上干部的学习问题——以自学为主。

八大以前，可以出些题目，宣传部应当考虑：

(1) 省级以党代会决议结合实践论为主，检查主观主义问题，写心得方式，八大以后更有新的布置。

(2) 请他上级报告。

(3) 调训。

(旁批：文化学习要求很高，比例大。)

4. 文化学习问题——干部文化是太低，如平湖文教部长，这是客观要求，没有文化理论学不进去，没有文化社会主义不好办。

(1) 要求深造的不能带个人主义帽子，[应]满足他的要求——为了今后工作需要，国家科学发展，提高干部个人的工作能力。

(2) 学习方法也要研究,宣传部应与文教部合作,共同改良,可办高中班也要办,八门课如何逐步进行应当研究——这个问题也应讨论。

5. 工商业者学习问题。

地委宣传部要帮助统战部,县不单独搞,省也不集中。

问题是:

(1) 想用一种训练班方法轮训,这种方法要发生强迫命令。

用军大办法不妥当——检讨,审查历史,小结、总结、检查,填表三分〈份〉。培养典型,大家挖根。

要"劝学"也要"劝不学"——病老弱忙的。

(2) 要求与方针:十六个字,不对,"讲清道理,自由辩论",——"一破一立",为了强调"联系实际"。

(3) 辅导员:要有资产阶级中的知识分子来教课。

(4) 教材:按中央发的,目前要做准备。

6. 地委理论教员编制问题:原则多配到下面 205 人。

250 人,省委 80,其余归地市委。

理论教员待问题——书报要发,评级时要注意,不能太低,不要在名额上限制,干训费中支出。

以上意见:

(1) 我们报告省委,请求批示;

(2) 还要我们同地委讨论;

(3) 还要看各县情况来搞。

7. 开会目的:座谈通知中的几个问题,目的是讨论县委干部的学习要排,目的,方法问题,不总结成绩缺点,不是总结会议。

县级如何办,可以研究,未办的不急。

(1) 办一个还是多办几个,不统一,要看情况,按干部分管原则进行。好处是理论与实际好结合,宣传部可以集中力量要教学中问题,行政事务可减少。

(2) 二个半天还是要确定。

第二,读书会,自修小组,个人学习(建议由支部掌握,报告宣传部,他们应有一定计划),不定期的演讲会,轮训。——主要克服下乡的困难,最重要的是按个人的业务程度，时间兴趣不同，去接受真理。

宣传部应当去研究其优点与缺点，总结，与创造经验。

第三，时事政策问题（使有一般性）：（1）一种是工作布置；（2）业务性问题（如肃反，知识分子，中西医）；（3）一种是宣传性的（如台湾，埃及）。

（1）第一种必须进行，用报告，工作中进行，宣传部配合。

（2）第二类，对象必须要有分别，看业务不同，也应在工作中进行。

（3）第三类，时间〈按〉安排在半天工作时间内，灵活安排，不要统一计划，不统一时间。省委宣传部应当及时布置内容（指一般性的问题）。

第四，干部早晚应有自由，健康更要注意（省级机用已实行）没有工作也要在办公室的现象一定要克服，不能加上帽子"学习不积极"。

早晚集中学习不妥当，不能过分强调集中，什么都统一。

营业员之类另外设法学习。

理论干部的培养，培养新的力量，要在实践中去锻炼，边学边教，只作一些启发，不做系统演讲。要求长期观点。大学毕业的可以任教。

（1）省委调训。（2）使用已有理论教员（已训的）。（3）固定专干干部，不能做看门工作。（4）县委应当培养辅导人员，逐步扩大骨干力量（学习中也一定要骨干）省级机向有大班辅导员 150 人（6 000 余人中平均 40 人中有一个人），学习小组长也是骨干。

八大以前要准备的。

（1）干部要求要摸底——了解干部的要求，（各文化与理论、业务）安排好文化 、理论、业务——各垂直系统自管。

（2）教材——只能低不能太宽太深，以通俗初步常识为主，中央教材就要来。

（3）思想准备，总结自己的经验——教学人员及宣传部同志要学整风文件，教条主义表现要研究，目前一般干部中暂不进行，以免混乱，理论学习仍照旧。

（文件编号：I77）

宗派主义的产生根源和危害[1]

1957 年 1 月 5 日

我们在学习“八大”文件的时候，由于对党所提出来的问题，不很了解他的实际意义，所以学习起来，往往就觉得枯燥，有学不下去的现象。例如宗派主义问题，因为我们不大理解它的内容，自然也不可能领会反对宗派主义的重要意义。

为了帮助大家更好的学习，上一次我们已经讲了主观主义问题，现在再来讲这个问题就容易了。因为宗派主义与主观主义有着密切的联系，所以毛主席说：“一切宗派主义思想都是主观主义的，都和革命的实际需要不相符合，所以反对宗派主义和反对主观主义的斗争，应当同时并进。”（毛选第三卷８２８页）现在我们来谈谈宗派主义问题。

我们都知道要建设社会主义的伟大事业，就需要调动一切积极因素，团结一切力量来共同努力，这是极重要的一个前提，不论对党内或对党外都一样重要。但是，我们在把群众的积极性鼓动起来、组织起来以后，还要巩固自己的队伍，这样，才能取得胜利。我们党的要求在于团结一切可能团结的力量，集中广大群众的智慧，共同来担负巨大的革命任务，推动社会的前进。所以早在抗日时期毛主席就说过：“进行历史上空前的大革命，如果领导者是一个狭隘的小团体是不行的”（毛选第一卷 267 页）。在今天，显然就更需要在我们的大家庭中，团结更多的人来共同工作。我们不能设想假如没有广大群众的力量而能够担负起这样艰巨的历史任务。并且共产党员永远在人口中占着少数，党的干部在广大的党员群众中也永远是占着少数的，所以，我们党特别强调贯彻群众路线，正是为了这个道理。

大家都知道宗派主义的危害很大，发展起来要严重的脱离群众，阻碍党的团结与个人进进步。我们党的历史上有过极为严重的教训，举个例来说吧，那就是王明路线时代所犯过的强烈的宗派主义的错误。让我们来回忆一下党的历史是有好处的：

---

① 本文为陈修良在江浙人民广播电台的广播稿。

在一九三一年到一九三四年的时间里，王明路线在政治路线上是犯了极严重的主观主义与教条主义的错误，而它在组织路线上又是犯了严重的宗派主义路线的错误。王明路线代表人物，他们有意识的打击干部，无原则的提拔干部，压制党内民主，对待不同意见的人，往往采取打击手段，乱加政治帽子，用各种惩办手段进行党内过火的斗争，在党内用拉拉扯扯的、打击一部分人、拉拢一部分人的手段，把资产阶级的庸俗作风也搬到党内来了。宗派主义会经给党带来了非常有害的结果，在当时弄得党内乌烟瘴气，革命运动也遭到了严重的损失。

现在，我把“七大”“关于若干历史问题的决议”中的一段引出来，大家请听吧！

它破坏了党内民主集中制的基本原则，取消了党内批评和自我批评的民主精神，使党内纪律成为机械的纪律，发展了党内盲目服从随声附和的倾向，因而使党内新鲜活泼的，创造的马克思主义之发展，受到打击和阻挠。同这种错误的党内斗争相结合的，则是宗派主义的干部政策。宗派主义者不把老干部看作党的宝贵的资本，大批地打击、处罚和撤换中央和地方一切同他们气味不相投的，不愿盲目服从随声附和的，有工作经验并联系群众的老干部。他们也不给新干部以正确的教育，不严肃地对待提拔新干部的工作，而是轻率地提拔一切同他们气味相投的，只知盲目服从随声附和的、缺乏工作经验、不联系群众的新干部和外来干部，来代替中央和地方的老干部。这样，他们既打击了老干部，又损害了新干部。很多地区，更由于错误的肃反政策和干部政策中的宗派主义料缠在一起，使大批优秀的同志受到了错误的处理而被诬害，造成了党内极为痛心的损失。这种宗派主义的错误，使党内发生了上下脱节和其他许多不正常现象，极大地削弱了党。

一九三五年一月以后，党在毛泽东同志为首的中央领导之下，这种严重的错误路线是被纠正了。后来在一九四二年由进行了全党的整风运动，进一步地反对了宗派主义的残余，一九四五年党的七次代表大会，清算了路线问题以后，党内就得到了空前的团结统一，因此，使中国革命就很快的获得了胜利，由此可见党的巩固不但在思想上要坚决的反对教条主义与经验主义，同时在组织上也必须克服宗派主义的现象，这样，才能使工作上少犯错误或者不犯错误。

自全国解放以来，由于党的政治路线的正确，党的组织更加强大了，经过了反对高岗、饶漱石反党联盟的斗争以后，我们党的队伍也更加团结与统一了，党在各方面的进步是很显著的，因而在社会主义的改造中，取得了决定性的胜利，同时在社会主义建设方面也获得了巨大的成就。这是又一次証明了党的团结统一对于建设社会主义国家的关系是多么重大！

由于我们国家与党的面貌有了很大的变化，人民对我们党的要求也就更高了，因此就需要更好的领导国家的建设事业，更要虚心倾听群众的意见。但是正由于我们党是处在执政党的地位，我们有一些共产党员就容易产生骄傲自满情绪。为什么会产生这个现象呢，因为有些人想错了，他们以为革命的胜利，不是由于党的领导的正确，与人民群众的集体力量，而以为是自己少数人的能力特别大，把功劳记在个人的账簿上面，因而就居功自傲起来了。这种骄傲自大的思想必然会产生宗派主义的思想，他们总认为别人不行，只有自己才行，所以喜欢站在群众头上发号施令，而这实际上变成了狭隘的宗派主义的倾向了，也是一种最危险的脱离群众的倾向。

针对这种情况，所以毛主席在"八大"开幕词上说："在我们的许多同志中间，仍然存在着违反马克思列宁主义的观点和作风，这就是：思想上的主观主义，工作上的官僚主义和组织上的宗派主义。"正因为如此，所以在目前为了防止这种不良倾向的继续发展，提出要进行全党整风，正是有的放矢，是一个英明的措施。

那〈末〉么，现在应当防止那些宗派主义倾向呢？自然，主要应从思想上来预防与纠正。这里我只能从个别的现象上来说明宗派主义思想形态的表现。

宗派主义在党的团结问题上，显然是起着一种反作用的。因为所谓宗派主义，它不是从革命的整体利益出发，而往往是从一部分人的利益出发，无原则的排斥别人，而又无原则的拉拢一部分人。在党内产生了宗派主义的倾向，就要发生排内性，妨碍党内的团结和统一；对党外如发生了宗派主义倾向，就要发生排外性，妨碍党对广大人民的团结。所以宗派主义就是对党内外组织关系上一种违反马列主义的表现，也就是所谓党的歪风问题。

宗派主义的表现形态是多种多样的。它的产生根源，主要有二方面：一种是由个人主义思想而来，还有一种是由主观主义思想而来，即由于思想方法的错误，在一定条件下所逐步形成的。

个人主义最容易成为宗派主义的根子,宗派主义与个人主义有密切的关系;自然,这不能说一切个人主义的思想,都是宗派主义,他也要在一定的条件和一定的"土壤"、"气候"的条件下,才能发芽生长。如果抱着个人主义思想的若干人结合在一起,而又在党内民主又很不正常的条件下,一般说,这样往往容易形成有形或无形的小集团,在革命的幌子下面,利用自己的职权去追逐他们自私自利的目的。在这样的条件下面,这种现象就不单是个人主义思想问题,而是宗派主义问题了。

至于主观主义所以会造成宗派主义的根子,那是因为主观主义不但会制造成错误的方针政策,为了实现他的错误方针政策,必然需要拉拢一部分人来支持他,并且也常常对于各种干部,各种人士的看法,有固定的成见,由此逐步地造成错误的组织路线与干部政策。如果一部分人坚持自己的错误意见;而又不愿倾听其他人的不同意见,一般说这就很容易逐步形成为宗派主义,若是再加上个人和小集团因为他们个人利害关系,而又意气用事,不顾组织原则,给对方以不应有的打击,那就会变成更严重的宗派主义。但又必须注意,决不能说凡是一切主观主义思想或个别错误,都是宗派主义,而还应该看具体的条件与事实。因为主观主义本身是对客观事物认识上的错误,他本身并非宗派主义。

这里还要认识到,一切由于主观主义所形成的政治路线的错误,在组织路线上也必然要犯错误,这正如王明路线时代所发生过的那样。所以七大"关于若干历史问题决议"上说:"在一切错误路线统治的同时,也就必然出现了错误的组织路线"。

根据上面所说,宗派主义既然是主观主义和个人主义在对党内外组织关系上的一种表现,所以在党内关系上来说,就要注意:局部利益和全体利益的关系,个人和党的关系,外来干部与地方干部的关系,新老干部的关系,这个部门与那个部门的关系等等问题。

这些相互之间的复杂关系,当然都是应当用共产主义精神,团结友爱的来达到步调一致,做好工作。但是,宗派主义思想恰恰是与这个精神相反,这就是:他们不顾大局,只从部门与个人利益着眼,只顾个人只顾自己本部门或自己单位的利益,来达到自己本位的利益,来表现自己的功绩,所以这种倾向与主观主义、个人主义都是分不开的。另一方面,宗派主义思想倾向,在干部的团结，使用问题上，又往往不能从实际情况出发，而是从主观的思想方法出发，去衡量各种干部的，自己认为好的就是好的，自己认为不好的就是不好的。用这样一种思想方法去对待干部，自然要引起党内的不团结，而影响工作。宗派主义思想在看人的问题上，总是不会正确的。总是重视一部分人，看轻另一部分人，不了解人的长处与短处的。使用干部的标准，本来只能根据他的才德，而且人是变化的，更不能固定地去看，所谓“士别三日，要刮目相看”，可见人的变化很大，不能死抱成见。而宗派主义思想因为是主观片面，固定的，往往在对待不同地区、不同出身、新老干部问题上发生偏差，这是必然的现象。毛主席在一九四二年整风的时候批评了这种倾向，他说：“有些人轻视本地干部，讥笑本地干部，他们说：‘本地人懂得什么。土包子！’这种人完全不懂得本地干部的重要性，他们既不了解本地干部的长处，也不了解自色的短处，采取了不正确的宗派主义的态度。”这段话是很具体的描写出了当时宗派主义的思想情况，这对我们有很大的启发作用。

新老干部问题也一样，都各有不同的特长，如果片面的去看，不从整个需要出发，来适当地使用老干部新干部，当然也更引起彼此之间的不团结问题。这在毛主席整顿三风报告中都详细地谈过了，我们都要好好地学习这篇文章。

宗派主义倾向还有什么问题，我不准备详细说了，但有一点还要注意。这就是我们都是从旧中国半殖民地半封建社会的国家里面生长出来的人。因为旧中国的经济非常落后。宗法社会的家族关系、行会、帮口、同乡会、小团体以及地方性的派系等等，这都存在过。这种关系随着社会主义的改造，虽然已经崩溃了，但是留在人们的思想意识里面的残余，都不是容易彻底消灭的。习惯是一种可怕的势力，需要长时期才能革除。我们共产党员从这样一个旧社会出身，虽然经过了党的共产主义教育和长期的培养，但是遗留下来的思想残余终不能够说已经绝对克服了。例如说：老上司、老部下、同事、同行、同学、同乡、亲戚，知己朋友、同一个地区来的等等的关系上面，是不是还有一定影响？这些都需要注意，以防止落后意识搬进党内来。党的七大“关于若干历史问题的决议”对于党内宗派主义的社会根源说得很正确，对我们目前仍然有作用，所以我们再来引一段：“在组织生活方面。由于一般小资产阶级的生活方式和思想方法的限制，特别由于中国的落后的分散的宗法社会和帮口行会的社会环境，小资产阶级在组织生活上的倾向，容易表现为脱离群众的个人主义和宗派主义”。可见我们还要警惕，还要领会党的决议的精神。

对党外的宗派主义思想我们也是存在的，“八大”文件上都已经指出了不少，这个问题是目前比较突出的一个问题。关于这个问题，省委统战部同志还更详细的来谈，现在我只能大略的说一下。

我们都知道，要完成革命事业，军是团结党内同志这还不够，最大的问题还是要团结广大的人民。因此怎样和各党派、各阶层的人士团结得更好，是我们党目前一个重要的任务。

许多年来我们党的统一战线工作有很大的成绩，群众信任和拥护党的领导，这是主要的一面，是今后取得更大成就的决定因素。对党外关系上，我们有些地方是有一些庸俗迁就的毛病，但是主要的毛病还是宗派主义思想。盲目的阶级感情，骄傲自满的情绪，助长了宗派主义思想的发展，各种表现是不少的。例如说：有一部分共产党员，自己以为比党外人士听得多、看得多，懂得党的政策，因此以领导人自居，看不起党外人士，不尊重别人的意见，不愿意使用非党干部，不看别人的长处与特点，不倾听各种建议，不愿与群众商量办事；或者是只能联系一部分人，不能团结多数人，特别是他们对比较落后的人，不愿耐心教育，不愿意去接近，甚至加以排斥，这一些都是宗派主义的表现。凡是抱着这种宗派主义思想的人，〈仅〉尽管每天高喊“密切联系群众”，实际上是脱离群众的。要知道妄自尊大，站在群众头上，是不能治国平天下的。我们国家的大事总要同许多人来共同商量，共同办理，这样才办得快，办得好。共产党员的美德，是“闻过则改”要虚心倾听别人正确的意见，这样，才能集中群众智慧，加强领导，推动社会的前进。

宗派主义的祸害，正是在于它要妨碍群众积极性的发挥，造成党与群众的隔阂，不能与人共事，蒙蔽自己的耳目，孤立自己，办坏事情。所以宗派主义与群众路线是完全对立的东西，我们必需把它加以纠正。

那么如何纠正宗派主义呢？

“八大”决议最后一段说得很正确，我们应当记住：“为了使领导工作能够做到实事求是，就必须发扬党的群众路线的传统，就必须贯彻执行集体领导和党内民主的原则，就必须克服官僚主义和宗派主义”。

宗派主义思想实质上是小资产阶级思想在党内的反映，所以我们又要特别重视党内马列主义的教育，只有无产阶级思想战胜了小资产阶级的思想，党的队伍才能纯洁与巩固。如果党内小资产阶级出身的人愈多,党的教育工作就要更加重视。

党的力量在于团结与统一,共产党员都要为维护党的团结统一而斗争。所以反对一切宗派主义的思想倾向,是我们每一个党员的责任。

以上所讲的是我个人在学习中一些小小的体会,讲的很不完整,不正确的地方,请各位指正!

(文件编号:T39)

季明谈话记录

1957 年 1 月 5 日

① 1956 年上半年青岛派了二个干部去调查沙、陈问题，他们说："季明介绍了二个坏份子入党"。山东工业厅党委信以为真，就怀疑季明也有问题，后来还派人到浙江省来调查过，沙、陈是否是坏分子。

② 1933 年季明在上海政法大学肄业，由吴先清调他去做情报工作，联络人是老金(现姓许，在上海商业系统做采购站当主任)。他被潘汉年所害，在延安坐牢十年。

③ 季明在金去延安后由高原联络。

④ 季明通过徐承志知道沙、陈二人，当时写了一个自传，经过组织的审查的。

⑤ 据浙江干部向山东面说的：沙是因为介绍反革命分子工作，被引起注意。

⑥ 高原记错了联络时间，说成为 1938 年。十一月间浙江又去调查，证明为一九三五年或一九三六年。

（文件编号：F16(1)）

宁波地委宣传部谈话

1957 年 1 月 8 日

邵成民同志：

一年来工作成绩：四十条纲要宣传，三年购粮宣传，群众鼓舞大。

勤俭办社：这是好的。

国务院农村指示宣传，稳定情绪。

最近宣传——省宣四十条内容。

春节前后宣传运动，初步意见，内容，国际问题——认识不一致，有人认为与农村无关，实际上已经影响到农村工作的开展，农村有大量的报纸，不了解内容，思想很混乱，学生中发生过包围校长问题，如包饭制问题(同供应有关)，独立思考问题，因材施教。

意见：农村与知识分子中应当宣传国际问题。

相关内部也怕听，很不大胆。

国特造谣，如仙居县，农民有要逃走的。

国内宣传：① 社会主义形势：说有人认为老一套，没有好说的。

② 五年计划要宣传。

③ 工农业关系问题。

④ 团结一致，开展增产节约问题，艰苦奋斗。

首先要讲团结的重要——群众中问题，是生活不平等，意见不一致，干部与群众关系，享受主义思想的发展，浪费很大。农村自留粮很大，不精打细算。

号召：大家节约。

发动全党全团下乡宣传，发挥文艺，报纸……。

“百花齐放”——有所曲解，把旧的东西都翻出来，新花放不出来，“济公活佛”也上演了。

“个别宣传”——过去搞得很少。

深广度问题——四十条所以深刻因为有自留余粮，少的是给群众东西，自己制造。

增产节约宣传不广深。没有宣传的，互相抵消，不广的原因，是党委决心不大,有的县委说没有时间宣传。

干部作风不艰苦了,解放初期不用号召,每年要搞几次。春节夏收,秋收时候搞,其他按日常工作。

宣传工作的片面性：极端化。如四十条宣传付作用,什么都要搞,齐头并进。缺少了艰苦奋斗。宣传分配问题,强调 90%,不顾条件,只有私人利益,不顾国家,个人浪费,没有宣传节约,造成片面、被动。

勤俭办社也有片面性：一条教训：提倡一个东西不要过分,反对也不要过大,必须看效果。

少批评：我们批评人太多,干部与群众都有这个问题。

每次都要批判落后思想,评比时认为现在没有缺点了,群众叫做“骂人”。“骂人报”“骂人台”。多表扬,多鼓励。

群众路线——集中于坏东西。

城镇工作：工会,工业部在搞,宣传部没有搞。他们没有管好。居民没有人管。

不管的理由：不知道为什么。

宣传部编制问题：地委宣传部十四人。还要减少。(宣传科,教育科,报刊科)干部科党团员。文书不识字(地委宣传部的)。

人多事繁,有困难,什么都要找宣传部,现在情况有些不同,思想工作不够,还是宣传部不好。

工业部、财贸部,不管政治思想工作。

县的情况——绍兴有十五人,其他是六个人,分工有困难,没有九个人有困难,学习要 2 人,农村二人,支部教育一人,文书一个,广播一[人],区级一人,部长应有二人。

乡无法领导：支部没有宣传委员,有的叫做“组宣委员”,软性任务没有人管,绝大部分是组宣委员(从省委草案中来的)。即从撤区〈拼〉并乡时来的,乡的组织要解决。

工作方法：奉化县有一个统战干事放大宣传部,干部去管,连电话也不要了。

乡的任务方法是：由社包下来。

现在的主要方法：发发通知,跑跑几个县,向地委宣传一下。部长做做,科长干事不起作用，无法做。部长去的，还有一些什么，学习抓地方机关。

事不称心，苦恼很多。

要求把合作部与组织部人员减少一些。

报纸问题：问题很多，小品文，漫画太多提名，指出来。

批评小广播用锁一把，比帝国主义还难看。

有些不是事实，有的根本有出入。县报要强大，态度不诚恳，讽刺人，说是从苏联来的，批评后，也不说好话。弄得到处叫苦。县委书记不敢对记者谈话。（怕上面报纸），脱离骨干，被批评的愉快的没有，有的要打官司，不肯干的。比党的处罚还厉害。

改正意见：① 在各有教育意义的，机关的领导干部批得很多，对群众没有教育意义，没有好处。

② 态度要端正，不要讽刺挖苦。"抱下来""腾云驾雾"，"周旋到底"。

③ 要有根据，要调查，人民日报虽说可以不调查，下面有很大的影响。

④ 定几条规定，一律经总编审查。

对省委宣传部意见：

① 拖拉，马后炮，虎头蛇尾，是讲师团，理论教员问题，宣传提纲太迟，一般化。要求多提示。重大的要早下手。

② 抓不紧，如编制问题，坚持请省宣传部不管。

③ 会议太少，说省委宣传部只会吃饭，太懒，大的运动中宣传部没有很好配合进行如增产节约运动。

④ 宣传部长觉得能力不够，资本不够。

段凤章：

八大学习情况，十月二十日开始，各县十二月初开始，绍兴市稍早，余姚最迟。阅读文件已进行。五个文件，最慢的三个文件。

地专机关报告过一次。明天传达八大提纲（地委学的），胡乔木报告。理论教员也参加，县委书记，宣传部长集中在地委学习三天，集中在党的领导问题，回去传达。

二个半天学习制度已普遍恢复，在职干部一个半天。县委委员流动大，学习较差，回去大家都来学。

认为八大文件比国务院指示差。学不进去，毛病在于太多了。有厌倦的情绪。

要求目的不明确，问整风为何整？一种怕整，一种准备整人。有人已去宣传部问，是不是要整领导，一定是民主检查。

理论与实际如何联系。

学习辅导问题，无产阶级专政问题尚未学习，（学二个学期），只读了一遍。

步骤：① 读文件；② 传达报告；③ 讨论——如何对待犯错误问题。

八大文件与无产阶级专政经验分开学（?）

（文件编号：R115）

宁波市宣传部谈话

1957 年 1 月 9 日

张永祥：

（1）宣传部情况。（组织形式问题与路线的问题）

五六年才开始分工，市委各部门都有宣传科或宣传工作干部，利多弊少，连文教部也有宣传科，宣传部分干部教育，宣传科，教研组，面多复杂，对城市来说应当如此，各阶层都有特点，便于进行政治思想工作，宣传部不要当万金油。克服被动事务工作，过去只能抓工业部门，其他不能管了。

（2）部的关系，宣传部对思想工作代市委起草，用市委名义发出出指示，各部执行，部与部之间要处于平等地位。

有必要时开会，共同研究。提出意见，各部自动，不要定得太死。

宣传部要管的：干部理论教育。支部教育教材，重大思想问题调查，提供市委意见，重要时事政策。（政策包括全市性的如工资改革、勤俭，居民工作由街道总支管，报管、电台、干校，工资改革）

困难：中央与省委不同意，批评工业部与财贸部包办了宣传部工作，管了闲事，市委不同意改变现状，要求省委注意。

（3）知识分子要不要管？不必要的理由，大部分集中在文教系统，但可参与。

（割一块）。

（4）文化艺术工作谁管？文化馆应当管，戏剧问题不能管，但二者有一定矛盾。

（5）宗教工作谁管？市委要宣传部管。

（6）宣传网——已经有的不再发展，宣传员，党团员应当加强是中心问题，党团不多的，可以发展，如手工业工厂，私营企业，对他本人也有历史意义，制度很严，“什么是独立系统”不能理解。

（7）对省委宣传部问题——活动不多解决问题不多，上面不开会，市委也做难人，关心也太少。顾虑太多，怕不解决问题。

有利在于依赖思想逐步减少，如匈波问题，工农联盟春节宣传。

要求：理论教育要求有规划——内容，指导，方向。今后学什么？

讲师团问题，市委等待，自己积极性不高，市委纪委责任就含糊不清了。

以学校训练干部为主，还是政治业余学校为主？

统得太死，不能适合大家的兴趣，讲得太死。

要求对人民群众思想作综合研究。

要求发展宣传资料，如匈波问题，有许多材料市内看不到。

关于斯大林讲说的报告，宋重彬有一份，党内反而没有。

要求知道反面的文章。

要求一九五七年工作问题。

(8) 宣传部培养问题。

① 要求提出宣传内容问题，主张什么反对什么？少资料。

② 方法。

③ 宣传时事政策，不敢动。

(9) 宣传工作通讯——偏于农村，城市不欢迎。

要求有一个宣传手册。

(10) 回顾与前瞻(1957 年工作)。

社会主义改造只宣传优越性，但对可能发生的问题没有宣传。如生活与生产问题。

对ブル教育工作是对的，与统战部集中学习，只有三万多人未学习，但对工人群众的赎买政策宣传很少，没有引起全党注意。

先进生产者运动反右倾是对的，但盲目性很大。如个人与身体关系。没有充分注意。有的甚至出了次布也说没有出次布，脱离群众。

生产与生活问题，解决不好。有时说工人生活太苦，关心人，关心工人生活，不依靠工人阶级，后来工人一味要提高生活，说明艰苦奋斗很少。领导干部怕[被]说成官僚主义，有发帖子的、访问等，对工人的技术，觉悟等注意不够。

质量与节约宣传不全面。

批判一长制与批判思想工作比较好，今年有很大关系。

重视了调查研究工作，今年宣传工作比较多样化。

耐心说服较好，作风有所转变，命令主义的行政方法有所转变。

工作缺点：调查研究不经常，不全面，如党员思想问题，支部教育抓得不够，如赎买政策问题。

政策性不全面，有片面性。

总结经验太少。

市委今年尚无工作计划，现在正在考虑。

今年情况：主要依靠经济的潜力(28 万元)的发挥。

原料普通不足，布厂要停工，纱要供全国用。

油厂亏本，油菜籽很少，棉花籽今年很少。

烟叶减产，钢铁大成问题。

节约很重要。质量要提高。工人太多，三千临时工没有地方去。商业有淡季的可能，有下降现象，农业减产有关系。

工人还不知道客观的困难，福利要求逐步提高，工资改革后要求贷款的反而多。

合作社不节约原料，工商业叫苦，企业浪费很大，——勤俭思想要加紧。

反三个主义。

支部教育，着重积极分子，党员少，目的为了发展党员。

宣传干部培养教育。

科长意见：

① 思想问题出题目，各市来收搜。

② 多开会，交换情况，多借政策，研究办法。

③ 反对怕。

④ 宣传部要办训练班——利用党校上业务课。

——要求明确宣传工作如何做？职责范围如何？

干部学习问题。

全市七万多人，四万多人是工厂企业要学技术，一部分学高中，补习文化，有要学文学的，留下的不多。因公安局的学业务去了，要考大学的。

（文件编号：R115）

宁波地委各部门座谈会

1957 年 1 月 10 日

工业部：

基层科，干部科，生产科。

四条任务来后，认为不可能，去年上半年下放，不知如何搞，对职工思想没有抓，只有在中心任务来时才去注意，如先进生产者运动。思想很混乱。

企业模仿机关，学习内容一样，宣传部布置是一般的。业务学习很少，工业化理论学得很少，农业合作化问题讨论多，工厂干部有意见。

县工业部组织不健全。

现在明确的。

① 加强党的基层组织领导，取消厂长领导制。

② 加强保证领导，做政治思想工作。

如工资改革宣传部搞什么？

建党工作仍由组织部搞——原因是干部不够。

思想工作：① 理论教育。② 时事问题。

③ 政策问题——如肃反问题。应由工业部进行。

总的方针宣传工作仍应由宣传部来进行。否则工业部成为小党委。

增产节约问题——宣传部应当订出一些宣传提纲，具体反浪费方法步骤应由工业部来进行。

宣传网——归谁管？宣传鼓动工作宣传部难管。一般时事问题宣传部能管。

文教部：

科长谈话。

宣传部应负有综合研究任务，具体应由文教部门搞，如“和风细雨”的肃反工作，文教部要具体。

如干部政策，不能只有德才，还有照顾与统战政策。

如学八大文件，二个部配合就好办理。“组宣部仍应负责”。过去宣传部统抓，医生学校教员，民主人士统一测验，意见很多，分管办法好。

意见：

① 干部归文教部管理，报社干部问题很多，宣传部不负责任。

② 干校意见很多，原因是领导脱节。统战部干训科不管。

③ 宣传教育——形势教育太少，听时事报告如过年，国际问题大家很重视。

④ 支部教育，只抓农村，城市没有抓。新党员教员规定太死，使文教部存有依赖思想。规定上有"综合研究"。文教部协助可以，现在能力有限，过去还有不识字的。（高小的占多数）

文教部：

科长谈话（教育）。

共十一人。

过去医院跟机关一道学习，很不满意，现在由文教部管，省文教部没有管。

意见：时事政策，理论由文教部经管要有利。

困难：

① 省文教部没有专门管理处，理论教育无人管，只好问宣传部。时事政策有困难，中央指示是到宣传部（国际问题），宣传部应通过文教部去进行。县八大文件学习在二月份进行。

② 小学教师学文化的很多，理论不能学，理论与文化如何学。哲学应不应学习？省教育局规定教员要学五门课。（应查明情况）

③ 文教干校——还要学哲学，业务，政治，小学教师、校长。（不对？）

④ 知识分子问题——宣传部管什么？不单集中于文教部。

财贸部：

四条任务执行中问题．政治思想工作如何搞，现在不明确。理论、时事，支部教育现在由宣传部负责。

现在搞运动中的政策思想，具体业务已归政府部门，财贸部搞什么？很难搞。

分工：政执科，干部科，基层组织科（包括思想工作）。

宣传部：

① 宣传部只能管二条——教材，提纲，一般宣传内容。

② 提出计划，提出要求。具体由各部门管，自己安排，具体贯彻。

③ 共管——宣传部如县重大意义，要每个部重视。

综合提纲一般他不起作用。宣传部精力分散，建议的太多。军分区要宣传部起草征兵提纲。灾区宣传要提纲，公债，粮食征税，征粮也要提纲。

动口不动手，一道研究写提纲。（会议太多，不可能？）

地委宣传部：

为什么不管城市宣传工作？——地委说要工业部管。

问题：小城镇宣传工作无人管。

宁波市委各部门谈话。

财贸部：

四条执行任务现在还没有实现，无经验。现在只做劳动比赛。

内设组宣科，三个干部，下有三十个公司，每一公司有一政治付职，或支委一人，内有宣传委员，绝大部分是工会主席或付经理。

每一季度总结政治工作一次。

八大学习——由宣传部召开一次会议，再提出自己的计划，向下布置工作。

问题：

① 省市组织系统有同，省只有基层组织处，只要组织材料主要是建党问题。（15 000 人，党员 800 多人）

② 职工教育工作很少，特别是小商贩，过去有区委管，公私合营后加到公司身上，他们只管公司内的工作，小商贩没有人管。（全市 3 000 人）

临时工 700 多人，有的已工作了三年多。先进生产者。动员回去的有自杀的，有的由资本家养活的。

总理一人制过去事实上是执行的，转变时思想有问题，互相不团结，党员骄傲思想，老干部文化低，情绪不安，党员干部提拔的很多，是非不分，自己自大思想。历史上有问题的，情绪消极。

工资改革问题——幅度很大，意见多，福利开支很大。钱已用光，职工结婚，要求贷款，要工会解决。

工会思想松弛，职工思想不做，只搞劳动竞赛。

资本家消极怠工，工人看不起资本家。

文教部：

① 关于知识分子工作问题。

应由哪一部门来管，如何分工，现在很不明确，宣传部负什么责任。非文教部门应由宣传部门管。

② 政治与业务关系问题。（中学教员学习）

现在情况是重视业务，政治上学习涣散，质量不高。自觉，自愿，自由三大原则以后，就不学了，过去是集中学习的，准备也是集中的，职务高就不学的。

目前学期：辩证唯物主义，第一年计划，农业合作化，本学期学八大文件，愈来愈糊涂，老一套。

以上是省教育厅，文教部所规定。

③ 干部文化学习太紧，每星期三个晚上。指标是中央定的，干部多不去了，有的身体弄得很坏。

手工业局：

宣传部统一抓很好。

理论学校——政治经济学，不感兴趣，内容指标。

八大学习——辅导很难接受。

材料很少，思想工作跟不上。

问题是：学习五个八大文件，学不通，文化水平很低。有很多是扫盲对象。——基层社党政干部为主，有许多是非党员。

印发报告，发资料。他们还要向所有的人讲八大精神(?)

工业部：

工人教育方法，多样化（五厂）。缺什么補什么（如纱的来源，如宣传女工要节约)，表扬好的成绩。

惩办制度：出了一匹次布，被批评七次，去挂黑报版。

女工思想："要穿波浪式大衣，凤凰尾巴"。女工同解放军谈恋爱要有四颗星，男的说上级尚未批评，就不要去。

男的已买给他大衣一件，二条绒裤，二件绒线衫。

台风时工人不请假做工，对党的思想很高，宣传工作有片面性，如"姑娘打扮得像一朵花"。

工会不起作用，主席作事务工作，党书记作报告。

小贩工作谁管，是不是居民做？同业务有关问题应财贸部。

分工问题：支部工作各部管，宣传部写要点，干部教育局宣传部管。

地市委对市镇统一布置问题

不统一的表现。

① 如革命史资的征集地市委各一套。

② 临时工还乡，失业者回乡生产。

③ 自由市场。

④ 物价问题。

⑤ 物资供应问题。

省宣传部业务少，市业务要多

如家教、居民、工厂、商业、干部教育，都要管，上面不及时。

对于宣传工作如何搞，省委不批已半年，宣传部要求市委搞。

知识分子如何搞？中央指示的执行问题。

（文件编号：R115）

学习《再论无产阶级专政的历史经验》发言提纲[①]

1957年1月12日

（一）为什么要学习“再论ブロ专政”? 澄清列宁说过社会主义营垒中争论问题，卫护MAX观点，匈波事件给我们的教训，理论与实际。

“国际主义要运用各国的经验，同时要善于用批判的态度看待这种经验。”

强调不学，强调民族特点要走到右的错误，民族主义的途径，如戴季陶说中国国情与苏联不同，不能有共产主义，因此叛党而去。

不看中国情况，只要苏联经验，就会犯教条主义如文明终结。机械的搬运匈波都犯了错误，我们中国也有错误，如工农速成中学。“社会主义愈建设成功，阶级斗争愈尖锐”。……对统一战线[抱]怀疑态度，可见以正确的批判态度学习国际经验的重要。

（二）八大文件与这篇文章的关系。

八大之前毛主席提出十大关系问题，少奇同志政治报告详细说明十大关系问题，中国党是马列主义成熟的党，因为正确地运用了马列主义观点到中国问题上，而且发展了他，所以成功了。八大文件是正面文章，“无产阶级专政历史经验”是批判的反面文章。修正主义与教条主义都批判了，正反面都要看，我们才能深刻。所以毛说要：“学习，学习，再学习”。

（三）根本前提——阶级斗争要认清敌我。

这就是二个矛盾：第一是敌我矛盾，（即社会主义阵营与资本主义阵营，资产阶级与无产阶级，帝国主义与殖民地被压迫民族矛盾）——对抗性矛盾，世界范围内敌我矛盾是主要的。

第二个矛盾：人民内部矛盾非对抗性矛盾。（各国党之间，这一部门与那一部门、上下级关系……），中国今天主要是后一个问题，所以不是战争形势。埃及问题是帝国主义投机，他们失败是我们的胜利，国际战争形势暂时缓和。二个矛盾斗争方式有不同，不能用地敌人的办法来对待自己人。如王明路线

① 此文件系在宁波市委科长党委干部上用。

时代,政治路线与组织路线的错误与肃反错误政策纠缠在一起,损失都很大。“为仇者所快,亲者所痛。”

关于匈〈亚〉牙利问题敌我不分表现的举例:(跟着纳吉走的一部分人)

① 把拉科西集团看为比红衣主教还坏,一切苏联人都如敌人,反对苏联军队干涉反革命暴动,狭隘的民族主义的发展,登峰造极,连中国人“黑头发”也不要看了(留学生)。

有些人是纷纷反对苏联干涉匈〈亚〉牙利的暴动,如南国卡德尔说“苏联的干涉起不了作用,这次干涉不是错误的开始,而是错误的结果。……并不能把匈牙利从危机中救出。”这些意见都是很错误的。

② 纳吉是什么样人——本来在政治上还有一定的主见,如主张“发展农业,反对偏向工业化”。但他由于敌我不分,就被反革命利用,所以说“在特定情况下,人民内部的某些矛盾,由于矛盾的一方逐步转到敌人方面,也可以逐步化成为对抗性矛盾,这种矛盾也就变了质”——所以匈〈亚〉牙利事件是反革命的性质。苏联干涉是完全有必要。二次都有必要。第一次干涉也是必要的。格罗闯了祸,反革命开枪,占领国家的机关,不干涉不行。国际主义帮助。

③ 铁托把党内路线斗争硬说成为斯大林主义者与反斯大林主义者——这要导向分裂,“斯大林主义”提法不对,因为斯大林是共产主义者,犯错误是另一回事。

④ 波兰一部分人认为波兹南事件没有帝国主义在内挑衅,是纯粹的工人不满所引起。匈〈亚〉牙利的许多党员认为十月三日事件是“人民革命运动”——否认帝国主义者在幕后的行动,反革命阴谋,因此屠杀 CP 也认为是对的吗?这些都是完全错误的论调,反动的。

⑤ 反对把匈〈亚〉牙利问题放到联合国去讨论,南国弃权是不对的。

斯大林的错误,明显表现在肃反问题:在肃反问题固然有很大成绩,彻底,但因杀了不应杀的忠实的共产党员,负责同志,冤枉了许多好人,他迷信个人的权力,造成严重损失。

具体一例:对南斯拉[夫]问题,铁托被开除出九国情报局,说铁托是“血腥的刽子手”。如卡达尔、哥木尔卡[①]都是长期坐牢的。

斯大林过去对南斯[拉夫]问题的论断：斯大林的“悲剧”——主观主义，个人专断。“敌我不分”还以为是护社会主义的利益。所以文件上说“南斯拉夫同志们对斯大林错误抱有特殊的反感是可以理解的。南斯拉夫同志在困难条件下，作了坚持社会主义的可贵的努力。”

波兰问题发生后，真理报社论：批评波、南问题，说他们反社会主义制度，暗指铁托与哥穆尔卡，引起紧张。

我们不能说：铁托是不是“同志”，南国是不是社会主义制度。否则与斯大林一样地要犯错误。也就是要分清敌我，不能把铁托看为敌人。

南国是一个社会主义国家：① 因为企业已归国家，工人管理工厂，ブル地主已经消减了。② ブロ专政，由 CP 所领导。

铁托是一个共产主义者，但是有错误，是共产主义运动中一个宗派。（修正主义者）他有非马列主义的观点——修正主义的思想。其表现如下：

① 把反对斯大林的错误夸大了，把犯错误部分说成“反斯大林主义”，对过去赞助斯大林的，称为“斯大林主义份子”，把许多兄弟党都骂在里面。这样会被敌人利用。因为离开了阶级立场，党的立场，把错误的人，说成是“分子”了，斯大林喜欢用“分子”的帽子。

② 否认了斯大林的功绩，极端化了，否认了他的伟大功绩——这样就进一步否定了苏联的社会主义制度性质。他叫做“官僚主义制度”。斯大林同苏联的成功是分不开的，实际是斯大林的领导上问题。错误，大国主义，骄傲非常，个人独裁等。特别是他的后期教条主义很严重。“论无产阶级专政”一文已经说过。

总之是党内的是非问题，斯大林基本上是对的。

③ 他夸大了“民族特点”，说什么“各国 CP 党内的得胜，实际上是南斯拉夫开始的这条路线得胜呢，还是斯大林主义路线得胜?”这实际上把他们的道路作为唯一正确的道理。不承认普遍规律——十月革命的道路，这是会使修正主义思想有发展的条件，自夸南斯拉夫是最正确的道路。

④ 对匈〈亚〉牙利问题作得“太过份”。——如要求“根本改变政治制度”

---

① 即哥穆尔卡，笔记中有多种译法，如哥木尔卡、哥木尔基等。

“不必在恢复党方面枉费心机”。实际是把制度与错误相混淆，否认了党的领导作用。

⑤ 这是干涉匈〈亚〉牙利内政问题，连卡达尔也怕铁托说得太使人为难了。

给我们的教训：敌我界限要分清：内部问题要正确的对待犯错误者，既要治病救人，也不能自由主义。对肃反问题，既要有反必肃，又要必须十分慎重，不错杀一个人，就是如此。十五贯一本戏为什么要在全国推荐？不能忘记教训，否则同斯大林与王明一样的错误。

（四）反对教条主义。

教条主义——是主观主义的表现，即不从实际出发，而是根据书本理论出发。

过去学习苏联有教条倾向。匈〈亚〉牙利例子。

① 如个人独断，学斯大林的做法，所谓拉科西集团的做法，部分的党的民主集中制，被破坏，事变以后，过去做过公安与党委工作的人，现在找不到工作，偏差很大。

② 片面发展重工业，匈〈亚〉牙利没有钢铁，要发展冶金工业，不发展农业与轻工业，做广场，工人与干部生活太悬殊。

——所以中共要提出完整的工业体系问题，互相适应。

——所以要增产节约，反浪费反贪污，反对特权。……

③ 教育上反教条主义——学生不要上马列主义的课，反五分制……修正主义绝对化。中共所以要反对教条主义，订改教学内容，理论与实际相结合，学好马列主义。这个文件就是一个典范。中国革命与兄弟党的经验用 MAX 主义分析。

④ 文学创作上反对公式主义——马〈耶〉雅可夫斯基诗的格式，在苏联很好，中国风格不同。作诗不一定用马耶司基[①]的格式，匈〈亚〉牙利的作家与知识分子特别反动，没有改造好，教训大。所以中共要提倡“百花齐放，百家争鸣”——提倡民族形式，又反对“全盘西化”。（胡适）民族形式社会主义内容，生动多样化。

---

① 即马雅科夫斯基，或马雅可夫斯基。

⑤ ブロ专政本为“共党专政”，但仍要阶级联盟，匈注意不够。

中共所以要提出“各党派长期共存，互相监督”为巩固专政。

⑥ “阶级斗争愈来愈尖锐”——陷害了许多好人，苏联波匈等公安工作人员不去肃清反革命，反而搞干部。

——中共所以要提出“国内阶级矛盾已经基本解决，阶级冲突缓和了”的意见。ブル要是思想改造，看作人民内部问题来改造教育。

⑦ 所谓“社会主义制度下，生产力与生产关系没有矛盾”的理论是不对的。在匈〈亚〉牙利拉科西的领导时：“在死刑的威胁下，禁止讨论社会关系问题”（卡达尔）。政府有无上的权力，思想工作差妨碍创造性，“一片荒芜”。因此“没有培养出进步倾向的干部”（卡达尔）群众与干部的裂痕愈来愈大，思想被解除了武装，所以“裴多菲俱乐部”成为反动思想的领导机关暴动的“司令部”。

——所以中共要主张“独立思考”“发挥思想自由”要加强干部的马列主义教育。反对资本主义思想。要提出生产力与生产关系矛盾问题，要主要问题是发展生产力，又要改造上层建筑问题。所谓社会生产关系的优越性是对资本主义范围相比而说的，不是绝对的。上层建筑还有许多问题，如体制、思想工作、制度、文化科学等等要加强领导。

⑧ 工农联盟问题——苏联工业品贵，农产品价格低，剪刀差很大，匈波也同样，所以有问题。为了发展工业，对农民生活不关心，工农联盟发生影响。

所以中国党要强调巩固工农联盟，增加农民的收入，又要改善工人的生活。但不能相差太远。

反教条主义的有效方法是“整风”，这是中国党所特有的，所以八大提出反三个主义。反贪污反浪费不列入整风，因为重视思想问题。

整风延迟到一九五七年，现在学习这些文件，是思想准备，三中全会要正式发表决议。方法是自觉，教育方法。

（五）反修正主义。

修正主义是什么？反对马克思主义阶级斗争与ブロ专政的理论——反对这个精华，他们是ブル同盟者，如考次基、谢德、俄国的少数派。

修正主义的主要特点：

① 反对阶级斗争，主张阶级合作，什么“超阶级民主”“一般民主”。

我们主张的是“社会主义民主”这是有阶级性的，对敌人不能民主。

在些党员如匈〈亚〉牙利要求极端民主，甚至可以不要党的集中领导。工厂里也不要党的组织，有些人基本不要党的组织。（如美共，有些党员退党）

斯大林的错误：“阶级消灭后仍然强调阶级斗争的尖锐性，因而妨碍了社会主义民主的健全发展。”

利用“民主”反对社会主义制度——这是修正主义的倾向。匈〈亚〉牙利就显著得很。“要求给反革命以民主”。

② 反对ブロ专政是修正主义抛弃马列主义的重要特点。

第二国际，社会民主党都主张过通过国会选举来与ブル合作，不要革命斗争，不要武装斗争，不要ブロ专政。

现在还有这种倾向——个别资本主义的兄弟党表示更多一些，他们拥护“资本主义繁荣”，主张减少垄断资本的利润收入。合法思想，在议会里多争几票。

论文指出：“有些人索性否认ブロ专政和ブル专政之间的界限，否认资本主义与社会主义制度之间的界限，否认帝国主义与社会主义阵营的界限”。——南斯拉夫

修正主义谬论：对社会主义的定义发生了错误，什么“原子时代”“技术时代”。在资本主义国家内有这种论调，好像全人类社会中资本主义可以和平“长入”社会主义。美国技术发达，自然是社会主义的了，自然也不要无产阶级专政了。甚至搞垮匈牙利的ブロ专政的政府也可以使社会主义制度存在。反对苏联干涉是从这个观点上出发的。

③ 他们主张“议会斗争”，不要武装斗争，也不要采取其他阶级斗争方式推倒资产阶级政府，不了解“国家的理论”。——阶级压迫阶级。

他们不了解“最民主的ブル共和国不外是ブル镇压工人阶级，一小撮资本家镇压劳动群众的一副机器”（列宁共产国际第一次代表大会上演说）。

他们要求ブル国家政权成为“纯粹民主”的国家。

马克思观点是：〔资本主义国家民主愈发展，愈纯粹，阶级斗争愈明显，愈尖锐，愈残酷，资本的压迫和资产阶级专政愈“纯粹”〕（列宁）。

所以我们中央说：“帝国主义对于已经建立了多年的社会主义国家，正在

准备一切把他搞垮”。“帝国主义的行动正在宣传修正主义的破产”，任何幻想是不可能的。是完全对的——再见论。

④ 只要ブロ的暂时利益，不要社会主义的根本利益。

在俄国过去有过“经济主义”思想，少数派的理论。

现在这个理论又抬头了：主要表现在“不反对资本主义的经济繁荣”，只想在此中改良一些工人的经济生活，如住宅，工资的要求，作为党的奋斗纲要，与目的。

又如匈、波的一些人因为工人农民生活不好，要打倒社会主义制度与政府，中国现在有人说“社会主义合作化不好”，“优越性成了问题”，都是这种思想的反映。

⑤ 狭隘的民族成见。

“沙文主义是成熟透顶的机会主义”——反国际主义的社会民主党人的思想特点之一。第一次大战以前欧洲有十个国家以上的党内发生这个问题(列宁)。

这个情况在现在是大国主义，大民族主义，如“反对一切苏联人”——匈牙利与波兰一部分人的思想，不要国际革命力量的援助，“裴多菲俱乐部”势力的扩大，歌颂爱国诗人，实为反对国际主义，反犹太主义，不要加强社会主义阵营，不要国际共产主义的团结。不尊重各民族的平等，不尊重民族感情，不正确的对待兄弟党的自大自傲的表现(斯大林与铁托都有这种表现)，我们要强调国际革命力量的团结。

我们也有人有大国主义思想：

如认为我们一切都好，别国都很糟。

如不尊重少数民族的风俗习惯，文化传统，宗教信仰，看不起民族干部，搬用汉族经验到少数民族地区去。

修正主义的主要思想根源——这是一定的社会历史条件所形成，资本主义思想反映。

① 机会主义是在几十年过程中由资本主义发展中一定时代特点的产生的，在这个时代，享有特权的工人阶级层的比较和平而文明的生活，使他们“资产阶级化了……他们离开了破产和贫困的群众的艰苦及其革命的情绪”(列宁)。产生修正主义这是主要一方面根源。

这句话对我们很有作用，所以要提倡“艰苦朴素，勤俭节约”的作风，所以要与“群众共甘苦”，所以要反对个人主义的特权思想，所以要群众路线。

② 其次修正主义的思想方法自然也是主观主义，唯心论，只看树木，不看森林，所以我们现要认识到主客矛盾的长期存在，又要坚决反对主观主义，不能自己原谅自己，好像犯错误是必然的，不能避免的，犯错误不管大小与性质的严重程度，因容忍错误的发展，是危险的。

正确的态度：是“当改则改”，善于谦虚对待自己，又善于纠正批评同志的错误。——正气要发扬，反对一切歪风。

建议：

① 大家要看整风文件八大与七大的决议。二篇论文，与八大文件对照起来学习。

② 弄清主要观点，不要什么都抓。

③ 对一般干部基层干部作些报告，阅读少量文件，不要一律地进行。一般要求，缺什么补什么；实事求是的作风。

（文件编号：R100）

各厅局对于毛主席报告情况汇报

1957 年 1 月 13 日

农林局：

① 各系统报告很多，造成思想混乱，主题不明确。

② 有的单位要求对领导上提意见（财务计划处）。又讨论林业方针。干部不知道怎样学法。

③ 党组决定“热爱公私合营”。

④ 学习是不是算老账？曾希圣报告有不满。阶级消灭以后，为什么还有ブル情绪？

⑤ 认为铁托演说很对，斯大林的错误是制度问题——团员。

⑥ 林业局人事处长，因家庭收入对合作化不满。后来说自己薪水增加了，家庭收入总的增加了，说这是什么社会主义优越性。对合作化的优越性仍然不明白。

政法系统：

传达的报告很多，有的停止工作进行学习。一般干部进行八大文件学习，有的加班学习。

思想动态——

个别的人对社会主义优越性还有不同看法：人民生活（农民）太苦，家庭来信发牢骚。

党的政策是不是一样？城市与农村悬殊很大。

吃六分钱的菜是“落后于形势”。星期天穿布衣服不好看。不愿在食堂吃饭，上馆子去吃。地位待遇很低，要求提拔。工资调整时，提一二级不解决问题。

听了报告后，有同志把头发用开水弄平。

停止建党有怀疑。

开除纳吉与拉科西是不是妥当？斯大林问题的是非界限不大满意，死去的人不应批评，对斯大林不[公]平的。

“长期共存，互相监督”方针，觉得太宽了。他们不干事，搞女人，不起作用，养活起来，很不满意。

负责干部吃贵药不整训，小青年也吃补药。

看见别人喝牛奶，穿呢裤，坐小包车的，就要生气。提了二级还是不满。(监委干部)青年找对象找不到，苦恼，请假不工作。

合作社问题——对具体问题肯定不下来。具体道理讲不清。山东家内问题多吗“合作好，回来吃地瓜”小调。

大家认为工人比农民生活好，工人戴手表，农民就没有。“百家争鸣”，提得过早了——说如学生发生请愿(?)

对ブル太宽了。对包下来很不满，对农民扣得很紧。大胆提拔干部对知识分子有利，工农干部吃亏，也有怀疑。

法制问题——肃反有成绩，但许多是错了的，恢复党籍，对成绩有怀疑。小道理上想不通。

统购统销问题不大了么?

统战部:

① 各处室都讨论了一次，认识上有提高，对二点论有很高启发。八大文件学习后，思想上在统战问题上有所提高，空前的情况。

② 对合作化问题还有怀疑。

③ 阶级斗争问题，对内部矛盾转变觉得觉悟，如学生发生大民主。人民内部矛盾的性质还不大清楚。不大统一。

④ 两面问题还有一些不通，与工作有矛盾。

工业厅:

手工业局没有展开学习。

工业战线上有普遍畏难情绪——原料不足。

对省委的成绩估计问题，觉得对存在的问题警惕不高，反映很大。对“唯利是图”开始有怀疑，现在有点不同。个别厅长到馆子去吃喝，还要发救济。工资没有提，思想在动摇中。

对党内思想动向不敢斗争，有人因没有提级，告到中央。

对苏联学习的这一面强调不够。

台湾问题为什么不提?

毛主席对发展是不是估计太高——说得太坏了。

学习布置太多——要求系统学习“专政”与主席的指示。

组织部:

毛主席指示觉得很具体,对学习方法开了新道路。理论学习是一个新的方法,辩证法的学习方法有启发。

民主与纪律,是非界限不清。

对省委报告强调成绩一面,对缺点具体分析没有。县一级很多强调一下,工作很多摇摆。

对“百家争鸣”方针有怀疑,不一定好。现在又有新的领会。

目前国际矛盾主要是什么?

匈〈亚〉牙利问题是内因还是外因?

(文件编号:R115)

宁波市委扩大会议情况汇报

1957 年 1 月 15 日

一、派出所干部对群众态度很生硬、不热忱，如发救济金时对群众训斥：“不要去浪费，乱用！”

报户口登记要等许多时候，问到就业、发票子、要救济，答复是：“去问办事处！”与公安无关问题不谈。

夫妻吵架闹上门来，说：“回去！ 夫妻吵什么架。”

制度上问题——派出所与办事处——上午办公，下午到居民区，群众时常扑空。增加派出所许多麻烦。还要次日再来打印领票，公安派出所不好解决。

办事处主任会议多，四个人只有二个人深入下层。主任不大了解情况。派出所也有同样情况，掌握一个点很不够。

例如死人要埋葬证，派出所要量出尺寸，然后好报。埋了以后还要再来一次，交回证件。

迁移户口——鼓楼二个母女，女儿因要生产，二个派出所都不准报，解释不够，老婆婆哭了。(其实不要迁移手续)

上面去的调查到主任为止，派出所所长找不到时，居民说你到“主任家去好了。”居民说：“要我们时当作人看了，不要我们时不当我们作为人看了。”派出所同志对报户口，缓慢得很。

领救[济]费时态度：“领救济费不如饿饭！”“派出所如金銮殿，面孔难看。”

二、劳动就业问题。

一个人就业未成，自杀二次。后来下乡，因生产受伤，先去上海工厂〈做〉找到了正式工，又去宁波恒丰找到正式工，都因为农业人口不许做。办事处打证明，要有人事处证明“确需用人”。劳动局说他是农业人员，不能就业。调配科一室不肯，这个人失踪了。在这之前对派出所所长说：“二次就业都不许，我去流浪去了。”束装远去，至今未有着落。

另一事实。查树理，略有文化，在农业合作社当会计，后来回到宁波，派出所收回了他的证件，不许就业。

一个铁工厂工人，自农村回来的，就下令■出来。铁工厂要 120 人做临时工，寺前街派出所因为他们来自农村，加以阻止。

干部对下乡回来的工人态度。

主观成见，认为他们不能吃苦，看法二样，“比大便还臭。”群众意见多：“政府要我们去，六队腰鼓欢送，当作菩萨看。去的时候是积极分子，现在连户口都不能报，职业不许找。”

一个青年人说：“政府不想办法还好，想了办法，连饭也没有吃，比劳动改造还要坏。”一个青年因折社回来，去时自动带头，父母反对也要去。现在回来后，父母要他去时，他每天到办事处来哭诉。

“朝中无人莫做官。”电灯公司工人把亲戚都带去了，医院护士都做助理医生去了。

社会上失业问题不加考虑。

粮食部门各种票子问题。

开荒回家的没有带回户口，长期不解决粮食问题。一个工人只好到处去要一些票子吃饭。办事处要发，粮管处不许。最多只发廿五斤，开荒时吃六十斤一月。

粮管所对居民委员会图章不买账。北大路一个泥水匠去合作社做过工，粮食没有订，第四[redacted]回到城里，要定粮食，办事处有证明，粮管所一定不发。政协开会时提出这个问题后，才立即解决。

往往为粮食问题不能工作。有些食堂说：“廿五斤的不能参加。”对油票问题——办事处如油脂公司的派出所，生了孩子要经油脂公司批准，才能发票子（三两油）。[公司]地址在江北岸，上面规定油票只能放在公司，不许由办事处代发。

没有出生卡，不能报户口，再到第一公司领导布票，到油脂公司、保健所、粮和处，再去领各种票子，大肚皮排队苦。如办事处没有办公，还要再去一次。

买长面、买年糕很难，一人一斤半（一斤粮票换）数量不够，反映很多。

工厂工人、机关干部，如生了孩子，工人要奔得满头大汗，影响工作。

对个别部门的意见。

办事处干部觉得上面头多，会议也多，伸手要开会。一个同志，特别是主任，会议很多。对妇联有很大意见。她们说，办事处没有专职干部，妇联有专职干部，八小时工作制。

妇联对妇女教育方法不好——不从整体出发，妇女工作者专做妇女的，有单独看法。“我们是妇女方面领导的。”居民会与妇代会不能互相配合。

对卫生局官僚主义与浪费现象[的意见]。

卫生处有十六个干部，卫生干部不好好工作，打毛线，逛马路。现在春节卫生运动来了，要办事[处]管。

办事处图章很多，临时工要打章，房地产税要打章，“你们打一个章就行了”，居民卖东西也要打章（廿元以上），公安局防止偷窃，“图章起了什么作用?”小偷也可以来打章。

企业与临时工订〈协〉合同也要打图章。

猪毛检毛也要打图章。“什么用处?”

管制分子，态度也不好。“反正没有事做，问我干什么?”

对法院案件处理不及时。

第三中学一个教师一定要离婚，法院决定要离婚，说是“包办婚姻”。这个妇女拿了九百多封信（恋爱信）。该女现在发了神经病，有二个孩子，拖了几年。男的跑到青海去，〈妇〉女的说：“饭不吃也可以，只要让我骂一顿法院。”

问题：(1) 作风不好；(2) 制度不好；(3) 群众路线不够。

今后要求对居民要开座谈会，对派出所进行监督。

领导多头，下面干部少（普通三个半），主任要开会，只有二个人。

二个统一——上面统一，人委办公室、青年团、妇联要统一。

人委要关门，粮管所撤销，派到派出所去，包括卫生人员。

救济——每月有三千多人。如每人每月四元，也要一万四千元。政府可以办一些小企业，解决一些失业问题。如收破布、做鞋子等。生产自救办法要实行。

湖西、仓桥区汇报：

1. 和派出所关系问题——路线停留在干部身上，对群众不关心，表现：在社会救济方面，感到救济是不好的，态度很忌视。救济时间没有到，有赶出去的。“现在没有工作，有了会来叫你。”

办事处有的人吃饭不工作的，如粮管所。

2. 出卖家具要证明——公安局与税务局规定，防偷防漏税，实际上是违反宪法的。

3. 余粮票都上缴了(1956年),发生排队现象。元旦过得不快乐。死了人与犯罪的,粮食更没有人管了。

4. 对劳动局意见——农村回来的一律不介绍工作。

5. 电影票子推销——"民光"要居民干部去推销,居民还有赔钱的。

6. 对税务局意见——每季度地产税要居民收集交到银行,很容[易]出毛病。居民意见很多。群众说税务局有贪污行为。

7. 尼姑发肉票。她他要求发"五票"。

意见:(1) 干部作风问题很严重,办法是:每一民警与办事处干部要做一次自我检查,提出改进办法。特别不好的,要处分。人委要动员一次。

(2) 撤掉粮管所,派一个到派出所,解决吃饭问题。

领导关系要解决,行政领导归办事处。

(3) 出卖东西按上海办法,凭户口簿,不要另外打图章。

天封区:

关于干部作风问题。

态度生硬,不关心M痛苦是普遍的现象。

证明要范围——相信政府,又是推卸责任。如临时工要办事处证明没有必要,[现在]不证明不发工资。他们怕的是再来一次三反,会计怕反着[自己]。部队也如此。个人流动大,政府不会流动。办事处同志有些不愿打图章,有些人说:"算了吧!"

卫生局统计很多——阴沟、洼地,蚊帐几万〈斤〉顶、几万只,都要统计,凭主观填表,居民麻烦煞。

卫生干部可有可无,没有人管理。有时来,有时不来。

团市委——街道团支部书记要办事处来搞,团市委不能直接领导。

妇联——会议多,具体工作不明确,有些妇代组织不起作用,有些人"挂挂名",任务不明确,干部无工作。

法院——一个妇女被丈夫打骂,[不许]参加工作,甚至不许吃饭。法院调解,本人要求分居,丈夫不给饭吃,被打伤。一早去法院控诉,中级法院说一定要有申诉书,她又不会写,无门可入,丈夫更凶恶。

建设局——商业区居民集会所很小，建设局占据房屋。

江东区：

（1）发油票问题——对农民不发油票，农民意见很多。菜籽是我们种的，油不许吃。农民造花名册领油票，食油公司负责人外出，票子没有领到。

（2）粮票问题——中心站检查方法，收回所有的粮票，不足的不发，有多的收回。

（3）生产自救。一部分人发动打石子，结果建设局、民政局都不要，白打一场。

（4）转业军人问题。一部分是党员。

（5）侨眷问题——星加坡带了四百元钱，眷属去■■油，年糕也没有，照顾很少。

（文件编号：R115）

各县委宣传部长座谈会

1957 年 1 月 15 日

鄞县：

① 全党重视思想工作——无声的战线，党委不要听汇报。

具体措施少，只是空喊，不通过一定形式，分散深入不解决问题。从四十条宣传以后，思想工作减少（各县党社会后）合作化后思想麻痹了。贯彻到社主任，社员会议因人多很难贯彻。随便说说也是“报告”。

党委没有很好支持。

② 宣传部门干部问题：抽调过多，只有二个党员干部，过去有五人，干部提高问题。抽调干部影响工作，因而不能抽。

学辩证法，无人辅导，说是为了克服主观主义。

③ 通过谁去宣传？支部没有专人负责。党员不宣传。

奉化县：

① 主要问题宣传工作没有脚，乡支部一个宣传委员都没有，宣传工作抓谁？上级没有编制，无脱产者。

② 宣传部干部只有文书一人看门，部长是光杆司令，文化低不会写，在职学习有困难。

问题：什么是宣传部的业务？

③ 时事政策学习要抓紧，如匈波问题，不敢讲，不会讲。

④ 宣传网时代比较好，现在用什么方式好？爱国日，俱乐部，宣传网，哪一种好，要求解决。高学才同志说不要宣传网了，后来还是没有解决组织问题，情况涣散。社会只研究生产问题，没有研究思想工作。

⑤ 增产节约运动群众思想教育很少，要求领导及时指导。

⑥ 八大文件学习问题，现在劲头不大，要求上级重点地讲一下。省地委要提出问题才好学习，抓不到中心。

怕讲，要求领导指导。——重点要提出来。

县委只学过二次。强调工作忙。

⑦ 部门工作是业余的，不是下乡就是回来开会。

宣传部不务正业。失去自己支配时间的自由。

天台县：

① 先要解决领导思想问题，要求上级帮助。

思想问题——宣传工作可以推一下，不是硬性任务，合作化了问题简单了，一切通过社就好办了，因此思想简单化了。

② 组织编制问题——四个人(实只有二个人)。

经常开门，中心工作一来，宣传部干部抽调一空。

③ 宣传队伍问题。

慈溪县：

① 合作社经常思想工作最重要。要总结思想工作。

② 省委宣传部宣传会议，一年性的规划是一般化的，实际作用不大。因为情况常变。问题不要太多，突出问题要解决，如国际问题要求明确，省委宣传部为什么不来研究研究。根据报纸来讲人家不要听。

③ 群众思想动态要求综合研究，下面只谈积肥，养花培育，县委很忙，农业局很空，地委办公室要求报告的，都是生产数字。

④ 八大学习把"实际联系理论"成为下去总结经验，没有学习，还是总结养花与积肥的经验。

⑤ 乡干部学习是问题，机关干部比较好，因为由宣传部直接抓，乡干部学习读读报现在还是读国务院指示，没有一定制度。领导方法没有解决，其次是少辅导。

⑥ 县委对宣传部要求的是一个区的分工，不管思想工作，同互助合作部差不多，他们也苦闷，因为不能统一，各部都搞合作社。如不去，书记就要批评。

① 县学问题——有一定作用，但是时停时息。

② 同其他部门的工作范围问题。

③ 干部管理分工问题。

（文件编号：R115）

宣传部长座谈会

1957 年 1 月中旬

我的发言：

“前途乐观，困难还很多”

——转变时期的特点。是一个转变过程前进的困难，成绩很大，1956 年是多事之秋，中国是根本改造时代，缺点也很多，新的事物的发生。

（一）宣传部做什么？要一般与典型的结合。

中心与部门的矛盾？认识问题，“宣传部有可无”，思想工作重要，不知这如何抓？赶不上问题，各部门要管政治工作，宣传部同各部门如何分工？

原因：① 思想工作的重要性还未完全认识一致，经验少，经济任务看得重一些，相互关系没有十分理解，因此要争取——矛盾的斗争。

② 职责不明，如何抓思想？干部新的多，不大懂是主要问题。

因此要学习，要加强领导。（省地市问题）

思想在哪里？

体会如何？

① 各级宣传部在每一时期要提出问题，如增产节约中有许多思想，县委宣传部有意见，要明确任务。

经济唯物主义：“物质第一性”的曲解，物质与思维辩证法要注意，宣传部可有可无，只要完成任务，这就是主要思想，要先抓。

“宣传部长是过渡时期部长”。

如待遇，地位问题。

② 深入下去——要从调查研究入下〈手〉。不是下乡下厂就是“深入”。分批包干办法要研究。

③ 要增加知识——边学边做，宣传部同志要又上去又要下去。（县委干部下去太多）

④ 要做组织工作。

——通过各部门，各群众团体的有关部门来进行工作，先要专职专用。

必要的机构要建立如乡支部的宣传委员，理论教员，干部要稳定下来，不是过渡干部。

各种宣传工具，与宣传组织（包括党群的）如工会俱乐部，宣传网等等。

队伍要整顿。

（二）理论教育。

① 加强是好的，但太急与一般化是过去的教训——实事是求要看对象。要顺序前进，文化——理论，深浅都要，新党员文化低的，一般干部只好先学新党章，重要时事，进行演讲。

哲学——高级干部学习。

在职干部——基本上要轮训。

② 方式多样化，要自觉自积。统得太死——单一化是由于想一网打尽，所以要办政治业余学校方法（实质上是后备）。

今后要求：

① 通俗演讲——以八大为主。

② 小组——专门问题。

③ 文化学校，同时进行政治教育。

④ "百家争鸣"提倡多看看各种书籍，只会看经典不是唯一办法。反动的东西也要看，头脑太简单。马列主义领会不深。

下次会议

① 要提出对问题的意见与办法。

② 要有一些典型——具体问题如宣传网，与各门部的关系问题。

（三）城镇问题——我们去年一条教训是做得很不够，认识与经验很少。

① 地委宣传部要重视——无产阶级思想领导要占领城市思想阵地，同乡村的关系很大。

② 城镇宣传对象——不单单是工人，过去教训把城市工作看为工厂宣传。工厂，职员，学生教员，手工业者，半农民半工的人，居民，社会民主人士，小业主，宗教界人士，侨民。

③ 要充分利用各主要组织——过去教训是宣传部到工厂去典型调查，展不开工作，与工业部矛盾，工作范围太小，不及时，只有配合，不主动。

工会——职工（包括青年）。

妇联——居民。

工商联小业主——县协委员会，同统战部关系更配合。

各种宣传工具——报纸与广播，文化馆，图书馆，剧团。

教员学生——党的组织，青年团的工作要抓。

④ 宣传部如何抓，过去教训是运动抓得多，经常工作抓得不够。（如食油，猪肉，增产节约等等，劳动纪律，共产主义教育等）。

要抓各种的组织，分头进行，抓问题。各部分工如何办？

① 要树立互相管，互相协商，具体分工——下次可以带一些经验来。

② 工业财贸的经验还不够，要党委配备一定干部，宣传部要帮助，逐步过渡。

一般性问题可以统一布置，各单位机动，宣传方式不能一般化。

大的城单位多如何办：杭州市区的宣传工作要加强，市委讨论。

要充分利用城市特点——集中，可以及时，报告制度可以恢复，宣传部可以定名单，出题目。

要与怕事怕说的顾虑估计斗争——在斗争中发展，不要做思想懒汉，宣传部长要带头，错了可以改，文革可以事先多讨论——过去清规戒律要去掉。

“一家争鸣”只会做传达，“百家争鸣”又敢说了，这个倾向是不好的。

（文件编号：I64）

江华在干部会议上的谈话

1957 年 1 月 20 日

动员一切力量。

(一) 思想动态:

随着巨大的胜利……,[1]另外还提出许多问题与意见,无非是有意无意的看法上不同,或者情况不了解。党内外都有。那一些问题?

[如怀疑]社会主义制度优越性;[怀疑]肃反面宽还是错了,受了斯大林影响?工业扩展,发展为主?人民生活问题,"人民生活太苦了,怀疑是党的政策"(北京一位部长说)。建设工作是不是冒进,发展太快了?[说我们]要战争不要和平。[还有]闹地位闹待遇;要大民主,不要集中[的]。

这些问题不出十大关系的范围,有些意见不同,是新问题。如民用工业是国防工业的基础。所以既要重工业,又要轻工业。

以上钢、纺织,制纸工业为重点。

工业分布原则,动力,资源,交通。

[怀疑我们]要战争不要和平——知识分子较多。

不要集中,不敢领导。

右倾保守思想又出现了。

农业合作化后,"成绩很大,问题不少"。如四十条宣布后发生许多问题。对此很重要。

党委书记要按财经计划,发展地方工业。

强调干部到生产与基层中去,专业化,学会生产知识。

南斯拉夫问题。

"官僚主义是不是反动?"反马列主义的思想,是不是反动?

修正主义中国有没有?

如对"百花齐放"的观点,有各的解释,各种倾向是有的,苗头是有的。

不要ルロ专政,不要 CP 领导,否定阶级斗争,否定社会主义的阵营。

---

① 原文缺。

反对一边倒，要美国援助。

（二）建设情况，今后工作。

农业今年基本要完成。

（文件编号：R115）

城市工作问题讨论会

1957 年 1 月 23 日

温州市：

社会主义是不是有优越性？

副食品不足，为什么要排队，抢购物资。

匈波问题，为什么发生？

扩大缺点，怀疑伟大成就。

肃反问题，要打问号？

宣传片面性——工人大吃大喝现象，不请假停工，工厂不敢反对，不敢讲。

工会与党委领导争论很多，主要对于工人粗暴批评，“大会点名检讨”，说这一些不要批评工人。

劳动就业成问题，初中学生没有出路，上山下海的跑回城市。

学生中波动最大，受匈波影响大。

杭州市：

① 成绩与缺点问题。

② 生产关系与生产力矛盾问题——对社会主义进步一面宣传多，落后方面宣传少，如引导到正确道路上去，更能调动积极性。

③ 阶级矛盾问题——对外矛盾转到对内矛盾。现在转化为国家与个人，公[与]私，领导与被领导方面上，这是社会主义改造后带来的。工人与ブル合在一起，闹工资改革，对国务院指示说是“放屁”——年奖问题。工人要借工资也是为此，不补发要救济。

手工业者发生困难，都对改造不满。

工商矛盾问题——

④ 1956 年自然灾害影响到工业原料的紧张，动员出去的人不会回来这样多，物资供应不会如此困难。

五六年步子大了一些：一灾一冒，问题多了，明确一下有必要。

⑤ 国际问题的影响。

优越性问题，由此而来。

增产节约运动是必要的。

⑥ 二面性的认识问题。

干部教育——积极性与防止自满。

党外人士群众教育也有特殊意义。

青年人闹得最凶，年老的人不同，老职工说政府好，补发工资，个个人流了眼泪。过去为了增加工资被开除、坐牢。

加强思想教育很重要。波匈问题后最大，八大以后好一些。因此要加强教育与宣传。回忆对此方法要用。

共产主义教育——偷东西的成分是工人、学生与干部，谈恋爱也要偷。

金华：

（一）思想工作薄弱——“狂风暴雨”，“和风细雨”，现在是“无风无雨”。

（二）“挖潜力”是消极打算，要扩建与新建，干部不安心工作，“没有什么搞的”。

宁波市：

匈波问题还有一些问题未解决。

① 社会主义阵营是不是巩固，南斯拉夫是不是社会主义国家。或者说他是新生力量，是不可克服的。

② 农民认为政府只关心工人；现在困难时的问题，财经工作又要生了不满。

畏难消极情绪有所发展，因此肯定成绩有必要，批评缺点多。

五六年是思想转变年重要，工作上对总路线理解有片面性——如人民生活改善问题，工资改革等问题，社会主义优越性的宣传做了一些，但有片面性。就业问题——到处说劳动力不够，大家认为没有问题了。文化教育事业的发展，去年到处觉得学生不够，今年又说多了。

去年批评不关心人的生活，知识分子政策，都有片面性。

二中全会后提出增产节约因此觉得很突然。

③ 工商关系问题。

主要是棉纺问题，关系很紧张，工业推纺织芝麻呢。商业部门加工订货办法，现在已经行不通，商业部门还是强调老办法。工业部门不满意，利润都给你们拿了。

① 利润分配问题。

② 工业品规格问题。

工人思想问题——工农联盟问题。

① 春节男女打算回家离婚，原因是工人工资多了。

② 农村人口流入城市现象很多——建设是主要问题。四个月中间完成80%基建任务，到处找工人，搬运工人现在不肯回去，站长不放出去，全部回来，是人为造成的。上半年要，下半年不要。

③ 讲排场，样样高潮，高价商品也脱销。

④ 法制观念差，农民打渔民，军队占天主堂。

⑤ "城市是政治经济的中心"，二中全会决定。现在感觉不是这样，经济文化工作不是如此。经济划到农村，市的公司取消了，划到县，剧团也放到农村，市已不成为中心，——思想不明。

温州市：

多种经济发展是好的，但对城市影响大，弄不好要[redacted]。

城市需要的原料农村要保证，失业人员与原料，劳动力城市与农村要配合。

（文件编号：R115）

江华结论

1957 年 1 月 27 日

思想问题。

点兵上火线，不能开小差，准备打仗——思想战。

这次会议已取得意见一致，社会主义制度优越性，肯定了成绩。对社会主义制度怀疑党内也有，去年是多事之秋，歪风要整下去，足够的估计这一点。特别是本省有特殊的因素，“坚决收缩”。转过来又要转过去。机会主义不怕，所以不怕，回去后要作战，今年上半年打了一个败仗。

要经常宣传合作化。台风后：因靠宣传，组织起来，才战胜了困难，完成粮食计划，提早一年 400 斤。800 斤在全世界有重要作用。四十条起了很大作用，要肯定。有缺点不要扣帽子，要分析，研究改正办法。简单办法不行，要根据事实，吸收经验。对错误要分析哪些不能避免，哪些是可以避免的。提高干部与群众的积极性。因此对错误与缺点态度：及时改正。中山先生提倡也被许多人骂过，怕骂只有取消党。

要善于学习——从立场观点方法上发表学习，“坐稳钓鱼船”。去年下半年右倾又有所滋长，有些同志被风吹来就动摇起来。“风一来蚂蚁就出洞”(毛说)，要找出根源：

立场不稳，热情时高时低，上中农自私自利的影响，唯利是图最大，对社会主义道路的动摇，是我们思想的重点。

党内发现这种分子。全国有一亿人口是……①

过不得社会主义的关，要提高自觉性。

享受思想有抬头，工资、房子、位子。

合作社要搞整风要三五年功夫，增加收入是重点问题。争取全年多收，民主集中领导，集体与个人关系问题。

去年党代会民主生活有了进步，有了正常现象。但有些党委正确结合还不够。要注意台风，有人在此不要党的领导(是学校、科学、文艺部门)，公开提

---

① 原文缺。

出赶出共产党的领导。

对党外人大要团结，尊重意见，更重要的[是]思想改造。不知道那一天会来打倒"拉科西"，要求放饶漱石。我们要保职保业要斗争，"谁战胜谁"还是一个问题。我们要有信心。不能下班。我们有些人作党内的应声虫。我们另一方面要发扬民主，对下面意见要具体分析。"抓小辫"要正确理解——指学生要几千几万人，"打倒法西斯"，这句话不能用在党内与人民内部。

一个县委委员，县书，县长太多，一年开十五次党代会议，每个党员要学党章。

不要做一个运动，对县级干部可以降级使用。如当乡长是不容易，生活待遇不[给]劲。不去生根与挖根。编余干部自己安排，不要送上来。省市干部要有思想准备，欢迎的，不欢迎的，都要欢迎他们来。省级干部要充实文化教育部门，不能多送到下面去。

加强法制问题——

简编问题——

南斯拉夫说我们"人海战术"，机构庞大，这个意见很好。本省去年增加十万人，今年要减去，非[生]产人员多。

体制问题——可以自己拿出意见来。

中央说：中学要教合作化，与如小ブル思想斗争要经过许多年，请愿示威让他来。出了乱子，就能解决思想问题。四十条要重加审查，粮食指标要提早实现。

恢复部分区。

党的问题——停止发展，主要发展科学技术方面，进行支部教育，群众路线，基本知识。县委学习党章与八大文件，不提整党，进行教育。

不能提党不相信你，如当省长、县长……还有某某书记不相信我，这是工作方法问题。可能某些书记有毛病，有人这样提出。

回去怎样办?

下去就有办法。任务是增产节约。特别要争取农业大丰收。要抓思想动向，弄清是非。不要四十条，只要鼓动口号是不对的，仍要宣传四十条。

城市工作。

中心也是一样，加强思想工作，精简，改善领导方法。

推广好的经验,利用资源,一草一木,作为工业原料,鼓动建设热潮,进行艰苦奋斗思想,解放思想,表扬生产好的。

城镇工作没有人管,上半年要开一次会议。

政协工作要重视,不到会不对。

人民代表大会制度如何继续——组织形式。

抓报纸,批评不要打死人。

(文件编号:R115)

林乎加传达中央指示

1957年1月29日

农业合作化问题劲头不大，农业局长会议反映，开会是发牛奶的，情况不是那么严重，会议题目转了，主要提问题，思想方法是根本的，讲矛盾论，用辩证法办解决。

毛主席：

思想动向。

党内外动向。党内有唯利是图思想，升上级还不满意，力争生活享乐，怕艰苦，发展下去，连KMT还不如。唐绍仪自动要求去当县长，现在我们没有一个人要求去当县长的，[都在]比地位，比阔气。

社会主义改造问题，有希望还是没有希望，个体经济好还是集体经济好？重灾地区一般还好，一些地区问题多，部分社员收入少，说合作社没有优越性。反映到党内来了，部长回到北京大骂合作化，有的说没有优越性。中央农业部开了一个会，劲头都不大。四十条有没有必要，也发生了问题。去年反右倾，出了"左"倾，主要是合作化"左"倾，别的没有研究。

去年下半年出一股风，各地不同。为什么刮起来，为什么怀疑合作化的优越性？这是阶级存在的反映。因为有许多干部出身于地主富农家庭，减少了收入，所以说不行了。

城市学校也刮了风，如正定地质地干部学校，三千人请愿。

"要战争不要和平"，"打倒法西斯"，社会主义落后。

北京大学学生有一个人说多杀几千几万。为什么发生问题？因为80%以上学生是地主资产阶级富农的子女。看哥木尔卡的指挥棒，看铁托、卡德尔的言论，认为很好。地主资本家反而不闹事，因为他们有经验的，没有好指挥的，不要麻痹，不是没有问题的。天下大乱他们也要动的，现在内部稳定，所以不动。学生闹事，因为他们没有经验。苏联20次大会后，党内是正常，在一部分人起了变化，雨天蚂蚁要出洞。对20次大会不满是正常的，整Stalin太过分。二十次大会后，有二次大风潮与辩论。英国党走了四分之一，瑞士[走了]二分之一。杜拉斯利用对斯大林的批评，不加分析，不讲理由，马克思主义要分析。

一有风就随风倒，有些人终要摇下去。有一些人要教育，不要盲目跑。有些人马列主义水平低，党内锻炼少，台风一来就要倒下。合作社二三年内办不好，起码要三年才能办好，五年就能巩固，风吹不倒了。过社会主义的关过不去的有些人，如薛健，七年之内还有这种人的。

军队中也有反映，一批部队干部也反对合作化。“城市左，农村右”。有的是合理的，总方向不对。为农民诉苦，民主人士代农民叫苦。什么叫苦，是家庭有余粮出卖的，不挖余粮就不叫了。一个县四分之一干部叫苦。工人一个月工资是六十元，城市比农村生活高一倍，个别悬殊是大的，账可以同农民说一说。农民主要是靠自己生产的，国家问农民[要]的8%—10%。（农业税）

剪刀差——苏联很大，我们也有。农民贷款许多，给的不少，农具卖不出去的很多，水利肥料国家也办了一些。

城市——看起来是右，全国给一亿多，今后六年还要付八亿，七年后还要看一看。ブル掌握文化的很多，出了这笔钱，政治上就不同了。匈〈亚〉牙利事件闹不起来了。刘文辉也赞成土改。

对学生也有话可谈，他们出身是地主资产阶级，现在反而来一个大民主，我们不怕。人家反对得有利的，要坚决改正。学生闹了，不要怕，但要搞清是非，我们毛病是不敢讨论，“打倒法西斯”口号，三千人都反对，十多个人赞成，现并不可怕。

匈〈亚〉牙利事件发生后，现在搞专政了，可能巩固下去。

如果不会把我们打垮，暴露我们的弱点，也好。反革命分子出来了也好。怕矛盾，是反马克思主义的。

问题是党的领导。

几个问题。

“有反必肃，法制一定要遵守”。体制问题没有解决，下面无权无钱。

知识分子问题：“百家争鸣”后，不愿去改造了，怀疑这个方针。四个人写了（陈其通）一篇文章，他们不要长毒草，办不到。我们的作家要么拔草，自己要有斗争任务。因为世界上有矛盾，与统一，有对立物就要有斗争，一万万年也会有斗争。

有人说只要辩证法不要形而上学，这种看法都是片面的。唯物主义是从唯心主义中发起来的，不知反面，就不能真正知道正面的东西，好坏要有比较。

我们准备公开出版反动言论，发表谬论，就有事可干了。学正面的，也要学反面的。

理论家要从与斗争中长大，愈磨炼愈强，只讲一面，不讲另一面，知识不会丰富。

说"文学衰落了"，是不对的。文学作品少了，原因是时间短了，作家生活不成问题，会有作品出来。匈〈亚〉牙利文学基金不给了。

从上到下减薪，是否同意？

工作成绩要有足够估计，[redacted]要犯大的错误，劲头不大了。胡志明最明显了，"罪己诏"，纠偏定为正确的，引起地主富农大叫，知识分子出版刊物反政府，天主教还反攻。"土改成绩是主要的，缺点是不可免的。"反过来就好了。否定过去，匈〈亚〉利也如此。

方针问题："统筹兼顾，各得其所"。毛去重庆后，王明写了社论"不要另起炉灶"，我就要反对，不给饭吃，只好自办。

对各方面人我们也要照顾，调动一切积极性。他们都有饭吃，都有地位，这个战略方针，是有好处[的]。没有饭吃要〈吃〉出乱子，有了饭吃，不想闹事。

学生问题：不进大学的，也要安排。给他办法，他不干，那是他的问题。不得已时救济。

不能盲目下马，前进中去克服困难。棉花有困难，城市纺纱布问题最大，收购中还有办法改进。在调动积极性[中]去克服困难。

国际问题：

八大讲的三种力量：社会主义，资本主义，还有民族独立国家力量（印度）。英国ブル有政治经验的，放弃印度不是错误。他为什么放弃中东，因为矛盾不是在埃及，而是对美国的矛盾，中东问题变为英美斗争。反共产党是借口，目的要从英法手中夺回中东。——两种矛盾，一派帝国主义争殖民地；一种是社会主义与资本主义矛盾。

在我们面前有三种人，最大敌人是美帝，其次是英法。还有是殖民地的解放运动。总的说对我有利。

守着三条线，还要政治攻势。

对美国的关系，外交关系迟几年建立较好。苏联 1934 年才建立外交关系，那时资本主义相对稳定时期。第二次大战后没有相对稳定，包括社会主义阵营在内。布尔加宁给了英法一封信，美国总动员。究竟谁打谁？那一个怕谁多一些？帝国主义怕我们更多一些。不要〈充〉冲昏头脑，优势在我们方面。战争后，还会有许多国家要革命。对苏加诺谈过，目的为了与美国作斗争，放他在孤立地位，愈拖他愈被动与孤立。他们要后悔，因为处于无理地位。经过十几年后，他们找不到朋友了。现在向资本家那里，也找不到秘密消息了。

三个帝国主义，主要是美国。

中苏关系——对 Stalin 的估计有些看法不同，扯皮事情终是有的。MAX 主义是扯皮主义。中苏关系比过去更靠近了，但问题是存在的。他们的有些领导人的思想方法与办法不一样，要和他们多商谈，展开讨论。十个指头终有一个不一样，各个党内问题也如此。永远有矛盾，永远要解决。现在"求同存异"，慢慢统一。

国防宣传方面：出国文工团花样不少，宣传要压缩一下，不要太吹嘘。主要学苏联，不学是大损失。好的照办，不好的不办。其他国家都应学习。"找学习，找和平，找朋友"——总理出国口号。

"百花齐放，百家争鸣"问题。

方针对的，越南也要搞，我主动劝他"一家独鸣"，因为没有肃反改造，没有条件。我们不提，就不能提高，是人人与错误作斗争发展起来的。美与臭相比，一切事物是统一与对立，正确的才能发展。不许人家都学，人民思想要干扰，我们知识单调，只有几根条条，没有货色，知识太少，没有说服力，不生动。列宁善于学习，马克思从古典哲学发展起来。读经典作品不懂，是因为不了解斗争的对方。Stalin 差了一些，否定了德国哲学，"对法国革命的反动"。他的思想是形而上学的思想方法，只讲对立斗争不讲统一。如哲学字典，都是对立，不能互相转化。"战争与和平"，就不能转化了。列宁不是这样，在军事学上也如此。"战争是政治的继续"。

他教会了许多人学会了形而上学，根本思想问题是辩证法与形而上学的斗争。不承认转化，如反革命只有杀头，不能利用；没有一个错误可以改造，不同的意见不加分析，绝对对立。现在片面武断。

Stalin 还是与许多人可以共处的。如中长路问题，谈的结果，还是可以商量。针对苏联人说 Stalin 不能转变而说的。苏联哲学杂志在批评我们的方针。

现在工作还有缺点，我们的一家没有大鸣，人民日报“难免论”可以不登。“再论ブロ专政”一文全文是“难免论”。革命犯错误终是难免的，不承认这一条要犯大错误。灰心失望，不要革命。

承认错误不等于愿〈该〉改错误，目的在少犯错误。

有些文章要写出来。剧本问题，现在又把不好的[拿]出来了，出来后再改，对生产影响不大的。

历史会做结论的。

参考消息发行十万份，我替反动派做宣传。为了使大家在敌人面前去考验一下，种牛痘的办法，引起你的抵抗。这些毒草要放。

人民闹事：

过去与人民一道反敌人。现在建设时期，国内敌人少了一些，国外敌人还在，内部有一少部分人闹事，有一个地方三万农民打干部。要准备闹事，要有精神准备，拉科西就没有这个准备。准备躺倒，才能躺倒。正定问题主要没有准备。学生要求都只好保证分配工作，步步退让。不在党内外进行政治工作，只会出布告，行政办法。CP 怪学生闹事是怪事，以为人民都是我们的，没有想到最坏的一方面。西藏事件我们有准备的，达赖要到印度去，我们让他去。

只有不犯路线错误，不会出大乱子。斗争终要走回头路，我们也可能大乱一下，有备无患。

教授五十多岁，二十年后死了，新的人还是要闹事，苏联现在还有事闹。Stalin 问题后，几万学生示威。没有地主资本家也有问题。

有矛盾要揭开，如种对立的人，对立的意见都是难免的，Stalin 过去一棍死，现在又说是伟大的马克思主义者，摇过去踢干净，摇过来灰心。

辩证法就是对立面的统一（有条件的，相对的，暂时的）。对立是绝对的，党内经过斗争统一了思想，经过一个时期，新的问题又发生了。Stalin 辩证法四条没有掌握中心，并是叙述，没有说明对立物的统一，发展规律讲不通。这一个问题是核心，谈 MAX，又怕出事情，不学 MAX 主义。

首凶要抓，一般的不抓，对人民不能捕，要引导他。甘肃抓了许多人不对，闹过来的留在学校里，留做活教材，给学生上课，再闹事就闹不起来。省市委每天忙于事务，不研究思想，只会用行政办法，会冤枉人。没有把敌人打死，反把自己人打死。要发动群众，孤立敌人，加强思想工作做好，做好工农兵协商的工作。

小平同志到北京大学做了报告,你们是不是出马?

要把学校与军队工作做好。军队政治工作有衰退现象,在增产节约运动中把精神振作起来。

白天打大〈凳〉灯笼,躺在新华门外请愿。

民主人士批评不要怕,蒋介石怕批评,结果失败。有些批评要主动一些。山东省人民代表大会上,农民都讲了话,民主人士不讲了。"先发制人"不好,要"后发制人"。二月开政协,五月开全国人民[代表大会],这一次都要出马。要调查问我们进攻的是什么事,然后加以分析。先让他们讲,又团结又斗争。

对工人阶级、劳动人民经过斗争,关系就密切了。坏的东西也有教育意义,选举王明有许多意见。王明坏够了,现在在做好事。不选王明大家会〈妄〉忘[了]他,这是活的教材。好事中有坏事,坏事中有好事。

矛盾的转化,社会主义生产关系是不变的是反马列主义的,社会主义制度会灭亡,共产党也会灭亡。对闹事的要慎重处理。上海有一批阿飞,我们都是闹事出身的。

肃反问题。

一定要守法,因为要保护生产秩序。

一定要肃反,因为不能和平同处,未搞的下去。肃过的要清理一遍,否则要闹。肃反以后还会有问题,一定要肯定成绩。民主人士常骂我们肃反,基本上是对的。[但]成绩是伟大的,要撑干部的腰。不按法律办事不对。

农业问题:

搞好了五亿人民问题解决了,轻工业也有原料了,同时重工业也要原料,如铁路枕木,出口品主要是农产品,积累的资金。

社的积累不要太多,让农民吃饱一点为好。要有好处,才能巩固。丰年与灾年要有平衡,丰年要有准备天灾。

哥穆尔卡怎样?

斯大林一贯唯我独尊,发号施令,同工作队差不多,方法是包办。波兰事情,有历史原因引起不满,苏联没有看到这种大国主义毛病,哥穆尔卡上台后态度是好。

陈云讲话：

① 体制问题：现在是具体分的问题，主要是分财，一部分是积余，地方自己分配，第二部分利润下放，中央收税，三年不变。

第二五年计划大约有五十亿可以让地方多办一些事。五十亿是不是分开用，意见不一致。主席说：你们要办大工厂也好，但要注意匈〈亚〉牙利事件，还是分开好，决定照顾地方。不是一去不回来，明年实行。

节余与产权问题要讨论。

② 精简问题。上面层次多，造成下级组织重叠，中央财经部门人最多。（商业、合作、城市、粮食、合作、采购部）都要在县设公司，都包到公司里去了。

公司有些要撤消，中央不同公司打交道，由地方各厅局管理。

发动群众讨论这个问题。

油料自给：主席提出自己包干，不供给农村，还要供给城市。

农产品价格问题：

棉花争取丰收，今年纱厂要多下功夫。

煤炭并不误。木炭要“大公有私”。

抓棉花生产。

中央书记处：

1. 干部问题。南方各省干部提拔不够，有意见。广州提出：只提南下干部有意见。不依赖他们没有办法土改、民主改造。现在干部生长起来，不提拔不能提高干部的积极性，要培养当地干部。但不要盲目的调出外来干部，现在主要干部要留下来，正确提拔当地干部，能提的提。有些南下干部，可以适当调出，对外来干部要进行教育。

省里要做计划。

南方老区问题——烈士家属待遇问题，当地群众承认的。要注意，肃反搞错的，群众不认，要恢复名誉。有些地方党解放后没有承认，证明好的要承认。

肃反中搞错了的要求恢复，尽量的要恢复。介绍了福建的经验，叫发给各省，可能条件下要反复的讲。

中央组织部要发一个指示，如不能执行，要做思想教育。不能解决全部分，不断提升的理论站不住，终有升的时候，不能如过去那样。工资问题要看工作年龄，研究制度，工资不变，干部下放。不要互相观望。

公安干部要下乡下厂，因为工作做好了。监察院要看一年再减，编制教员与各省市，有权处理。

组织形式也由各省决定，地方分管。

政协委员相当于参议员，准备扩大。土议员太大，不提。各级都有一定的党员，专职工作，可以安排一些老县的党员地位很高，行政干部可以少一些。

退休制度必须实行，中外古今都有，工资照发。

高中学生过剩，到乡中去一部分。各省提方案，可以分配。

加强学校医院的干部，派一部分党员干部去当教授。冯定去当教授，挂名校长要到差。

2. 工资待遇，乡干有二个方案，最好不赞成最高 32 元，最低很难定，不做统一规定，各搞各的。只要农民没有意见，可以讨论。撤区并乡问题，意见不同。乡的干部必须有独立工作能力，区的干部基本下乡。再调一些下去。毛病是干部上调，削弱了干部力量，乡干大体等于区干部。

3. 乡分工问题。

大县——可保持一些区，办不办由各省决定。下级干部保持原薪，不要弄得太突出，不要太生硬，根据省的经济情况。

乡干部不评级，只给工资，以便回到生产岗位。

合作社成立支部，乡成立总支。教员待遇适当调整，相当于乡干，不要太高，应要高于乡长，由省统一规定。

行政人员减薪问题，有一个方案尚未定。中间不〈同〉动，上减下不减，不要相差太多，距离减少。最高多级，基数廿元。也有人反对，[说]是平均主义，烤火费。地区补助要取消。

党的发展问题。

一般停止一二年发展。接受匈〈亚〉牙利的经验，党大不一定战斗力强。宁可紧一些，不能太快。不起作用党员多了，不好，要精干一些，要抓紧正是(这一二年)不够条件的处理，要不伤感情的方法，劝告退党不好，要有一个办法，或用名誉党员也可。

高级知识分子入党后要加强教育，要求登报，是不对的，有些特殊，以后一律不登报，培养教学人员，要研究经验教育，整风报告是根本性问题，要进行批判，不能迁就。

领导群众反党的一定要开除。工作照做，因要研究，闹事中有许多团员。有人认为党不能领导科学艺术，强调有不[少]人这样说。党必须领导。我们去领导，你们说不能领导，要坚持ブロ立场，领导方法要改正。有些由政府出面，民主人士不要成为挂名的。为什么党外人士不起作用，因为我们改人家发言稿，有些问题必能立决的，可在党内讨论……

（文件编号：R115）

地市委宣传部长座谈会

1957年2月7日

杭州市：

一、理论工作，内容多，摊子大，质量差。

内容多：干部要学的项目多，时间少。

摊子大：什么人都来学，电影院的也来，上万人，营业员没有参加有几千人，还有意见。

质量差：原因是：① 队伍新。② 领导问题——没有人辅导，理论教育科管没多大，其他各部门不管理论学习，全部归宣传部，宣传干部学文化，不懂理论。③ 理论与时事学习有矛盾。

政治业余学校不能恢复，因为时事问题多，如整风文件，要不要这个学校值得考虑，还是离职学习。时停时学，意见很多。

初级党校市委办不办？（1 200人）依靠省行不行？一年抽60名十年还不能轮训。

二、对外宣传问题。

① 片面性很大。工资改革强调合理普遍提高，农业合作化只讲前途美好，艰苦奋斗没有讲。饮食展览会贵族化，工人吃一顿花了半月的工资。

② 一般化，大呼隆，深入细致很不够，一阵风，经常性工作建立不起。原因是：没有经常性的组织工作，群众团体的宣传工作如何领导？

宣传网问题如何办理？二种意见，否定一切也不好。

生产小组设一人，如班内政治战士，一套制度不要，任务：反映思想与进行宣传工作。如服兵役问题，食油问题……可由宣传员去进行。

三、市宣传部工作如何做？

杭州有直属二百多单位要管，工业部规定不同意。

需要有国际时事的机构。

温州市：

① 全部分工问题。

② 经常性学习如何办？演讲会骨干到的少，“思想问题讲座”。

③ 经济唯物主义——物质第一性，工资福利主要，思想工作不重要。

宁波市：

与各部政治工作分工问题，文教宣传二部合并后，大家担心还要走老路，各系统不准备管思想工作。

各省口径不一致也可以。通知发生地方有问题。

宁波地委：

1）宣传干部大部是新的，党委重视是不够的，还有问题，宣传部机构不全，各县干部下乡去的多。

2）做什么不明确，长期来觉得没有成绩，对宣传会议的意见：

① 总结的成绩对效果谈得太少。

② 经验要交流一下。

③ 目前干什么，经常工作干什么？要明确，不要一般化，介绍若干问题，当前存在的问题要解决。

〈加〉嘉兴地委：

干什么工作要明确，要求把去年工作做一个总结，研究五七年的工作，五六年最大成绩是理论学习，可说是空前的，要有很好的评价。

领导骨干学习后在行动上有改变，主观主义减少了一些。

去年经验要分析研究。

建德地委：

① 县宣传部长丢掉业务工作，干部都不知道搞什么。留一个干事看门，因此只能抓机关学习，抓不起全县的宣传工作。

② 乡支部没有人干宣传工作，“全党动手”落空，思想情况不大了解。

关键在于县委书记。

抓思想怎样搞？思想去哪里？谁去抓？

工会：

① 宣传部对工人思想反映没有下文。

② 报告员要出动如国际时事。

③ 一般化，如工农联盟问题，合作化的优越性具体情况要宣传。为什么没有增加收入没有谈。没有从阶级分析中提出来。

三八节要宣传——妇女要服装。

④ 宣传网问题——工会宣传委员会要发挥，〈加〉嘉兴绢纺厂把二者合而为一，可以解决矛盾。委员会中有一个党的宣传员，起骨干作用，改为委员或干事，同时为宣传员。

⑤ 保安部及宣传工具的运用问题，——俱乐部现在只播文娱，没有进行宣传工作。

……。[①]

⑥ 宣传部提出只搞学习与调研工作，不妥当。

市的宣传部做不到，抓思想的方法，口头宣传如何做？基层不能都来看文章。

⑦ 城市与农村思想问题可以统一。有不同与区别。如新工人教育有特殊问题，社会主义优越性是一致的。城市展不要并掉。

⑧ 经济唯物主义——宣传工作好不好，过去以生产好不好为标准，是值得怀疑的。

⑨ 对报告总结的意见。

省委宣传部有没有主观主义问题？一般化问题是否有？

思想问题不是从下而上，而是从上而下来的情况是有的。

调查研究后要指出方向，缺少分析。

⑩ 宣传工具领导问题，对工会报纸领导不够，分工问题。

穿衣服问题主要从报纸宣传来的。穿棉袄影响到商业部门，花布比麻布便宜，苦与乐界限要分明。

“简简单单过春节”与“简单朴素过春节”要有分别。

---

① 原文中缺。

〈加〉嘉兴地市：

① 干部不太正常，不安心工作很严重。队伍要整顿，业务经验要交流。县老宣传部长对党委关系不正常，不安心工作。如海宁县。

新的宣传部长（区书多），没有经验，逐渐不安心，干事更不要说了。

作用如何值得研究。

职责范围搞不清。成绩看不到。

② 县委领导方法：分片包干办法，使干部有对立的情绪，农业部最吃得开，不去不叫，干事去了后，回报得好，还可以提拔，不管业务了。有的作风不好，下乡的思想很成问题。

中心与业务的矛盾要解决。党委不以为宣传工作是重要任务。

“何厚彼而薄此”。——党委不许宣传部开会，限制太多。

谁会议多？宣传部是太少的问题，愈早愈好的召开一次。

不敢活动，积极性提不起来。老搞中心工作妨碍业务。

杭县：

① 三分之二时间去搞中心工作，活动时间很少。

宣传干部学习很少，水平低，不如其他部门的干部学的多，离职学习是一个问题，宣传提纲老一套。

要求省委表示态度，县委不肯听。

② 理论学习有政治业余学校问题，如何学法？如何辅导？

特别是时间问题——县委委员太忙。

③ 工厂工人宣传少，文化学习很重，长期无法进行政治教育。

萧山：

意见：

① 1956 年的基本经验要总结，帮助不大。

② 群众宣传具体一些，工农联盟要多谈一些，关系紧张，如何勤俭办社，如何团结友爱？经济问题处理？

阶级政策的宣传。农村紧张由于宣传不够，团结中农，依靠贫农要宣传。

③ 村宣传方法要多样化。

县区报告员直接宣传有三个好处——快，好，联系群众，报告员要扩大。宣传员问题要研究。

报纸广播作用不大，关键在于通俗的问题没有解决。

④ 改进思想工作，主要是县委宣传部工作问题要解决。

党委领导不能作为主要问题，先要解决宣传部本身问题。

第一、宣传部的任务是什么？干部不多，质量不高。

第二、与各部的矛盾未解决，同组织部在支部教育问题，合作部宣传教育，知识分子与文教部，工交部基本上解决。

第三、加强学习与调研工作，抓思想问题——

第四、对省委宣传部意见——不应把一切推到各地党委，削弱部门的领导，条条与块块问题要解决。宣传部会议太少 要多发资料，“宣传工作通讯”改为“思想动态”要考虑，内容可以充实，经验还是要保留。

定海：

① 如何全党动手抓思想工作？现在问题是只抓人不抓组织，宣传干部主动争取不够。

② 党委中心与宣传部关系问题。岱山县用“包”一个区的办法，宣传部可以机动一些。好处是不改分散力量。

（文件编号：R115）

林乎加传达陆定一同志关于若干问题的报告

1957年2月8日

方针问题的承认

继承民族问题。

对唯心主义的估价，过去否定太多了。现在文艺已不大谈工农兵问题，如“上甘岭”，导演怕没有好结果，怕说为公式化。要有分析，要帮助作家。新的东西是提高的问题，不要加帽子。

作品中终要写老干部都不好，官大一定官僚主义大。

电影为什么没有新剧本？武训传赞成者反攻，迷信的都上了台。

每个月如都能写出一篇理论文章，问题就解决了。要培养理论人才，地方也可以写。

作家思想很复杂，总的说知识分子很有进步。田军、丁雪是少数。同流氓作风要做斗争，对作家要鼓励。特别是写工农兵的要帮助要培养一批党员作家。

《中国青年》、《新观察》不慎重，研究不够深，自己搞。如向科学进军，提倡做村博士，穿花衣服。

每月宣传部要开一次报纸的会议。报纸批评要有分寸，如赫鲁晓夫批评斯大林，助长了修正主义。

匈波问题发生后，许多人的思想混乱。

1. 哲学问题。

毛说：哲学史除了唯心与唯物斗争外，还有形而上学与辩证法的斗争。

辩证法是对立与统一的斗争的学说。

统一与均势是相对的，对立是绝对的。

斯大林：不承认否定的否定，矛盾的转化，互相联系，矛盾的对立与统一。毛说要承认否定的否定。如十月革命否定了资本主义的社会；社会主义也要被否定的。斯大林不承认会被否定，天下就稳固了。毛说稳固也不稳固，党也要消亡，国家也要灭亡。斯大林在其著作中不谈这个问题。

承认必然性不承认偶然性，承认主要的不承认次要性。铁托与斯大林都绝对化。铁托说没有工人委员会就不是社会主义，是官僚主义。好的就好的，不好的就不好的。

2. 整风问题。

检查立场观点问题通过工作。至于总结工作又联系又有区别，高级干部思想方法为主，下面学党章。今年又学。

增产节约中，解决贪污浪费，明年再系统地搞。

3. 计划不是订全年的，一季度。要求全省口径能统一。

4. 加强[级]宣传部指导，半年开一次会议。

温州地委：

宣传部如何做党委助手工作。

中心工作与部门工作。

全省宣传月工作会议如何开会？

宣传部可有可无：原因是职责与范围。三分之二的经常下乡，中心与部门工作分不清。有的兼区书，十六个县是如此。

吕志先：

八大文件指出形势大转变但困难很多，发生疑问，过去因为是做改革工作，运动多，基本任务是完成，现在经验少的是建设，群众要求不同。

宣传工作要摸一下。新的经验。生产运动不同于突击运动。如富阳文化馆开展览会推动了生产。

要学中宣部办法，抓问题。

理论与文化学习很重要。理论要自学，轮训与进学校只能是入门，要有决心。

（文件编号：R115）

学习《再论无产阶级专政的历史经验》[①]

1957年2月22日

几点体会：

学习这个文件的重要意义：

这个文件发表以后，引起了全世界的注目，我们更认真学好，那是因为，第一，这个文件总结了现代无产阶级专政的主要经验，吸取了国际革命运动的成功与失败经验，对于指导世界无产阶级革命和我国社会主义建设有重大作用。国际生产主义运动还只有一百年左右的时间，苏联无产阶级取得政权还只有四十年。各国的社会主义建设经验还很不够，所以我们要善于去学习各国兄弟党的阶级斗争与建设经验就显得特别重要了。这正如列宁说的："国际主义要运用各国的经验。同时又要善于用批判的态度看待这种经验。第二，这篇文章澄清了社会主义阵营中争论的是非问题，领会他的精神能够提高我们的马列主义的水平。这篇文章的特色是以马列主义的立场观点，具体地分析了目前国际重大时事，为保卫马列主义，作了巨大的贡献。文章从分析匈波事件，作出了对斯大林的正确估计，又批判了各种非马列主义的观点，特别是教条主义与修正主义的错误倾向，对国际无产阶级思想团结具有很大的意义。同时怎样把理论与实际联系起来，我们学习了这篇文章之后，也可以获得很好的启发。第三，从无产阶级专政的历史经验中，肯定了马列主义的普遍真理——十月革命的道路，是各国革命阶级和其政党必须共同遵循的道路。所以刘少奇同志说："尽管我国的革命有自己的许多特点，可是中国共产党人把自己所干的事业看成为伟大的十月革命的继续。"

什么是十月革命的道路呢，这就是苏联革命与建设的基本经验。这篇文章指出的五条基本性质的经验，就是放之四海皆准的马列主义普遍真理。中国革命是按照马列主义无产阶级革命与专政经验。从中国的实际情况出发，因而取得胜利，十月革命首先发生在苏联，所以我国解放也快了一些。由于马列主义是革命的指南针，所以不得不根据各个民族的政治与经济，历史与文化

① 此稿系1957年广播稿，在宣传部八大讲座上也用过。

的特点，创造新的革命方法，同时又必须反对教条主义式的硬搬硬套别国的革命经验，依样画葫芦的做法。企图硬把自己国家的经验，强加于别的国家，也是错误的。至于过分地强调民族的特点，否认革命的共同道路与马列主义的普遍性，只看到自己的特点，不看社会发展的共同规律，我们也会犯狭隘的民族主义的错误。这在革命的历史上都有事实证明。

否定民族的特点，或者过分强调民族的特点，拒绝学习各国革命经验的错误，在我们革命的历史上都犯过严重的错误。

根据我国与各个兄弟国家党的经验，特别从匈〈亚〉牙利事件发生以后，再一次证明了教条主义的危险性极大。现在世界上的帝国主义者和社会民主党还在利用我们阵营中一些错误，来集中地反对马列主义真理，特别是利用斯大林的错误，广泛地进行反苏反共的一系列事实，应当引起我们的重大警惕。

学习的方法问题——学习“再论无产阶级历史的专政经验”一文，最好是与“八大”文件互相结合进行。

“八大”文件是我党总结十一年来革命成功、社会主义改造与建设成功的伟大总结，毛主席说：我们党是一个政治上成熟的伟大的马克思列宁主义的政党。这句话是有深刻的意义，有实在的历史作为根据。翻翻我们党的革命历史就会知道(；)我们党是怎样成长的，是在坚决反对“左”右倾的二条路线的斗争中成熟的，我们党所以能够领导中国革命的胜利，在善于能灵活地把马列主义的理论，具体地运用到中国革命的实践。

这篇论文既肯定了马列主义的普遍真理，而又着重地批判了社会主义阵营中间的各种错误。

（文件编号：E216）

机关文化学校报告

1957 年 2 月 25 日

(陈修良旁注：在职干部学习四个方面：业务、政治、文化、理论。)

一、学习文化的重要——国家与个人有利的事情，是党在教育工作上重要任务。学文化的要求大为发展是好现象。

为了国家建设的需要——所谓建设是经济文化的建设，没有文化吃不开，不学文化也能工作吗？国家需要工农干部，现在有文化的多是ブル子弟，他们可以改造，但人数不够。

对个人来说——① 有了文化办事能力就可提高，人也会聪敏起来。要向科学进军。

现在全省有九万多干部在初中以下，三千多文盲半文盲，其中有许多是负责干部。要闹笑话，工业化技术提高，一个工人也要有高度文化。愈高级干部愈要学文化，因为责任大了。

② 为了学理论做好准备。初中以下程度学不进去。如说“辩证法是自然界与社会历史中抽引出来的”。——恩格思〈斯〉。党校是学理论的，听不懂。

根据政治业余学校效果来看，学不进去。不是政治待遇问题，是“实事求是”办法。不能同时学二门课，不要分散精力。

③ 学好了不是当干部去，为了提拔——这是个人思想。共产主义的理想是脑力劳动与体力劳动界限要取消，苏联的工人有许多是大学生，初中生是普遍的，高小少数，还在提高。他们学习是业余的——工厂、机关都有各种文化与技术的学校，现在有些人学了文化连打扫工作也不搞了，这是认识上的不对。

二、学文化是学什么东西？

各种基本知识都要学一些，语文不过是一个工具，中外文都是工具之一。识了字不等于有文化。知识还要更多一些。但要有重点，要照顾工作忙，身体条件，年龄大小，不能如一般学校齐头并进，有困难。如财贸一个单位退学70%。执行中央计划不要太死。

学习方法——逐步前进，不要急躁，要从对象要求出发。

三、要艰苦奋斗，克服困难。

① 工作忙，没有时间，不要用速成办法，日积月累——要补课，领导上要支持，下乡也可学。到处是先生。到处是课堂——要学岳飞地上写字，到哪里学哪里。如过去游击环境中的学习方法——行军中也学，没有书，没有课堂，没有笔和纸、电灯。

② 年纪大了，水平不高——记忆要训练，不断的〈地〉学，多问别人，不要心急，〈安〉按〈步〉部就〈排〉班，要经常性，朝三暮四不行。

③ 调动工作也要学，继续学下去，到处有文化学校，毕业文凭没有也可以，终在于实际所得。

④ 年纪大一些的最好有特别训练，只读一二课。

（文件编号：I60）

理论教员训练班讲稿

1957 年 3 月 4 日

一、为什么要开办训练班——宗旨。

① 八大文件重要。各级干部要学习贯彻，学的目的是为了帮助大家学习，不是为了去传达，不能抄搬。先学后教。看对象进行学习内容，这次学习内容只讲九个问题，不包括全部，五条经验问题。

② 学习八大文件的主要意义——活的马列主义榜样，共产主义即马列主义。

懂得什么是党的成功经验——马列主义成熟了的党，作何解释。什么是十月革命的道路，两个革命是怎样取得胜利的，这一个历史事实。“八大文件不是理论”，要学哲学，是不对的。“理论与政策无关，艺术与政治无关”，[是]抽象的马列主义。从具体情况出发是根本的。

懂得错误经验是什么？如三大主义，匈〈亚〉牙利事件教训，王明路线怎样使革命失败的。

要懂得什么叫做国内形势起了根本变化？

根本变化是指阶级关系的变化——决定性的胜利表明了：“我国ブロ同ブル之间的矛盾在制度上已经解决”。（刘少奇）有些人不理解，ブル帽子还未掉，好像对抗性矛盾，仍是ブロ与ブル的矛盾。（人民内部矛盾突出）因此出了许多问题，如反对赎买政策；工商联干部不是干部，不许参加学习；“如党派互相监督问题”，对ブル团结改造问题不重视。又例：专政与民主问题：专政缩小，民主扩大——“扩大民主是目前在国家工作中一个重大任务”。（刘少奇）中国的民主是逐步扩大的，是有条件的。如解放到现在情况有了大变。为什么现在要提出“百花齐放”百家争鸣”口号？政权作用的发挥，人民代表会议作用。工人代表会议，取消一长制，“民主办社”，反对特权思想，是太早了，还是太迟了。根据历史是有条件地要扩大，否则是思想落后。

懂得如何建设：理解什么是目前的主要矛盾——落后的农业国变为工业国（生产力＝劳动商品与工具）先进的社会主义制度与落后的生产力问题。主要是指生产技术、文化教育的落后，改造是解放是生产力。但新的矛盾又来了。上层建筑与经济基础不能相称。改造后新的矛盾发展。苏联革命后也是先进的社会主义制度与生产力的矛盾。

重工业优先发展的方针——同时要发展轻工业与农业的必要，为了资金的积累，供应建设材料与人民的需要。发展商业与运输事业的重要。物资供应比财政更重要，所以要发展生产。又要节约——勤俭办好一切事业。

发展文化、教育卫生事业的必要。

团结各阶层的力量。工农联盟要巩固。

国内外关系，少数民族问题——和平团结。

党的作风问题——贯彻群众路线，决定性问题是党的领导是否正确。党的民主集中制，团结与统一问题——反三个主义的重要。

二、怎样学习好？

1. 树立起正确的学习态度，贯彻“理论与实际”方针，反对教条主义思想倾向。理论教员首先要负担起这个任务，提倡活的马列主义——从具体情况出发来分析与总结经验。发展的马列主义，不是念经与背诵结论。

什么是“理论与实际联系”？毛主席说：“在各方面合乎中国需要的理论性的创造，才叫做理论与实际联系”。“学习目的全在应用”，——不是胡适的实用主义，是马列主义的灵活应用。

实用主义是——主观认为对的就是真理，我们要相反的，会提高理[论]的事物才能算为真理，所以要把马列主义在实践中应用于创造，不是主观的教条。

我们正确对待马列主义态度，一定不能脱离实际工作，普遍真理的应用，不能否认特殊性。这是两者统一的。实际情况就是特殊，是中国与苏联的共产主义都讲马列主义，但应用方法不同，例如对资产阶级问题。

以教育为例，讲普遍真理，但不能抄搬，要拿去应用，还要创造，说明问题，解决问题。理论教员要反对“一往反常心里，一心向往从先生那里学来的，万古不变的教条”。（毛主席）。希望每一个教员编出一套，百家争鸣一下。畏难懒惰的人是学不好马列主义的，教条主义者是“懒汉”怎样才能是理论与实践联系？

第一、经马列主义的立场观点去分析当前的事实，说明问题提出解决办法。例如八大文件：目前的主要矛盾问题，就不是教条主义的，斯大林的错误在于“生产关系和生产力性质完全适合的实例，便是苏联的社会主义国民经济”“阶级斗争愈斗愈尖锐”，——不知道苏联阶级已经消灭了。我们的提法正是相反。对资本主义的和平改造，不是“阶级合作”是另一种斗争形式。

第二、说话要看对象，讲得要有群众观点。解决思想问题，不能千篇一律，不能背讲稿。不能开中药铺。反对党八股。

第三、不能断章取义，摘引个别字句，不能从书本出发，要从实际出发。不能满足于教科书，背诵经典著作。要有时间与空间的观点。教科书苏联与中国情况不一样。

例如：农业合作化——苏联与中国办法不一样。

一长制问题——中国是党委统一领导下的厂长负责制。

第四、讲课内容要多样化，——不能学懒汉样，对象不同要讲不同的东西，如讲主观主义，不能背定义，要讲人所共知的事情。好心办坏事。如八大文件。不按宣传拟定的题目讲也可以，只要把基本原理说清了，就是成绩。这条绳子要解开，苦恼也就少了。抄袭的事情也会少一点。

理论教员问题，资本少如何办？“读书明理”——又调查研究又要有目的去读书。“融会贯通”事理，逐步前进。

矛盾问题——（资本少的问题）理论学得不多，实际知道不多，所以要读书又要做实际工作，所说联系，就是这个意思。其目的是为了应用，不是为了点缀。“有的放矢”，不要“拿着箭，说好箭好箭”！如说：“理论是理论，方针政策是方针政策。”

整风运动就是一个实例，虽谈些理论，但更重要的是反省——即联系实际的作法。如谈反对ブル思想，就要研究“唯利是图”的思想动态有什么？加以分析。

2. 要树立正面的东西，又要批判反面［的］东西——反对教条主义。他是多样性的东西。

教条主义是什么？

毛说他是最坏的作风——

“不注重研究现状，不注重研究历史，不注重马列主义的应用。”

“教哲学不引导学生研究中国革命逻辑，教经济学的不引导学生研究中国经济的特点”。

“不从客观实际事物出发，从其中引出规律，作为行动的向导”——恩格斯说:“辩证法是从自然界与历史中抽象出来的……”

因此毛说：教条主义“传播出去，害了许多同志”，叫做没有党性，或在叫做党性不完全。

“党的学风是领导机关，全体干部，全体党员的思想方法问题，是我们对待马列主义的态度问题，是全党同志的工作态度问题”。

因此我们这次必须端正学风，才能去做理论教育工作，否则会害了同志，不能不慎！

对理论教员说，要防止几条倾向：

（第一）对新鲜事物不大有兴趣，闭门读书，欣赏书本，与教科书，会读不会用，想做专家，以为读完所有著作，就算是专家。

（第二）断章取义，牵强附会，不知所云——不是举例不妥当问题，而是不从群众思想上出发，编书的、教书的少群众的观点，听者不能领会。所以其后果是面广、空洞、不切实际，不解决思想问题。

（第三）实际工作中的教条主义——如样样学苏联。学外地的，全书的东西不看自己地区的问题，如匈〈亚〉牙利问题、王明路线、危害极大。

（第四）照搬照抄——“先生那里学来的万古不变”。如苏联教材、中央党校的、莫干山孙定国的录音发放到县——因此引起所谓不消化、不懂得[的]问题。

不按程度，愈多愈好，不要“循序渐进”学近的倾向。

建议大家先学一下整风文件的几篇文章。八大文件是一个榜样。所谓领会精神与实质马列主义精神，实质就是实际工作与生活——即是理论与实际联系问题。不懂得实质的人，也决不能领会精神，不知道精神的也不能领导实质。二者是矛盾的统一，终要清楚研究，下一些苦功，才能达到目的，在训练时期中大主要多多回忆实际工作，不能希望教员来讲的很多，不能采取依赖办法，希望弄一套出来，以便搬下去。辅导人员要向大家学习实际东西。

3. 学习方法与其他注意的问题。

① 不急不躁，要〈克〉刻苦钻研，才能弄通。依靠自力更生，不能要求很多辅导。不要求在短期内看许多书籍很多文件，把文件的全面精神贯通起来。考验一下自己已学过的理论，能不能理解？参考书不必多看。领导上有缺点。

② 要注意自己已有的实际知识——工作经验，提出当前的问题，加以明确分析，方针政策问题首先注意八大先要报告与党章有关系，都重要。不能用搬的观点去看。抓大不抓小。

③ 要善于独立思考，又要互相研究，把问题逐个地弄清楚。回去如何教，自己去编讲义，下乡春耕要去调查研究，然后再去讲党章就具体了。

④ 注意生活，设备很差，同过去要比较。健康，休息与学习要有调节。

⑤ 帮助我们找出浙江的历史资料的研究。不懂历史是不能谈抽象的马列主义的。辨证法不是证明工具，而是实际的运用问题。因为懂的实际愈多的人，辨证法也会学得越好。不要赶时髦，学习要有老老实实的态度，这才是合格马列主义的学习党风。

（文件编号：T35）

大专学校马列主义教研室情况[①]

1957 年 3 月 5 日

浙医,陈叶荣:

组织:四个小组,共 18 人。

① 马列主义基础,四人,一个党员,三个团员(人大一人,师范进修四现在上海进修一人),讲课有些困难(实际问题)。

② 经济学,(四人)二个党员(人大一人,中南财经学院)。

③ 哲学三人,本学期学生没有课,二个候补党员,党员一人在进修对教职员讲课。

④ 中共[党]史五人,二正式党员,二个候补,一个团员。

(人大、浙大,师范专修课毕业)。

准备独立,成立研究室。

思想:名利思想。

领导问题——思想领导薄弱,政治空气稀薄,党委不大管。

名义上由党副书记兼,事实不管,主要是忙。宣传部科长管。

政治工作抓什么,不大明确。

业务不高,半途出家的。

为何教书:不调查学生思想,认为不调查也可以教书。去年强调科学进军,强调讲原理,对学生情况不了解。

理论联系实际比较零碎,当前运动讲得很少。

如当前国际问题,八大文件也没有认真研究。

教研室思想:理论与实际不重视,空气不大好。

意见:

① 解决问题不多,如中国革命史,如联系实际有困难,要求协助。要求下去调查一下。

② 要求材料,要求发提纲。

---

① 此系 1957 年在嘉兴地区所搞得关于大学马列教学问题的调查报告。

师范学院，王玉玺：

共计五十九人。（20人在外进修）。

党委副书记兼主任。（高教部规定）。

现在都不排名了。（焦、朱、洪）。

问题：

① 不安心工作（中国革命史主任吕树本不是党员），不愿教本门课的。马列主义基础如何讲，尚未定案，思想混乱，教育部定出二门课，历史系包括苏联党史，马列主义课不上。

有的名利思想严重，入党入团困难。老团员不安心，参加民主党派党派不高兴。

② 中国革命史难教。

③ 哲学政权合在一起，国家法权是一个问题。

政治科学生思想混乱，政治教员多，没有出路，毕业后不教政治，有的教体育。当二年级60几人，如何办？

④ 全面发展方针——认为应搞专业，政治理论可否不学，领导上也不明确。马列主义不是一门科学来看。"百家争鸣"问题后发生的。

怕政治课学得好，语文教不好，教育部减少政治课，发生了偏向，认为政治课不重要了，领导上对"因材施教"发生了问题。

⑤ 对学生思想情况了解很少，开会时讲，上课时不讲。

党委只提了一下，没有具体没有办法。

哲学问题，很少讲学生的人生观。忽视这一方面。目前的时局问题讲得很少。

⑥ 教员对工作学习有矛盾，不愿多搞教学，特别是不作行政工作与党的工作。"闭户读书"或在写文章。

个人主义用一种借口——办事待遇，说是为了标准。

医学院：

进修啃书本。值得研究的方式，理论与实际不能联系，这个问题很大。

学教内长期搞肃反，思想工作没有很好抓。

哲学教师少二个人。

浙农,危泽民:

政治经济学已一期没有教。哲学教员五年制开课。

问题:

① 教材有一个框框,不能结合实际。

② 不要学中国革命史与马列主义基础。教员与学生都有这种倾向,学生说马列主义是二等货,一等课是专业;三等货是农业经济。

(文件编号:R114)

三八妇女节报告提纲

——社会主义制度下怎样生活得更好些

1957年3月8日

去年三八庆祝[社会主义]改造的成功,满怀着充分信心建设可以成功。这一年来成绩是巨大的,同时也是多事之秋,如匈〈亚〉牙利事件,埃及问题,台风,小部分农民闹退社。

这一切都是曲折,斗争是尖锐的,特别是思想问题——由于有些曲折,于是想:社会主义有没有优越性?部分学生把马克思主义看为教条不要学了,"先专后红",在机关内部也带来许多不正确的思想问题。如:闹地位、闹待遇、闹做专家、博士,闹离婚……

不管事情多复杂,社会主义的发展是阻碍不了的,"八大"——给我们带来巨大的信心。我们要团结一致坚决走社会主义道路,妇女才能彻底解放。

今天我要讲:社会主义制度下我们妇女怎样生活问题。

首先从大家庭问题谈起。

(一)一年的成绩与增产节约问题。(先从大家庭问题谈起)

去年庆祝社会主义的改造胜利,这一年来成就是巨大的,社会主义建设发展是迅速的。党的八大的召开,决定了建设的许多重要方针政策,具有重大的意义,具体说:

1. 国民经济1956年发生了根本变化与巨大的高涨,改造的基本完成。工业总值增长了26%,农业虽有天灾,仍在1955的水平,各阶层人民的积极性很高。人民生活有不少的改进,工资普遍增加了,文化教育事业也很大发展。社会主义建设的胜利,给许多家庭带来了幸福。

这证明了社会主义的优越性:

① 工人阶级与CP领导下各阶层人民对社会主义建设的高度热忱,不是为剥削者在生产,人民生活所以能改良。

② 国家更有计划地完成生产任务,如农业灾荒能够克服,没有合作社是不可能的。

③ 人民的文化教育工作有很大成绩,妇女文化有很大提高。

④ 福利事业,如干部业余学习由国家供应。党校有许多女的。

2. 为了更快更好的发展国民经济,增产节约运动是一个关键问题。

这个运动的性质——是发展社会主义经济,扩大积累的基本方法,是经常性的任务。

对目前来说:有特殊重要的意义,因为:

第一,去年有些缺点要纠正:如基本建设发展的速度过高,摊子大了一些。使物资供给需要与生产财政发生了不平衡,市场发生紧张状态。“建设的规模和迅速〈速度〉不但决定于国家的财政力量,更重要的是决定于建设物资的供应力量。”这种人为的紧张是可以克服的。社会主义建设将来“要啥有啥”。但要增加生产,加强调节。(如今年裁缝工人紧张程度已有减少)

第二,职工人数增加过多,同时过多的扩大了职工的升职面,不适当的支付了一部分福利费用和奖金。(如干部救济费),使工资和福利开支增加过多过急,片面地宣传也有一定的影响,如服装展览会,食品展览会……(大约二十亿多)。

社会购买力(大约二十亿多)增加大大越过了生产供应量,城市供应消费品发生紧张局面,所以证明“建设的速度和规模不但决定于财政力量,更重要的是决定于建设物资的供应力量”——例如砖瓦、棉花、木料、水泥、衣服、食品……。

其次“人民生活的改善主要决定于消费物资的供应力量”——增加工资,提高[工]业产品价格更造成物价上涨,会造成恶性的循环,所以用增产节约的方法才能解决矛盾。

3. 怎样来搞?

第一,深刻认识勤俭办企业、[办]合作社,[办]一切事业的重要——这一事业妇女应当积极参加,在生产岗位,机关中有许多妇女。

第二,必须精简机构。——机关(如本省除工厂工人外有四十二万国家工作人员)庞大,层次手续很多,官僚主义现象很严重。所以要贯彻“精减上层,加强下层”的方针,目的是改进工作,纠正官僚主义,减少浪费。增加工业与农业生产,油、肉都可以有保证。

第三,必须在思想上批判不正确的认识。——如爱排场,好享受,计较名誉地位,只能升级不能降职,只能作官不能为民,不愿亲自动手,不能精打细

算,不能艰苦朴素,不能与群众共甘同苦,不爱护国家财物的情绪与作风。(如吃贵重的中药)

要解决整体利益与个人利益的思想问题。大道理与小道理都要想。

从妇女干部来说,现在就是要注意一些问题,例如说:

丈夫调动,自己工作如何办,家庭中孩子问题如何办,到乡镇中去生活标准不同了(如房子不好等)如何办?

其次,外界对妇女劳动不够重视如何办?

中央指示:"被精简人员,必须作好安置,否则不允许裁减"。因此问题只是自己如何更好的来工作。——出路不外是去帮助加强下级工作,或直接参加生产。为了国家与个人,我们需要更多在实际工作中去锻炼。

思想问题——"上山与下山","城市生活好","只要为官不要为民"[的思想]要斗争。国家利益要放在第一位。

另一方面[被精简]为个人打算也是好的——可体验生活与民共甘苦,"生活没有曲折,政治上不会成熟"。前途是美好的,不是处罚,不是排斥。对已婚妇女不欢迎思想要反对。(如三不要)

办法:党委要对干部进行共产主义的教育,忌视妇女是不道德的。没有妇女社会主义不能建设。

要提倡节育,晚婚,办托儿事业。节育问题——多也不好,少也不好,要请教医生。

要帮助妇女学文化,提高政治水平,培养政治兴趣。

妇女自己也要努力前进,适应国家的需要。

(二)在社会主义制度下怎样生活得更愉快一些?

在社会主义制度下,党和政府的关怀下,妇女的前途与生活是美好与广阔的。但除了物质生活以外,人要生活得更愉快一些,精神面貌也要健康。这就是今后要加强自己的共产主义道德的教育。

妇女在社会与家庭中获得了平等地位,对社会与家庭就要抱负起主人翁的责任。

这里谈几个问题:

第一,工作与家庭矛盾。——婚姻与工作学习的矛盾。

要不要结婚——"男大当婚,女大当嫁",成家后的"夫与妻"是矛盾的统一体。"不吵不成家"。统一是主要的一面,婚姻法第八条:"夫妻要互爱互敬,互相帮助,互相扶养,和睦团结,劳动生产,抚育子女,为家庭幸福和新社会建设而共同奋斗的义务"。——这是共产主义道德在家庭中的标准之一。妇女干部应当作"奉公守法"的模范。

互爱互敬,互相帮助不够就不能团结和睦——如虐待行为,谩骂,自私自利,都是不道德的。例如男的看不起女的,找外遇,要求女的服侍,"逆来顺受"——如水一般温柔。这是封建道德。"从一而终"的办法已经给婚姻法所否定了:"男女双方自愿离婚的,准予离婚"。

有缺点只能用同志式态度来帮助解决,夫妻应同甘共苦,风雨同舟。自然不是依赖性,是封建思想。五四运动也反过。

同甘共苦与家庭分工要有区别——如女同志要求丈夫倒马桶、洗尿布、烧饭菜等要看具体情况。同甘共苦是指的劳动生产,为社会与家庭集体生活的改良;是指对待家庭其他成员的平等待遇:主要是父母子女问题。

婚姻法第十三条:"父母对于子女有抚养教育的义务,子女对于父母有赡养扶助的义务,双方均不得虐待或遗弃。"

今后新的刑法要有具体规定。

现在社会上有一种不道德的观念:

对父母赡养不大重视——自己享福,母亲当保姆,自己赚钱,要政府把父母列为五保户,自己买东西,父母无饭吃,这不是共产主义,而是资本主义。在美国父母向儿子吃饭要付饭钱。完全个人自主。不合中国传统的道德观念。

对待父母要不要"孝"——封建时代的"孝子顺孙"是不平等的,社会主义下面的对年老父母是"尊老爱幼",对失去劳动能力的父母要赡养。违背道德,将来自己的子女也是不会看坏样子,对下一代影响坏。

有人说:"共产党是不要父母的",[这样]我们要脱离群众。妇女对自己丈夫要规劝。对"按劳取酬"的曲解,[好像]要国家养。没有父母自己从哪里来,这是良心。

对待子女问题:主要是"教"与"养"。

教什么?知识、道德,养什么?健康发育,生活费用负担。

现在的不良倾向是:

一种是溺爱——只养不教,一切交给保姆,养成不良习惯,对保姆也不教育，不平等的态度。

一种是对待前夫之子女的不大爱护。

结婚是好事，但不能草率——未婚妇女要注意。

结婚对象的选择问题——“唯物主义”，地位观念是资产阶级的，把自己的幸福建筑在别人身上。男方要有良心。为了个人利益，遗弃妻子儿女是不道德的。（有些妇女结婚对象：要嫁军人、干部、劳模，还要“索取财物”等是不正确的。）

男人要求女的年轻美貌，喜新厌旧，是玩物观点，也要反对。——不道德思想。

“情投意合”——是我们的结婚条件。对人要仔细考察。终身大事不好随便。

第二个问题：要勤俭持家，把家庭生活安排得好一些。

目的是使得生活过得合理一些，精神上愉快一些。

勤俭与吝啬要有区别——俭是克己，吝啬是指小气，多用公家水电，多打一些饭回来的不算勤俭，是浪费。多住公家房子不是勤俭是自私。

勤俭的解释——不浪费。如[不]多做花衣服，但也不必故意穿破衣服。用钱要“量入为出”。多拿公家的“救济费”的不算会打算，勤俭是生产而又节约。

第三，正当的享乐与享乐主义要有区别。

正当享乐——是家庭和睦，工作好，学习好，家人都健康，家务安排好，清洁整齐，家庭中生活有次序，老少男女各得其所，

不会搞家务的要学会这一套。如苏联妇女如何安排，有文化和教养，如环境卫生，美化问题。家具如何安排。

美化与虚荣享乐要有区别。

美化——如衣服可以整齐清洁一些，不一定要穿绸缎、哔叽。“把姑娘打扮得像一朵花”的口号是太早了。

享乐主义——只顾个人，不顾国家，不顾家庭其他成员，个人过份的享受，享乐主义思想发展起来是危险的。——贪污浪费。

回忆过去，看看现在，想想将来，不能脱离现实，脱离群众。人民的生活是逐步提高，否则是“万绿丛中一点红”，农民要奔向城市，国家不能负担。国家

工作人员必要是克勤克俭的人民勤务员，不能滥用职权。

要真正达到愉快的目的，便要：

① 社会先建设好，这是基本的一面，“人人为我，我为人人”。

② 要把自己的思想健康起来——树立共产主义的思想，胸襟要宽大一些，思想上要时刻防止片面性——狭隘、小气、比来比去。要与人为善，爱亲睦邻，[养成]“宁可人犯我，我不犯人”的态度。

要有勇气去克服困难，要有谦虚的态度，要有忍耐心。

一心无个人打算，亦无挂碍；“心无挂碍，亦无恐怖”。[1] 生活就会快乐一些。共产主义思想[提倡]“大公无私”。我们如有了优良的道德，再加上文化技术、业务、理论的学习，我们对国家的贡献一定很大。

在我们伟大的祖国前面，妇女的前途是广阔无边的！

（文件编号：I61）

① 原为佛教用语，出自玄奘《般若波罗多心经》：“心无挂碍：无挂碍故，无有恐怖，远离颠倒梦想。”

学习《再论无产阶级专政的历史经验》的辅导报告

——对社会民主人士的演讲稿

1957 年 3 月 29 日

一、学习这个文件的重要，如何学习？——文件的主导问题，及其精神与实质。

（一）活的马列主义的榜样。即看问题的方法，中共的立场观点与思想方法，即 CP 的底子。有了共同思想与言语，各界人士才能更好团结，更好建设国家。

（二）认识加强专政中的基本五条经验极为重要。——要领。

五条经验中都有“ブロ在 CP 领导之下”的字样——党的领导作用与群众经验是一个根本问题，是八大决议中所提出来的。

（三）认识二个矛盾，解决根本立场问题——敌我与人民内部矛盾的区别。混淆了就要犯错误。更认识矛盾的转化可能——对抗的与非对抗的矛盾。如ブル的矛盾是常变的。二七年，抗日，三反五反后，改造。

（四）认识马克思主义有三种——真 MAX 主义与假 MAX 主义（教条主义与修正主义）。教条主义——肯定一切过去的东西，停止不进的思想，为斯大林后期；修正主义——否定一切包括马列主义的普遍真理，ブロ专政，阶级斗争，CP 的领导，苏联为首的社会主义阵营，苏联的成功经验，社会主义制度的优越性，一切成绩都否定。

辩证法只能是二点论——事物两面性，有优点有缺点，有主要与次要。正与反，普遍与特殊性，要承认一切都是矛盾的发展，不能不讲时间与空间条件。客观条件与主观条件的两个方面东西。苏维埃制度还很年轻，犯错误是不能避免的，不要灰心失望。中国更年轻，要认识。

（五）要承认世界上有二个阵营的对立。即二个社会制度的对立——一个是要维持剥削制度，一个是为了消灭剥削制度而斗争。二种阶级与两个思想对立与斗争。

二、二个矛盾问题。

即敌我矛盾与人民内部矛盾问题——对抗与非对抗性的矛盾。前者是对敌斗争，后者是人民内部的是非界限问题。

（一）什么是敌我问题。

为帝国主义阵营与社会主义的阵营，帝国主义与世界人民被压迫民族，帝国主义因为内部的ブル与ブロ的矛盾。

在社会主义国家内部来说：是专政的对象——即残留的反革命份子，一切企图推翻社会主义制度的份子。例如匈〈亚〉牙利的反动份子、中国肃反中的反动份子，即企图推翻现有政权的份子、反社会主义分子。

中国民族ブル[是]不是专政的对象？为什么？［是］作为人民内部矛盾解决。

第一，因为公私合营了，生产工具已经合作化，剥削的可能性已经基本消除，实行了赎买政策，虽是没有完全消灭剥削，但已经不能恢复资本主义制度。所以不算敌对的阶级——交了武器的，是可"化敌为友"的。

第二，ブル份子已经接受了无产阶级领导，愿意改造自己。ブル和上层小ブル的成员，将变成为社会主义的劳动者一部分。各民主党派将逐渐变成为这部分人的政党。

所以这部分人要"长期共存，互相监督"，是人民内部的一部分人，以便改造。

不改造思想还不能成为真正的劳动者，二重性还存在。阶级思想的斗争，没有消灭。这是长期教育问题。这是中国ブル的特殊性，比欧美ブル进步很多了。本文第三条的介绍（阅八大文件）。

"在革命胜利后，ブロ在CP的领导下，以工农联盟为基础，联合广大人民群众，建立ブロ对抗地主、资产阶级的专政，镇压反革命份子……"其中对地主与ブル问题是一般规律，中国的历史过程，地主阶级已经消灭，但仍是专政对象。也不是指现在的ブル而言，在反限制时期是国内的重要矛盾。去年后，起了根本性变化，就是指阶级问题的变化——矛盾的转变。由对抗性转为非对抗性的矛盾。"和平改造"是中国党政特有，即不流血的斗争——矛盾转变的运用。但是有条件的，即中国ブル同CP在历史上有过同盟关系，国际条件，国内ブロ阶级力量胜利，所以才有可能。

（二）人民内部矛盾——是非问题。（上下级，部门不同意见）

这是长期的问题。是目前突出的矛盾，是新的问题。（因为阶级基本消灭

了，敌我矛盾降为次要矛盾了）

是非矛盾是什么？（人民内部矛盾）

例如：农民生活是改良了，但还有矛盾，即如口粮剩余多少？照顾城市多少问题，自由市场问题。——这是同农民的矛盾问题，不是剥削问题。小农经济比社会主义制度坏要肯定。办合作社经验不足，干部作风有毛病，不是制度问题。

对工人：与国家矛盾，生产与分配，工资大小，生产与消费矛盾问题，去年工资提高多了一些的供应紧张了。

对各阶层人民——民主与集中制的运用问题，斯大林是民主少了。所谓个人独裁。阶级消灭了还在强调"阶级斗争愈来愈尖锐"。是非问题。肃反好人被杀不对。是非界限与敌我界限混淆了，是"左"倾，不对。中国肃反"有反必肃，有错误必伸"，是正确的。少数个别的有过左，但基本是对的，不肃反我们就没有这样太平。不能生产建设。也可能有危险。

又如肃反中要不要发动群众。依靠群众肃反是对的，可能要粗一些，是缺点，但好在不多杀人，不造成大错。斯大林是没有走群众路线，所以错误就大了。到底哪一种方法好。肃反是绝对地需要，错的不多。

右倾问题。如应镇[压]的不镇[压]，也要反对时。过去如不杀捕关许多人，老百姓就有很大意见。

至于搞错的，那要纠正。但不能认为肃反要不得，"因咽不能废食"。革命不是绣花，绝对不错是困难的。

要经得起考验，我们许多领导干部有不少吃过苦的。在王明时代是错误的肃反，弄错了许多人。所以我们要反对主观主义。斯大林的悲剧也是这个问题，他想捍卫劳动者利益，造成不应[有]的损失。

对待犯错误问题，毛主席方针："团结——批评或斗争——团结。"这是对是非问题的办法，不能扩大矛盾，用对敌人方法对待人民。我们不能划错二个矛盾的界限。

三、民主与专政问题。

（一）什么是ブロ专政？

首先要明白，为什么要"专政"？——解决敌我矛盾。什么是"专政"？刘少奇说"：世界上一切国家的实质都是阶级的专政。问题是什么阶级专政。"

国家——一个阶级对另一个阶级的压迫。例如中国 KMT 政权是大ブル地主的专政,目的是为了剥削劳动人民。残酷的镇压人民。现在是无产阶级专政,其目的是为了消灭一切阶级,包括小私有生产在内。解决劳动力,发展生产,改变人民的生活。所以要压迫反动分子反社会主义制度的份子。

为什么要消灭阶级?——我们认为有剥削问题存在,人与人之间不可能真正公平与自由。虚伪与自私是不能取消的。人类为了无限的美好生活与自然界斗争,就要先消灭阶级。ブル存在只能有利于少数人,不利于多数人——工人,农民,知识分子。CP 在领导着为消灭阶级而斗争,还要领导科学工作。目前二个任务都有,正在转变时代。对科学的领导本事还在学习,阶级斗争在思想问题上还很严重。说 CP 不能领导科学,那就要取消他才行,根本不能,是根本错误的。

(二)什么是社会主义民主?

人民内部最广泛的民主,除了专政对象以外,就要讲民主。

组织原则是——民主集中制,即在民主基础上的集中。集中指导下民主。矛盾的统一,没有民主,谈不上集中,没有集中也不可能有真正的民主,其理由是:

第一,集中意味着代表多数人的民主意见。如肃反运动就是一例。人民要求。如合作化,工商业改造都是人民自己要求的,不是空想的。所以国家的决定,是根据多数人民的意见来的。集中是高度民主的表现。

第二,有领导地集中群众意见,把事情办好,所以要有计划,如工业化问题,如果国家没有五年经济计划就不能成功,工业与农业的发展要相互适应。南斯拉夫同志不同意社会主义要有经济计划的领导是不对的。斯大林这个问题是对的。苏联和中国因经济发展很快,依靠的是国家经济计划——主观能动性起了作用,这是马克思主义,否定主观能动性不是马克思主义。自然另一方面必要承认客观现实性。

(三)专政与民主的关系问题。

不能片面地看待,而存在不能分割的关系。一般说二者是互为消长的。他决定于主客观条件而起变化。

即专政的对象愈少,民主就愈要发展。举例来说:

解放初期,阶级斗争很尖锐,有镇反、土改、三反、五反运动,是很强调"专政”一方面的因为(当时还有抗美援朝,美帝侵略的条件。)民主更要限制,如开始时成立军管会,不能进行普选。

后来因为条件变化了,民主是逐步在扩大——如实行普选,人民代表大会成立。“百花齐放,百家争鸣”“各党派长期共存,互相监督”的方针,八大提出来,不是太早也不太迟。解放初期提出来党内就都行不通。现在已有条件。

为什么说:既要“加强无产阶级专政,又要扩大民主”?

第一,要加强专政,因为国外还有强大的敌人,台湾没有解放。国内还有反革命残余,所以要加强。蒋介石还在梦想“反攻大陆”。

第二,为什么要扩大民主?因为要建设,要发动一切积极因素,所以要扩大民主。各党派互相监督是为了共同的社会主义目的。不是“分庭抗礼”,不允许有自己的反社会主义的政纲;也不是为了争权夺利。而是为了办好事情。办法是批评与改造。

这不是因为匈〈亚〉牙利问题发生后提出,八大在事件以前开的,我们根据国内的条件出发。可能条件是:1. 阶级基本消灭了,人民内部更加团结了。2. 人民的觉悟有很大提高,如“百家争鸣”“百花齐放”,因为过去反过二胡。去年知识分子思想上已有很大进步。

民主扩大表现在哪里?言论、出版自由,结社、集会的自由,宪法规定的。各方面都有表现,例如:

二个方针的提出,各级人民委员会,协商会议要起作用。这次北京的会议是一个例子。将来还有新的刑法,人人要遵守。学生闹事,我们不杀人,采取教育方法。(反革命分子除外)与 KMT 时代大不相同,同美帝也不同。

为什么社会主义的民主是广泛的民主?这与ブル民主相比较。他们是虚伪的,少数有钱人的民主与自由。

例如选举问题:他们以财产多少为标准,瑞士妇女还没有被选举权。

中国为什么没有直接选举——因为人口太多,人口太多不好办。为什么要协商提名,因为怕民主党派选不上,不是包办选举,干部没有想清一色。这和 KMT 的选举大不相同,他们连青年党、社会党也不要,现在台湾还在闹。

美国的自由多么?CP 不能自由,三 K 党有杀黑人的自由。KMT 统治时 CP 要杀头。

民主与自由有一个界限——这就是宪法,社会主义的纲领,如示威问题。

不能是反共,"打倒人民政府",只能是反侵略埃及,以及正当的行为。敌我界限要明确,匈〈亚〉牙利部分人民的错误,就是被敌人所欺骗——平等,自由,民主的曲解。

只要民主不要集中是错误的——是修正主义的表现。

因为:1. 这是极端民主,他会造成非常散漫、任性、办坏一切事情。极端民主只能有利于小ブル分子。他们不要国家管理经济,可以自由提高物价,进行各种投机,发表各种违反人民利益的言论。

2. 实质是反对国家与党的领导。

过去西欧社会民主党的反 MAX 主义理论。就是从这个问题中发生的。

他们不要ブロ在党的领导下,夺取国家政权,他们主张国会选举,以代替阶级斗争。如陈独秀也犯了这个错误,他们只要同 KMT 和平合作,不要工农武装,不要国家政权,因而使革命失败。第二国际领袖们出卖了西欧的ブロ革命。

所以说他是ブル,是因为他们是打着 MAX 主义的旗帜,进行投降的政策。是断送ブロ革命前途的,对ブル统治很有利。这是客观规律,要生气也无用。必须坚决地反对。

另一方面民主与集中制又必须灵活地应用。只要集中就要发生官僚主义,也不是 MAX 主义。这是斯大林的错误。因为这要脱离群众,主观主义,要发展教条主义。人人不敢谈话,只好"人云亦云"。对人民内部不能如此,也要反对。所以我们说"在民主基础上的集中和集中指导下的民主"。

修正主义,教条主义都是反 MAX 主义的,事实上现在有三派。所以大家要学会真正 MAX 主义,就是理论与实际联系。不要僵死。事物是变化的,民主与集中问题也不能不灵活应用。

四、党的领导问题。

为什么一定要有 CP 领导?(一)从历史发展的规定,只有ブロ才能解〈决〉放全人类。(二)他是最有纪律,有 MAX 主义的政策,是最有战斗经验的。其他党派可不可以领导?

这是取决与人民的要求,人民是热爱 CP 的,如周总理来杭州的热忱。

党领导什么?以 MAX 想指导国家的一切建设。主要是方针政策思想的领导,所以党要通过各级政府与协商共同来实现自己的主张。党要做群众工作，党要以身作则与人民共甘苦，起带头与模范作用。党的传统是群众路线。现在有些人不大注意群众路线犯了三风不正的毛病，所以党要整风。党的主张就是：个别的人违反了党的章程，就要教育，以及处理，直到开除。——党的纪律是严格的，大家可以看党章。

知识分子在党内的作用——有人说不能说是CP领导，只能说是知识分子领导，这是完全不正确的。知识分子多出身于非ブロ，参加了党只能服从ブロ利益，转变自己的阶级立场。所谓“好人”，也只能指这样的一种知识分子。胡适的“好人政府”他是指要“大学毕业的”，最好是博士，如胡适本人，或者他所谓好的人。如袁世凯、阎锡山、蒋介石，我们认为是人民的刽子手，不是“好人”。好坏也要有立场观点。

党的基层组织作用问题。党领导一切组织——从中央到基层。章程上规定说：“中共一切主张的实现，都要通过党的组织和党委在人民群众中间活动，都要通过人民群众在党的领导下的自觉的努力。”因为党员统一整体，上层机关不过是办事多。党的一切努力是为了广大的人民，他们就在基层——工厂，农村，学校，街道里面。否认对基层领导，就是不要党的领导。

民主党派基层组织应不应领导——内部事务不管，思想领导中共有责任去帮助——“监督”政治上领导他。

领导能力强是另一个问题。不学会是难以领导的。如工厂学校现在还有毛病，所以党要紧缩机构，干部下放，作为增产节约运动中主要问题的一项。工厂的管理方法是——党要统一领导下的厂长负责制，即集体领导，还要进行工人代表会议，解决群众监督问题。南斯拉夫说要工人负责管理的，才能是社会主义制度是不正确的。中国没有这个，也是社会主义制度。他们对匈〈亚〉牙利问题说：“不管工人管理多点是什么样子，政权归工人群众。”是敌我不分的说法。

他们说：“匈〈亚〉牙利在工厂恢复党的组织是枉费心机”——修正主义，是反MAX主义的。我们不同意，工厂必须要有党的领导，才能办好。不能由行政上包办。因为党是群众的先锋队，没有他工人阶级就没有指挥者了。

五、二个阵营与两个制度问题。

必须承认世界上有二个经济体系——二个制度的存在，因而产生二个不同的阵营，彼此都不能忘记。

巩固以苏联为首的社会主义阵营的必要。——为什么要以他为首，因为这是经济力量最强大，经验最多的国家，我们不能不学习。——失败的经验，不能用的不要，同时我们也不忘记向其他民主国家的学习，目的是建设。帝国主义很恨苏联，因为第二次大战他表现了很强的力量，解放了许多国家，他帮助了我们许多国家的建设，我们要防止挑衅。

为了世界的和平，这个阵营一定要巩固。匈〈亚〉牙利事件的经验教训有坏的也有好的，但基本是好的。我们更加安全了。匈〈亚〉牙利在前进中，没有发生第三次大战。美帝国主义又扑了一次空。例如：美国阴谋的失败，朝鲜战争，埃及问题，匈〈亚〉牙利事件，阿拉伯国家要求以色列撤兵等。说明冒险的野心受了挫折。国际局势已有缓和倾向。

但艾森豪威尔主义、殖民主义的推行，国际上矛盾斗争仍很尖锐——美国想控制中东，对埃及施加压力，想在非洲扩张势力，引起帝国主义者之间与殖民地之间的矛盾尖锐化。

我们的态度：巩固社会主义阵营，应以国际主义的原则，和马列主义的民族平等原则为基础。——即反对帝国主义与殖民主义是一致的。真正的爱国主义，就要反对帝国主义的政策。求得民族的平等的权力。“覆巢之下安有完卵”。所以在民族与国家的大家庭中间，我们要团结一致。在反帝问题上可以争取民族平等与独立，是有共同性与一致性的。

社会主义制度是ブロ专政国家所要拥护与巩固的制度。社会主义国家不能也不需要侵略任何弱小国家的利益。所以大国主义思想必须坚决反对，大民族主义也要反对，各个国家与民族有其特点与区别性。“在求同存异”的方针上团结一切被压迫的国家与民族，建立反帝的统一战线，是制止战争，争取和平的唯一途径。

国际主义的民族平等原则与狭隘的民族主义不同。——匈〈亚〉牙利一部分人(反革命份子)有狭隘的民族主义思想，他们留恋上世纪的匈奥帝国的版图。忘记了劳动人民的根本与长远利益。反对苏联，被法西斯所利用，我们要提高认识，所以在反大国主义思想外，又要对狭隘的民族主义思想，从匈〈亚〉牙利问题上要吸取经验。

社会主义是不可战胜的力量，把我们国家建设的更好一些，战争是能够制止的。但必须有斗争。

建设社会主义政权要有艰苦奋斗的精神。——美好的生活，要人们的努力得来。暂时利益要服从长远的利益，我们国家需要很多的人力来建设，知识分子的绝对数量少，就业机会很多，现在的矛盾问题是不能离开大城市，不肯去生产，都要到机关去，工厂、学校去，这就是矛盾。

人的劳动是多方面，包括家务的劳动，我们应与社会的各个方面去努力。社会事业需要许多人来办，而增产是首先的一着。节约是为了增产。一九五七年又有特别重大的意义，暂时没有困难，我们不久将来，相信失业人员都会有就业的机会，在伟大的时代，让我们"有一分热发一份光"。准备为社会做更大的贡献。绝大部分人是爱国的，在座的有许多是有学问有才干的，国家不会不用有才有德的人，社会主义国家就业问题将来会解决的。我祝大家努力前进，国家与社会是不会遗忘有才有德的人才的。

（文件编号：E217）

嘉兴地委汇报

1957 年 3 月 31 日

《〈加〉嘉兴报》已取消。干部问题，东海、人民出版社、新安江，分头来拉干部。地委觉得不好分配工作。

（文件编号：R114）

关于再论无产阶级专政[①]

1957 年 3 月

学习这个文件的重要：各国兄弟党的马列主义教研究室作为学生考试的主要内容。为什么这样重视？

活的马列主义的榜样：

1. 这是活的马列主义在国际问题上的具体应用，学习马列主义目的“全在应用”——学而致用，这对我们学习有很大帮助。主要学立场观点，方法问题。即看问题的方法。但是这里讲的是国际问题。

2. 政治问题同我们科学界有什么关系？

因为匈〈亚〉牙利问题，国际团结问题，关系到世界人类。幸福前途，全世界的反动派多少年来想分裂中苏关系，破坏社会主义阵营，我们宣布一面倒，这篇文章对澄清是非，保卫世界和平有重大贡献。有的反对，有的高兴，立场不同。

科学界人士为人类的和平幸福服务，所以也不能不加以密切的关怀。

3. 从国际共产主义运动中找出我们的重要经验教训——五条基本经验有现实主义。文章中强调一点，就是我们共产主义运动还很年轻（一百年左右），犯错误是不能免的，苏联四十年，中国只有七年。东欧十一年。匈波事件的发生，并不奇怪。

总的现象是马列主义的真理是日益成功；共产主义运动是日益发展。

懂得这个道理对我们很重要，因为不致于被一时挫折，灰心失望，有些国家的革命者不懂，有要求退党的，有骂苏联的，那只能看为反动。

我们的认识正是相反：事物有两面性，有好的方面也有坏的方面。“失败是成功之母”。（匈〈亚〉牙利现在大不相同地进步了）。消极东西可以转为积极东西，从匈波事件中的教训，对我们也有很大的启发，我们党虽有巨大成功，但还有错误与缺点，我们所以要全党整风。

医生的成功也常在医死中得到教训。名医是要有许多成功与失败尝

---

① 此系陈修良应浙江医学院党委书记杨泮星同志的要求到浙医的演讲提纲。

试的。

今天讲几个问题，重点是看问题的方法（思想方法）与立场（阶级观点）。

（一）二个矛盾问题——人民内部矛盾与敌我矛盾问题。（事物内部矛盾斗争是发展的因素）

这一问题是根本问题，即是非与敌我界限问题。

敌我矛盾是对抗性的矛盾，是非矛盾不是对抗性矛盾。这如何解释。

① 先从匈〈亚〉牙利事件说起（性质问题）——是反革命的复辟，还是人民革命？这个问题的看法，要从阶级立场来看，要根据事实来看。看法的不同由于立场不同，也有些由于不明真相，要有区别，不能随便加主观。

我们认为匈〈亚〉牙利 10 月 23 日事件的性质，是反革命的，即敌我矛盾，其理由是：

一开始是复辟的反革命行动——在“自由”“民主”“平等”的口号掩护下进行的。利用爱国诗人在 1848ブル革命时奥地利王朝的历史——所谓裴裴多菲俱乐部。杜拉斯（美国中央情报局长），发表谈话，承认事先知道这件事。示威的学生开始时并不知道是要推翻政府的，有人给他们枪，武器是外国大批运进来的，分三个方面进攻，第一次枪声就这样响起来。

后来事情愈来愈明显，公然屠杀 CP 员，占领党政机关，明曹蒂宣读反动宣言，农民党领袖（大地主）宣布恢复 1930 年的政纲，纳吉政府日益倒向反革命方面。

所以这种情况下，不论第一次第二次苏联军队的援助，都是正义的。“邻家失火”应当救助，这是国际主义，不是“干涉内政”。

匈〈亚〉牙利问题为什么发生？这要从内外因素来看。

内外因素都起作用，决定因素是帝国主义者。他们真正放火者。内部的反动分子是燃料。

主要敌人是美帝，杜拉斯公开说：“要用恐怖手段达到解放的目的，必要时采取暴动的行动”。在匈〈亚〉牙利有一特别小组，专门进行破坏行动。

外因通过内因起作用：匈〈亚〉牙利事件内因是：（拉科西时代的问题）

第一，党的领导脱离群众，行政命令手段进行社会改革，群众觉悟低，容易被反革命分子所利用。

第二，没有搞思想改造工作——例如知识分子，大学生，教授，文学家，搞

“裴多菲俱乐部”，其中三分之二是党员，一部分也同化于反动分子。党团组织很不纯。

第三，肃反不彻底，反杀了许多好人，该杀的不杀，“专政”没有专好。

第四，经济工作没有搞好，重工业与农业轻工业问题比例不对。

教条主义很大，机械的学习苏联，如冶金工业很发达，煤铁没有，发生困难。农业不发达，物价昂贵。人民不满。

以上都是教训，所以我们要进行——肃反。“有反必肃，有错必纠”，也不要“使仇者所快，亲者所痛”，要改造思想，要“百家争鸣”。要有正确的经济计划，要讲群众路线，又要党的领导，有计划的发展经济文化，为消灭阶级而斗争等。巩固社会主义阵营，为保卫世界的和平，要反对大国主义，各种主义等，五条经验的总结。十月革命的道路证明在各国是正确的，违反了他就犯了错误。

② 斯大林的功过与南斯拉夫同志的看法问题——是非问题。

第一个问题意见的分歧是关于制度问题。

他们（南国）认为是“斯大林主义是在苏联的社会主义制度上产生的”，“匈〈亚〉牙利问题须从根本上改变政治制度”，这个问题我们认为提法不对。因为世界上只有二种制度——社会主义或者资本主义制度。匈〈亚〉牙利也一样只能采取一种。匈〈亚〉牙利既然是社会主义制度，就不能根本改变。

铁托所提出来的制度是什么？是指工人委员会管理工厂问题的制度，这是一个管理的方法问题，不能认为是社会主义制度，如我国没有这一套，也还是社会主义制度。

更重要的是匈〈亚〉牙利的旧的工人委员会是在反动分子的控制之下的，所以说“把全部政权交给工人委员会”“不管工人委员会是什么样子”的说法是难以理解的。匈〈亚〉牙利政府也对此有不同的意见，卡达尔解散了旧的组织是完全对的。

铁托同志的错误是是非问题（立场观点错误）。要解释二点：

一是南斯拉夫是什么性质的国家？

是社会主义性质的国家——在铁托同志领导下推翻了地主ブル的政权，土地工厂已归共有。工业有很大的发展，1955 年私人生产的小商业占十分之一，基本上消灭了阶级。所以文章中说：“南斯拉夫同志在困难条件下作了坚持社会主义可贵的努力”。

过去对铁托同志的处理，九国情报局开除他是错误的，即是斯大林的错误，所以说“南斯拉夫同志的情绪有特殊的反感是可以理解的”。特别“对南斯拉夫问题上犯了严重错误”，即是指这一点。

我们对斯大林的功过问题看法上也不一致——三七分，或完全否定。（如南国）

三七分问题，苏联的成功与斯大林的努力是不能分开的，否定斯大林的一切，也就是否定了苏联的成功。三十年中首先是苏联的国民经济有巨大的发展，特别是重工业，是第二工业国，过去是落后农业国。打垮德国法西斯，解放了许多国家，中国的东北。

斯大林对中国革命有很大帮助，苏联的存在中国革命才能胜利，才能建设。

美国的生产情况，虽然还是第一工业国，但与苏联的发展速度不能比较。因为社会主义制度的优越性才能如此。1929—1956 年苏联提高二十倍，美国只有几倍，有的工业还是衰落的。

美国的工业危机很大，1957 形势不好，生产力与消费力发生了矛盾。军火景气因为没有战争不大好，汽车与住宅建筑业是主要的，现在也已经下降。用预支消费者的购买力和扩大资本支出来支持市场是解决不了问题的。

苏联却正相反：市场与生产力的发展是以人民的收入为比例的，不是为剥削，所以工业发展的前途无限，也没有经济恐慌，轻工业发展不够，是计划不对。

社会主义制度有经济计划领导是重要优点。南斯拉夫同志把经济计划看为“官僚主义制度”是不正确的，是修正主义。

例如卡德尔说：“按照斯大林论点，要发展社会主义只要共产党掌握了政权，然后依靠一定的国家，政治和计划机构来建设社会主义，也就是建设工厂，实行农业集体化，给人家规定工资，而且一切都是为了保证党的领导。”

按照中国的经验我们认为他是不对的，如去年我们国家的基本建设与工资面增加太大，就发生了市场紧张问题，我们就要缩一下，来一个节约。又如为了建设，首先要物资的供应，所以要大量的发展农业与轻工业，才能发展重工业。所以要争取今年大丰收。适当地增加轻工业，特别是原料的生产很重要。

这一些都是“是非问题”，不能与敌我矛盾混淆，想错了要重复斯大林的错误。

斯大林错误，最明显的是混淆了敌我与是非界限。即把好人看为反革命分子，扩大了矛盾。把人民内部的事看为敌我问题。结果只好大家“歌功颂德”——“个人崇拜”（个人独断）。

两类矛盾的混淆，我们在肃反中也有过一些错误，好在一个不杀“有错必纠”，才没有成为问题。这是一个教训，“不会冤枉一个好人”。“过左”——主要是指“混淆二个矛盾”，斯大林是过左了的，我们没有那样。中国过去在王明时代同斯大林差不多，后来有了教训，毛主席的方针是改正了。对犯错误的同志，采取“团结——斗争——团结”的方针，这才把是非与敌我界限弄清了。

匈〈亚〉牙利的教训是杀得太少，这个我们也要注意，ブロ专政，就是要对敌人专政。不是对人民内部。内部问题是是非的问题，千万不能混起来。是非问题要争论，要批判，所以我们要“思想改造”、“百家争鸣”。

“思想改造”是对所有的人民都要如此，党员也不能例外，七年来整风、整党、三反、审干、肃反，忙得不停。现在又要整风，目的是为了改造思想。知识分子要改造，目的是为团结。“粗”，那是因为不大懂得政策与目的，今后一定要改正。知识分子对国家很有用，所以要改造教育。

“右”倾更要反对——不能“认贼作父”，“认敌为友”。

这是立场问题，帝国主义一定要反对，我们对他没有任何幻想。外交上来往是一件事，立场不能变。“美国之音”不能受其影响。如说改造思想是“洗脑筋”，是造谣。

（二）人民内部矛盾问题——民主与集中制问题（社会主义民主的基本原则）。

敌我问题是专政问题——专政的对象是反动阶级，破坏社会主义建设的分子。小ブル，小业主，农民，知识分子，中国民族ブル都是人民，不是对象。社会主义的民主是党（ブロ）领导的，工农联盟为基础的对广大人民的民主。

“人民内部问题是民主问题。专政不适用于人民内部，人民自己不能向自己专政”。宪法规定人民有出版权，选举权，集会，结社，游行示威的自由。但民主要有领导，是“集中领导下的民主”。（毛主席）

社会主义民主与ブル民主不同——虚伪的，阶级的民主，不是广泛的人民民主,以美国〈为例〉。

1. 民主是手段,不是目的,目的是建设社会主义,这是宪法规定的,谁要反对这个制度,要复辟,我们就要"专政"。如匈〈亚〉牙利事件就要镇压。有一个学生要死几千几万人是不可能的,因为有"专政"。

示威游行,出版,集社,开会的自由,只能在不反对社会主义的总纲下才能允许。如"百花争鸣,百家齐放",是其民主与自由的具体执行方法。反对侵略埃及可以游行示威,如果有人要结社开会,示威打倒人民政府那就要镇压了。因为这个政府的任务是为建设社会主义的。"大民主"一般是对统治阶级的,如过去"反饥饿运动",所以现在不能用。

有人说,"如要自由民主,就不要党与政府领导",这是不对的。没有集中也不能有民主。如青年要读书,就业,党和国家就要领导,让自己去找就有困难。过去 KMT 是不管的,因此有许多人无办法。我们有统一分配办法,虽然有缺点,但不致于失业。求学问题也一样,是在尽一切可能安排他们,青年的前途是广阔与远大的。

今年有许多学生不能升学,这是有几种原因,本质上不同于过去时代。

原因:一种是许多学生功课坏,都升学了学校质量太低,去生产也一样有贡献。

一种是国家经费不足,不能拿更多的钱来办学,更影响物价,更影响工业建设,只好一步步来。闹也没有用,终要讲道理。

知识分子国家目前是不够的问题,安排出路的困难在于不肯到乡村不愿搞生产,都要在城市与学校或机关,这就发生了矛盾。

自由:没有抽象的自由,只有阶级的自由。ブル自由与ブロ自由不同,ブル自由是个人主义,如侵略殖民地,偷盗奸淫也认为可以自由,美国的三 K 党杀人也自由,这种自由我们必须反对,个人的自由要有限,不能没有限制,自由一面还有不能自由的一面,如听报告就有一些不自由。

2. 人民内部矛盾问题。

人民内部矛盾是不能消灭的,阶级矛盾是历史范畴,现在阶级矛盾还存在,将来社会这个矛盾要逐步消灭。没有阶级的社会里人民内部矛盾还会有。如先进与落后等。

矛盾互相转化,如ブル与ブロ本来是对抗性的二个阶级矛盾,经过三反五

反后，ブル愿意接受和平改造，公私合营后，转为非对抗性的阶级矛盾，但这个矛盾还有阶级斗争，处理不好，仍要转化为对抗，人民内部矛盾要善于处理才好。这类例子很多，如匈〈亚〉牙利事件的教训。

人民内部矛盾的处理与对敌人的处理方法不同，不能压服，只能说服。听说你们学校里有学生经常骂学校"官僚主义"、"牛科长"，哪有这许多牛科长？对待行政工作人员不能随便骂，互相可以批评与自我批评，目的是为团结，把事情弄好。

教员与学生，行政人员与教学人员都属于人民内部问题，会有一定的矛盾，不能取对立态度，要在同志关系中纠正工作。

我们提出"百花齐放，百家争鸣"的方针，就是因为承认人民内部有矛盾，所以不能"一家独鸣"，为了解决这个矛盾。有许多人不懂得，要注意。

斯大林的错误，就是不够彻底承认辩证法。不承认矛盾统一的规律，只有矛盾没有同一性。教条主义就发展了，因为不许争鸣，只好人云亦云，唯我独尊，民主不够。我们认为真理是愈辨〈辩〉愈明，不怕斗争与矛盾。胡风如不组织秘密的组织，我们就不会抓他。这是另一问题，不是不民主的问题。

教条主义不是马列主义，是形而上学，"万古不变的"，对无论哪一门科学发展要有阻碍。教条主义是形而上学的思想方法。

社会主义的内部矛盾——是生产关系与生产力矛盾，即是上层建筑与经济基础的矛盾，生产力要发展，思想、法律、某些制度、文化艺术、科学等问题赶不上去还是根本矛盾，所以我们要努力，以求适应经济发展的需要如医学。

（三）学习政治、马列主义与科学研究的关系问题。

① 有些学生说，学政治与学专业无关，不学政治也不妨。这是把二者绝对化了。

什么是政治思想教育——道德教育，阶级斗争的道理，是马列主义组成部分，立场观点，方法问题。社会主义的科学人员可以不懂社会政治吗？可以不要道德吗？不能。首先要认识医生是社会中的一个人。他的工作也是对人。特别要讲道德与良心。ブル国家的医生只知道要钱，也有政治观点，人生观，我们国家的青年是为人民服务。有许多病人的生活条件，如卫生、营养、劳保、生育、医疗设备等等问题都与社会问题有关，不懂是不行的。当然也有主要与次要之分，否则也不办医学院了。只办社会科学大学就是了。

“〈应〉因材施教”——是指按每人的可能条件来培养青年，如体育家不能请痨病人去做。

但不能忘记“全面发展”——这就是所谓“三好”，这是马克思主义。

马克思说：“我所了解的教育是三件事”，哪三件：

第一，智育，[①]德文是“精神的力量”，不是只说学专业的知识，还包括了德育与美学，即共产主义的道德观念与审美的知识。共产主义教育，就离不开马列主义，他们是创造者，不学这个，只好学ブル的精神了——“做官发财”的道理。所以“全面发展”——必须包括精神道德的教育，我们新时代的青年一定是要道德高尚，偷盗虚伪、自高自大、欺骗诈伪都是旧社会所遗留下来的，社会主义社会的道德不允许。

第二，“体育”——健康。医生的责任，是指导人如何健康，医治疾病，使人能劳动。

第三，“技术教育”——生产知识，“即教育人以一切生产过程底基本原理，并于同时使儿童或少年熟悉使用一切最简单的生产工具的方法。”（马克思）。医生是要帮助使用生产工具的人的健康。人比工具更重要。人与劳动工具不能分开，医生是为劳动者服务。

人的知识只有二种——生产知识与阶级斗争知识，三件里面都有，这叫做“全面发展”。做医生的也有社会生活，也要有文化娱乐，所以要把“智育”这一项内容看得广泛一些。一个人不能为了吃饭和生孩子的工具，对自己要看到更远大一些。

ブル所培养出来的青年医生的人生观不是这样，他们目的是成为名医后如何捞钱。（如一个医生在解放后说做人没有意思了，因为不能赚黄金美钞）

有了黄金美钞好不好？当然对个人很有利，从个人主义立场来看是好的，但在社会立场来看，这就是使这个医生像一个吃人血的强盗。“有病无钱莫进来”，“乘人之危捞一笔”。很不道德，人民的医师决不肯干的。

人民医师是光荣的——为什么，因为“救人于死”，救人一命胜造七级浮屠。人民愈多，医生愈少的地方都应当去，如农村与小城镇一定要有人去救，或者到前线去。过去医生都集中于大城市，目的是为了弄钱。各种疾病都要

---

① 此处附注俄语，略去。

医生与护士。看轻一方的观点不正确。慢性与各种病都要注意。疗养院与门诊都要去，都有可以研究的，慢性病最难医，为什么不去学呢？

② 科学进军与学习马列主义是一致的。

承认这一条很重要：因为这是解决“党能不能领导科学技术的观点”，解决“自然科学与马列主义对立”的观点。

（旁批：五条经验上都有一条在ブロ与 CP 领导之下的话。）

党的领导是以马列主义为基础的指导，不仅是行政命令。如中西医问题是党所提出的，因为党按照马列主义原理，认为“必须继承祖国的遗产”，五千年来中国人是靠中药治疗的，不学会是“大傻瓜”“不肖子孙”。如不知道妙在哪里，只好向中医学。这是科学态度，先学了才能“争鸣”，否则没有资格反对人家，是“不科学”的，这是实事求是的办法。旧医也一样，要向新医学，“取长补短”，才能“扶摇直上”。看到一点不对，立即否认全部，这不是科学态度。

自然科学与马列主义的普遍真理是一致的——因为马列主义是从自然科学与社会历史科学里抽象出来的理论。“自然辩证法”就是一本论自然科学的原理。化学就是量变质变的规律的应用。

马列主义是一把“金钥匙”，谁先得了，谁就不会走冤枉路，不要的，自己倒霉。“Dypak”[①]——不要王牌吗？

今后要争取每个教师都先学好马列主义，结合专业的实践，来讲马列主义，我们才能把科学推向进步路上。如何学方法有二种，要研究。

苏联的医学为什么要学，那就是因为根据唯物辩证法，如巴夫〈甫〉洛夫的学说。这个方向是好的，四十年来有巨大的进步，自然也有缺点，那是个人权威思想害了的。如李森科的农业上问题的错误。不向苏联学，是不正确的，错误的，不合于中国条件的不能学，界限要分清。如医院有些制度。发热在 37.5 的要送进去。

巴〈夫〉甫洛夫学说——还不是每一种病都能医，如果认为原理是正确的，就要发展他的学说，不能因为有些病不灵，因而“因噎废食”。

巴〈夫〉甫洛夫学说中关于睡眠疗法，是有一定效果的，现在还不是每种病都好，要看情况，我有过失眠症，根据自己的经验是有效的。无痛分娩法也有

① 一种扑克牌的玩法。

效，但也不是各个都有效，要研究。

③ 科学进军的目的。

科学进军是指提高科学的水平，赶上世界的水平。不是为了培养少数“专家”，当然“专家”也需要。好比打篮球，不能只有一个人，要有组织普遍地提高，才能争取最后胜利。自然也有好的“队长”，“专家”。专家是骨干，我们要培养，给以便利的条件。但“专家”不能完全不过问国家大事。

“先专而后红”的思想是个人打算，不是我们的目的。自然个人有打算也不坏，但是不许国家社会人民的打算，就不对。

真要当专家，首先要从勤勤恳恳学习与工作开始。自封，或者取巧是不行的。华罗庚开始时没有想当专家，倒是做了专家。

许多的劳动模范并不想当专家，可是由于对国家生产的热心当了专家，那些想当专家到外国去镀金的，倒有许多是“废料”，自然也不少做了专家。

“专家”是没有底的，只懂内科，不懂外科，也不行吧！自然也要有一个主要的与次要的。内外科病状，有时很难诊断，慢性如盲肠炎，有时有些像怀孕，有些像胃病，我们的医生常常看错病。

个人兴趣要不要注意？——兴趣很大，还要看可能客观条件，主客观的矛盾是存在的，不服从客观条件，只有成为主观唯心论者。无论什么人的工作不是都由于“个人兴趣”，兴趣要在工作与学习中去培养，钻进去了，天地很大，兴趣很高，你看有些人打扑克、跳舞、谈恋爱忙的也是兴趣，因为钻进去了。细菌专家对显微镜的兴趣很大，“热爱”就可进去。

个性与共性——个性不可能取消的，但人还有共性，如个性喜欢哭的，到了共同场所就不能哭，因为共性是不要哭。强调兴趣一面要出毛病。

“所学非所用”不好，但有时也不得不如此，例如战争时期，许多专家都要去当兵，连妇女也只好穿上军衣，这本是不合常理的，但当国家有存亡攸关时，还是合理的。许多学生分配不妥是不好的，但为了某些需要，也不能反对。有些专业还没有，可能要调一些人去做工作。个性问题不能片面强调。

（四）“改良人民生活”与“艰苦奋斗”。

去年提倡改良生活，普遍提高工资，穿花衣服，今年讲“艰苦奋斗”“增产节约”，大家要得 180°转弯。

首先要说明，“浪费”“贪污”，我们从来不赞成，三反时的影响还很深，但那时没有强调如何增产如何节约，积极方面说得少了一些。改进人民生活，这是有些缺点的，三反时“打虎”，弄出少些假老虎，大家有所不满，但这个运动重大意义不能忘。

去年提倡穿花衣服，搞展览会有些过分，这要承认。

但是增产节约运动却是经常问题，今年特别重要。国家的粮食、棉花、猪肉、油类都不够，工业还要扩大，不如此没有办法。这是长远利益。

国家生产物资不足供应，除了军队，政府，工厂学校，事业单位的工资与生产外还有每年流转资金廿五亿，这个数字很大，有些不合理的费用要节约。妇女生产，结婚问题医生要努力。农村问题特别大，文化不高，妇女生产虽特别多，要有宣传教育，指导工作。

如人员过多，机构广大，排场过大的都要节约，日常水电也一样。这样一来对医院学校也有影响。如基本建设减少了，住得很挤，设备方面也要减少一些。但为大局，我们只好如此。这是暂时的困难，为了今后，只好提出“艰苦奋斗”。

在抗日战争时期，1941—1942 年，我们党提出了“咬紧牙关，缩紧裤带”的口号，我们的医院很简单，如果没有这一着，今天这些医院学校也根本不可能有的。我们要懂，“先苦后甜”的道理。

先烈们，先辈们为我们牺牲了一切才有今天，我们如不先苦一些，我们的后辈儿孙一定要骂祖宗的。

让我们一起努力以艰苦奋斗的精神把医学事业办好！

(对医生教师讲的)

人民内部矛盾问题。

1. 二个矛盾的区别。

敌我矛盾是人民对专政对象问题。

人民内部矛盾是：人民内部民主与集中问题，专政不适用于人民内部，社会主义民主是广泛的民主，因为人民对自己不能讲专政。宪法规定人民有出版权、选举权、集会结社，游行示威的自由，这种民主也只能在集中领导下的民主。——这就是社会主义的民主，民主为基础的民主集中制。民主范围不能超过社会主义的纲领。如示威游行可以自由的，如反对英法侵略埃及。出版言论结社只能是不反对社会主义与人民的立场上，才可以进行。

反对领导阶级及其政党，是只能做为反对统治阶级来看的。如过去五四、五卅、一二九学生运动，反内战反饥饿的群众运动。

2. 社会主义民主。

民主是手段——达到社会主义的目的，为了发挥一切积极因素。目的——社会主义，也就是为了人民的更大幸福与自由。

例如“百家争鸣”方针，“二个万岁”口号的提出，是给人民更多的民主。但不是“分庭抗礼”，监督为什么必要与可能。

3. 民主与集中问题。

民主的扩大与专政成反比例：如解放初期要镇反、土改、肃反、三反五反。普选问题在1951年以前不能提出来，现在扩大民主要成为今后一个重要的任务看。二个矛盾现在人民内部是主要的，因为阶级已经基本消灭了，但不是完全绝对的消灭，如人民内部斗争在思想上斗争还是阶级斗争的反映。

4. 党能不能领导科学？

社会主义的民主不能否认党与政府的领导——不能否认集中。不是绝对民主，因为没有领导的民主是虚伪的民主，例如说：科学研究工作的领导问题。

有人说党不能领导——这只能是个别的人，对某些科学部门，因为不懂，暂时的尚不能担负领导。但不能说：党不能领导科学。因为：

党的原则是马列主义——从科学与历史中抽象出来的真理，党能领导阶级斗争也能领导“对自然的斗争”。阶级斗争过去在没学会时候中国CP犯了严重错误，如三个“左”倾一个右倾，使革命遭受严重的损失。

现在领导自然科学也要逐步学会。十二年科学规划是不是完全正确，要大家讨论研究。有些不科学的问题提出来也可以研究。如恩格〈思〉斯批评说“除了我，你就不应该有别的，谁流露一点异议，谁就招致不共戴天之仇”——这不是科学态度。如不要党的领导，宪法就要重新修改——党的领导地位不能取消，党的任务还没有完成，要存在下去，要领导。

5. ブル民主。

ブル民主与社会主义民主的区别。

① ブル民主是虚伪的有利于ブル的民主，对劳动人民是不民主的。如选

举问题，有财产税的限制，男女实际上不平等。美国二党制是ブル派别的竞争，不是真正的人民民主。

② ブル国家科学的发展是根据ブル的利益，与个人的目的来的，如发明蒸汽动力，有利于纺织工业，个人的成就是为了名利，也可有所成功，但这与我们的“科学进军”的含义有所不同。

（五）“科学进军”——是指普遍的提高，培养一些运动中的骨干，其目的不是为了培养少数“专家”。“专家”——必须是“自学不倦，诲人不倦”，共同提高，而又互相帮助。这是群众路线在科学中应用，是这个重要问题。科学家脱离群众不可能成为优秀的专家。“密切联系群众，力求成为劳动M的核心”。——对科学也重要。

研究工作与教学工作因此又要互相结合。——就是要与讲[师]、助[教]、学生一同研究，一同提高，不是为了个人写论文，考博士，登报出风头，名利双全。

研究方法上：教学工作与研究工作不能绝对起来看——全世界的科学家多半是兼教授，研究后去教，教了由学生提出问题后再研究，这是集体的办法。政治工作者也如此，打篮球的也如此。不如此就要失败，科学水平不能提高。

再说ブロ专政一文说：“斯大林的错误是严重脱离群众，个人独断决定许多重大方针政策，因而不可避免的要犯许多错误”——这个教训用在科学研究中也要犯错误，例如李森科在农业问题的错误（轮种制问题）。他拿米丘林作为他盾牌，这个学说是正确的，自然可以发展研究。

“百家争鸣”——就是为了解决意见不同，内部矛盾不同问题，克服个人独断，反对“权威”的思想。在各种学科上有无数的不同意见，应当让大家研究，不能独断，武断地否定别人的意见是反马克思主义的观点，专制思想是不对的。

只许“一家独鸣”，不能使学术上有所进步，这是科学方法。愈争愈明。

科学的具体问题是多种多样的，但目的与方向要统一，这就是要为人民服务——工农是人民的多数。

为人民服务还是为个人服务？——这是世界观问题。ブロ或非ブロ思想问题。社会主义绝大多数赞成，还有少数人不赞成，反对的方式可以有各种不同，我们只能用说服教育方式，不能粗暴，如对宗派信仰，马列主义信仰，都只能自觉地进行。

有的公然说：社会主义没有优越性，所有科学家都要调查研究，不能听片面的意见，如叶老头子所说的。要肯定优越性。

有的说：党不能领导科学、技术，事实上是一种ブル思想。是立场反动，口吻同国际ブル一样。解放后他们说 CP 不能管理工业了。现在看到工业发展了，只好说对科学无能了。科学研究要规划与调剂还是领导。

有的说：社会主义不自由，还不如美国，苏联制度不好，还是ブル制度的好。过分集中不民主，官僚主义要反对，但不能说是制度问题。民主集中制一定要维持。几万年以后还有好的与坏的问题。否则戏就演不成了。地球上人类斗争问题将来还很多——细菌、病毒、原料、动力，要满足都要斗争。

外国好的东西都要学，特别是苏联，因为方向相同，“同类项则聚”，不好的也不学，不能用的也不照抄。因此知识分子要思想改[造]，解决立场与思想方法问题，党团员也一样要学，所以要整风。——为谁服务的问题要解决，这是世界观，不是物质与精神问题。

① 改造什么？世界观问题，即要学马列主义——共产主义就要讲集体与个人的关系问题，以共同生活改良为人类的目的，反对剥削，反对少数人统治多数人，从阶级与自然中解放。

这篇文章中争论的问题是对马列主义的基本问题，看法问题，应用问题。——这也是世界观问题——即立场观点与方法问题。

党内发生这些问题争论，没有什么奇怪。——因为也是阶级斗争思想在内部的反映。争论的主要问题是——反教条主义与修正主义问题。都是反马列主义。

教条主义即主观主义，经验主义是肯定一切，把马列主义看为不变的东西，停止不前的表现。

修正主义——是否定过去的一切，否定十月革命道路，要用“民族共产主义”来代替马列主义，过分强调了民族特点，否定普遍真理。中国有过戴季陶、陈独秀都是强调民族特点的，认为共产主义不合中国的国情。

医学上的教条主义倾向与否定一切的态度也值得注意，如对巴夫〈甫〉洛夫的学说，这是一个原理，方向是对的，要具体化，要不断创造，对每一病人要看具体情况，如睡眠疗法问题。我是相信这个学说是正确的，如治失眠症问题。

② 克服办法是多学辩证法，反对形而上学，反对教条主义。

知识分子教师要先学好，才能教学生，党员团员要学好，才能帮助别人。“先端正[自]己的思想，然后可以帮助别人”。——所以党从解放以来一直整自己很多。

教师思想改造好，才能培养青年的一代。

现在许多青年有些不正确的表现，老师要注意。

一种是：好高骛远，急于求成——不尊重老师的意见，如不弹琴，练手法不高兴，只要弹古典名曲，只要写论文将来做博士，不想艰苦地学习与诚恳地工作，专家要从老老实实中锻炼出来，如我们的军事家与政治家也一样，谁也没有想当专家，如总理做了“政治博士”。有一个中国的统一战线的“专家”去苏联写论文，我看不一定是有用的。

一种是名利思想，是ブル的思想，“先专后红”对政治无兴趣，教师要注意，不要让学生与青年教师中有所发展才好。至于以论文有无评工资，这个办法是不好的。

论文要看能不能解决问题，才有价值，不在数量。东抄西抄，偷窃别人的东西，人云亦云的东西，只能看为教条主义的东西，或者是学界中的小偷，绝不可能称为“博士”。恩格斯说：“任何一个人在文学上的价值不是由他自己决定的，而只是同整体的比较中决定的”——文章不能自己好。

一种是：“因材施教”与“全面发展”问题的含糊不清，互相对立。

“因材施教”——是指按每人的可能条件来培养，如生肺病的不能成为体育家来教。闹专业问题很大，这也只能是相对的，还要考虑社会的需要。

“全面教育”——就是三好问题。

马克思说：“我所了解的教育是三件事”，哪三件：

第一，智育——德文的意思是“精神力量”，不但是专业，还有道德教育与美学问题。不学共产主义的道德，只好学ブル精神了。学生中有偷盗之风，有不好学习，不尊敬先生，不要纪律，只要民主与自由，这是“解除ブロ武装”的做法。

第二，体育——健康问题，医生是为劳动人民的健康而做努力。

第三，“技术教育”——即生产知识：“即教育人以一切生产过程的基本原理”。也就是科学家的一个问题。

人的知识有二种——阶级斗争与生产知识，今后我们都要学。一切教学人员，医学人员都要懂得这二方面的，才能成为真正的人民教师。人不能只做吃饭与生孩子的工具，ブル的医生，目的是为了赚钱，有名即有钱，为了吃饭与生殖，我们社会主义的医生与科学人员，还要更有更大目的，为光荣的事业服务。——如人类对阶级与自然中解放出来，还要培养大批的青年。ブル医生“是乘人之危捞一笔”不道德的行为。

今后希望每个教师都能用马列主义观点来教育青年才好。

学生以及医务人员的政治思想兴趣不高，空气不浓，这是要求大家来做好。谁能掌握马列主义，就是先得了金钥匙，一张王牌。这样才能把科学水平提高到国际水平。

有了共同前进目的，才能团结，才能进步——中西医，医生与护士，新老教师，教师与学生，教学人员与行政人员之间的团结才能加强。互相看不起，又互相不了解，这不是科学家的态度。知己知彼百战百胜，在科学进军中也一样。

一种人是个人前途比国家前途看得更重——统一分配有意见。缺点要克服，但不能绝对服从个人。个性还有共性。兴趣要培养。地区问题，乡村与城市都有争论。知识分子在中国是太少了，去的地方很多，问题是个人第一。国家就不好办了。个人与社会国家的利[益]，应当放在什么地位？

“知识分子到民间”——就是到工农地方去，我们中国 CP 过去也通过了这条路才能胜利。知识分子今后要与工农结合，个人主义才能少一些，思想才能进步，专门坐在研究室里不一定能解决问题。“闭门造车”不是好办法。如研究慢性病，就要有许多临床的经验。中国奇怪的病很多，如血吸虫病，沙眼，肺病，我们古代有许多办法，现在都要从事研究，光靠外国书来的东西，不能解决问题。

要活的，能解决问题的“专家”，我们不需要沽名钓誉的“专家”。

（六）增产节约与人民生活的改良问题——“艰苦奋斗”。

去年提高工资，关心人，今年要“艰苦奋斗”，180°转弯，思想不通。

增产节约是长远的方针，CP 从不赞成浪费，如三反时所做的。抗战时期，我们办医院是极苦的，抗战初期提出“咬紧牙关，渡过难关”，现在已经不是这个苦的情况了，但为了长远利益，必须克服暂时的困难，今年这个运动有特别重要的意义。

因为：

在去年生产不足，物资供应有困难，认识到物资供应是建设的基本问题，还不是有财才好办。去年因为摊子大了，除了军队，政府，工厂，学校，事业单位的开支以外，还有廿五亿的流转资金，这个大数字要节约。妇女生育也要节制。否则要引起通货膨胀，对人民很不利。

农民的合作社还不很巩固，要五年后才能巩固，普遍提高生活，农村将来一定很好，要巩固还要等几年，因为没有经验。农民的收入是有增加的，但还不够多，有的还相当困难。三个办社经验很重要。富裕中农在叫。人多田少也有问题。有一些是真有困难的大约10%，城市工人职员生活太好，农民有意见，因此我们要减薪，要节约。

先苦而后甜，我们要努力，今后的医学事业前途很大，老百姓如不拜菩萨都要求活菩萨了。我们要求用艰苦奋斗的精神，积极把医院学校办好。培养新的优秀的社会主义的医生，这是一个光荣的任务，大家努力吧！

（文件编号：I62）

政协高教组发言提要

1957 年 3 月

（一）矛盾是哪里？拆墙问题，两个界限弄不清。墙又拆又不能拆。二种人合在一起有矛盾是必然的，三个主义也能混在一起。

党的政策学得少，新老干部，三岔口，从三反、思改、肃反中所留下的。不信任问题是什么？

如何分析？认识上先划清界限。

整风的重要。

（二）学习问题：团结的基础是马列主义。

（1）“再论”、毛主席在国务院报告。

（2）马列主义如何学？

（文件编号：I65）

陈修良、杨源时在师范学院发言摘记

1957年3月

师范学院郑××笔记。（从政协关系介绍去抄来）

陈修良：

坚决拆墙，但不能拆完。（即我所谓既拆又不拆的意思——陈注）

大家反教条主义（恐是宗派主义之错——陈注），不信任。为何？

矛盾将永远存在，知识分子逃不了要被一整。我们需要一直改造，直到死了为止，还要改造。

现在要反三个主义。

知识分子一讲理性，讲气节，“士可杀不可辱”。

粗暴，武断，扣帽子。

团结在什么基础上——马列主义。

党员学习关于知识分子的决策，要发挥老教师力量。

杨源时：（郑××记录）

矛盾一墙，党为人民服务，知识分子要为人民服务，党内同志有宗派主义。

如① 系主任与系秘书；② 党群问题，也代表党内外关系；③ 学生间也有矛盾。拆墙后还有距离。

党员文化低，马列主义也差，不认识知识分子[的作用]。〈一〉只强调缺点，不看优点。党员先要去特权思想。

党“能领导一切，但不能是党员能领导一切”。党是方针政策的领导。

党外大家来拆。

第一，发展克服自卑感，须大胆负责，要有职有权，要“争权”——有职有权。

第二，批评与自我批评，知识分子提意见。

具体问题：

党委领导（宪法规定）。党委不能代替政策。组织校务委员会。（党委制可以考虑取消）八大规定：以关于方针政策为限（刘丹）。

肃反：须做结论，脱掉帽子。

三反——蔡邦华："有反必肃已经做了，有错必纠还没有做，须做一做。"（五月间）。

"机构太多"，互相推诿、牵制。

（他发言后，浙大李成浩反对杨主张取消党委制度意见——陈注）

（文件编号：I65）

后　记

刘建平、赵晋、刘彦文、徐进、于之伟、张放参加了沙文汉、陈修良工作笔记的编校工作。沙尚之先生参与了部分三校工作。杨奎松负责统编并终校。

图书在版编目(CIP)数据

中国当代民间史料集刊. 17,陈修良工作笔记：1956年～1957年3月/华东师范大学中国当代史研究中心编. —上海：东方出版中心,2016. 1(2025. 3重印)

ISBN 978-7-5473-0887-5

Ⅰ. 中… Ⅱ. ①华… Ⅲ. ①中国历史—现代史—史料—1956～1957 Ⅳ. ①K270. 6

中国版本图书馆CIP数据核字(2015)第271340号

中国当代民间史料集刊 17

出版发行：东方出版中心
地　　址：上海市仙霞路345号
电　　话：62417400
邮政编码：200336
经　　销：全国新华书店
印　　刷：上海万卷印刷股份有限公司
开　　本：710×1020毫米　1/16
字　　数：545千字
印　　张：34. 75　　插页：2
版　　次：2016年1月第1版　2025年3月第2次印刷
ISBN 978-7-5473-0887-5
定　　价：99. 00元
